FASHION DESIGN

MODEENTWÜRFE
DISEÑOS DE LA MODA
DESIGN DI MODA
CRÉATIONS DE MODE

1895–1920

FASHION DESIGN

MODEENTWÜRFE
DISEÑOS DE LA MODA
DESIGN DI MODA
CRÉATIONS DE MODE

1895–1920

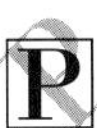

THE PEPIN PRESS

The Pepin Press Design Series

Fashion and Costume

Fashion Design 1850–1895
1920s Fashion Design
A Pictorial History of Costume
Hats
Batik Design

Graphic Design

Graphic Ornaments 1900
Corner & Border Designs 1900
4000 Monograms
Fancy Alphabets

Miscellaneous

Ornamental Design 1850
Decorated Paper Design 1800
Architecture Drawings
Designs of Nature
Indonesian Ornamental Design
1930s Commercial Design
Original Henna Designs
Mediæval Design
Tribal Tattoo Designs
Structural Package Designs

More titles in preparation

First published in 1999 by The Pepin Press

Edited, produced, cover design and introduction by Joost Hölscher
Translations: Sebastian Viebahn (German); LocTeam (Spanish);
Laurent Trigon (French); Luciano Borrelli (Italian)

ISBN 90 5496 057 4

The Pepin Press
P.O. Box 10349
1001 EH Amsterdam
The Netherlands
Tel (+) 31 20 4202021
Fax (+) 31 20 4201152
mail@pepinpress.com
www.pepinpress.com

Printed in Singapore

2002 01 00 99
10 9 8 7 6 5 4 3 2 1

Fashion Design 1895–1920

Looking at the way people dressed from the turn of the century through the First World War, during the Art Nouveau / Jugendstil period, the Edwardian 'Belle Epoque' and the austere war years, it is clear that fashion designers were not exactly sitting still. Female silhouettes changed drastically and frequently. By 1895 the bustle had been discarded and an hour-glass shape, almost cut in two by a tiny wasp-waist, was adopted by introducing the slimming bell-skirt and broad balloon-sleeves. After 1897 the sleeves became tight and long while the American 'Reform' movement advocated healthy but slightly un-elegant, loose-fitting gowns without corsets. In 1900 the corset proved victorious in the 'droit-devant', which gave women a distinctive S-shape by pushing up the chest and tilting the hips backwards. The practical British tailored suit also gained in popularity as women became more active and outgoing. For sporting activities women adopted male dress for the top half of their bodies, complete with stiff collar and tie, which would not be considered very comfortable by today's standards. In 1896 a state visit to France by the Russian Csar initiated the wearing of fur coats by women, which hitherto had been an almost exclusively male fashion. In 1910 the *Ballet Russe* came to Paris to perform Rimsky-Korsakov's *Sheherazade.* This unleashed an oriental craze, introducing the 'harem-look' complete with feathered turban hats and 'peg-top' skirts resembling odalisc trousers: tight at the ankle and widely draped at the waist. 1914 saw the hemline rise above the ankle, and during the war simple and comfortable 'utility dress' was introduced to accomodate the women who took over the jobs left by men who were at the front. At the end of the war, the tubular 'barrel-line' had evolved to anticipate the straight lines of the twenties.
During this period, when the system of social classification was at its most rigid, a man's class could at a glance be recognised by his clothes, in particular his hat. The working masses wore cloth caps, the middle class was largely covered by Bowlers or soft felt hats, while the upper crust remained loyal to the silk top hat. Technical innovation was responsible for the introduction of creased trouserlegs, as mechanical pressing proved more efficient than manual ironing, and the art of starching collars and cuffs was brought to new hights of refinement. Until about the turn of the century no man had been considered whole without a beard or at least a fine set of whiskers, but on the eve of the Great War facial hair had already dwindled to the occasional discrete moustache. After the war, most men remained clean shaven.

This book follows these changes in fashion by means of beautiful contemporary drawings depicting dresses, coats, suits, blouses, underwear, scarves, wraps, and much more. These have been carefully selected, categorised and reproduced in high quality print to form a concise overview of the predominant forms of dress. Designers, students and art historians will be able to use it as reference material while everybody can revel in the nostalgic beauty and richness of this most romantic and turbulent period.

La mode vestimentaire des années 1895–1920

En s'attardant sur la façon dont les gens s'habillaient durant les décennies encadrant le tournant du siècle et la première guerre mondiale (pour ainsi dire la période de *l'Art Nouveau/Jugendstil*, la *Belle Epoque* et les austères années de guerre), on peut affirmer que le travail des stylistes de cette époque n'était pas de tout repos. La silhouette des femmes d'alors évoluait fréquemment et considérablement. En 1895, la tournure (faux cul) avait été abandonnée et une silhouette en forme de sablier fut adoptée (pratiquement coupée en deux par un minuscule serre-taille) en introduisant des jupe-cloches amincissantes et de larges manches gigots. Après 1897, les manches devinrent plus étroites et longues tandis que le mouvement de "Réforme" américain préconisait d'amples robes sans corsets, confortables mais manquant légèrement de distinction. En 1900, le corset se révéla triomphant avec son "devant-droit" qui donna aux femmes une allure distinctive en forme de S en rehaussant la poitrine et en repoussant les hanches vers l'arrière. Cependant, comme les femmes devinrent plus actives et plus extraverties, le costume anglais fait sur mesure gagna également en popularité. Lors d'activités sportives, les femmes adoptèrent une tenue masculine avec un col dur et une cravate pour la partie haute de leurs corps qui de nos jours serait considérée inconfortable. En 1896, une visite officielle du tsar russe en France lança la mode des manteaux de fourrure chez les femmes, ce qui jusqu'ici avait été presque exclusivement une coutume masculine. En 1910, le *Ballet Russe* vint à Paris pour interpréter la suite *Scheherazade* de Rimsky-Korsakov. Cet événement déclencha un engouement oriental, introduisant le "look harem" avec des turbans à plumes et des jupes "entravées" semblables à des pantalons bouffants (ou odalisques) serrés à la cheville et amplement drapés à la taille. En 1914 l'ourlet fut raccourci au-dessus de la cheville et durant la guerre de simples et confortables "robes fonctionnelles" furent introduites pour accommoder les femmes qui reprenaient le travail des hommes partis au front. A la fin de la guerre, la "ligne cylindrique" tubulaire s'ébauchait, anticipant les lignes allongées des années 1920.

A une époque où le système de classification sociale était des plus rigides, la classe sociale d'un homme pouvait être identifiée d'un coup d'oeil par ses habits, en particulier par son chapeau. La classe ouvrière portait des casquettes, la classe moyenne était essentiellement couverte de chapeaux melons ou de chapeaux mous, tandis que l'aristocratie restait fidèle au chapeau haut-de-forme.

Une innovation technique, le repassage à la presse (bien plus efficace que le repassage manuel), fut la cause de l'introduction des pantalons à plis; l'art des cols et des manchettes amidonnés s'en trouva également entraîné vers de nouveaux sommets de perfectionnement. Environ jusqu'au tournant du siècle, aucun homme n'était véritablement considéré comme tel sans une barbe, ou tout au moins une belle paire de favoris. Pourtant, à la veille de la Grande Guerre, les poils du visage se limitaient déjà à une discrète moustache de circonstance tout au plus. Dès la fin de la guerre, la plupart des hommes furent à nouveau rasés de près.

Dans cet ouvrage, toutes ces évolutions dans la mode peuvent être comprises au moyen de magnifiques dessins contemporains dépeignant entre autre des robes, des manteaux, des costumes, des corsages, des sous-vêtements, des écharpes, des châles etc. Ils ont été soigneusement sélectionnés, classés par catégories et reproduits avec une excellente qualité d'impression pour créer une vue d'ensemble concise des formes prédominantes des vêtements. Les stylistes, les étudiants et les historiens de l'art pourront l'utiliser comme un ouvrage de référence tandis que chacun pourra se délecter de nostalgie pour la beauté et la somptuosité de la plus romantique et la plus turbulente des époques.

Modedesign 1895–1920

Ein Blick auf die Kleidermoden aus der Zeit zwischen der Jahrhundertwende und dem Ersten Weltkrieg - die Jahre des *Art Nouveau*, des *Jugendstils*, der *Belle Epoque*, und die Kriegsjahre mit ihren Rationalisierungen - zeigt, daß die Modedesigner damals alles andere als untätig waren. Die Silhouette der Frau erlebte häufige und drastische Veränderungen: Um 1895 hatte man die Turnüre aufgegeben und ging mit der Einführung schlankmachender Glockenröcke und breiter Puffärmel zu einer sanduhrförmigen, in der Mitte von einer winzigen Wespentaille fast völlig zerschnittenen Form über. Nach 1897 wurden die Ärmel eng und lang, während die amerikanische Reformbewegung die zwar etwas uneleganten, aber gesunden und locker sitzenden Reformkleider ohne Korsett propagierte. Um 1900 setzte sich das Korsett im "Droit-devant" durch und bescherte der Frauensilhouette eine auffallende S-Gestalt, indem es die Brust nach oben drückte und die Hüften nach hinten kippte. Im selben Maß, in dem die Frauen aktiver und unternehmungsfreudiger wurden, gewann auch das praktische britische Maßkostüm an Popularität. Für den Freizeitsport übernahmen die Frauen die männliche Bekleidung für den Oberkörper einschließlich Stehkragen und Krawatten, was heutzutage sicherlich nicht als sehr bequem empfunden würde. 1896 regte ein Staatsbesuch des russischen Zars in Frankreich erstmalig auch die Frauen an, Pelzmäntel zu tragen - in der Mode war dies zuvor reine Männersache gewesen. 1910 kamen die *Balletts Russes* nach Paris und führten Rimski-Korsakows *Scheherazade* auf. Sie lösten damit ein regelrechtes Orient-Fieber aus: Es entstand eine "Harems"-Mode inklusive federbesetzter Turban-Hüte und an der Taille locker und weit drapierter, an den Knöcheln enger Röcke, die den Pumphosen von Haremsdamen ähnelten. 1914 kletterten die Rocksäume auf Knöchelhöhe, und im Krieg wurde schlichte und bequeme "Utility"-Kleidung eingeführt, um dem Umstand Rechnung zu tragen, daß Frauen die Arbeit von Männern übernahmen, die an der Front standen. Zu Ende des Krieges bildete sich schließlich eine röhrenförmige Linie heraus, die die geraden Linien der zwanziger Jahre vorwegnahm.

Bei den Männern ließ sich in dieser Zeit, in der die Differenzierung nach sozialen Schichten besonders ausgeprägt war, die Klassenzugehörigkeit gleich auf den ersten Blick an der Kleidung, vor allem am Hut, ablesen. Die Masse der Arbeiter trug Stoffmützen, die Mittelschicht tendierte zu Melonen und weichen Filzhüten, und die Oberschicht blieb dem Zylinder treu.

Dank der technischen Entwicklung enstanden Bügelfaltenhosen, denn Maschinenbügeln erwies sich als effizienter als Bügeln von Hand; auch die hohe Kunst des Stärkens von Kragen und Manschetten erlebte eine neue Blüte. Und wenn vor der Jahrhundertwende ein Mann nicht als Mann galt, wenn er nicht einen Bart oder wenigstens einen stattlichen Schnurrbart vorweisen konnte, war schon vor dem Ersten Weltkrieg die Gesichtsbehaarung klar auf dem Rückzug: Man trug bestenfalls einen dezenten Schnäuzer, und nach dem Krieg ging der Mann meist glattrasiert.

Anhand des Buches lassen sich all diese Modewechsel an schönen zeitgenössischen Zeichnungen verfolgen, die Kleider, Mäntel, Anzüge, Kostüme, Blusen, Unterwäsche, Tücher, Umhänge und vieles mehr zeigen. Sorgfältig ausgewählt und kategorisiert und in qualitativ hochwertigen Drucken reproduziert, geben sie einen komprimierten Überblick über die vorherrschenden Kleidungsformen. Designer, Studenten und Kunstgeschichtler können sie als Referenzmaterial benutzen, und auch jeder Laie kann sich zu nostalgischem Schwärmen für die Schönheit und den Reichtum dieser so romantischen und turbulenten Zeit hinreißen lassen.

Il design di moda negli anni 1895–1920

Osservando l'abbigliamento in genere degli anni che vanno dalla fine del secolo scorso alla prima guerra mondiale, cioè gli anni dell'*Art Nouveau*, del *Jugenstil*, della *Belle-Epoque* e dell'austerità di guerra, si può certamente affermare che gli stilisti non sono stati fermi nel loro lavoro.
La figura femminile, durante tutto il periodo, cambiò frequentemente e spesso anche in modo radicale. Nel 1895 venne abbandonato l'uso del busto che lasciò il posto ad una figura a sclessidra, quasi divisa in due da una stretta vita di vespa, mediante l'introduzione di gonne slanciate a campana e di larghe maniche a palloncino. Dopo il 1897 le maniche divennero strette e lunghe mentre in America il movimento riformista patrocinava l'uso di comodi ma poco eleganti abiti larghi a tunica senza corsetto. Nel 1900 il corsetto tornò in auge con il "droit-devant" che dava alle donne una caratteristica forma ad "S" ottenuta mediante la spinta il alto del seno e la pressione indietro dei fianchi. Anche il tailleur all'inglese ebbe una certa popolarità man mano che le donne divenivano più attive ed estroverse. Per le attività sportive invece le donne adottarono, per la metà superiore del corpo, abiti maschili compresi cravatta e colletto rigido. Certo è che oggigiorno questi abiti non verrebbero considerati molto comodi! Nel 1896 la visita di stato dello Zar delle Russie in Francia diede lo spunto, anche alle donne, per l'uso delle pellicce come capo di abbigliamento, moda questa che fino ad allora era quasi esclusivamente maschile. Nel 1910, poi, il *Ballet Russe*, venuto a Parigi a rappresentare lo *Sheherazade* di Rimsky-Korsakov, fece scoppiare la mania dell'Oriente introducendo il look tipo harem con cappelli a turbante piumati e gonne alla turca somiglianti a pantaloni da odalisca, strette alla caviglia e largamente drappeggiate sui fianchi. Il 1914 vide accorciarsi la linea d'orlo oltre la caviglia e durante la guerra vennero introdotti i cosiddetti "abiti utili", di fattura semplice e comoda, adatti per quelle attività maschili che vedevano impegnate molte donne in sostituzione degli uomini mandati al fronte. Alla fine della guerra si sviluppò la linea "a barile" che anticipava le linee dritte tipiche degli anni venti.
In questo periodo, in cui le differenze tra le classi sociali avevano raggiunto il loro massimo livello, era sufficiente uno sguardo per intuire la posizione sociale di un uomo, in particolare dal suo cappello. Le masse lavoratrici indossavano berretti in stoffa, la classe media, in gran maggioranza, bombette o cappelli di morbido feltro, mentre le classi agiate restarono fedeli alla tuba alta in seta. L'innovazione tecnologica fu responsabile della comparsa dei pantaloni con la piega in quanto, rispetto alle tecniche di stireria tradizionali, la pressione meccanica permetteva di imprimere una maggiore forza e l'arte di inamidare colletti e cuffie raggiunse dei livelli di raffinatezza precedentemente inimmaginabili. Fino al cambio di secolo nessun uomo poteva considerarsi tale senza barba o almeno un bel paio di basette. Agli albori della Grande Guerra invece le coperture facciali si limitavano a degli occasionali e discreti baffetti. Passato il conflitto, per la maggior parte degli uomini, tornò l'abitudine di un viso scoperto e ben rasato.
Questo volume illustra tutti questi cambiamenti attraverso disegni contemporanei, molto belli, rappresentanti vestiti, soprabiti, completi, indumenti intimi, cravatte, sciarpe, mantelli ed altro ancora. Queste immagini sono state selezionate e riprodotte in stampa di alta qualità per formare un panorama conciso di ogni possibile forma di abbigliamento che fu in qualche modo dominante.
Stilisti, studenti e storici dell'arte potranno utilizzare questo materiale come fonte di riferimento mentre tutti noi potremo godere della bellezza e della ricchezza di questo periodo così romantico e turbolento, forse anche con un po' di nostalgia.

Diseños de la moda 1895–1920

Considerando la forma de vestir que imperó entre finales del siglo XIX y los años de la Primera Guerra Mundial, es decir, la época del modernismo, *la belle époque* y la austeridad propia del período bélico, no se puede decir que los diseñadores de moda estuvieran precisamente mano sobre mano. Las siluetas femeninas cambiaban radicalmente y con frecuencia. Hacia 1895, el polisón perdió vigencia y fue reemplazado por la llamada "forma de reloj de arena", cuyo diminuto talle de avispa prácticamente partía el cuerpo en dos, imponiendo así la falda acampanada, que estilizaba la figura, y las amplias mangas abombadas. A partir de 1897, las mangas se llevaron ceñidas y largas, mientras que el movimiento reformista norteamericano abogaba por el saludable, aunque quizá algo falto de elegancia, vestido suelto sin corsé. En 1900, el corsé se alzó victorioso e impuso la moda del *droit-devant*, otorgando a la silueta de las mujeres una peculiar forma de S al levantar el pecho e inclinar las caderas hacia atrás. Sin embargo, el práctico traje sastre británico empezó a ganar popularidad a medida que las mujeres comenzaban a llevar una vida más activa y salían más. Para la práctica de las actividades deportivas, éstas adoptaron la parte superior del traje masculino, en el que no faltaban el cuello duro y la corbata, un atuendo que hoy en día se consideraría más bien incómodo. En 1896, a raíz de una visita oficial a Francia del zar Nicolás II, las mujeres empezaron a lucir abrigos de pieles, una prenda que hasta entonces estaba prácticamente reservada a los hombres. En 1910, el Ballet Ruso visitó París para representar *Scheherazade*, de Rimsky-Kórsakov. Este acontecimiento desencadenó un fervor por lo oriental y la introducción del "estilo harén", caracterizado por turbantes con plumas y faldas que imitaban la forma de los pantalones de las odaliscas, ceñidos en el tobillo y muy drapeados en la cintura. En 1914, el bajo de los vestidos se acortó por encima de los tobillos y, durante la guerra, se impusieron los traje funcionales, unos atuendos sencillos y cómodos para las mujeres que desempeñaban el trabajo de los hombres que estaban en el frente. Al finalizar la guerra la tubular "línea barril" había evolucionado, anticipándose a las líneas rectas que imperarían en los años veinte.
Durante este período, dominado por la rigidez del sistema jerárquico, la posición social de un hombre podía distinguirse a simple vista por la forma en que iba vestido, especialmente por el sombrero. La clase obrera se cubría con gorras de paño, la gran mayoría de los ciudadanos de clase media utilizaba bombín o sombrero de fieltro flexible, y los miembros de la aristocracia se mantenían fieles al sombrero de copa forrado de seda. Las innovaciones técnicas conllevaron la introducción de los pantalones con raya –ya que el planchado mecánico resultaba más eficaz que el manual–, y el arte de almidonar cuellos y puños alcanzó el grado máximo de refinamiento. Hasta finales del siglo XIX, todo hombre que se preciara debía lucir barba o, como mínimo, unas buenas patillas, si bien en vísperas de la Primera Guerra Mundial el pelo facial fue desapareciendo hasta quedar reducido, en el mejor de los casos, a un discreto bigote. Cuando llegó la paz, la mayoría de los hombres optaron de nuevo por el afeitado.

Este libro refleja los cambios que se han producido en el mundo de la moda entre 1895 y 1920 mediante preciosos dibujos de la época de vestidos, abrigos, trajes, blusas, ropa interior, bufandas y esclavinas, entre muchas otras prendas. Las ilustraciones se han seleccionado, ordenado y reproducido con sumo cuidado y gran calidad de impresión para ofrecer una visión general y concisa de los atuendos que imperaban en cada período. Esta obra está destinada a diseñadores, estudiantes e historiadores del arte, que podrán utilizarla como material de referencia, o a cualquiera que desee deleitarse con la nostalgia por la belleza y la riqueza de esos años tan románticos y a la vez turbulentos.

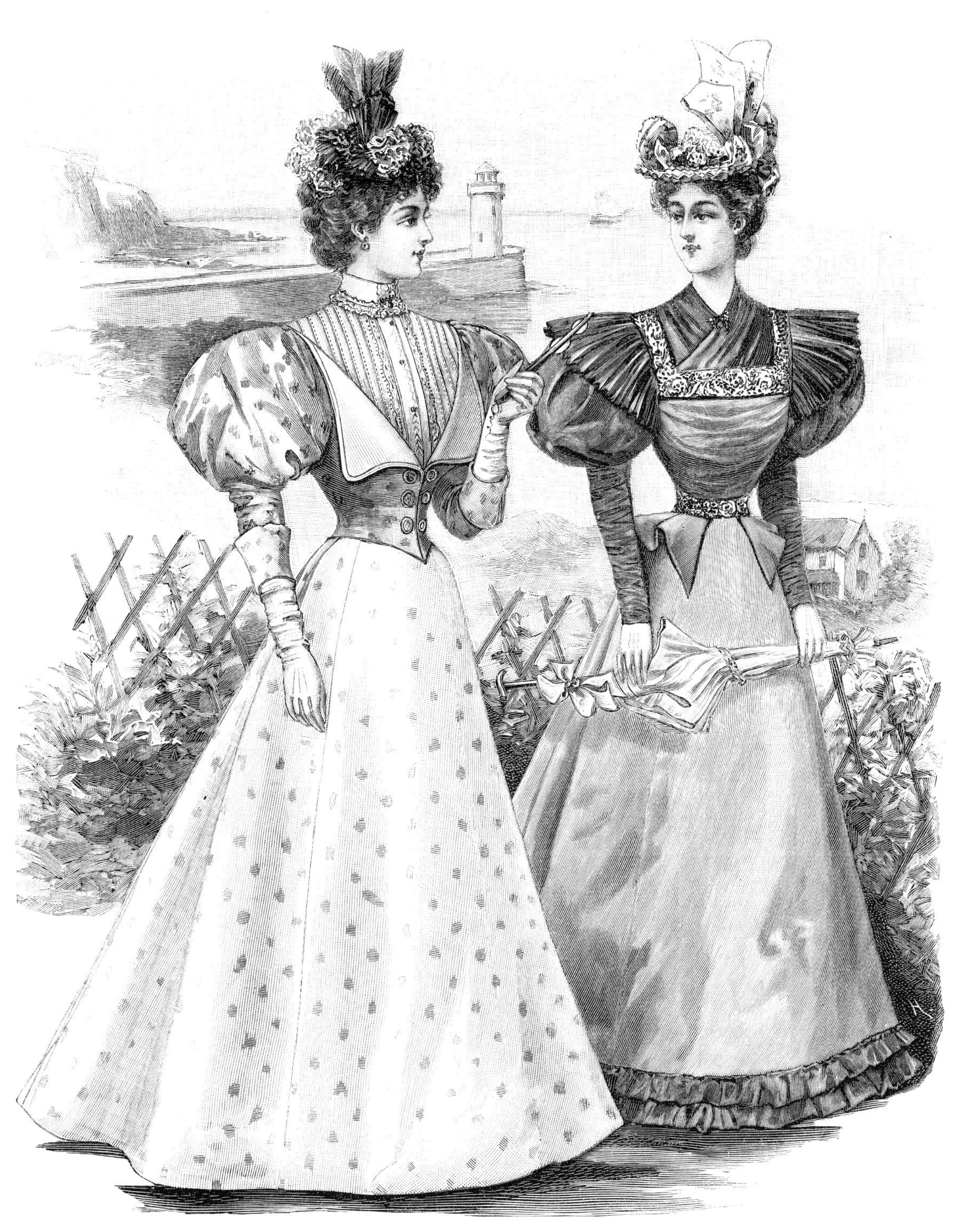

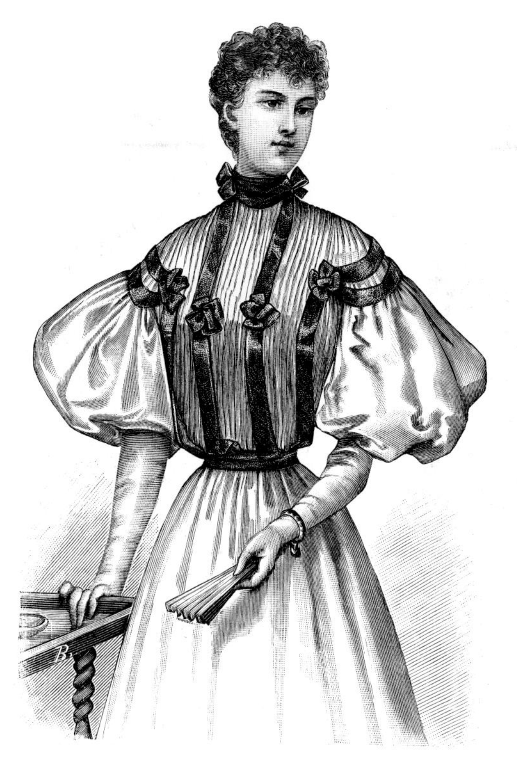
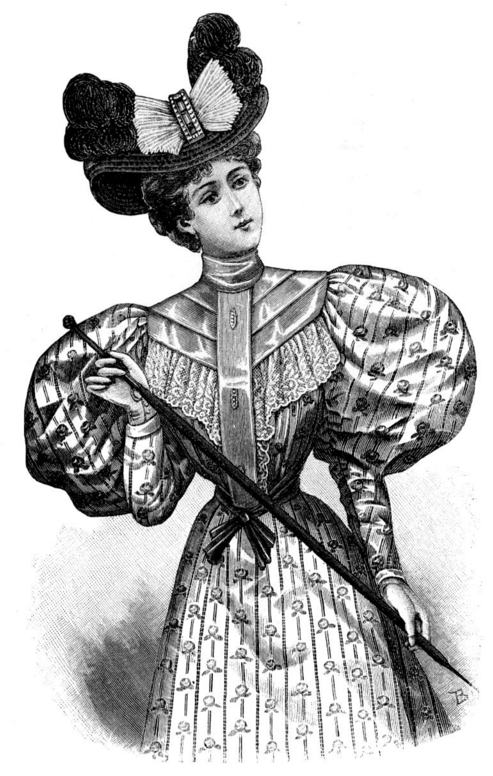
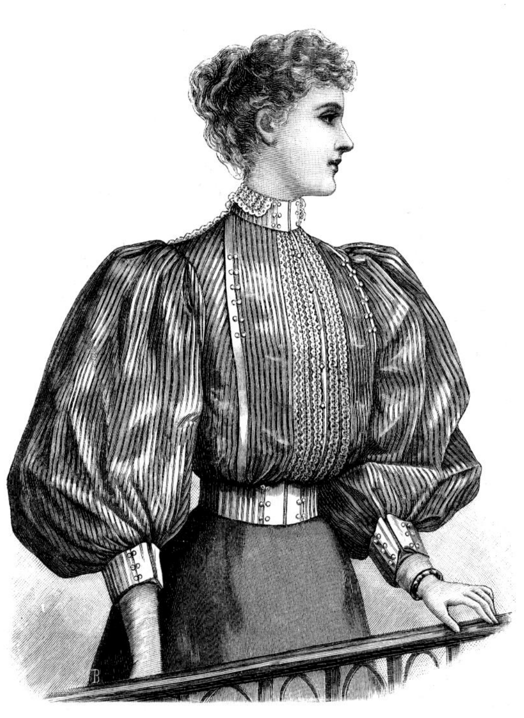
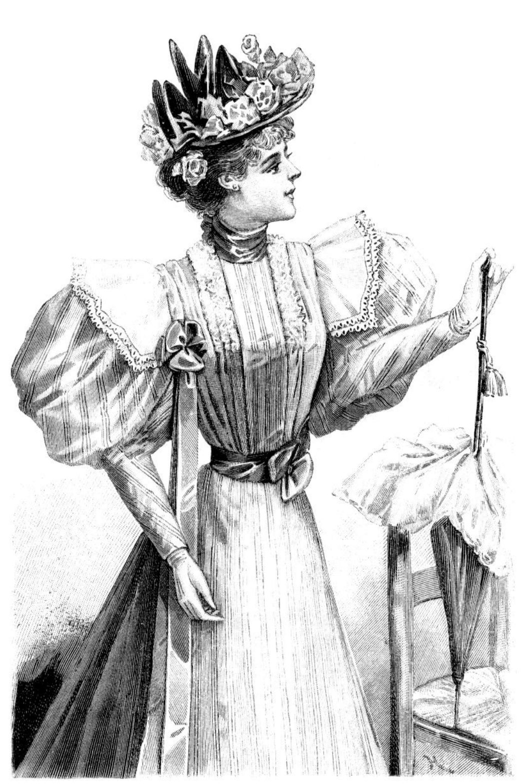

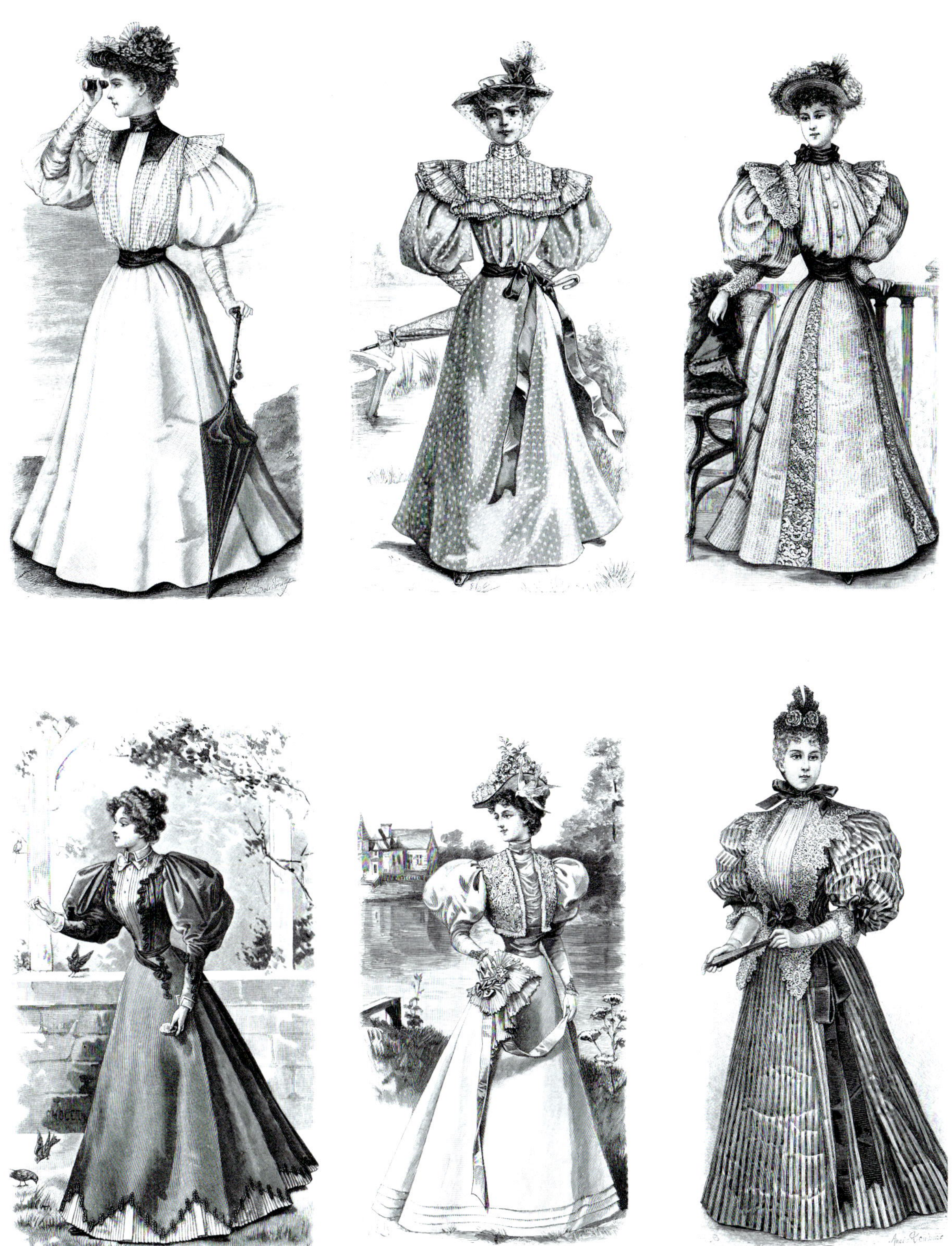

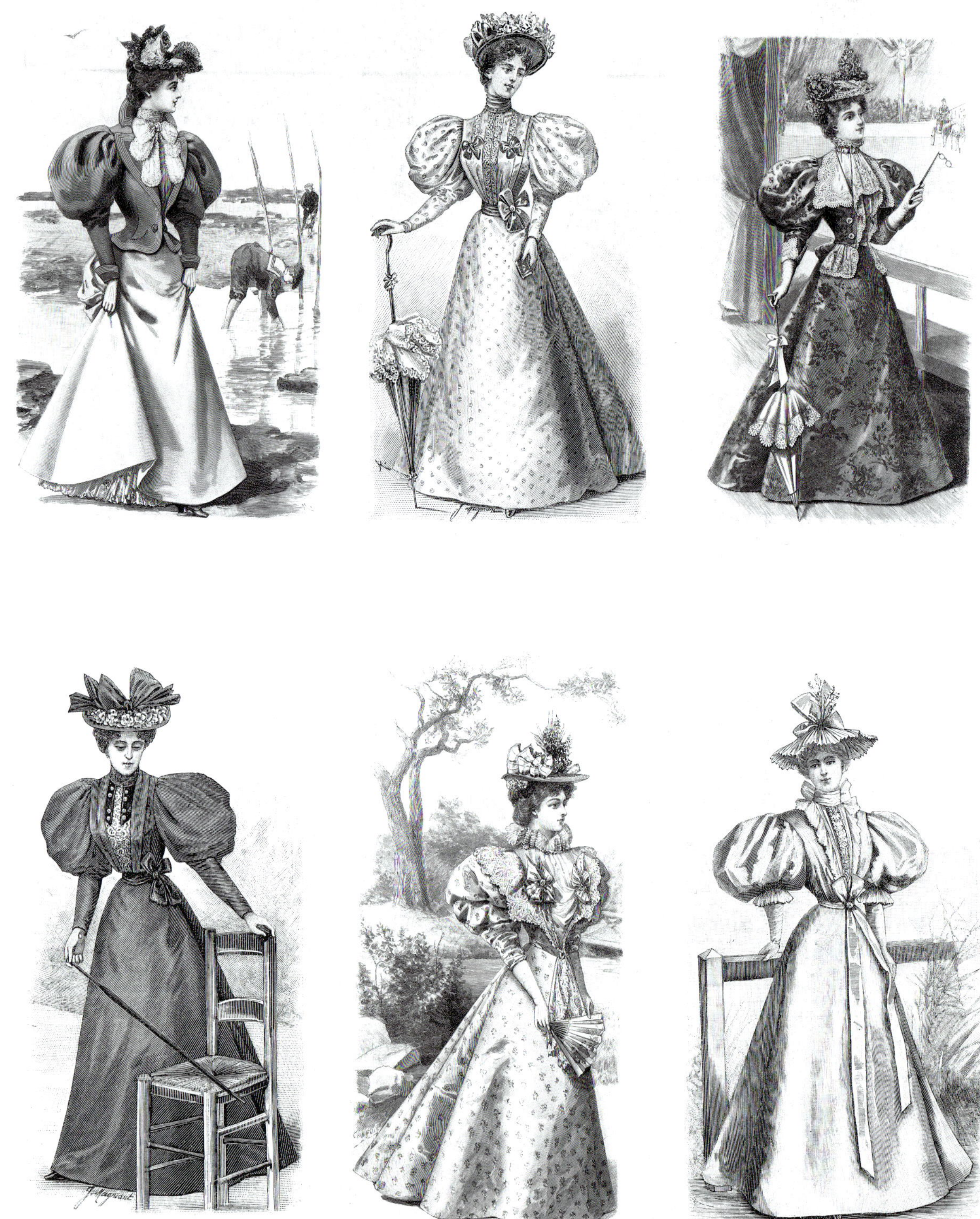

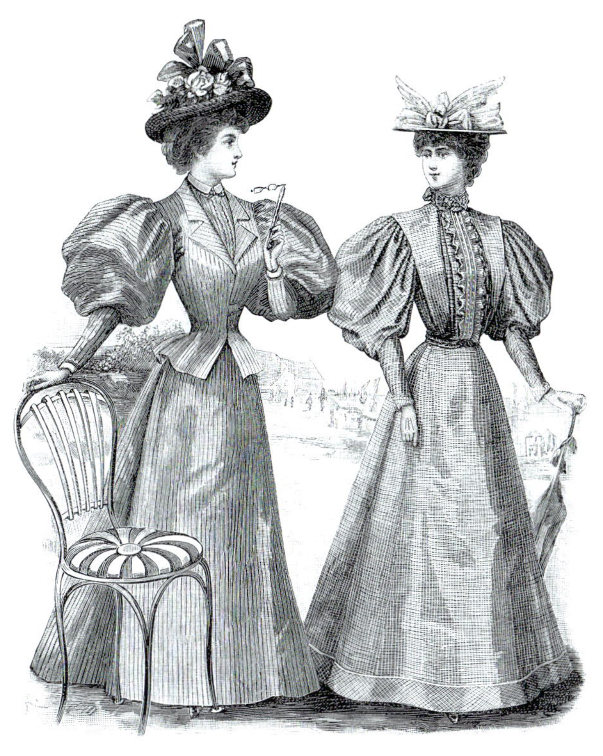

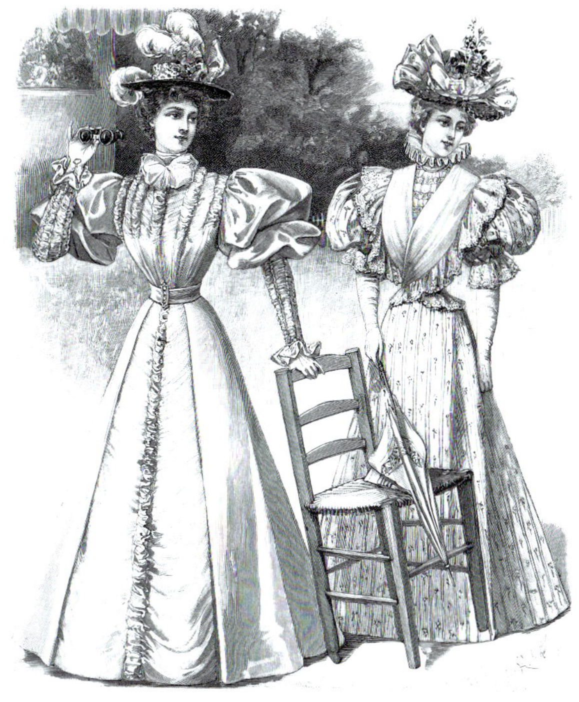

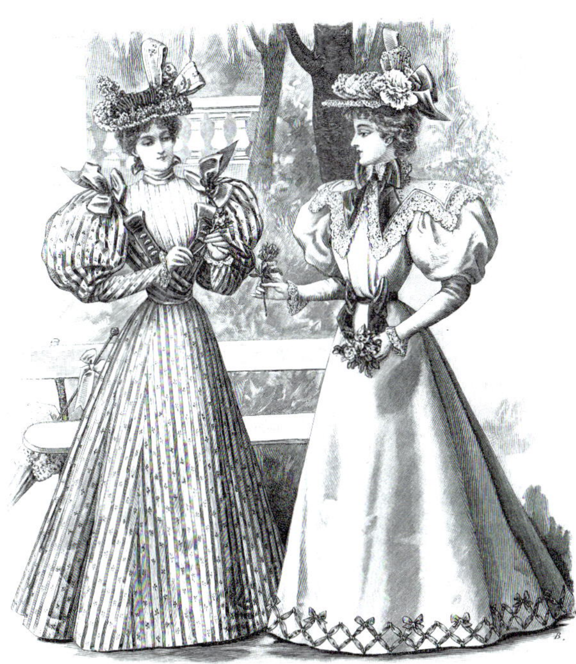

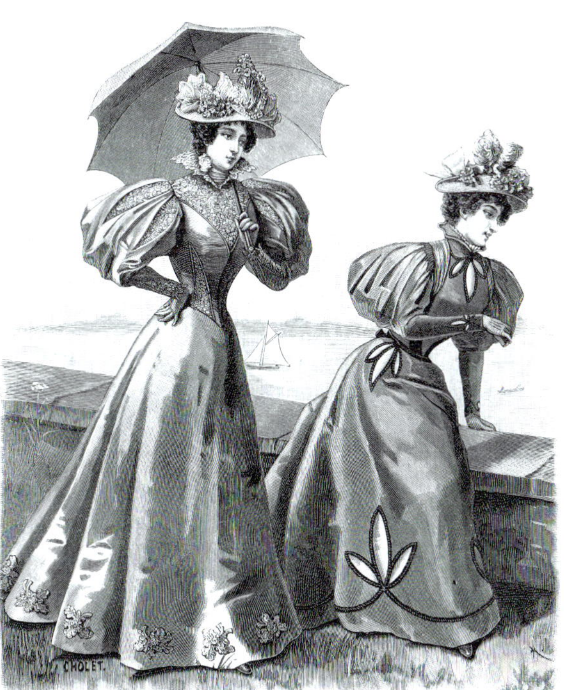
CHOLET.

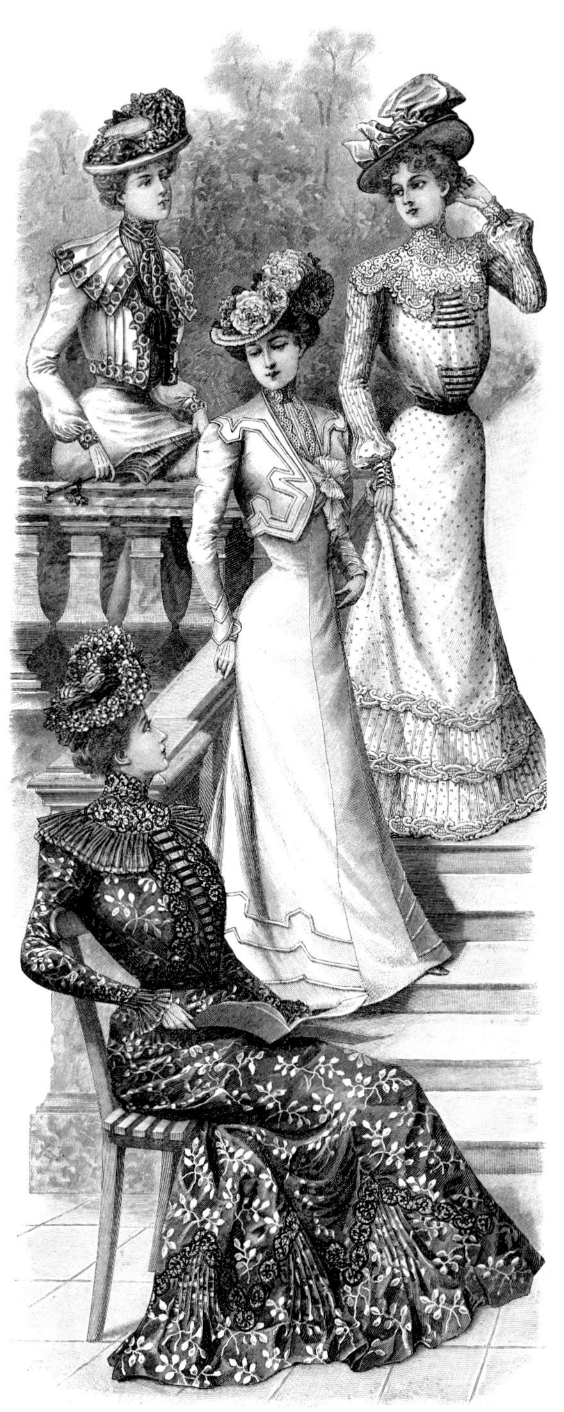

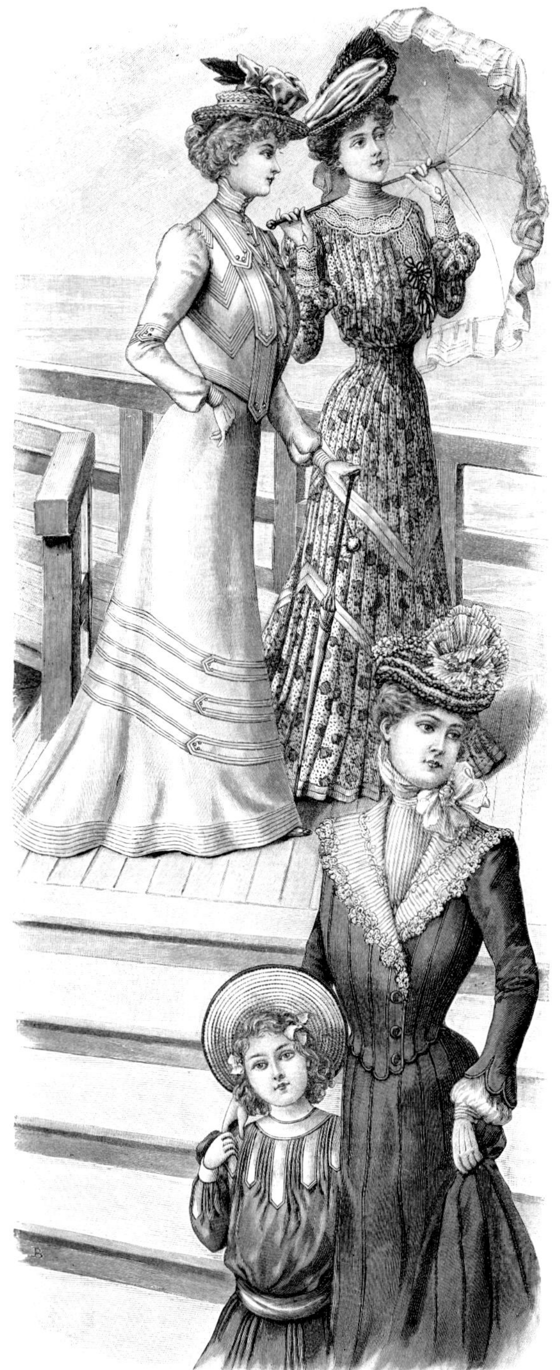

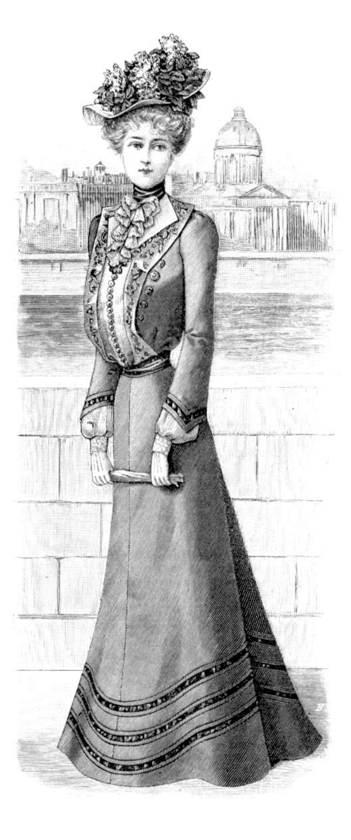

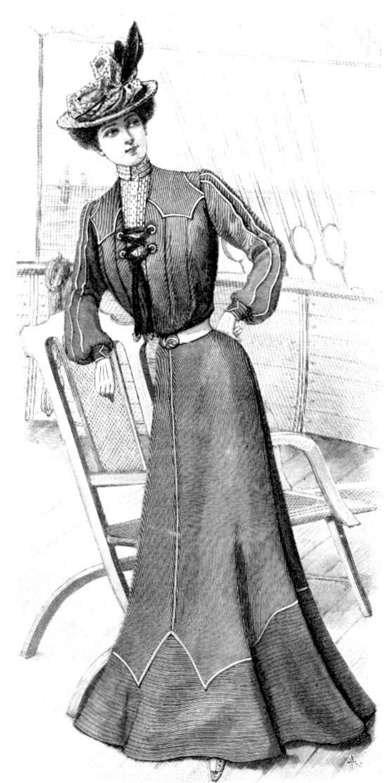

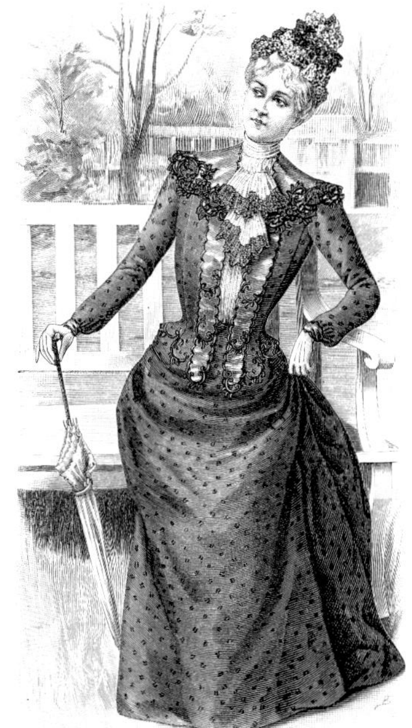

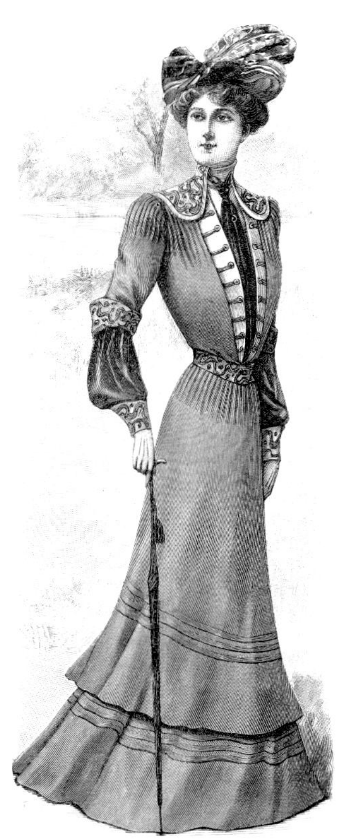

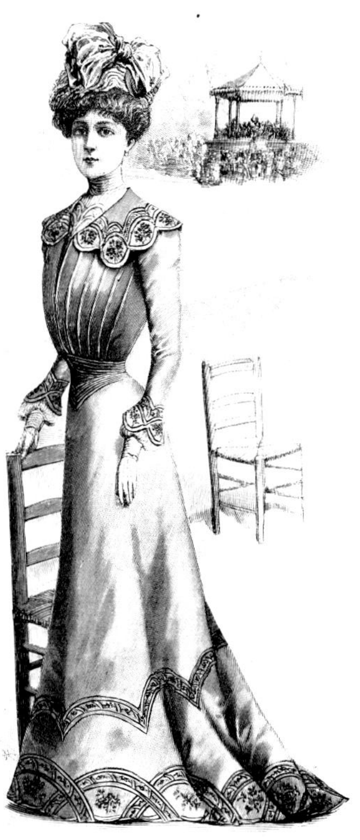

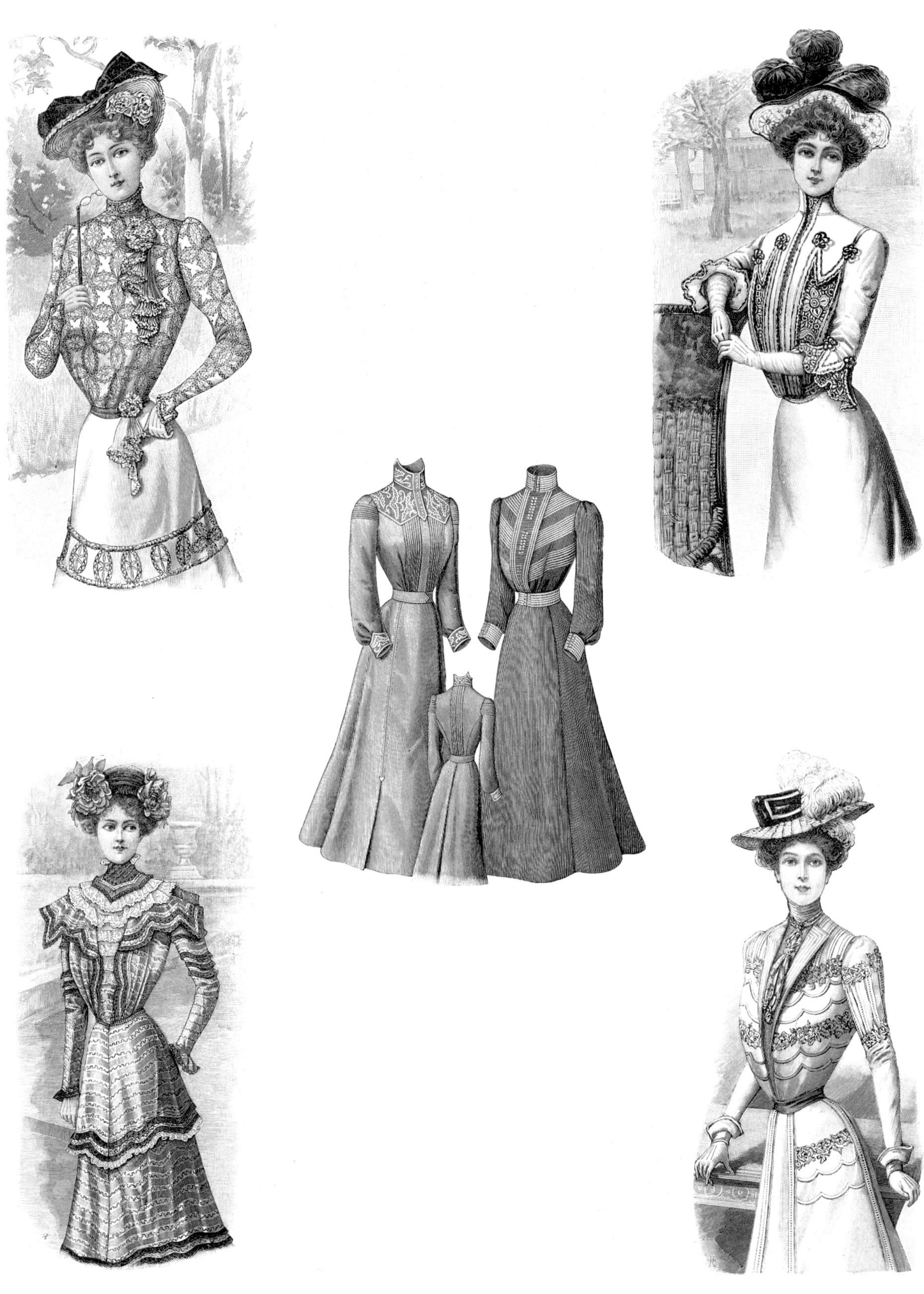

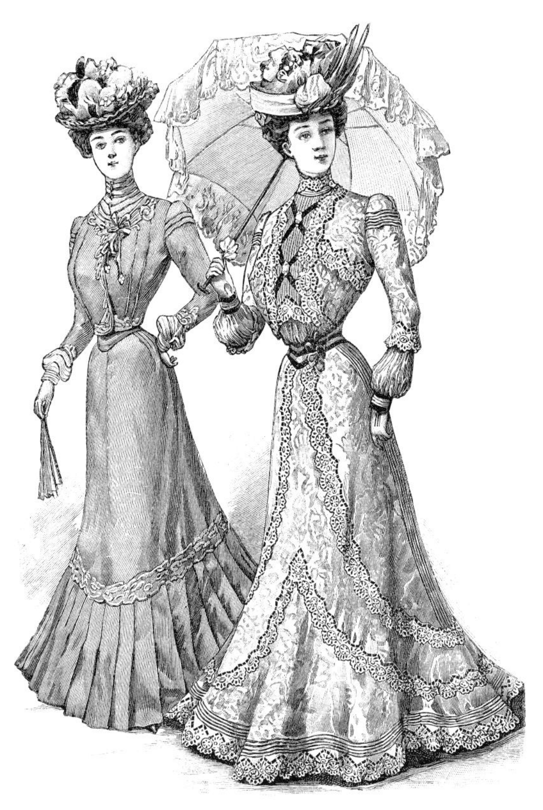

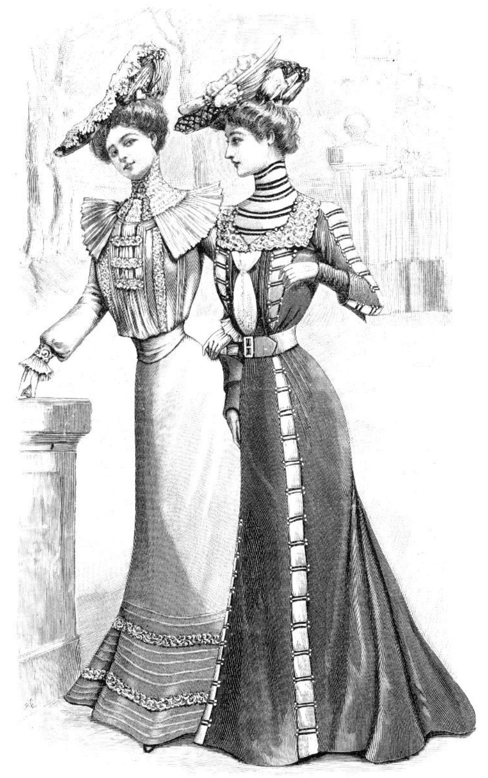

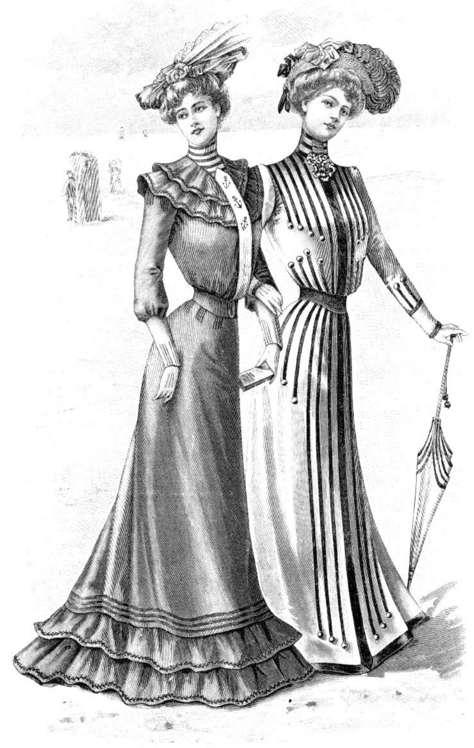

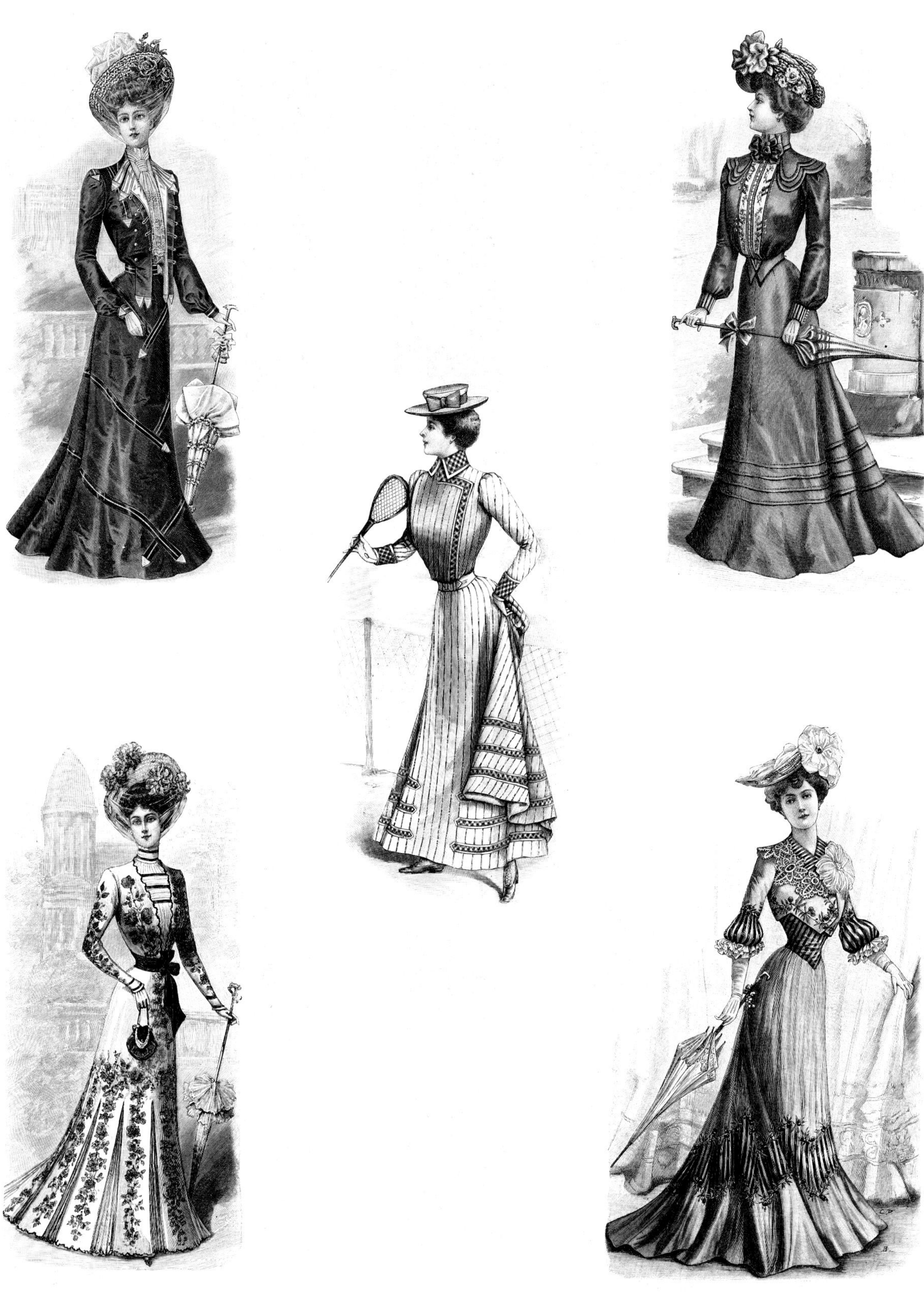

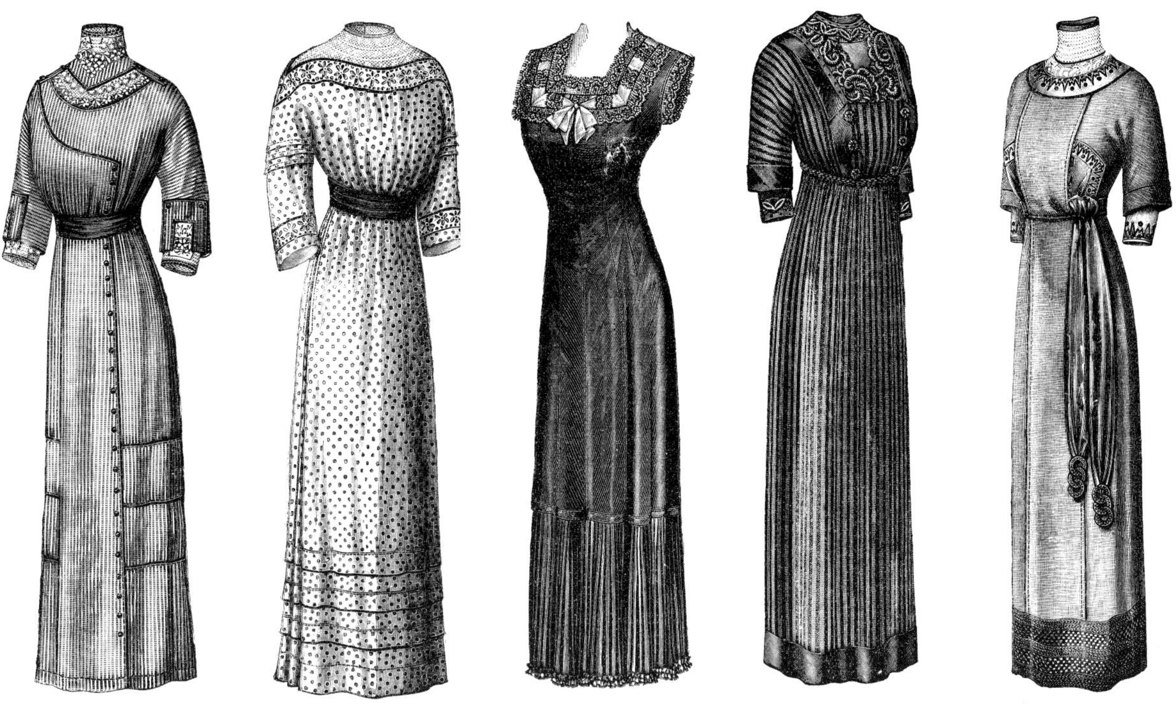

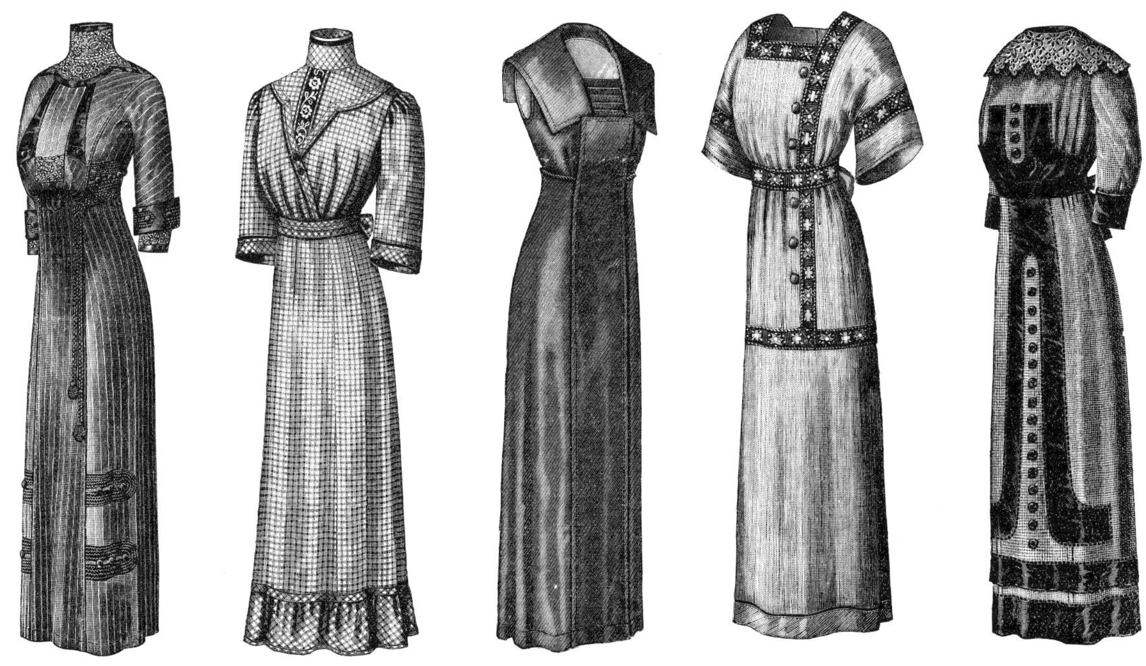

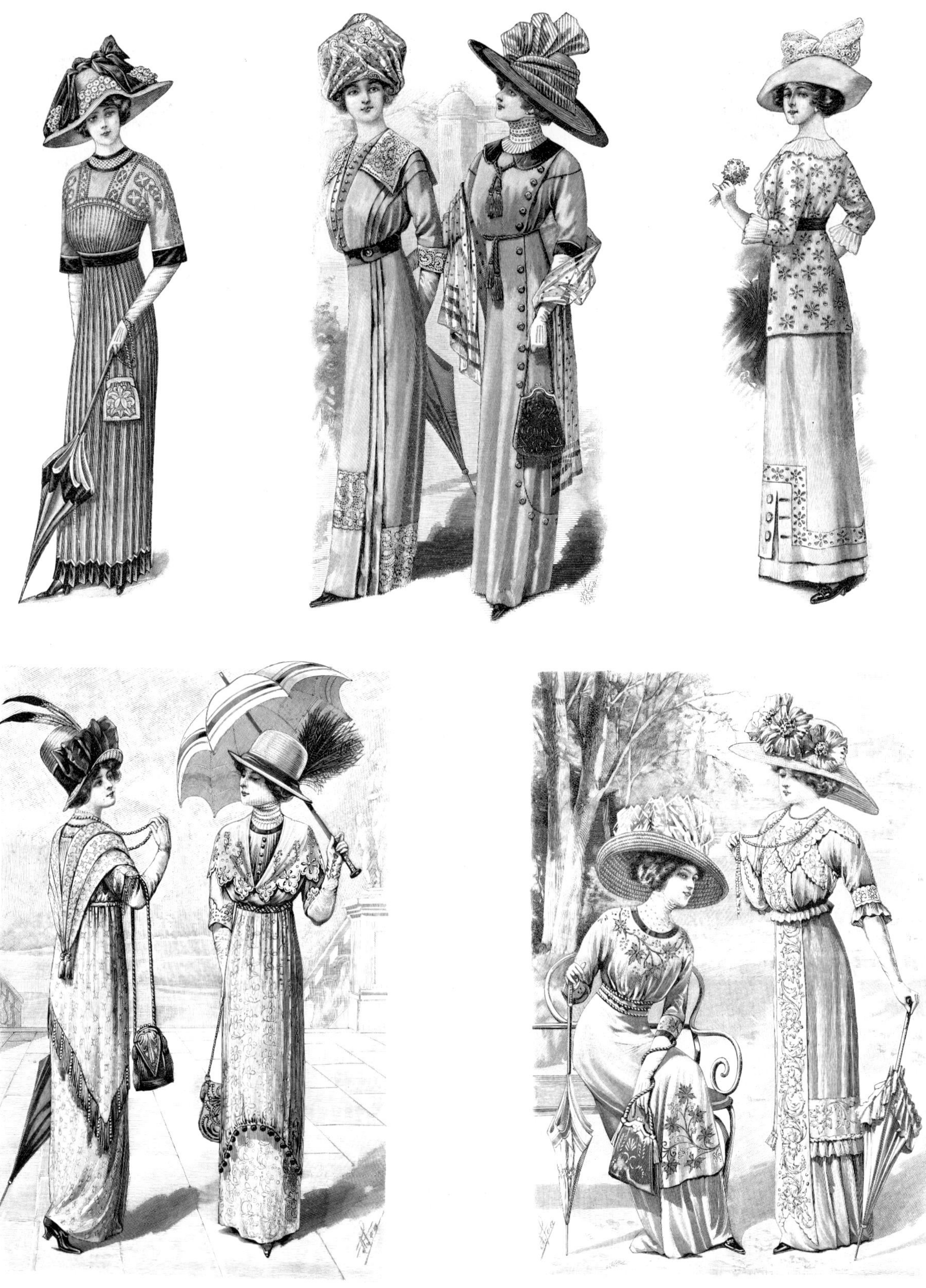

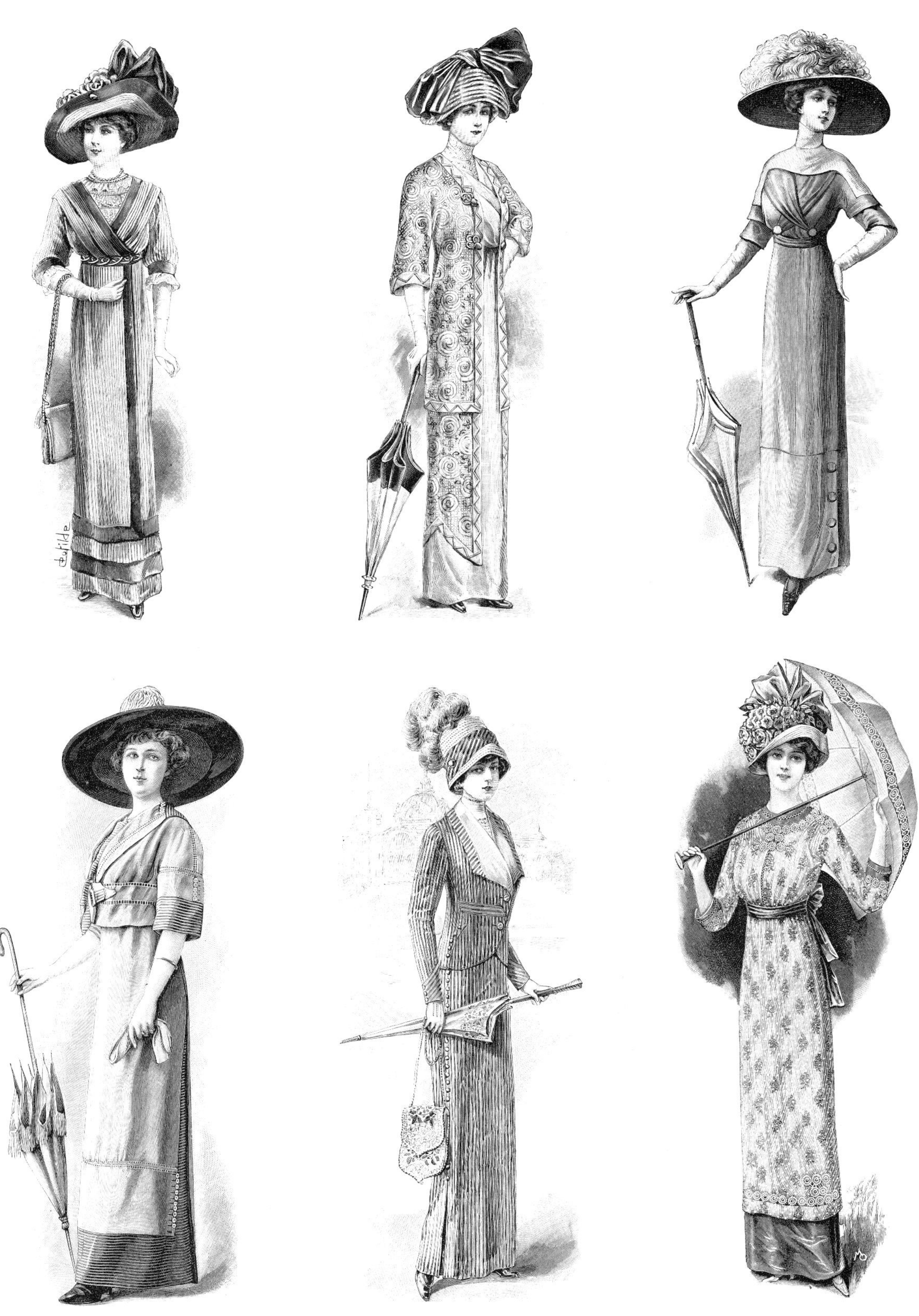

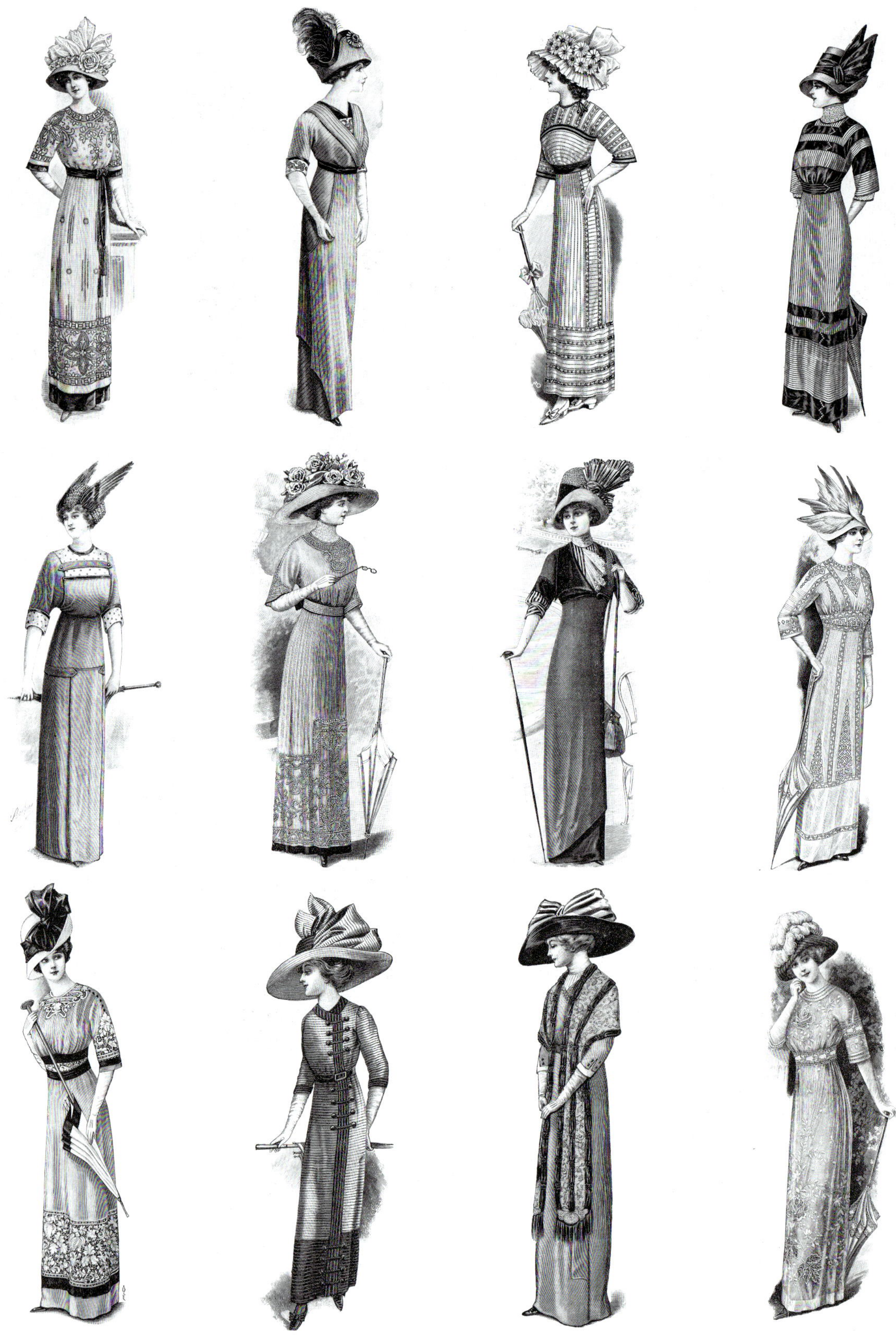

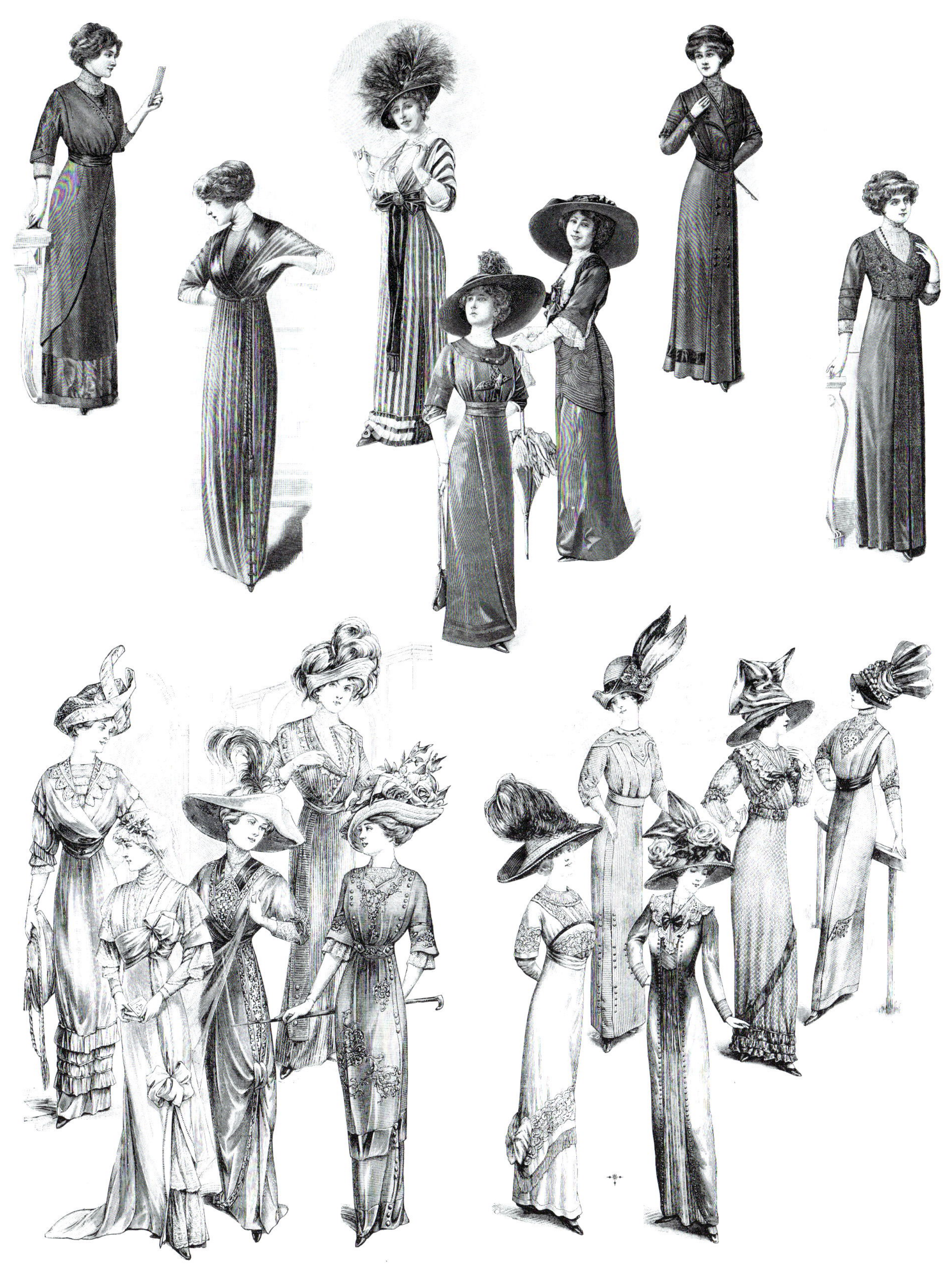

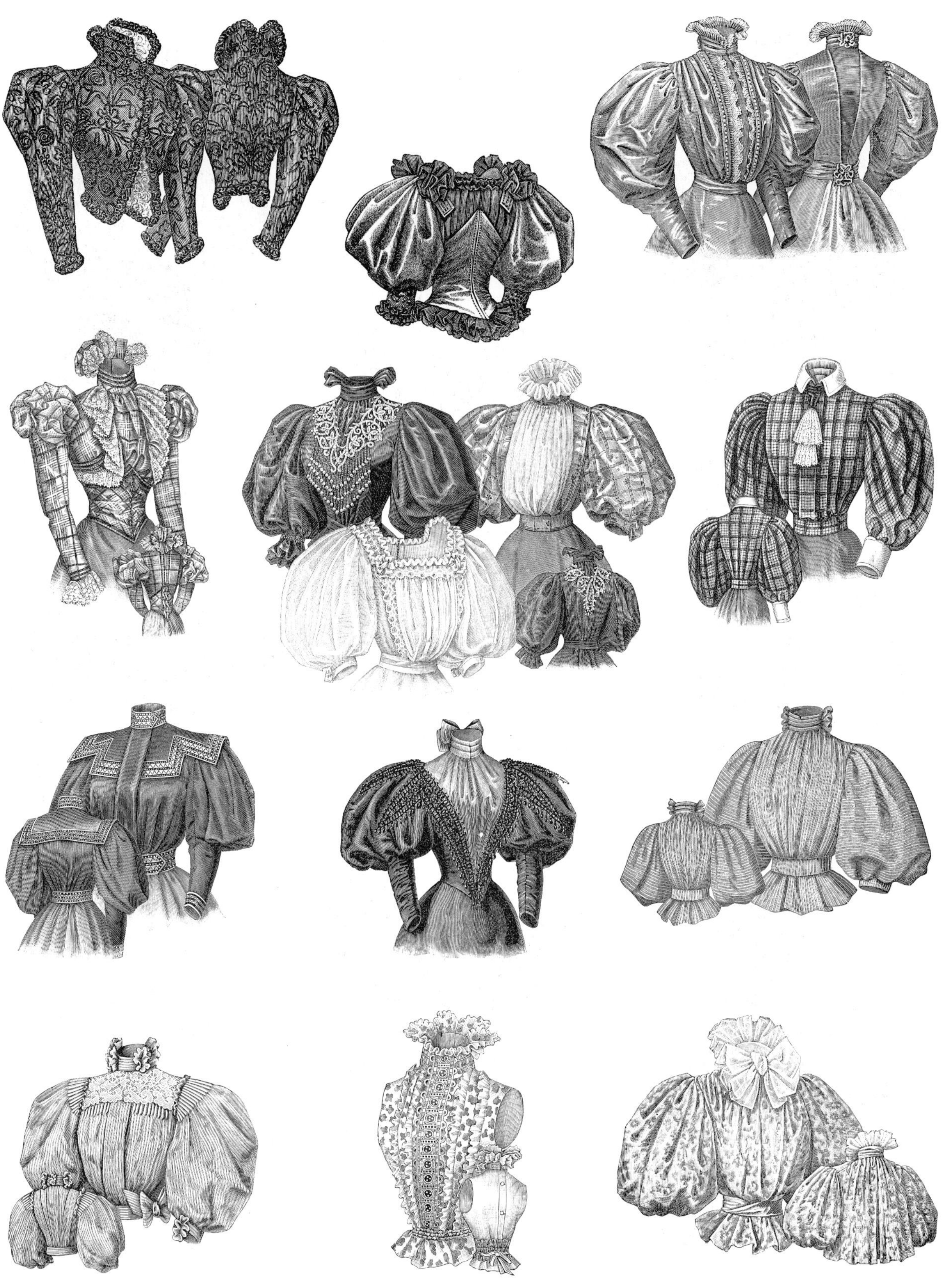

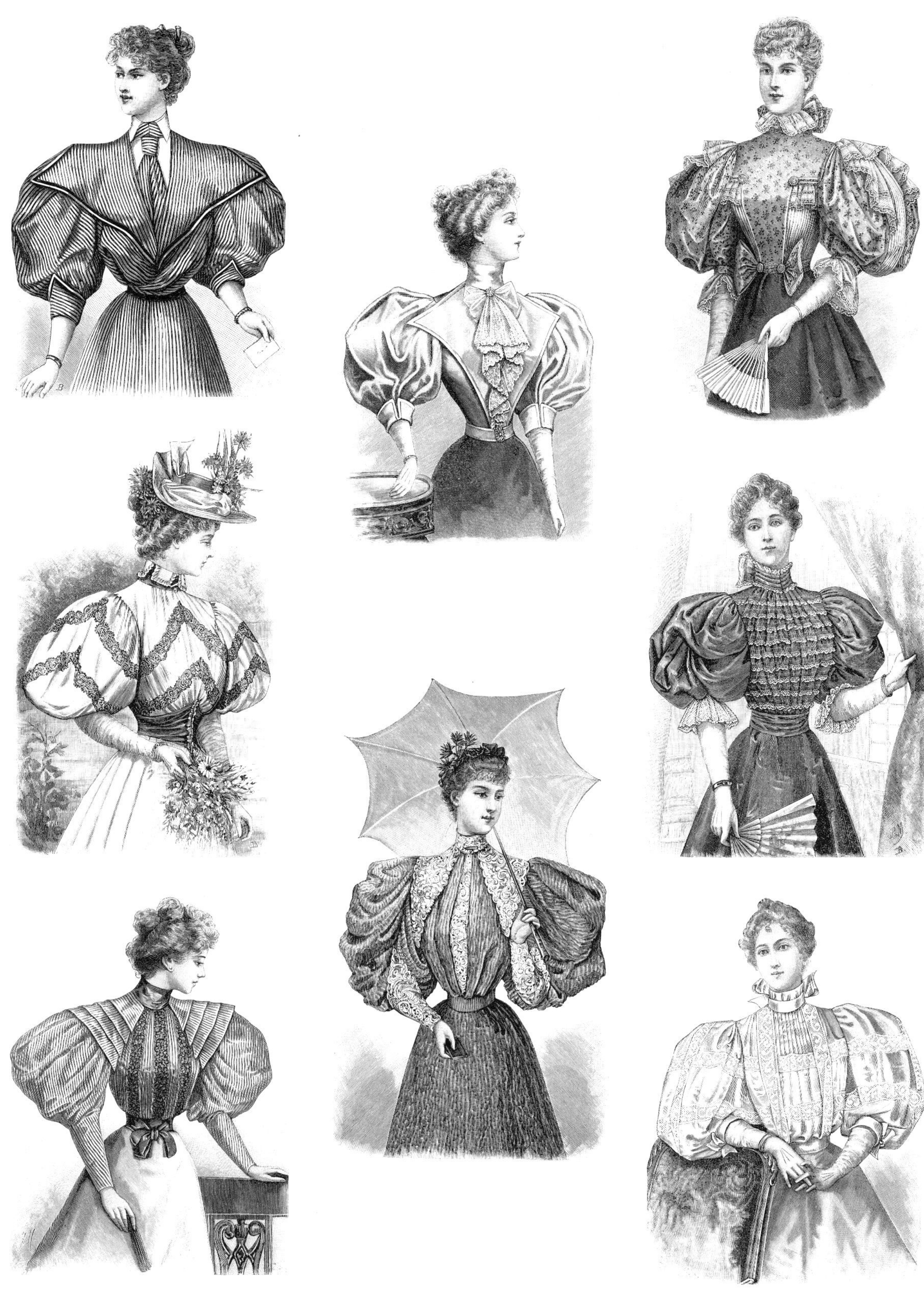

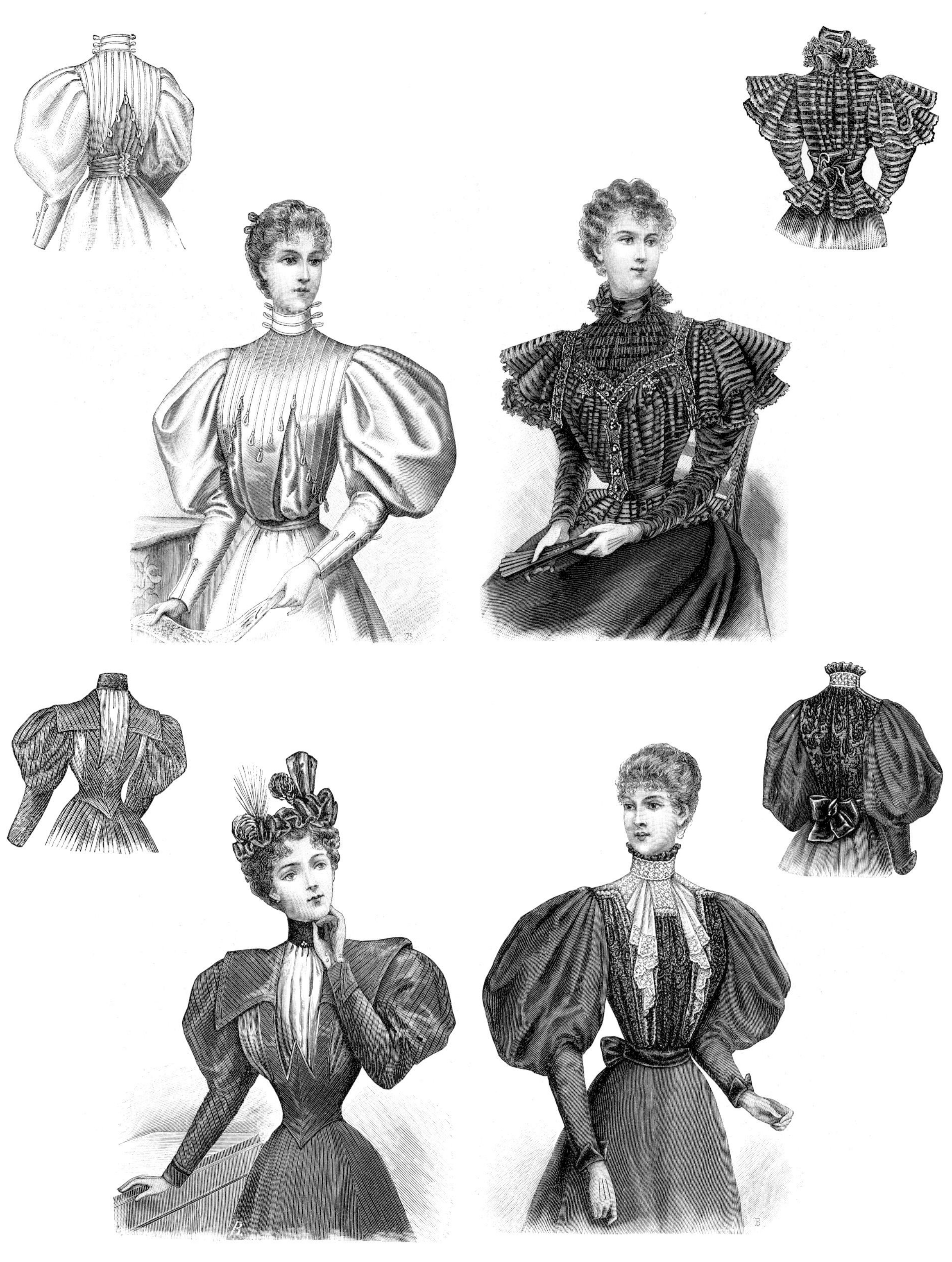

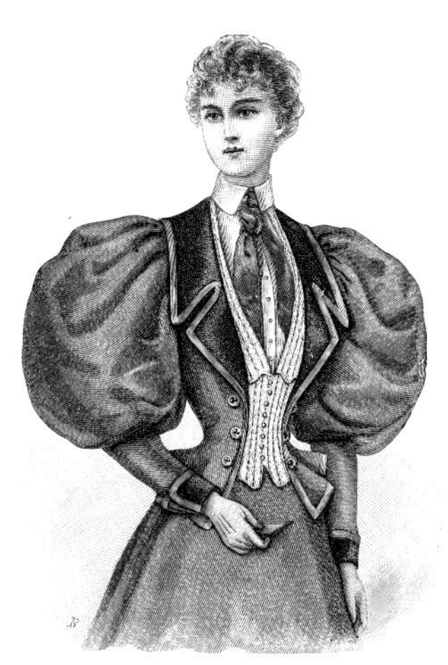
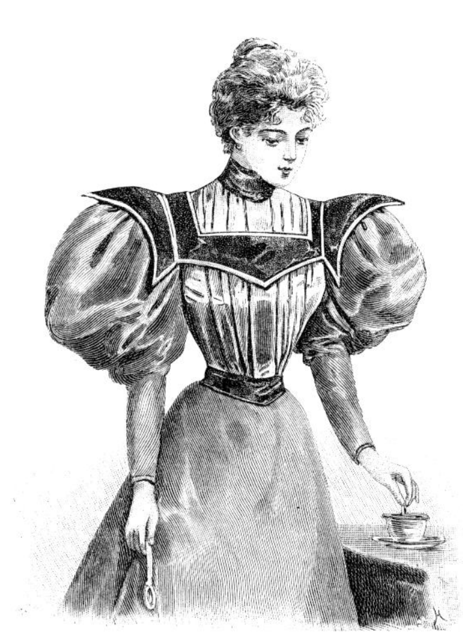
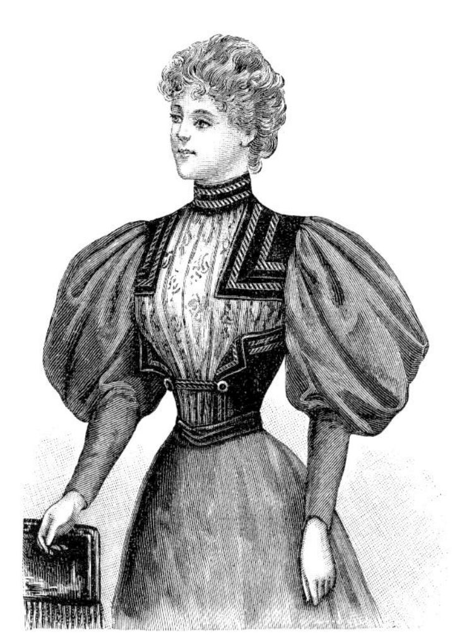
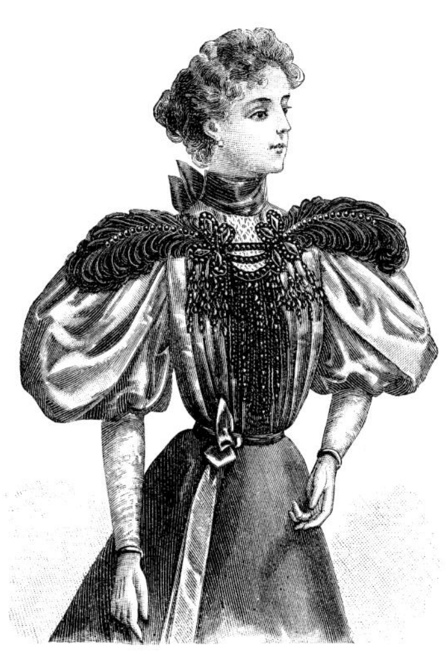
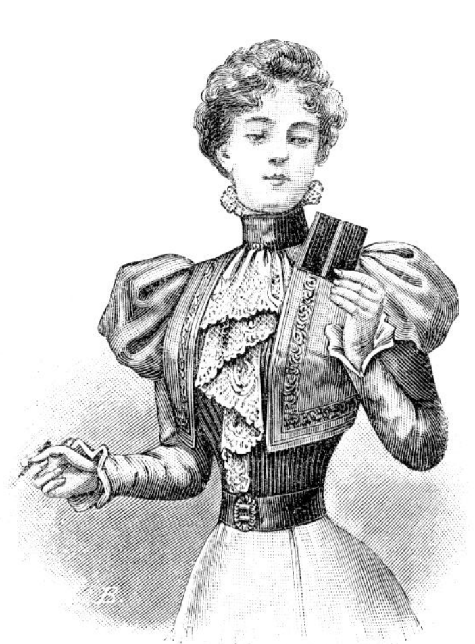
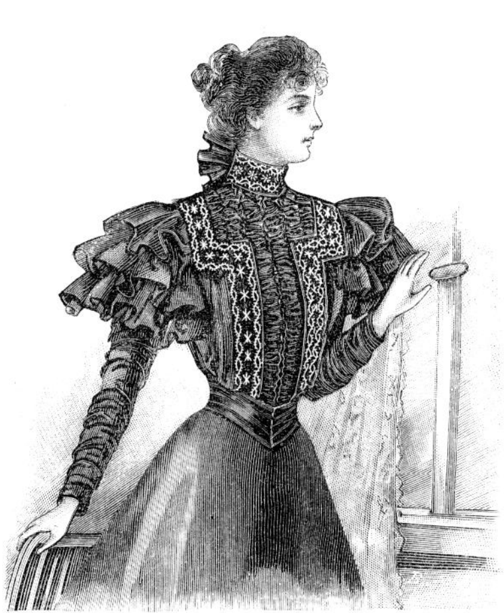

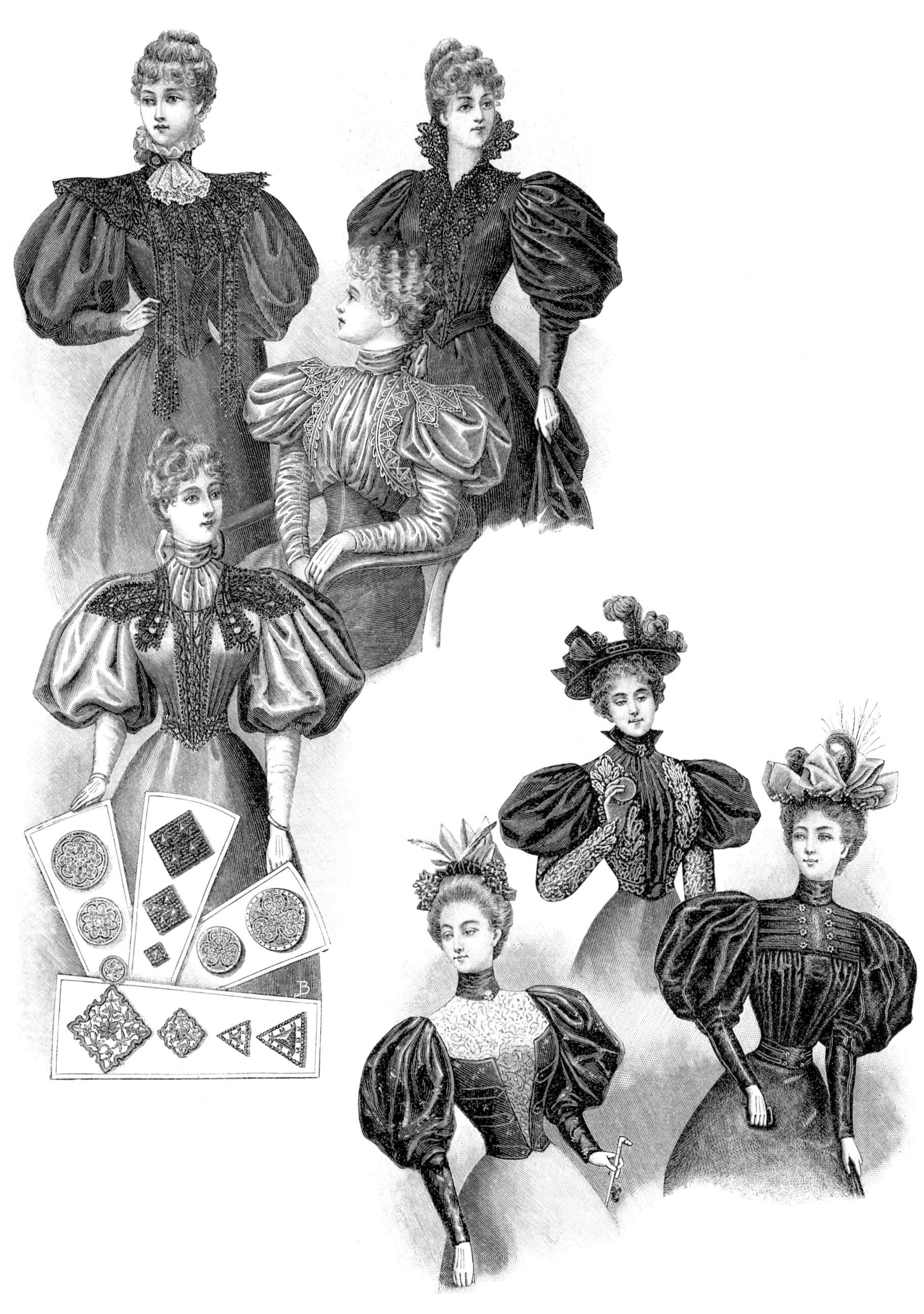

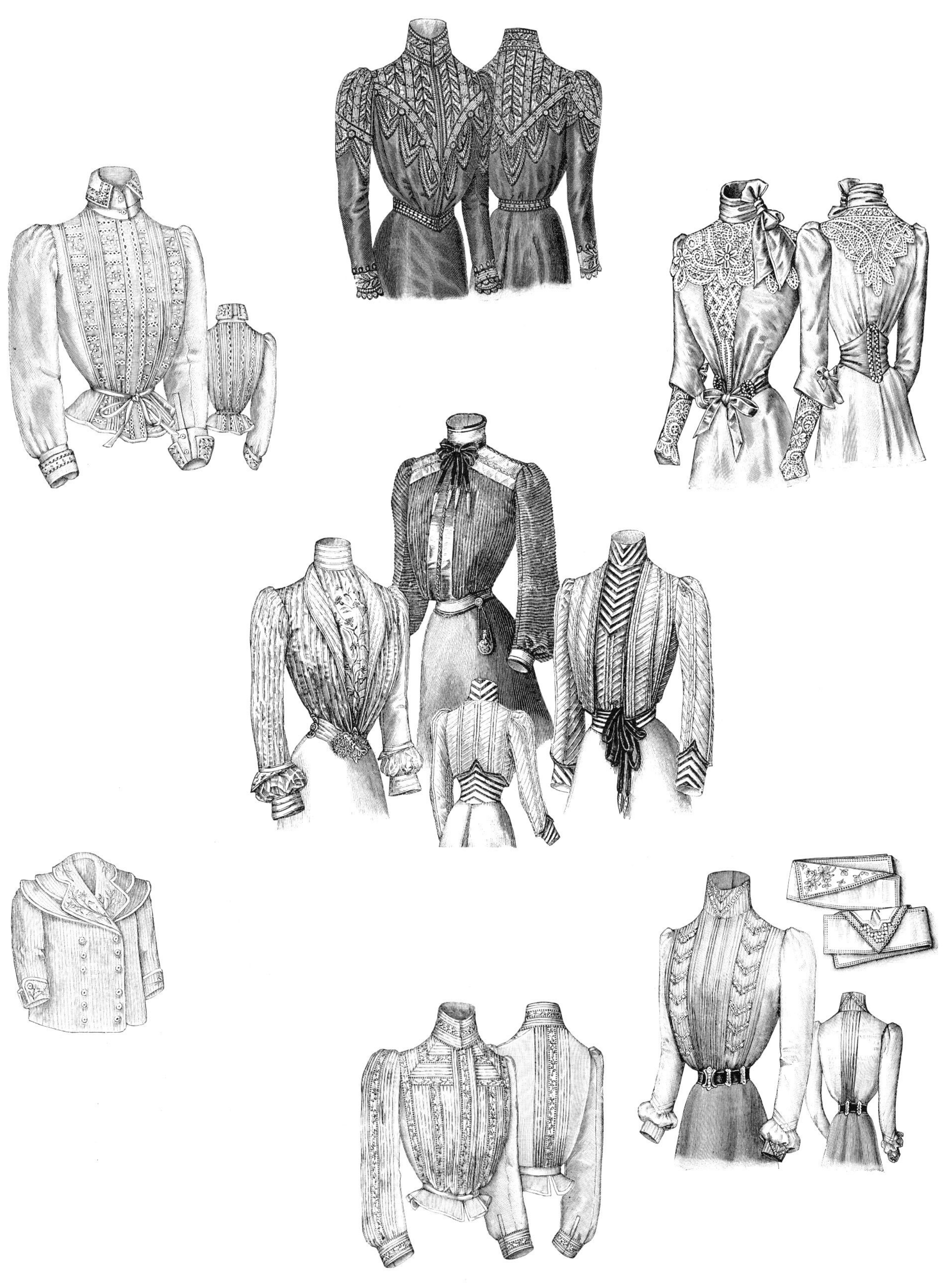

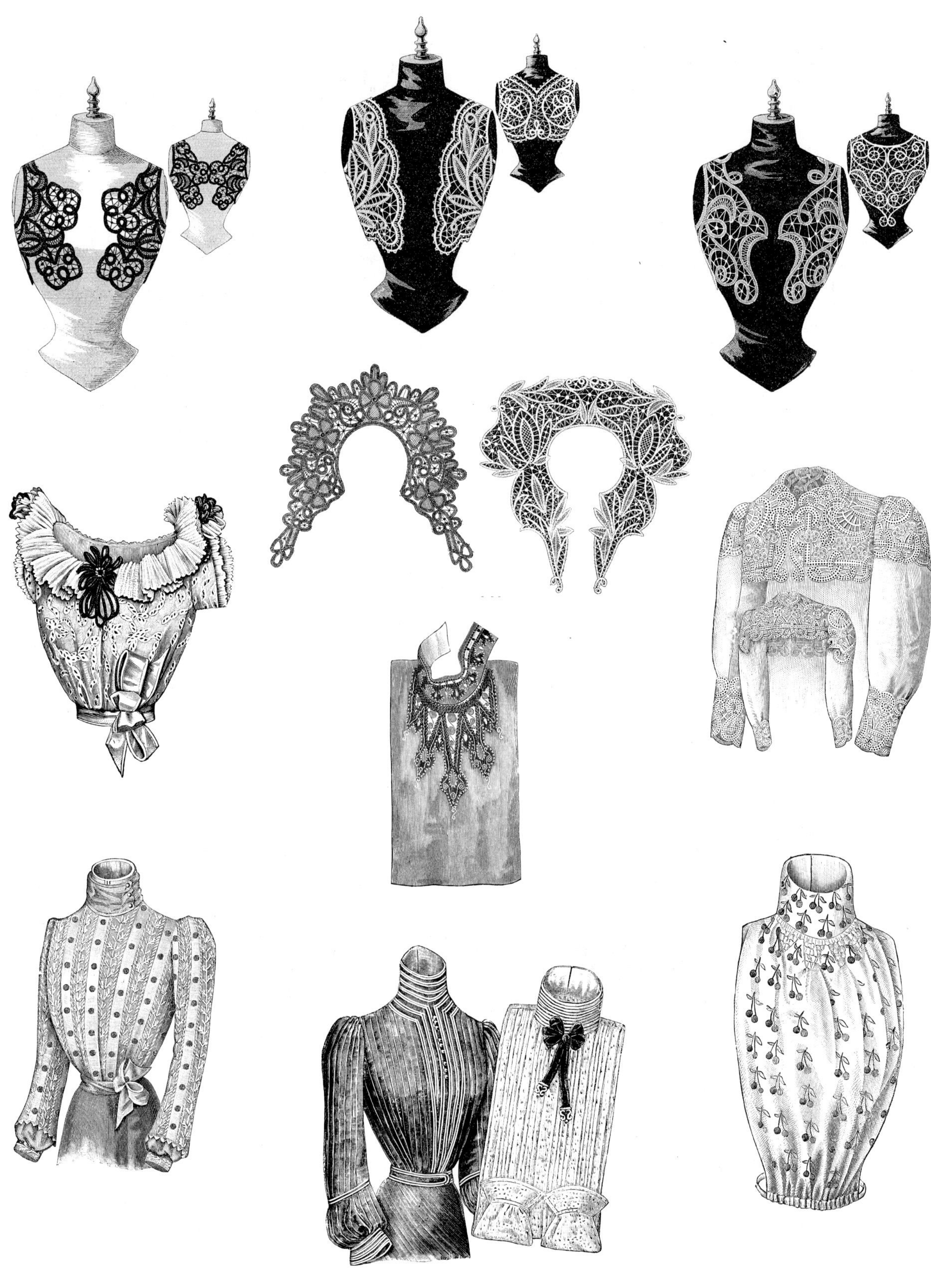

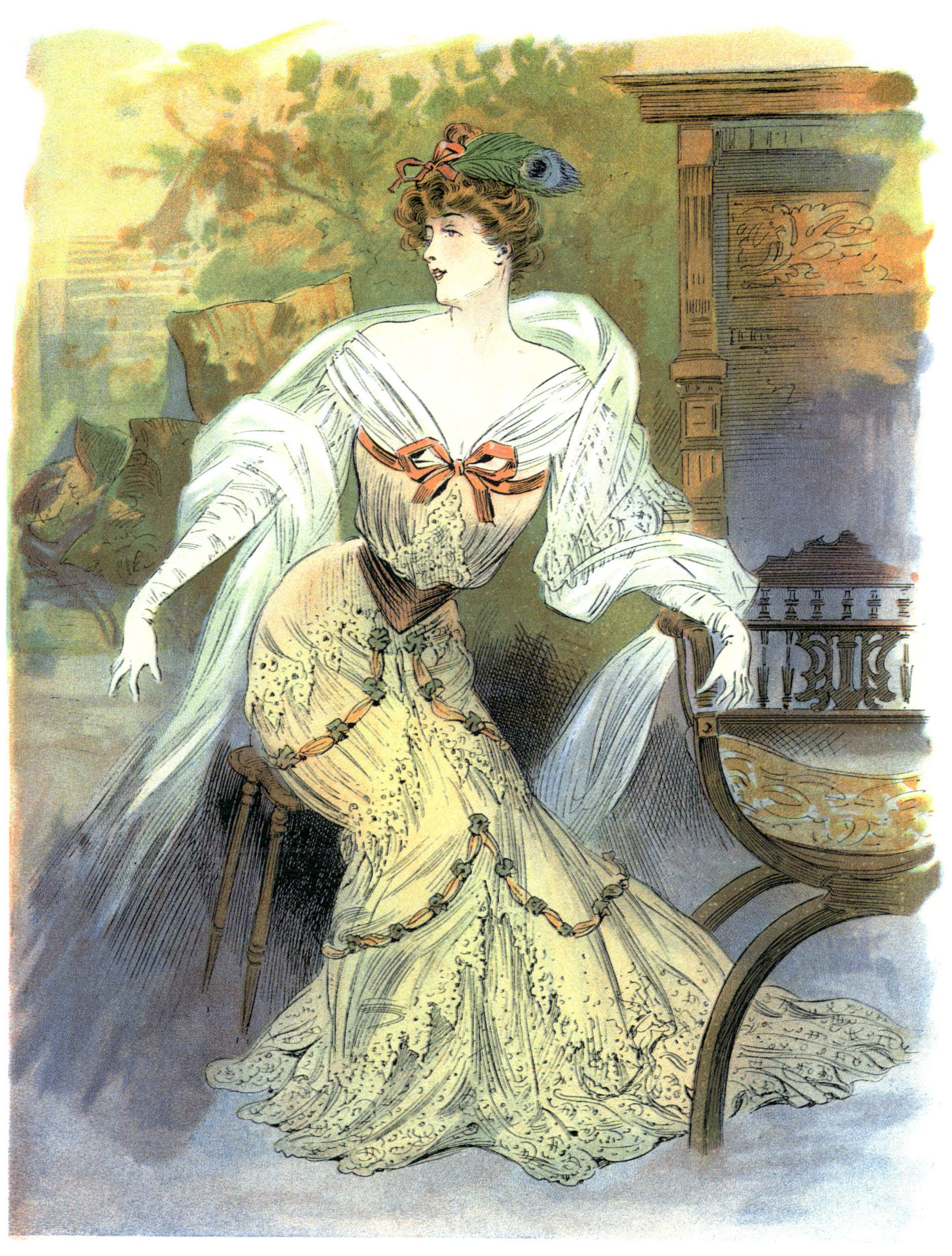

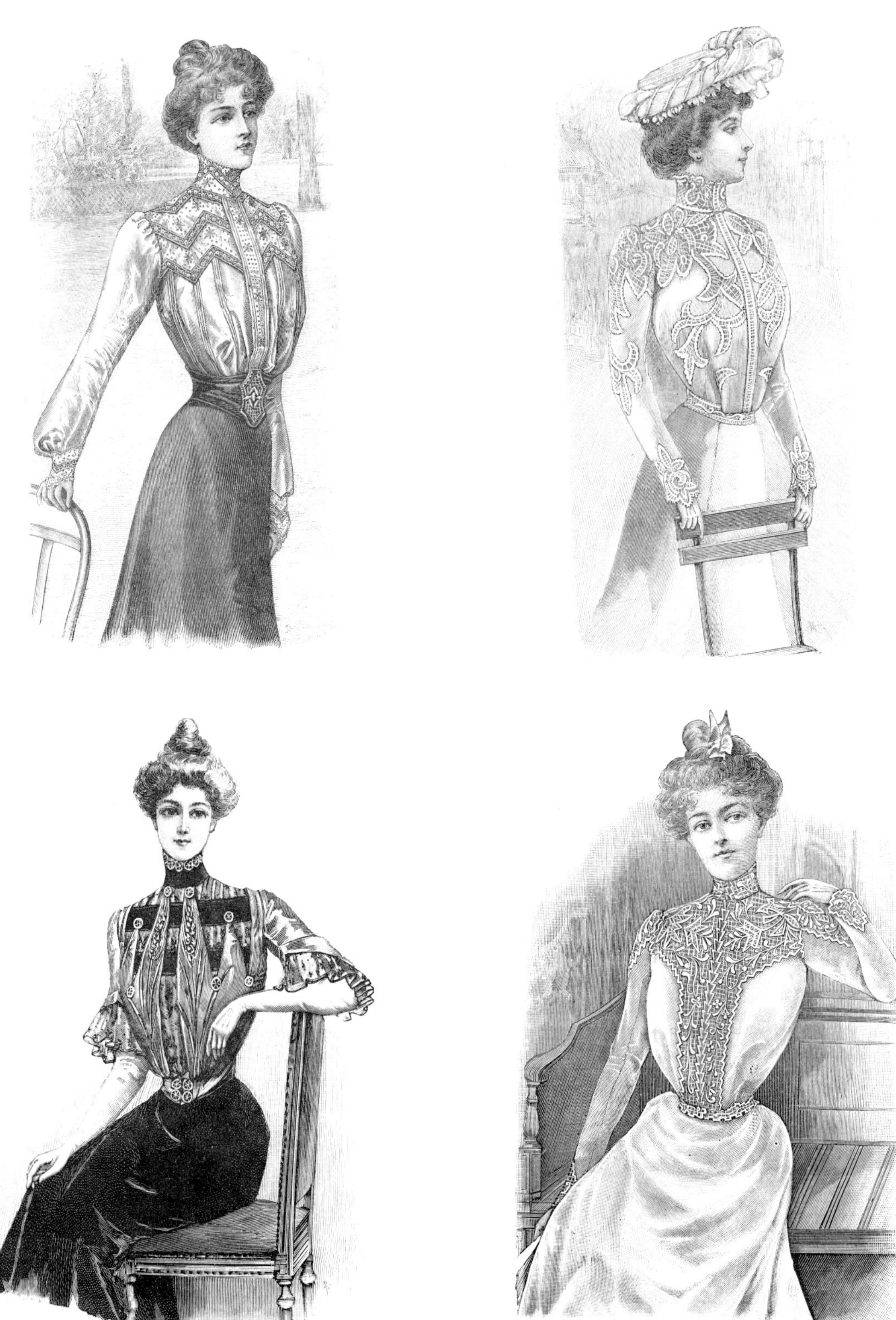

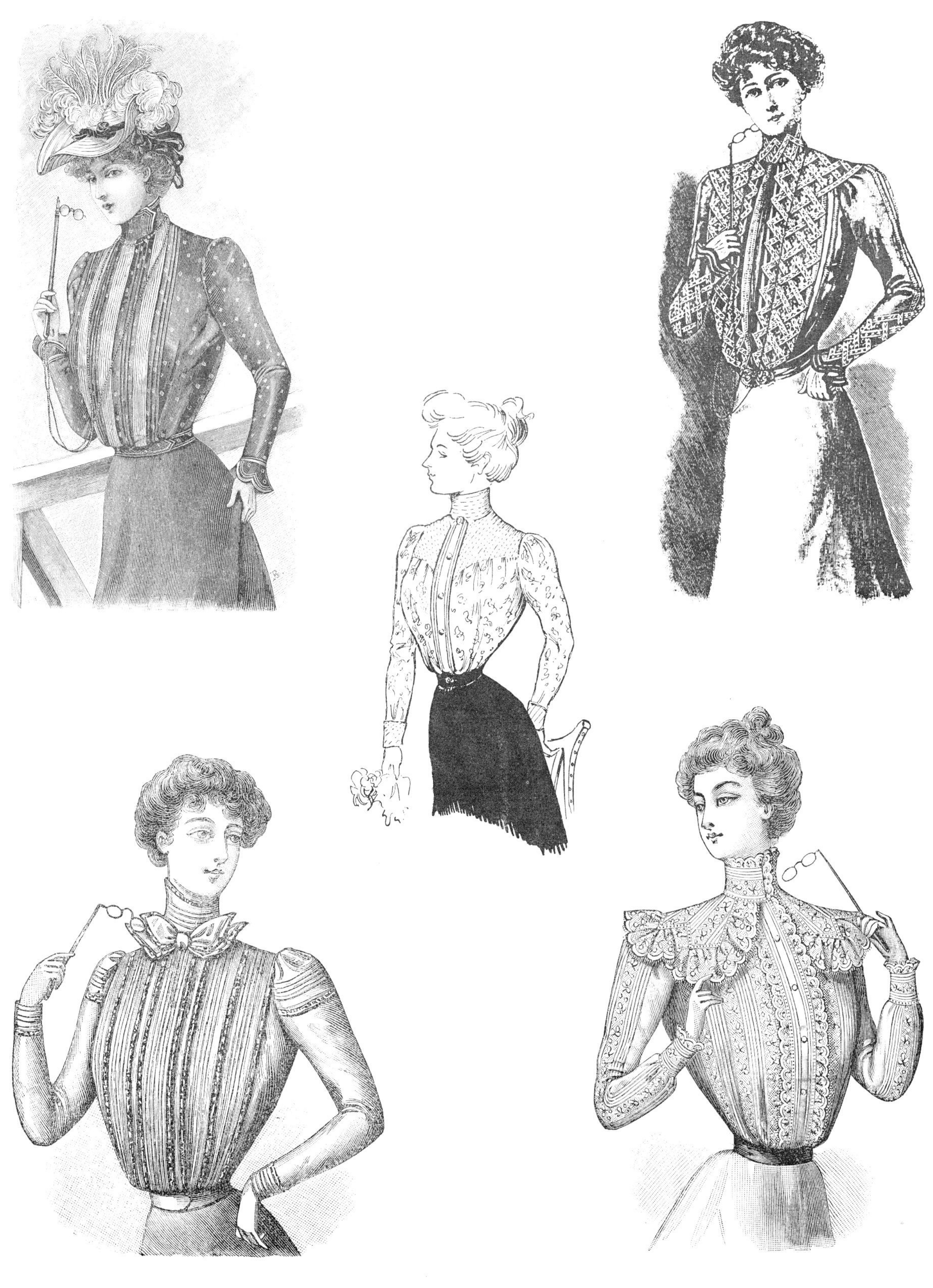

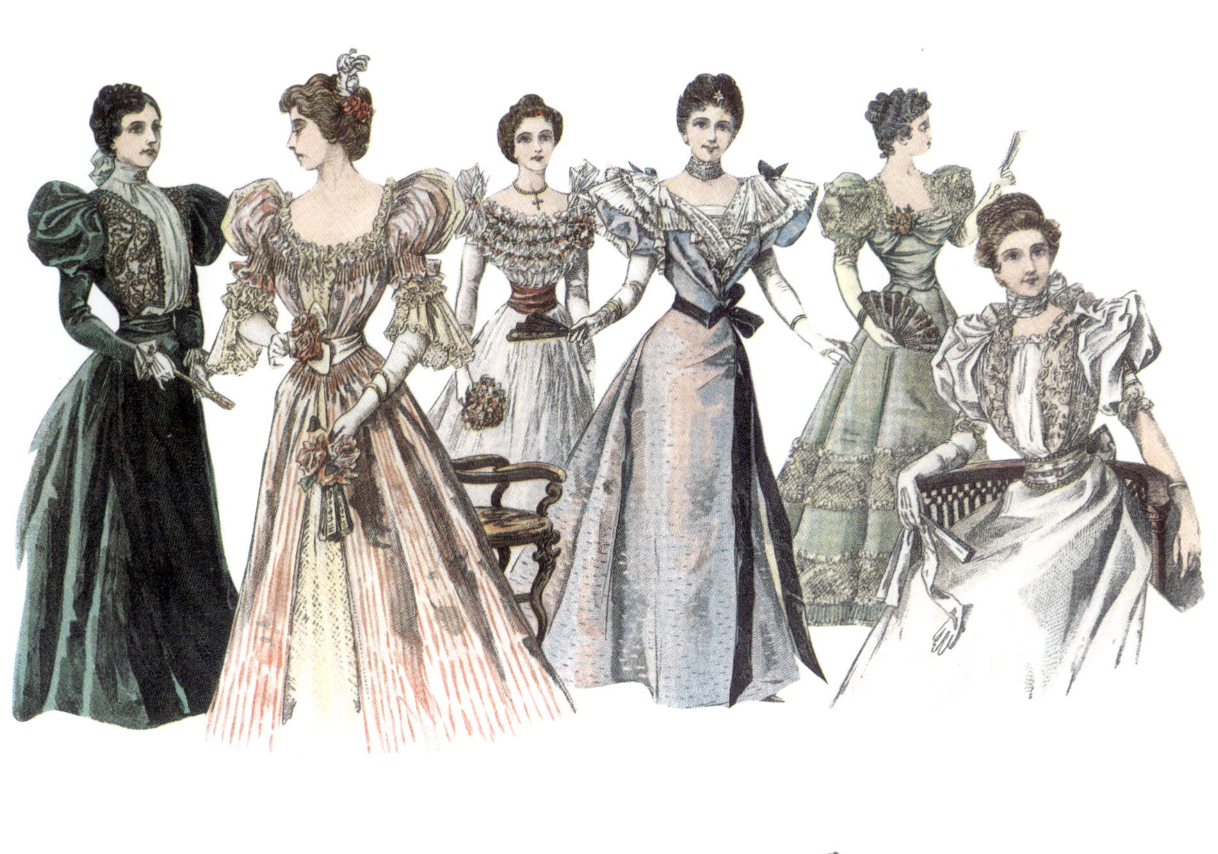

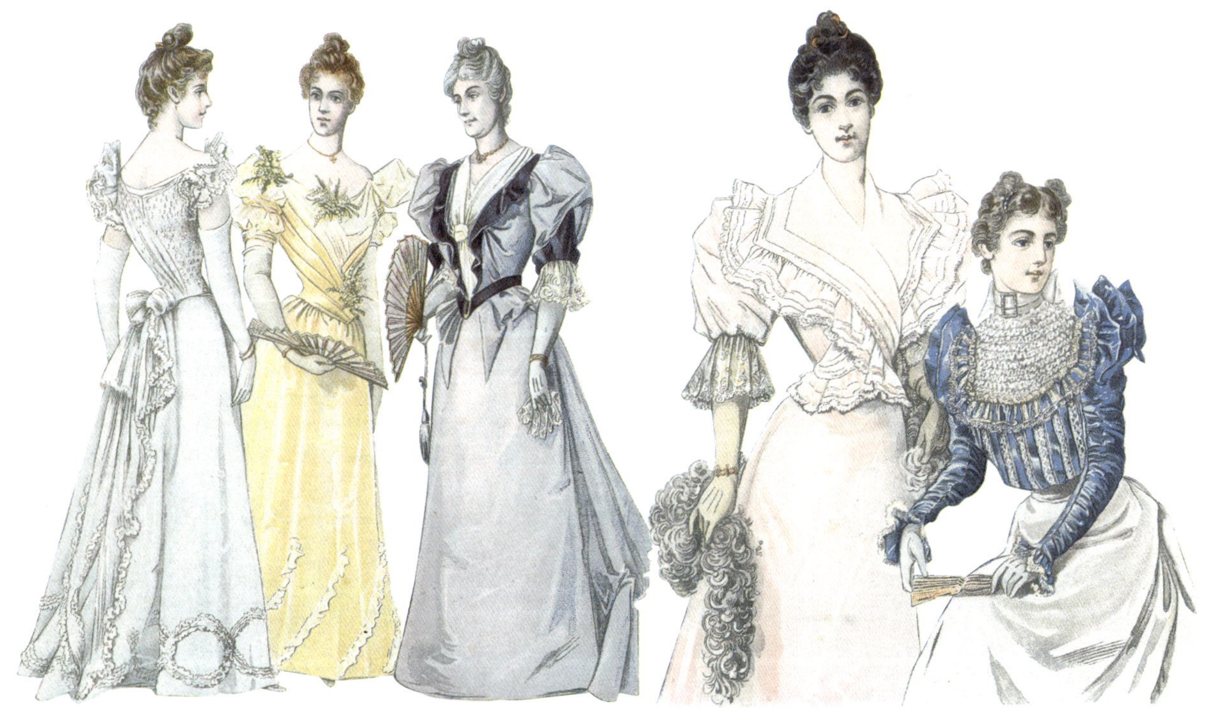

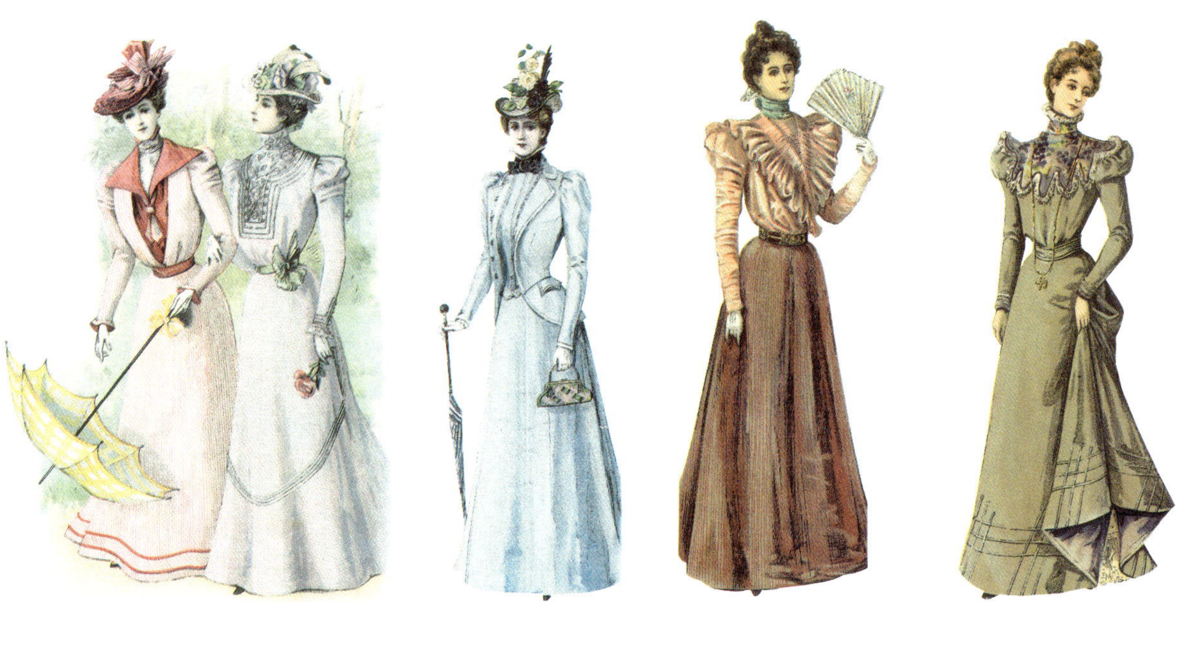

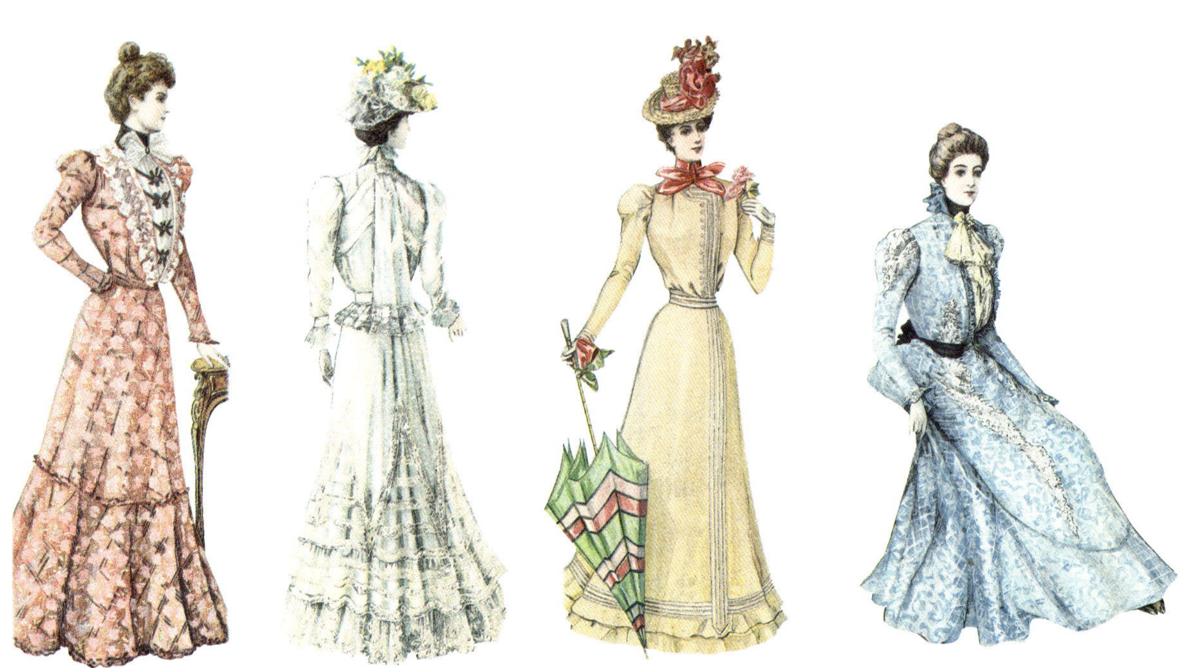

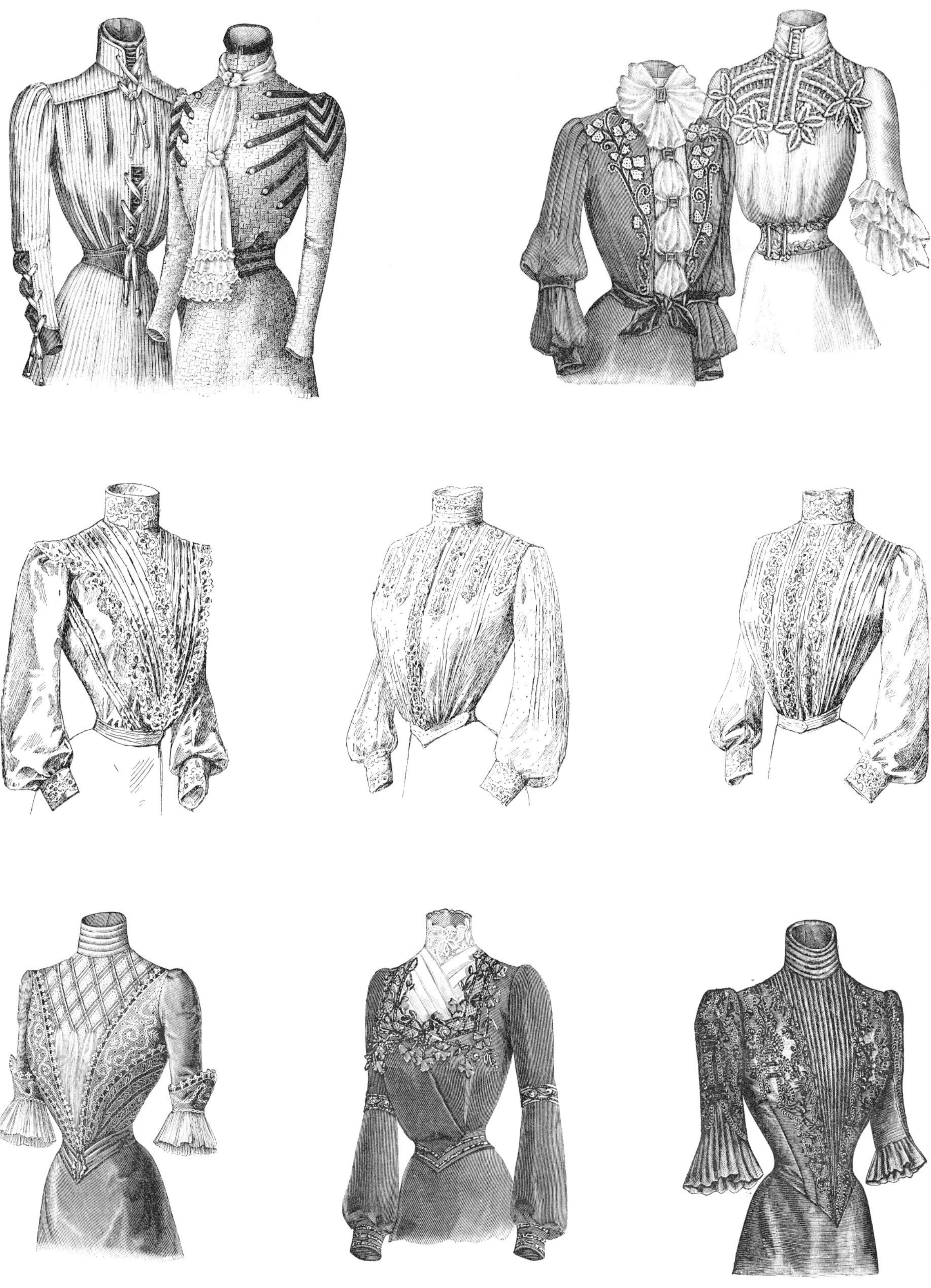

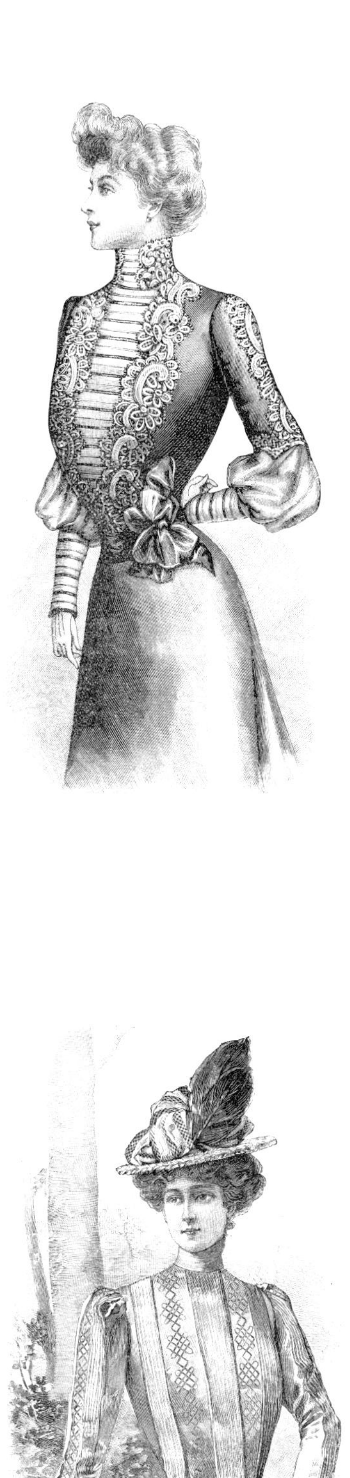

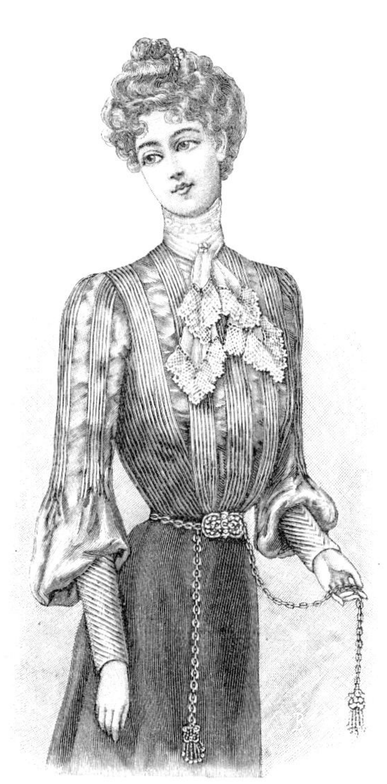

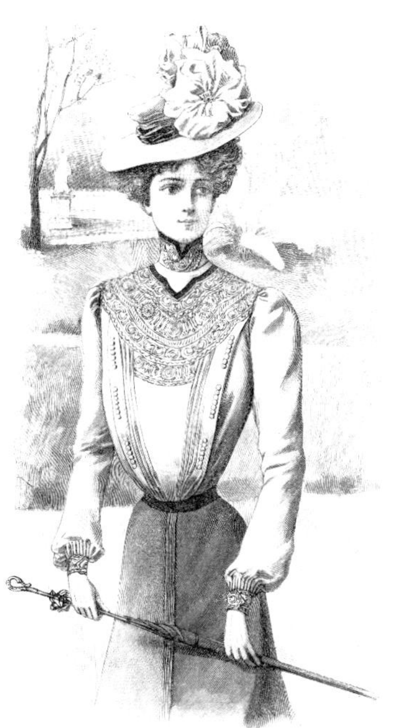

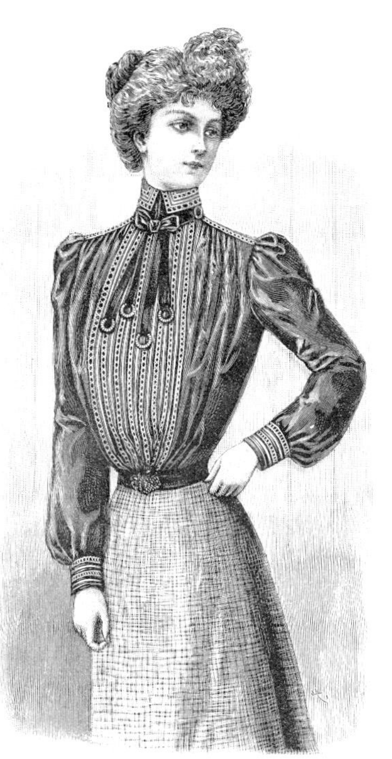

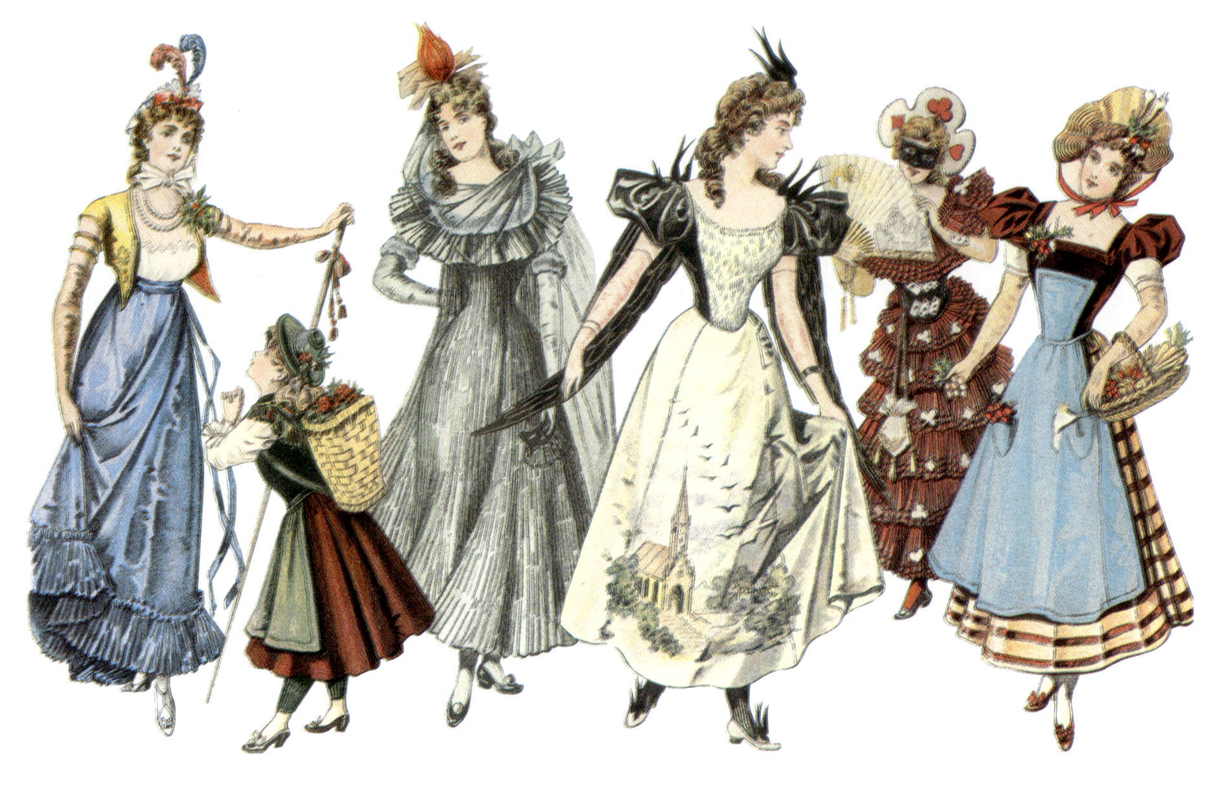

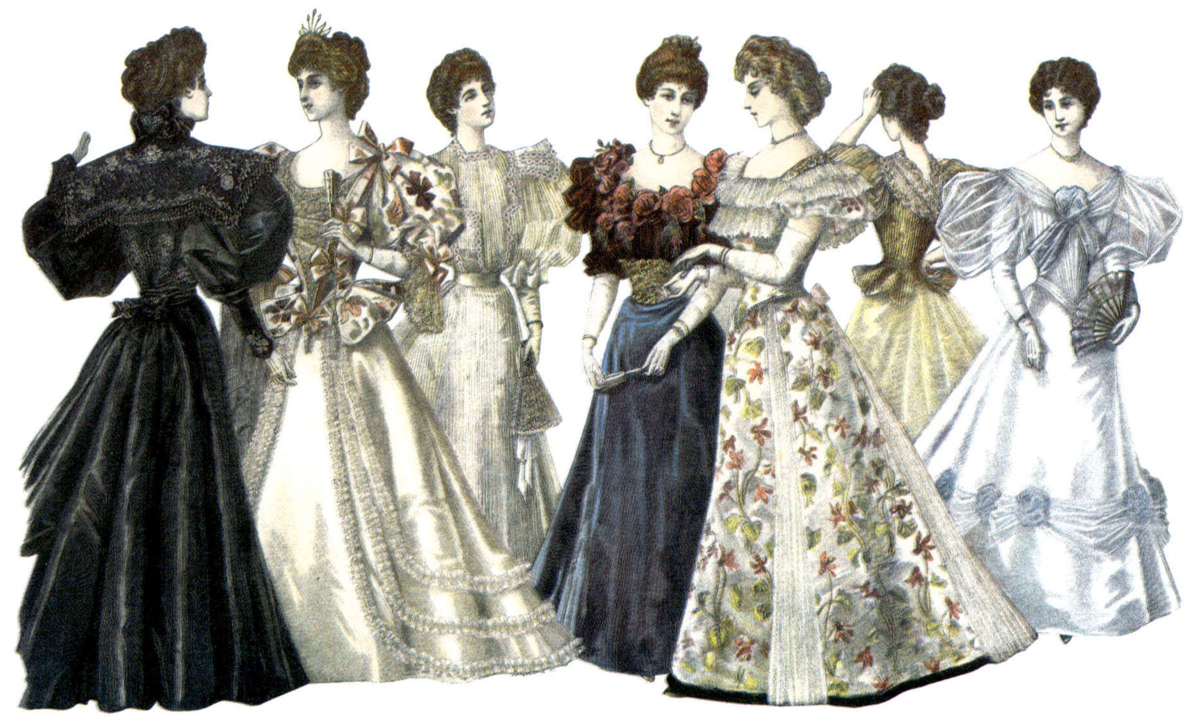

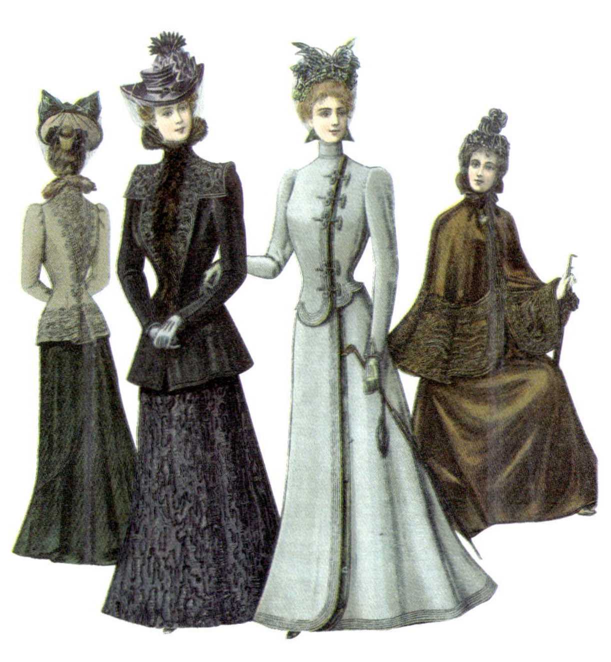

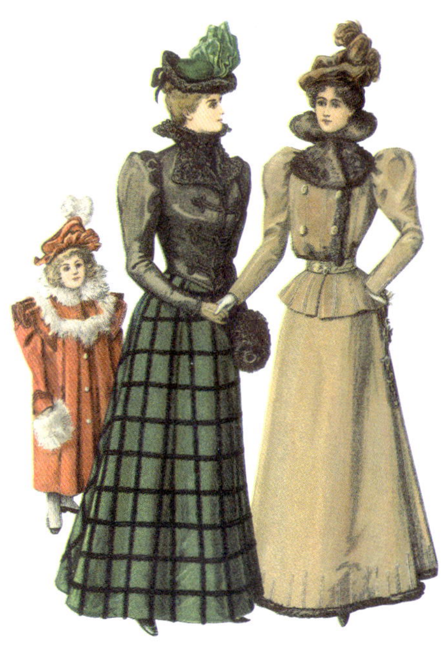

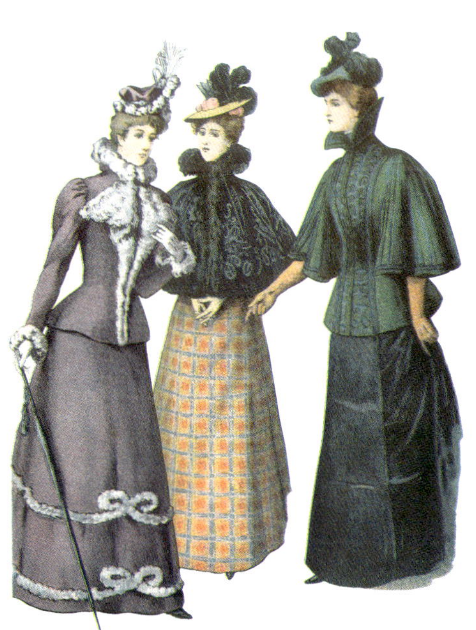

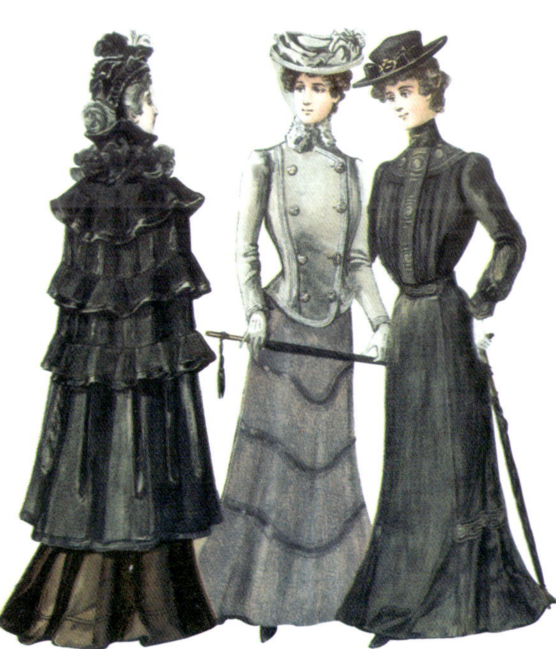

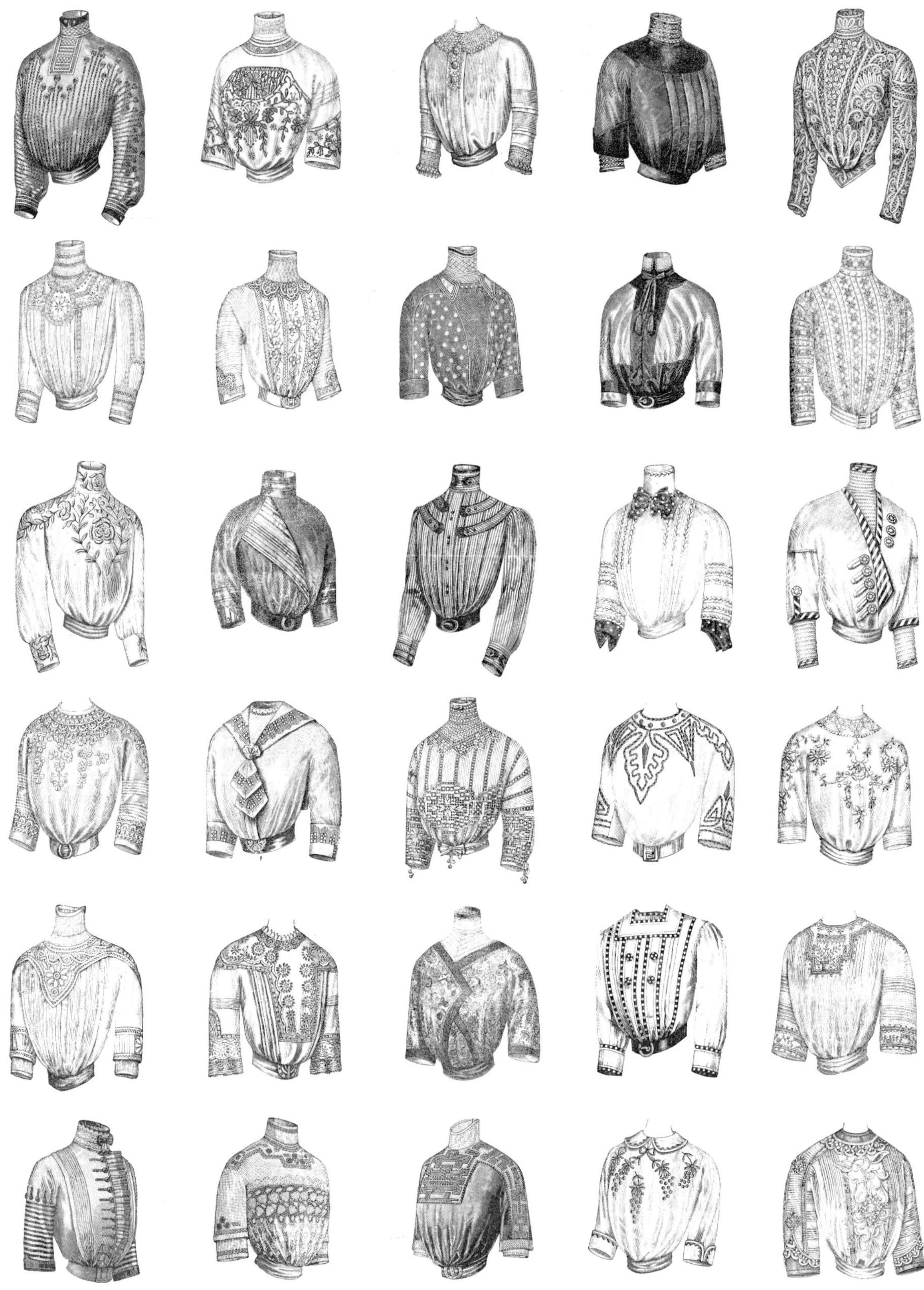

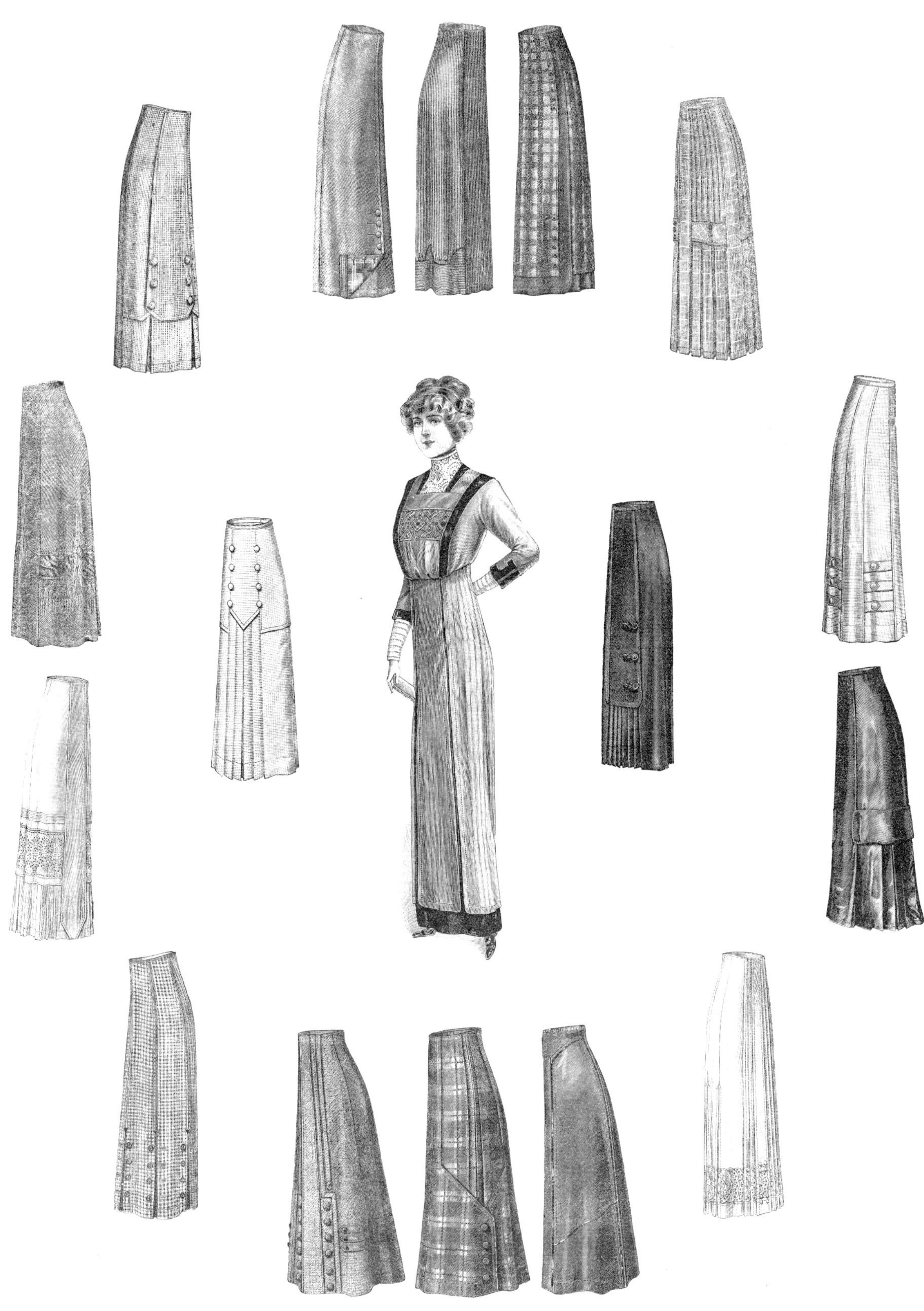

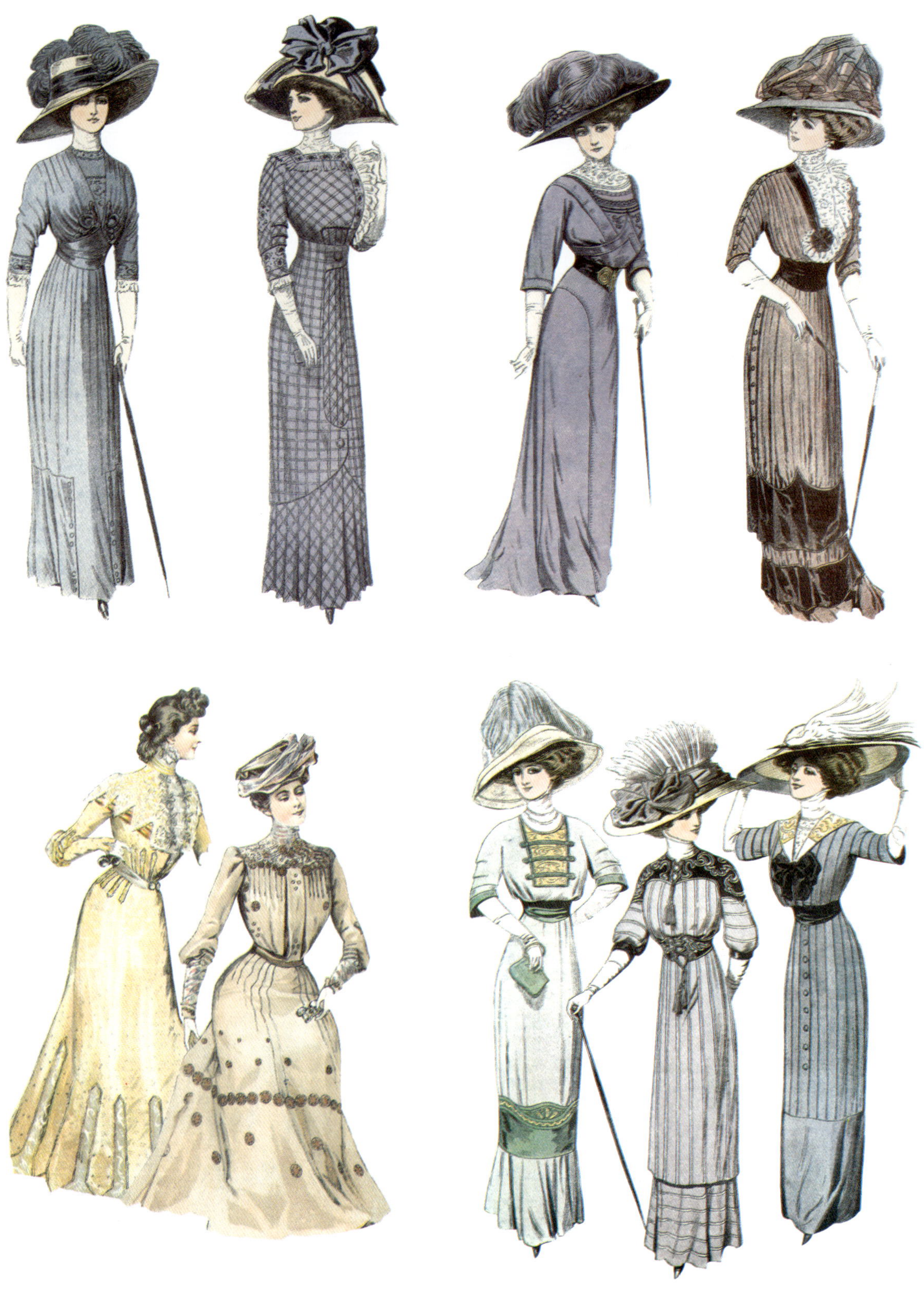

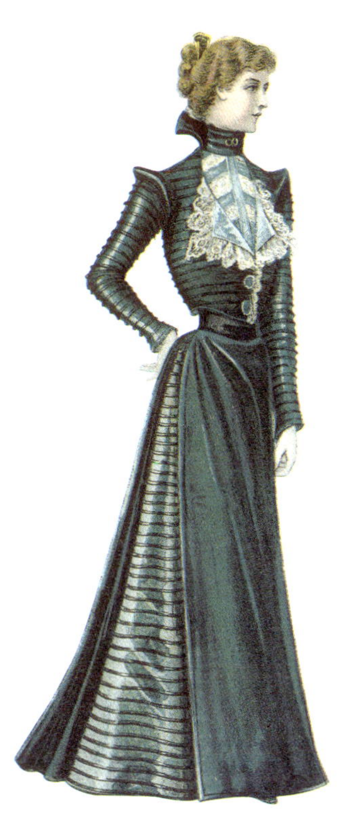

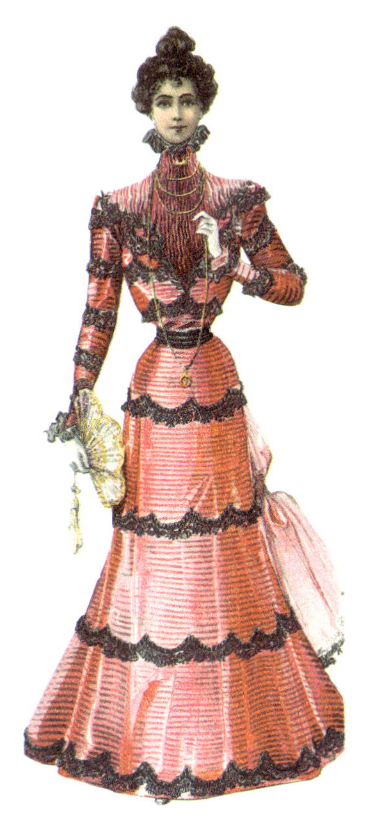

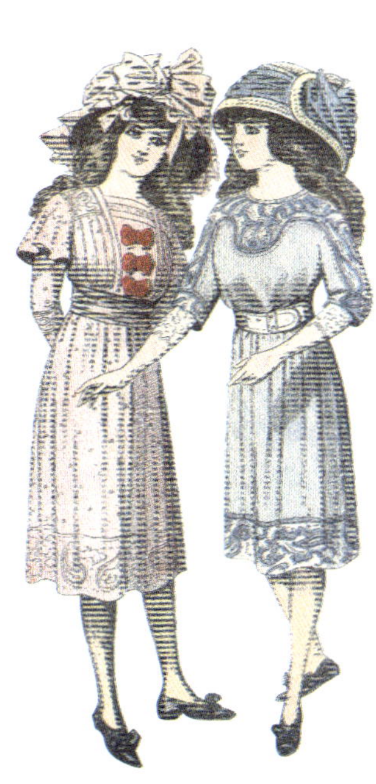

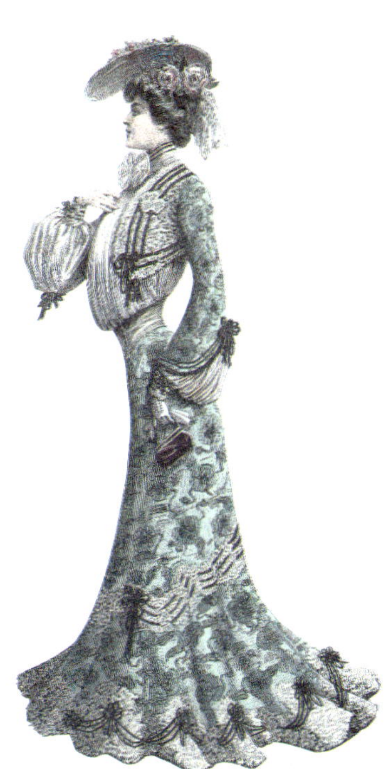

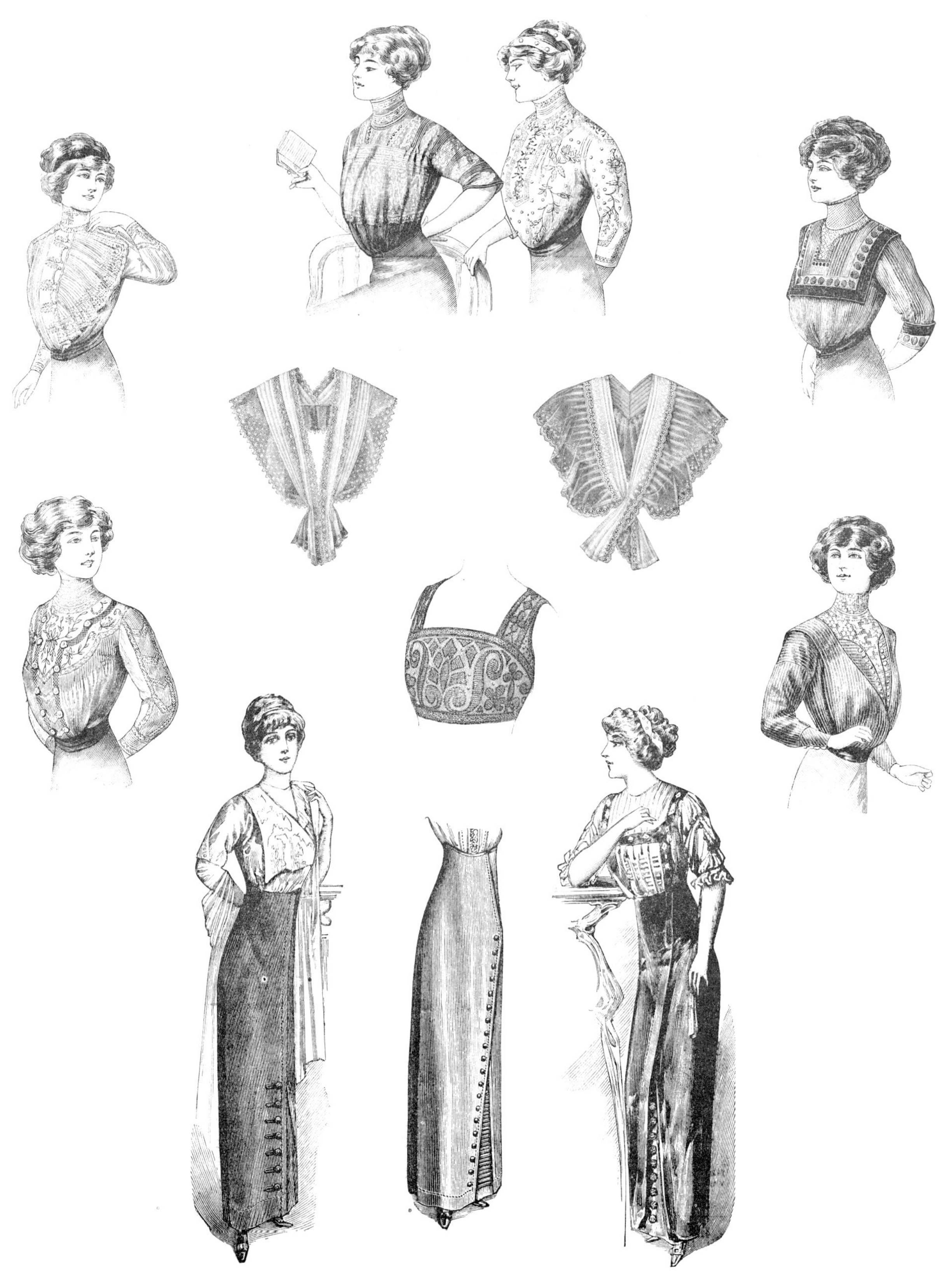

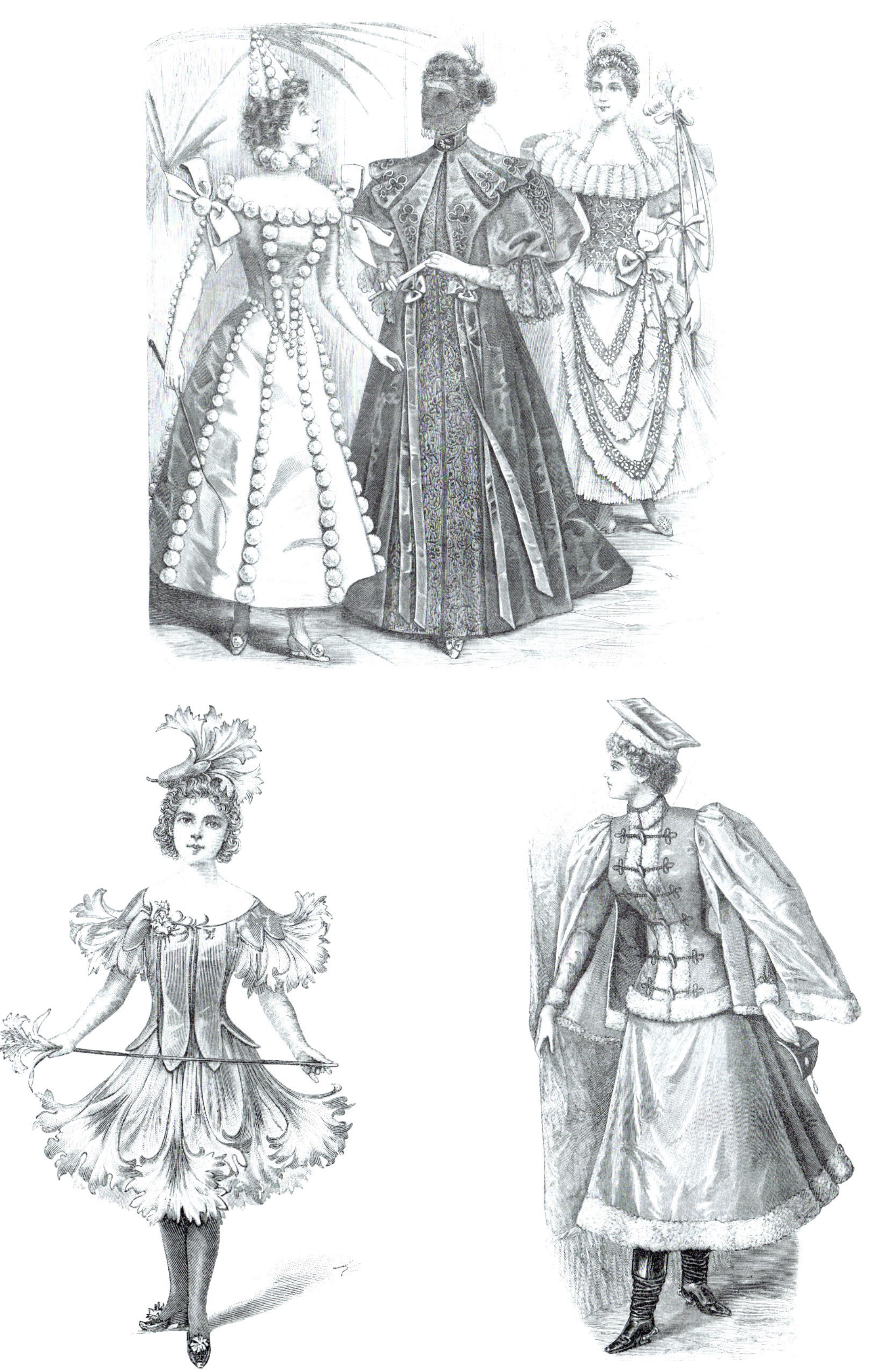

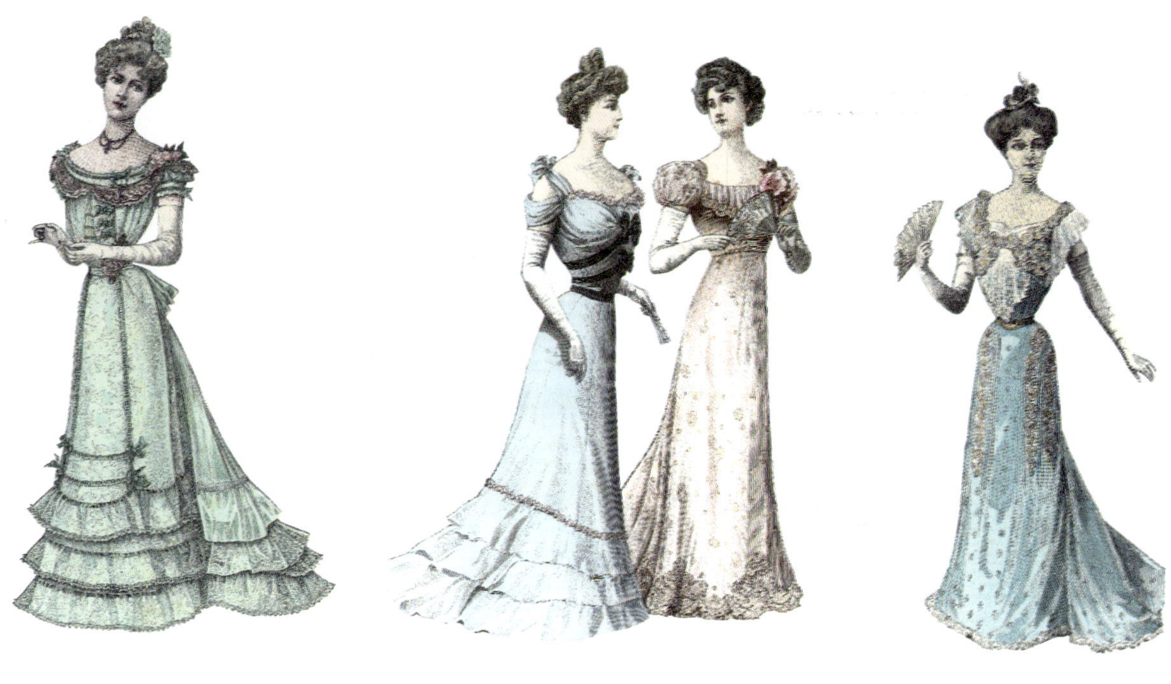

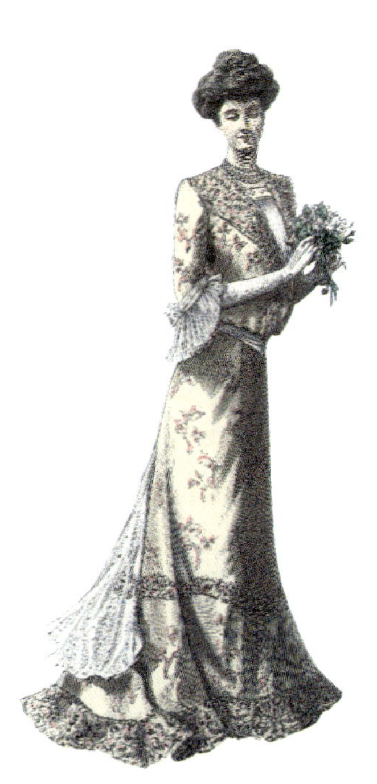

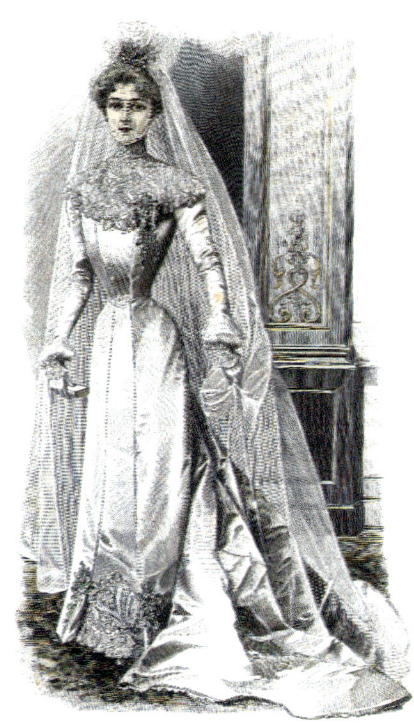

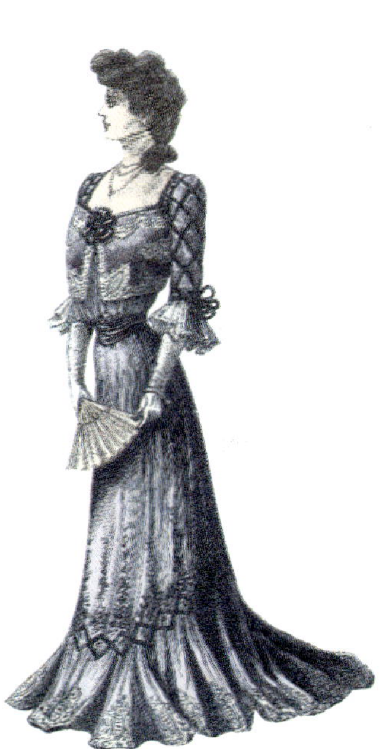

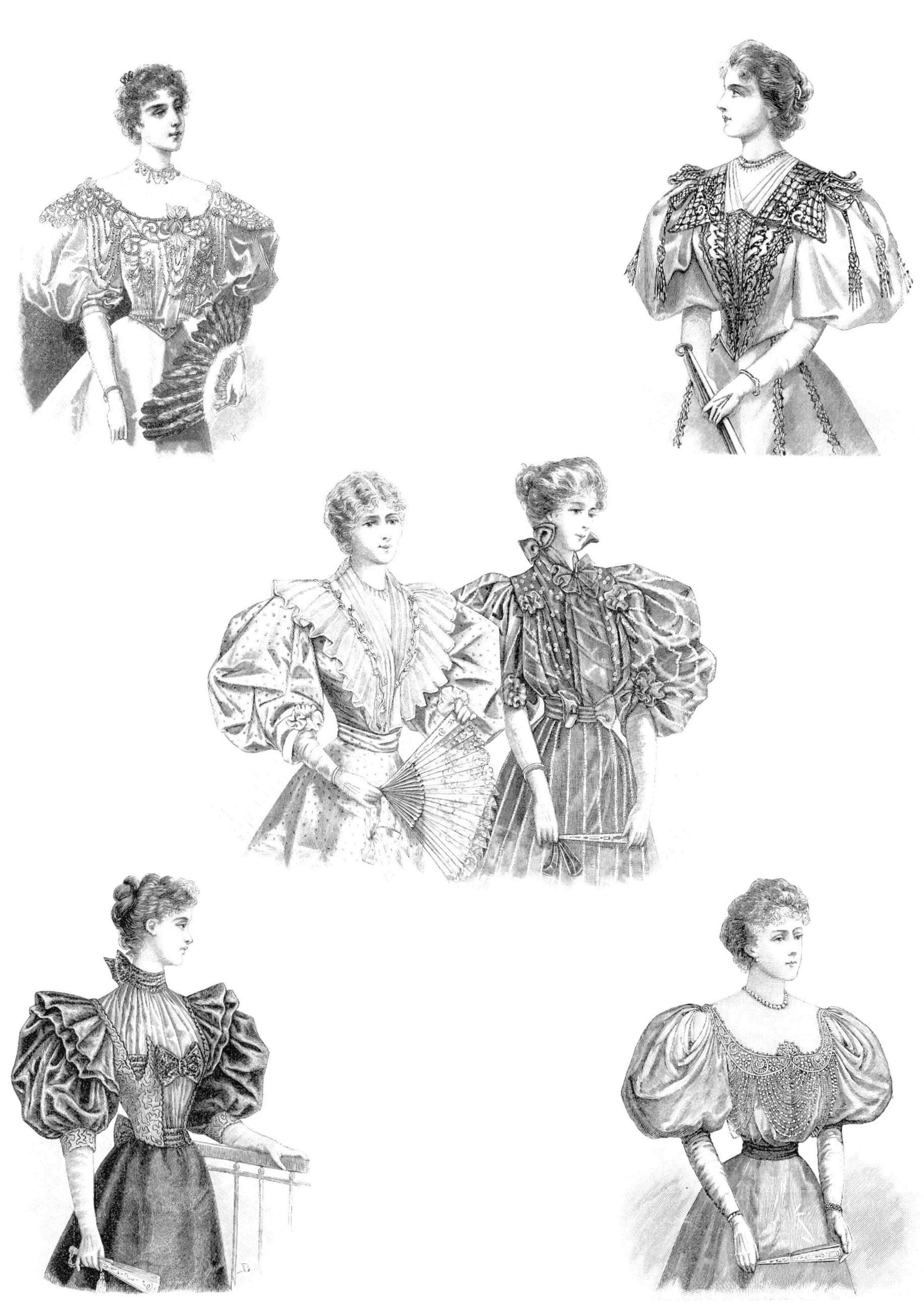

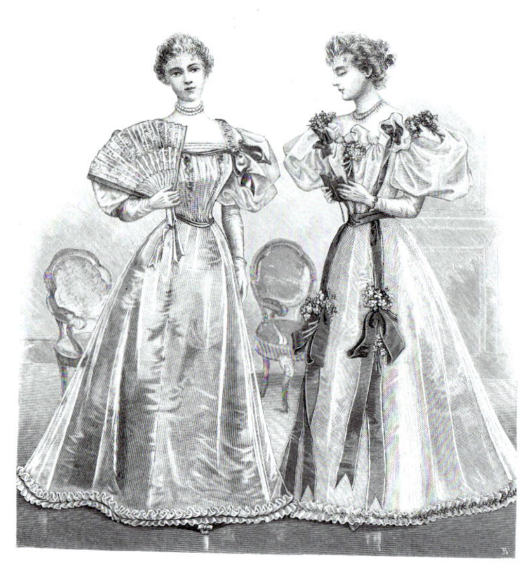

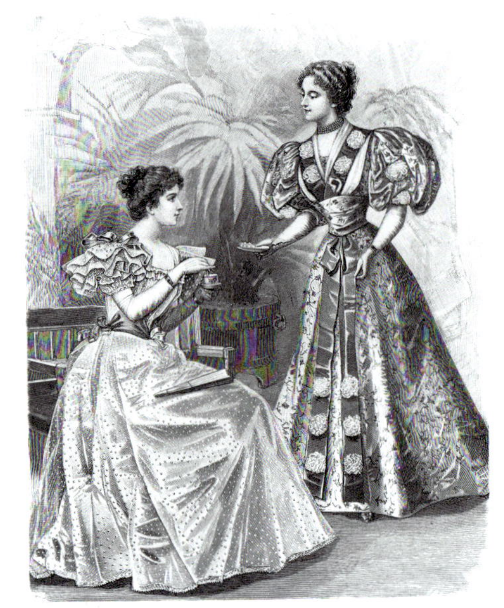

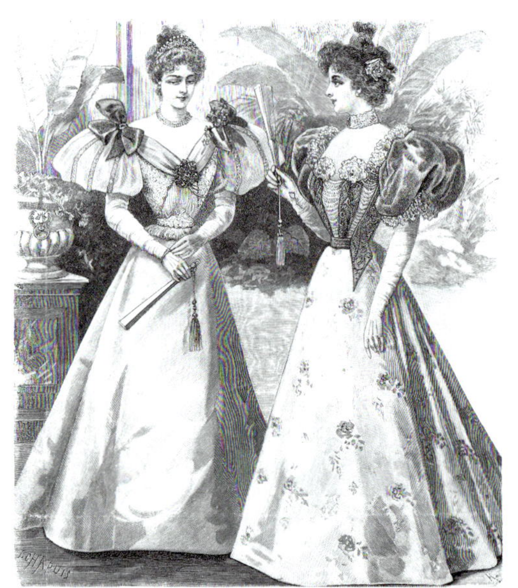

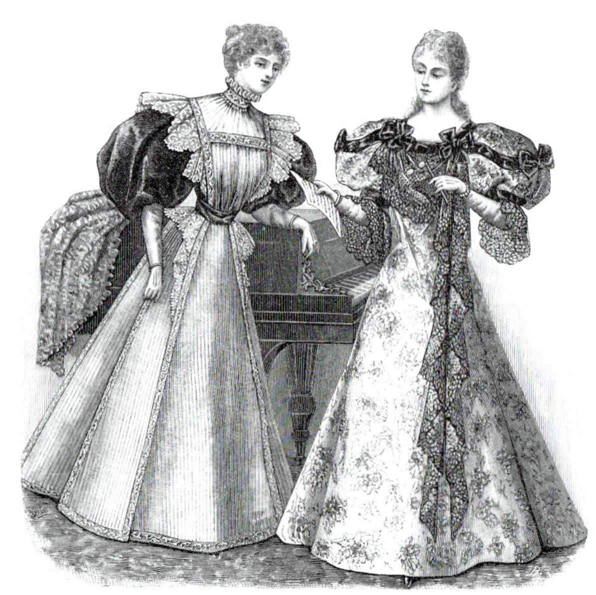

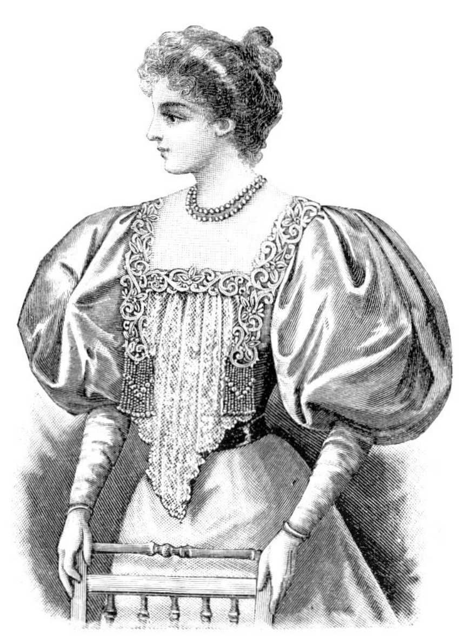

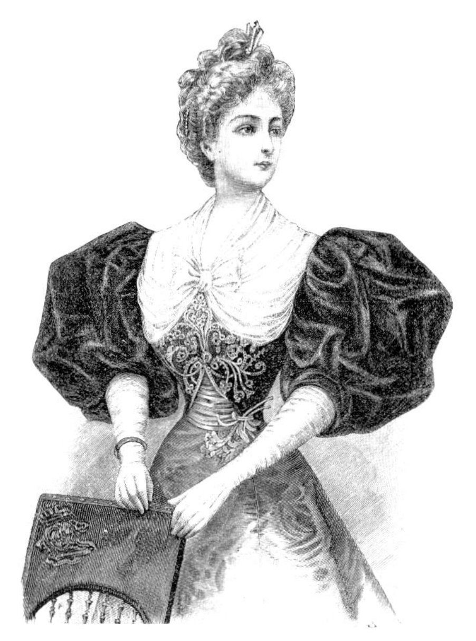

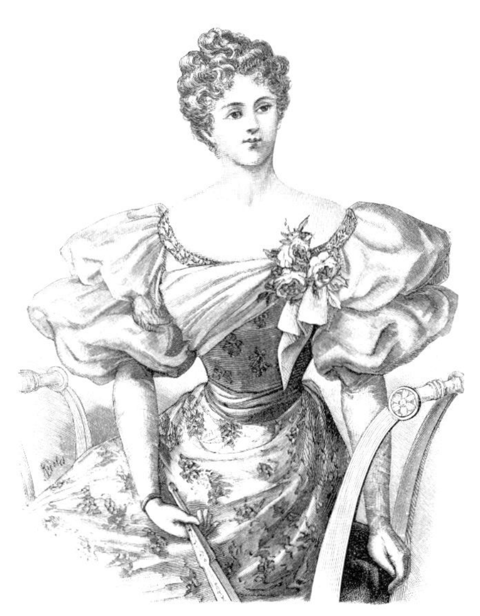

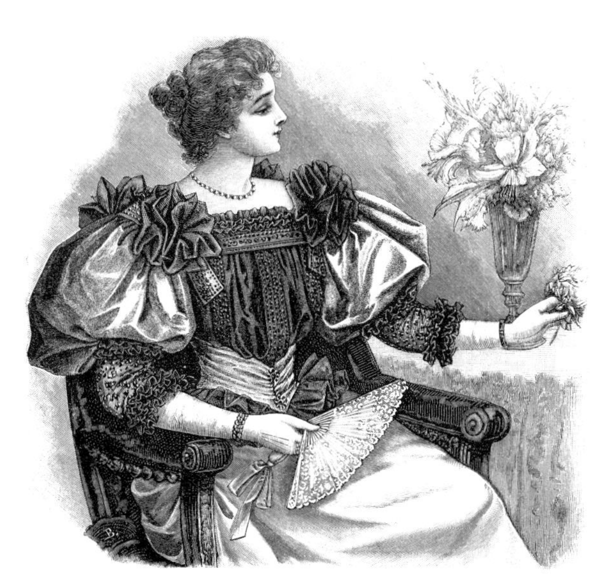

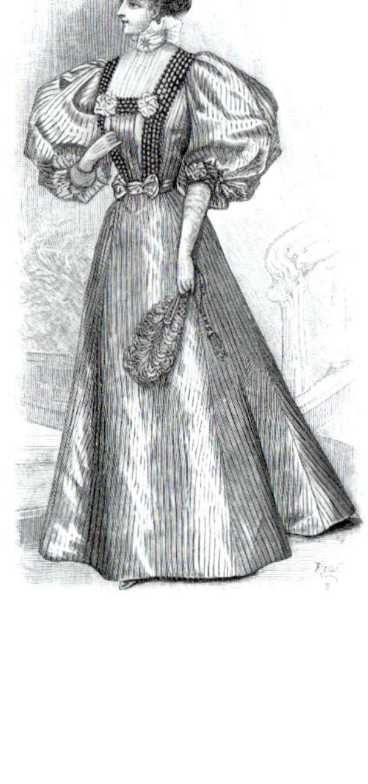
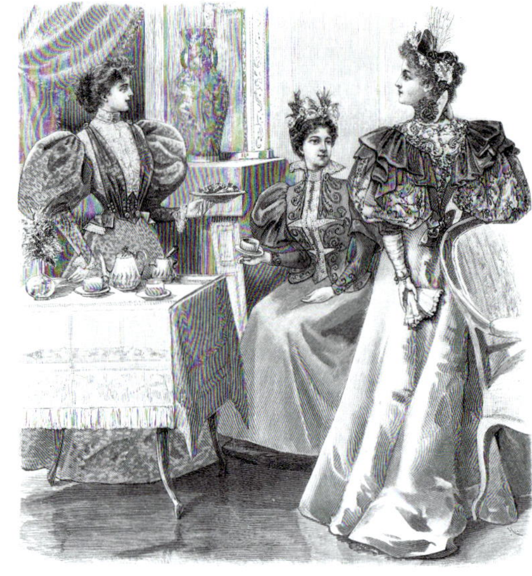
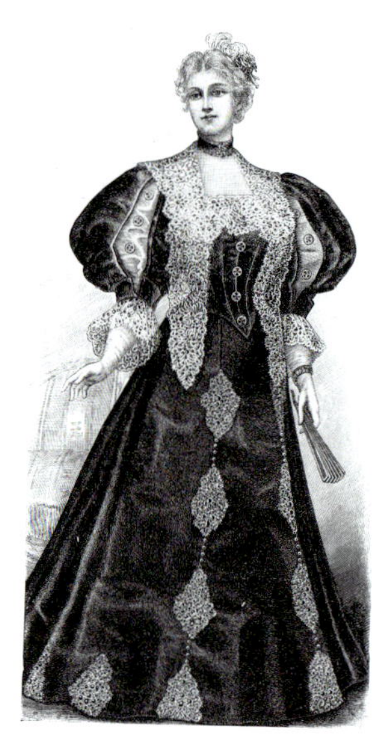
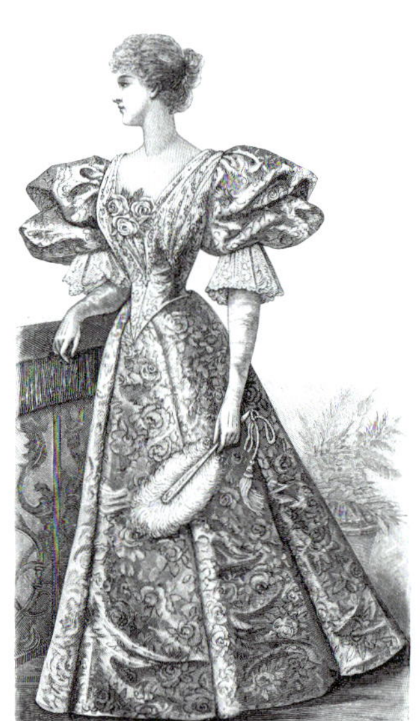
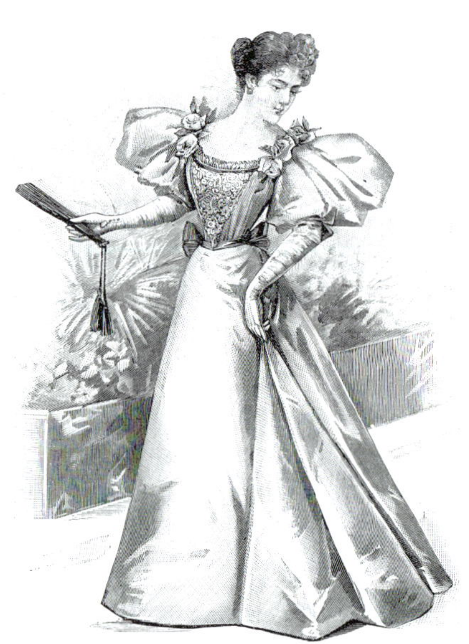
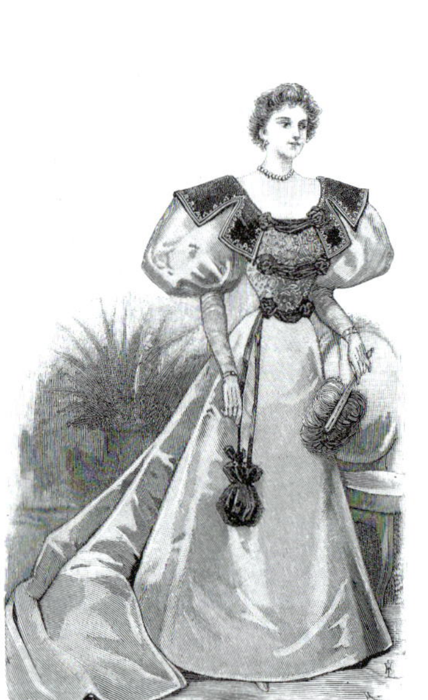

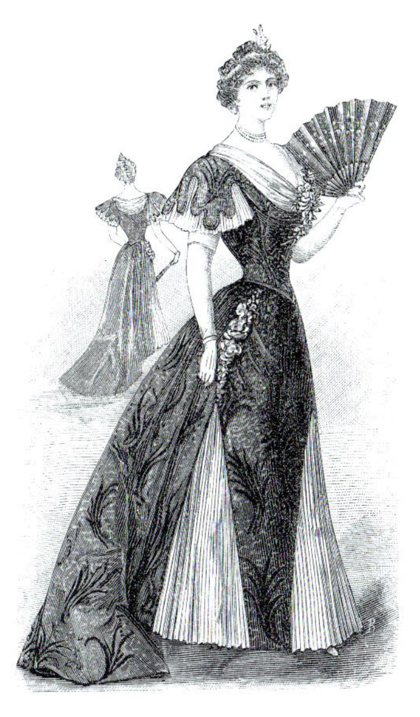
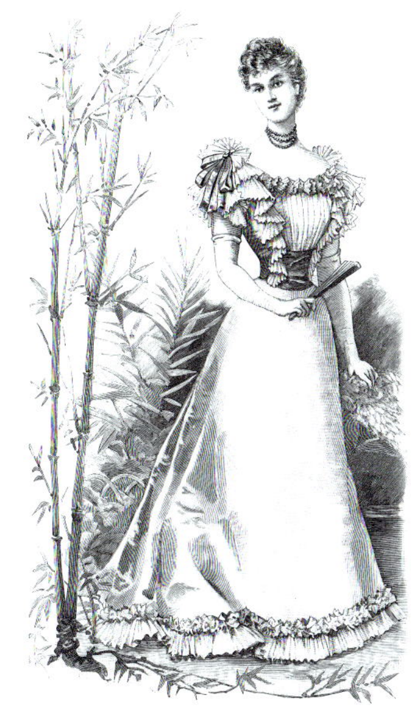
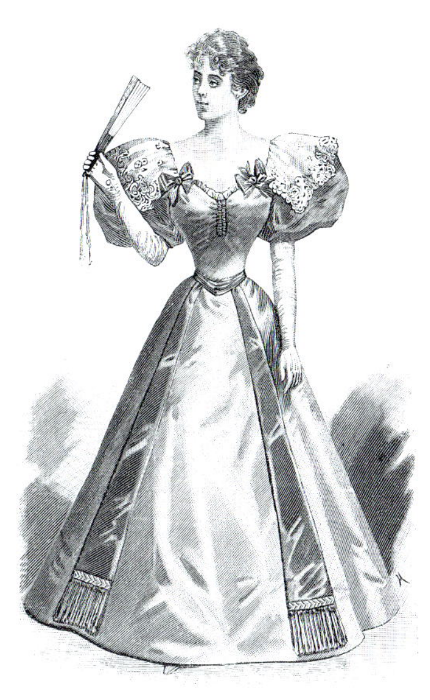
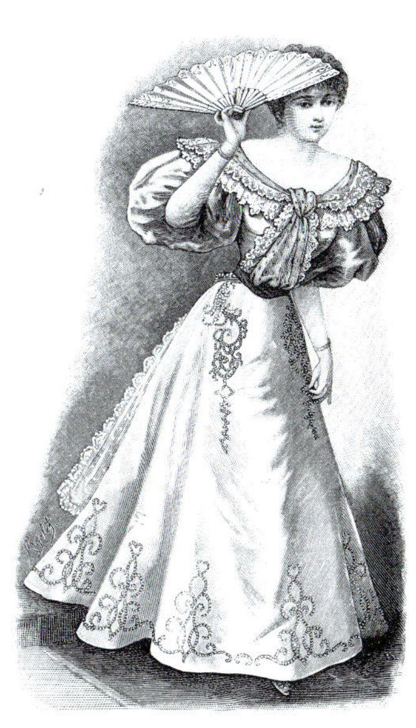
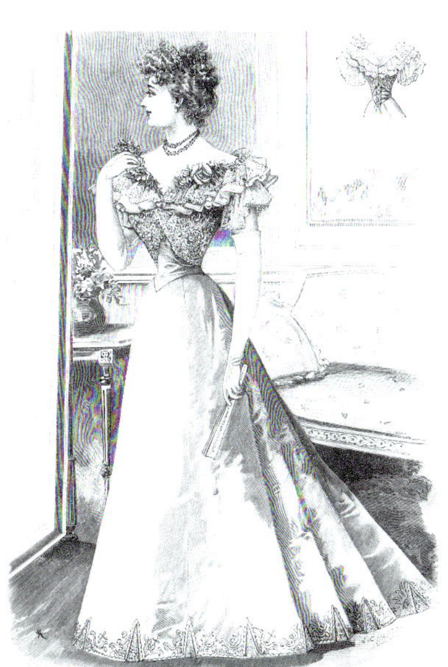
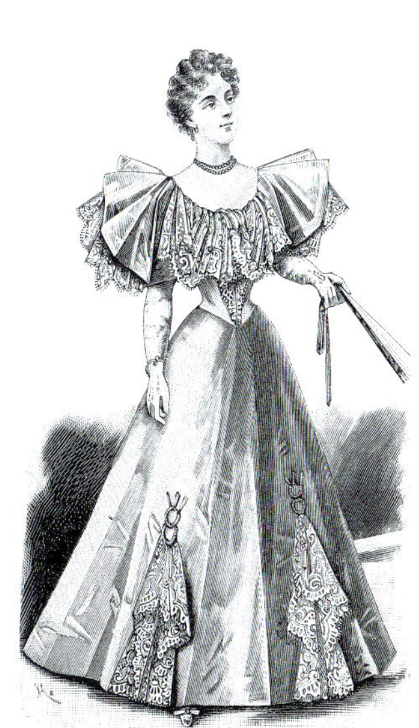

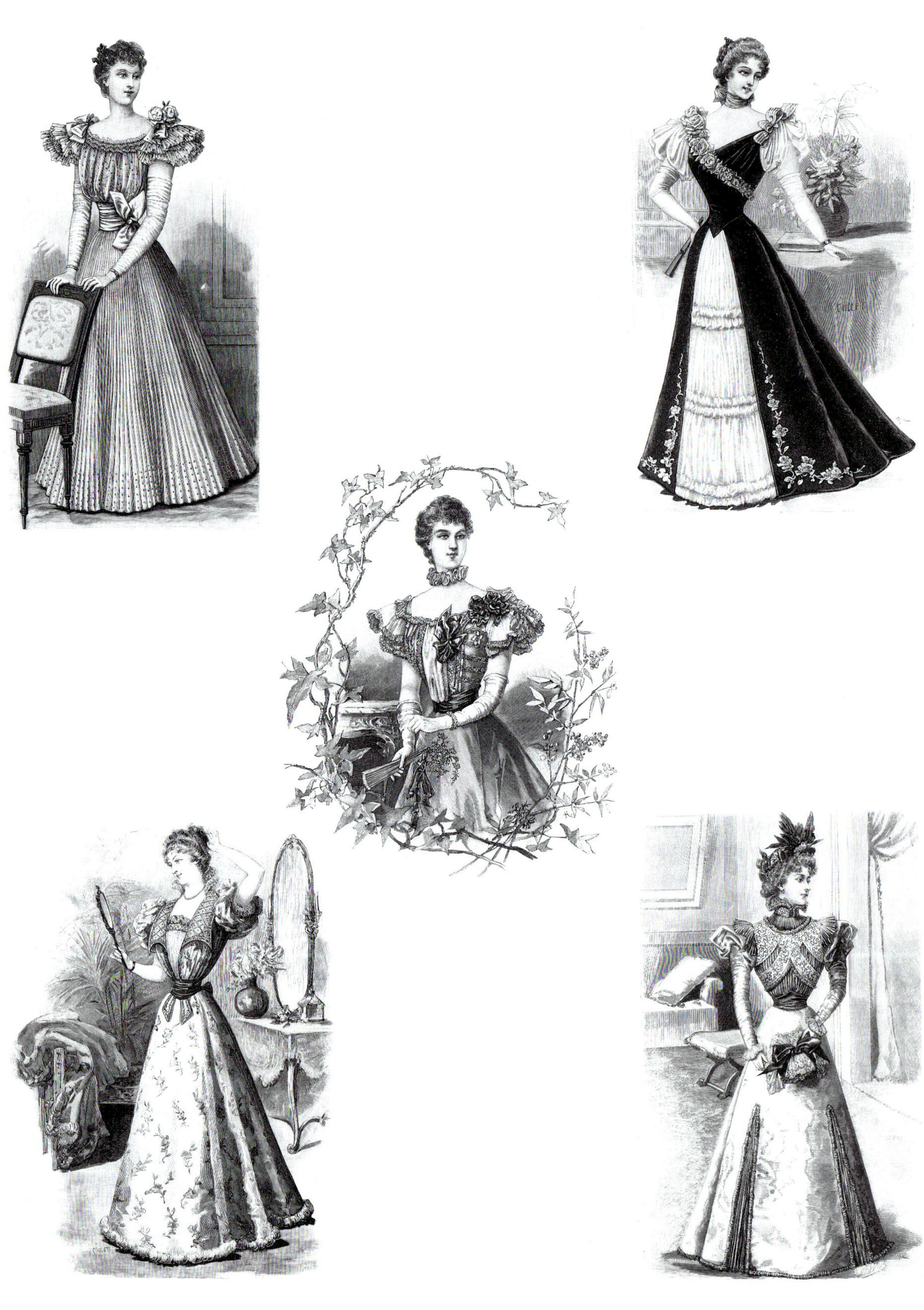

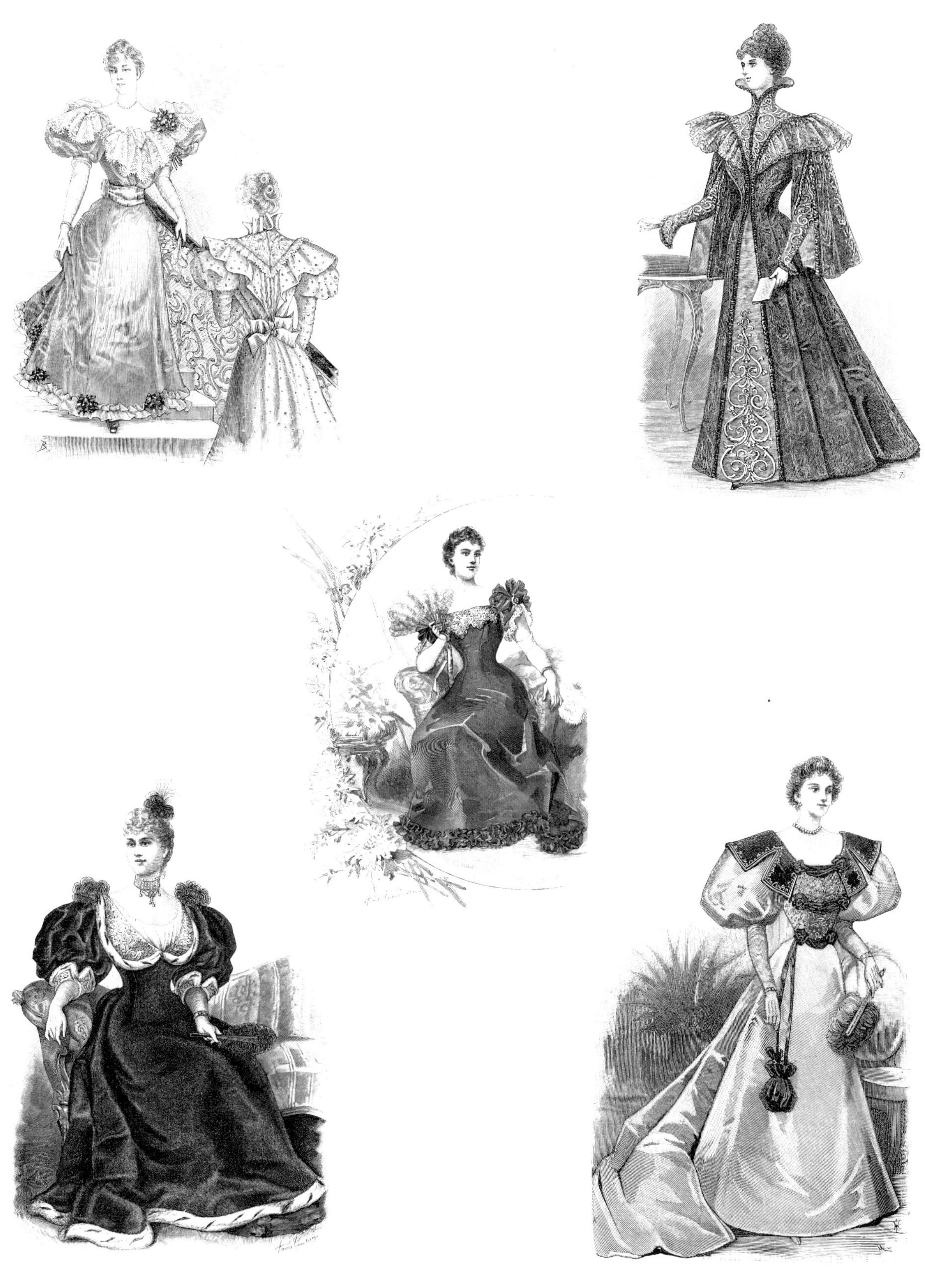

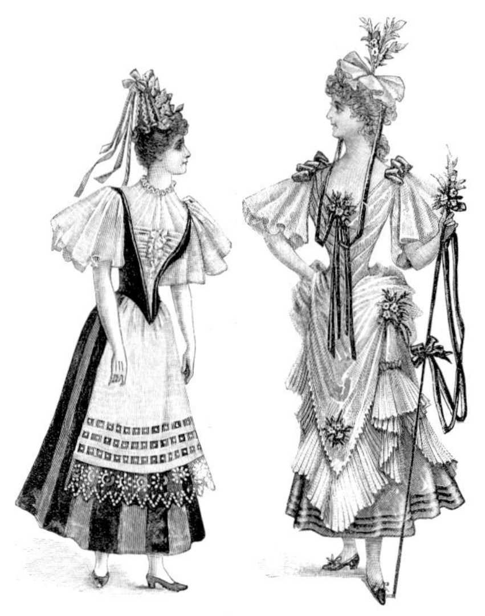

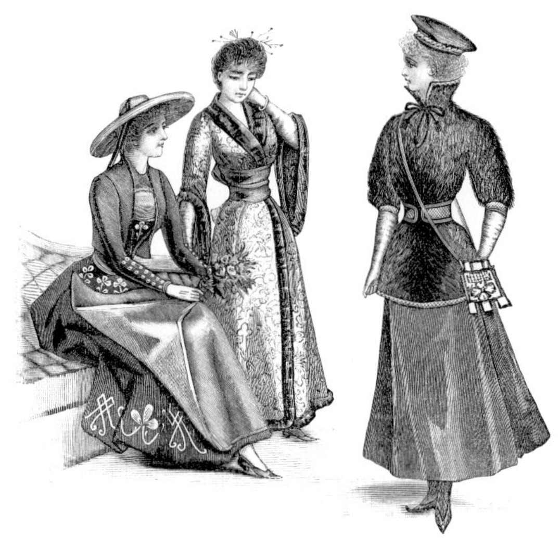

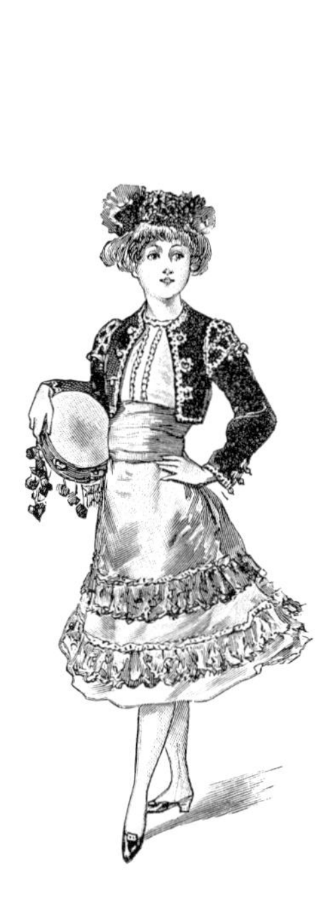

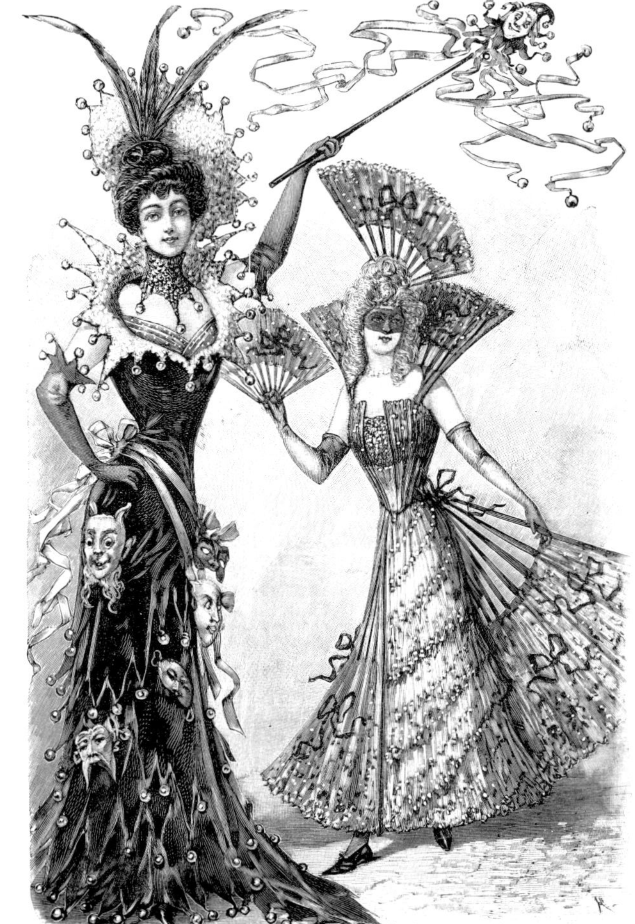

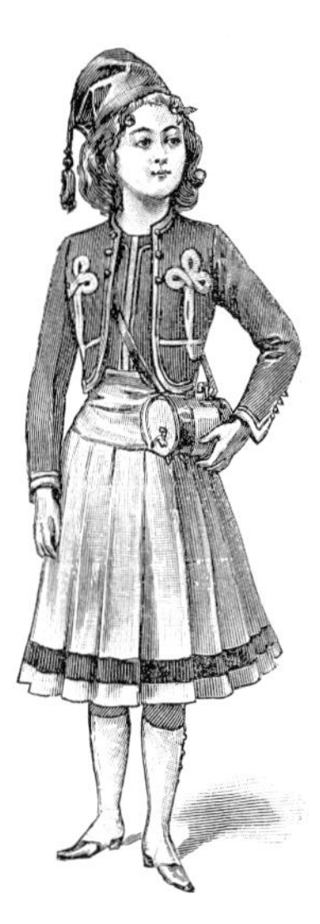

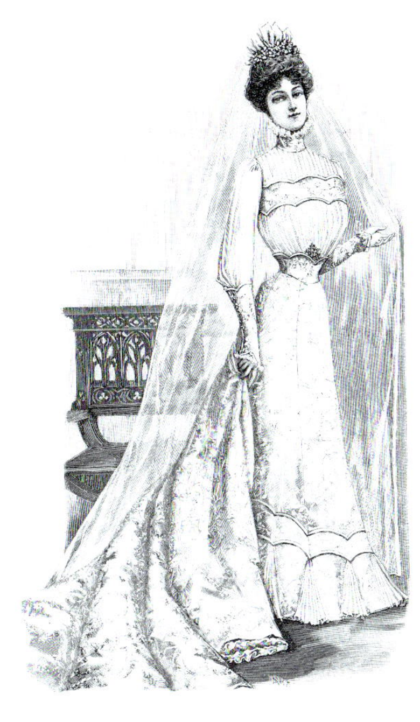

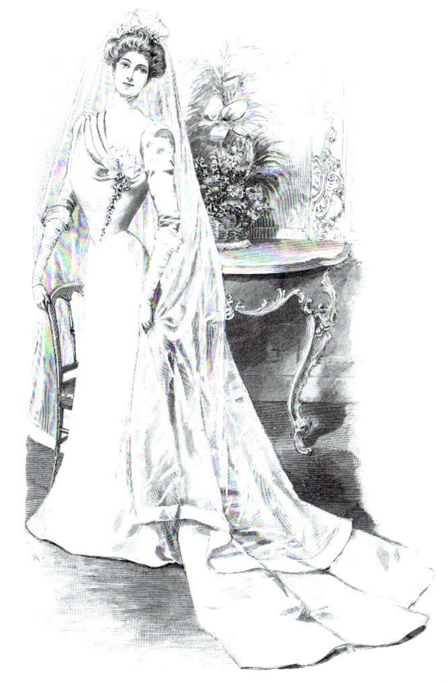

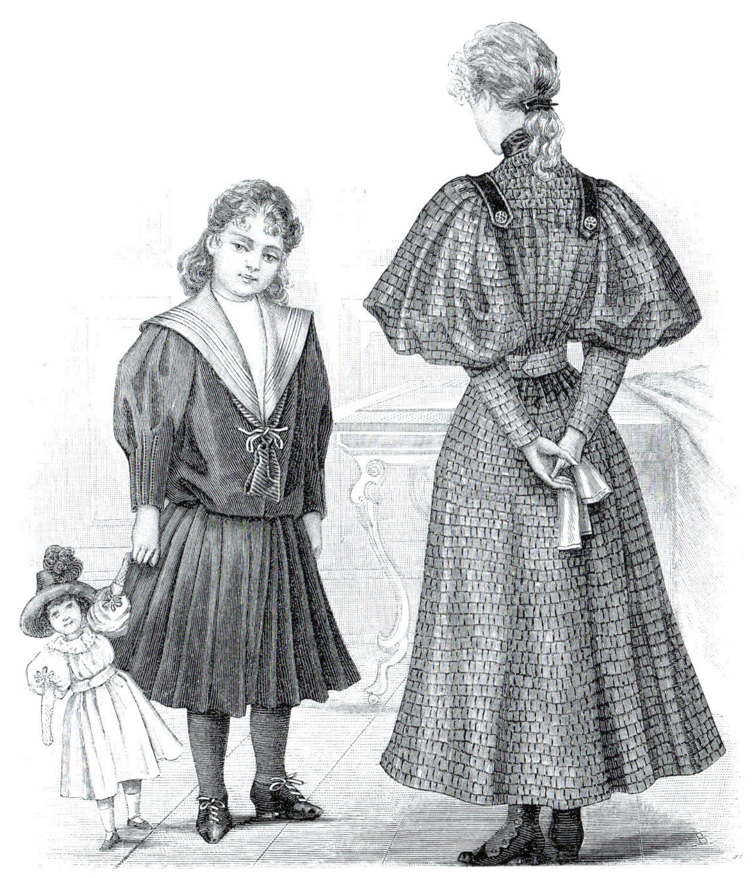

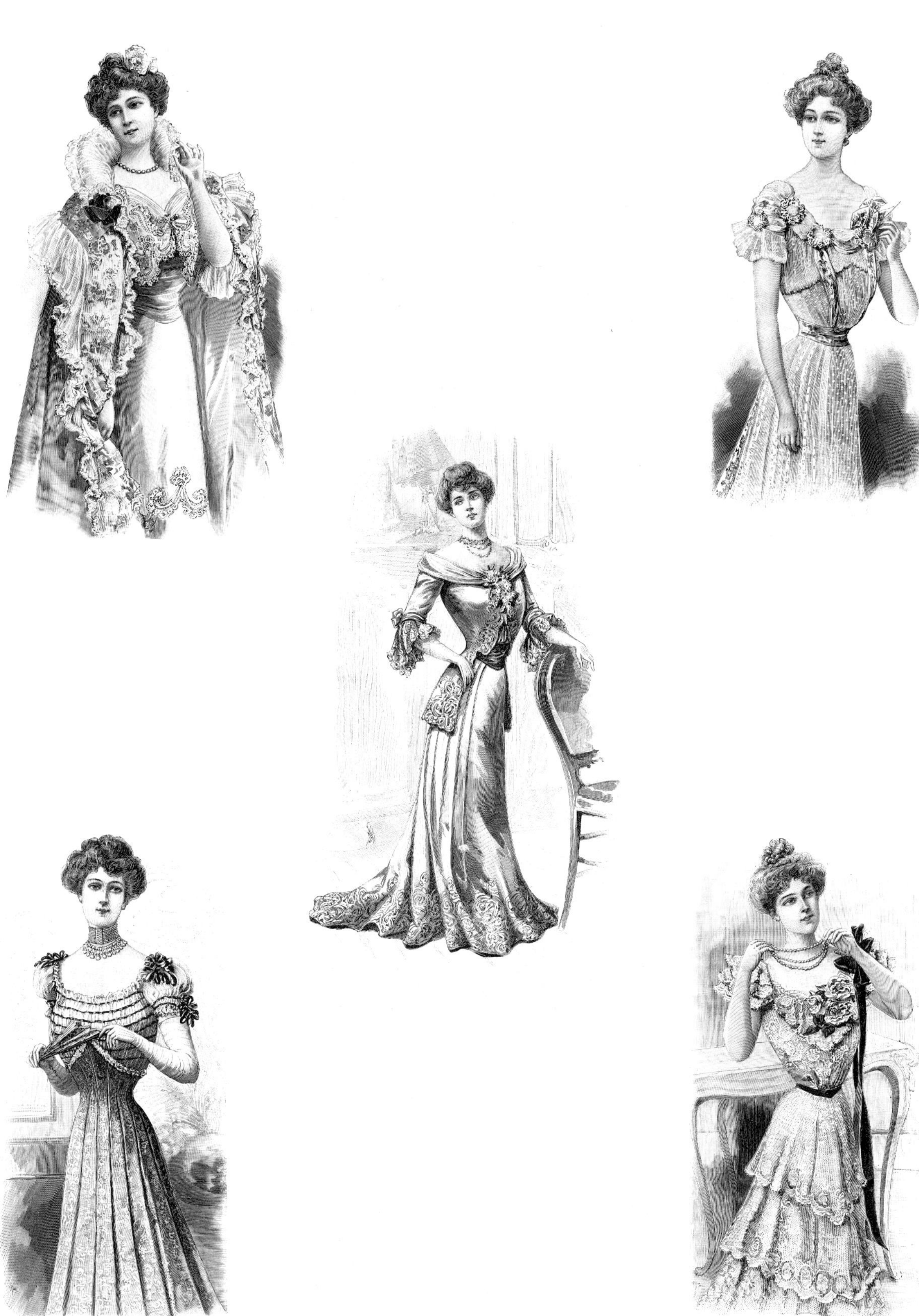

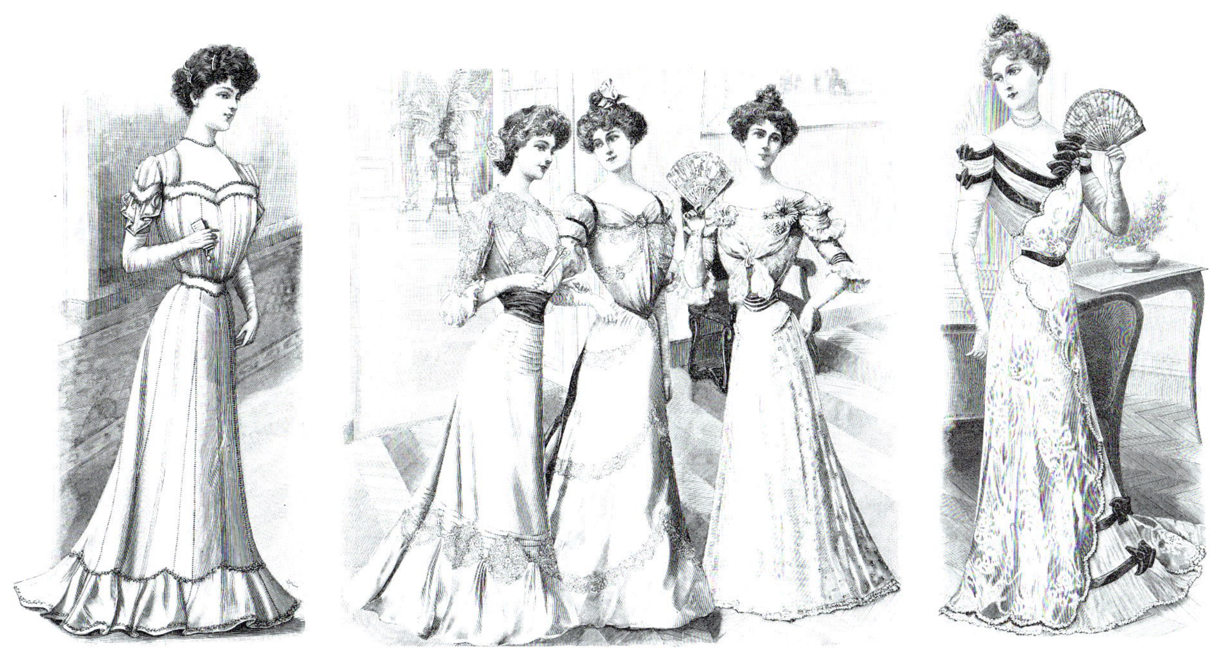

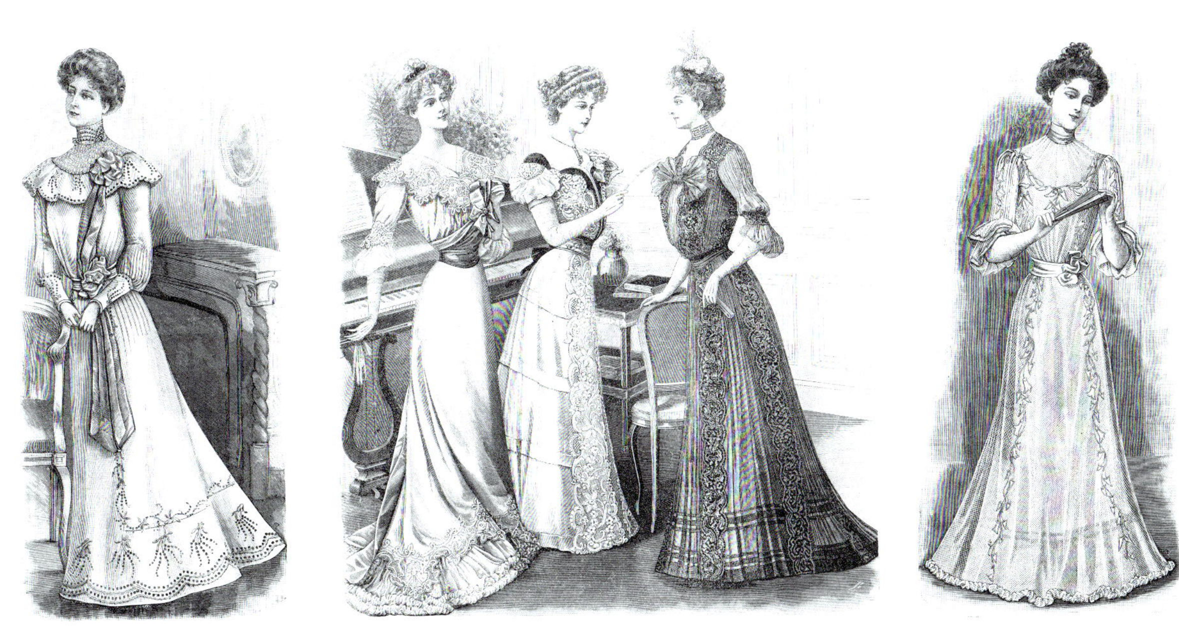

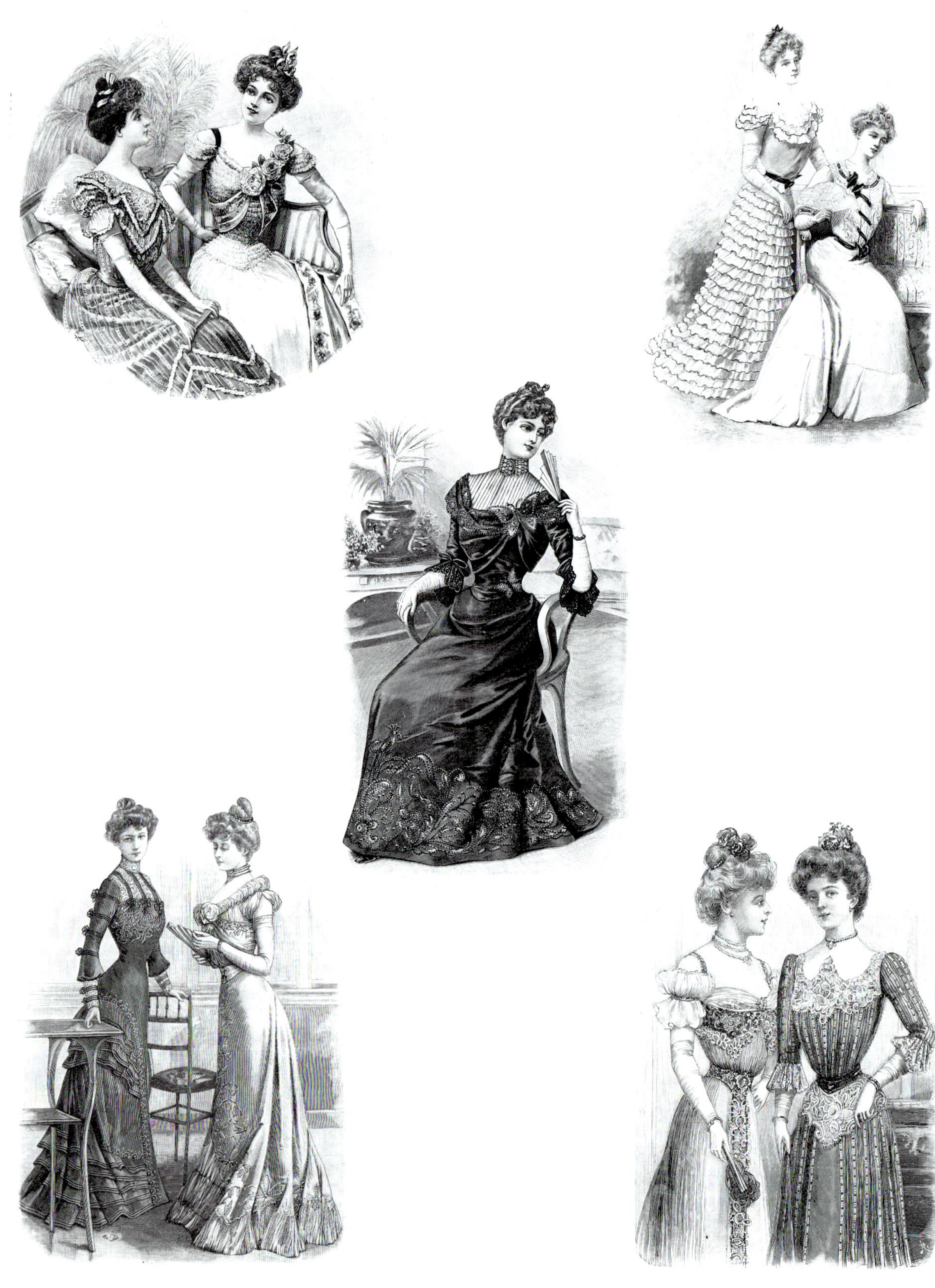

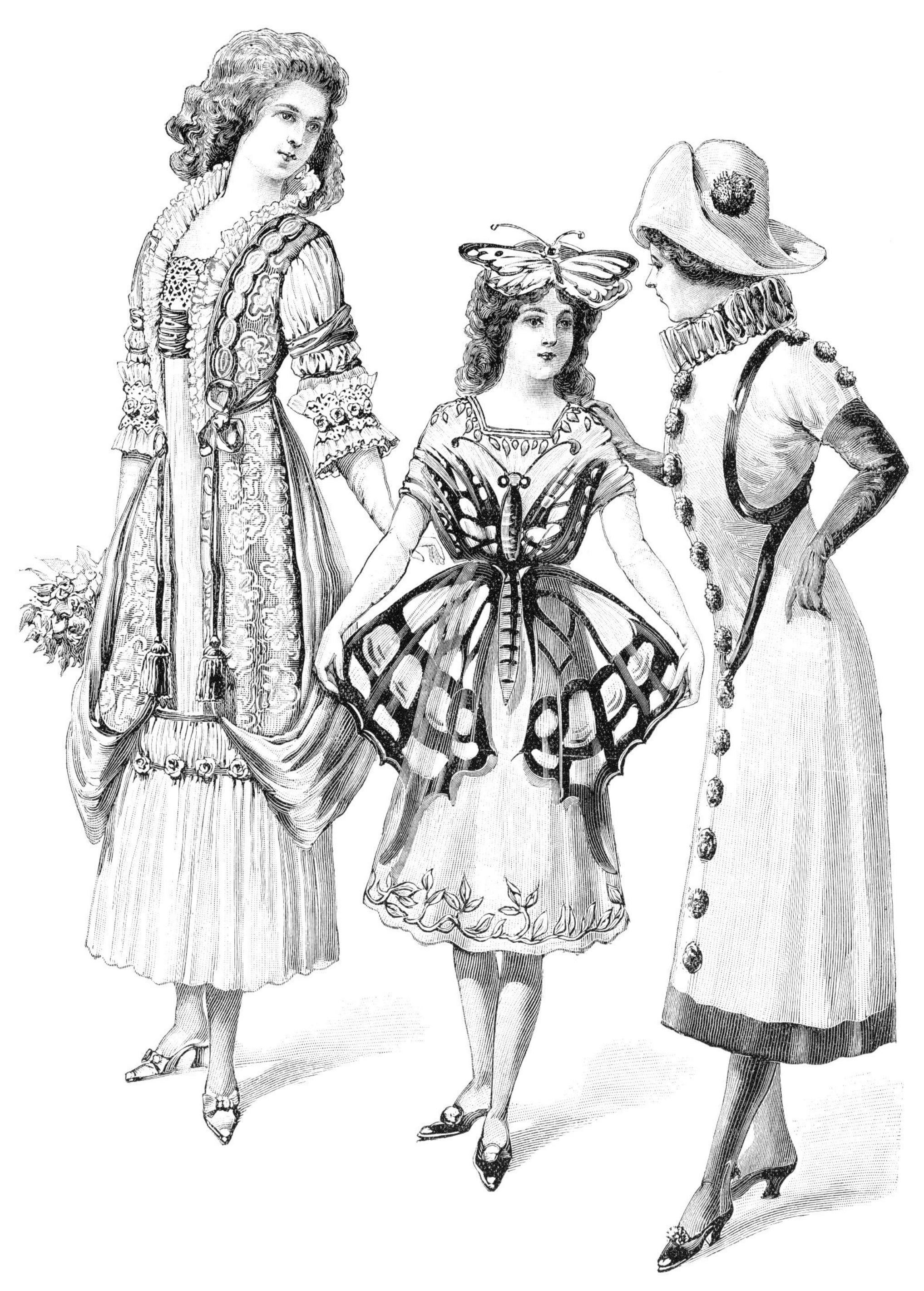

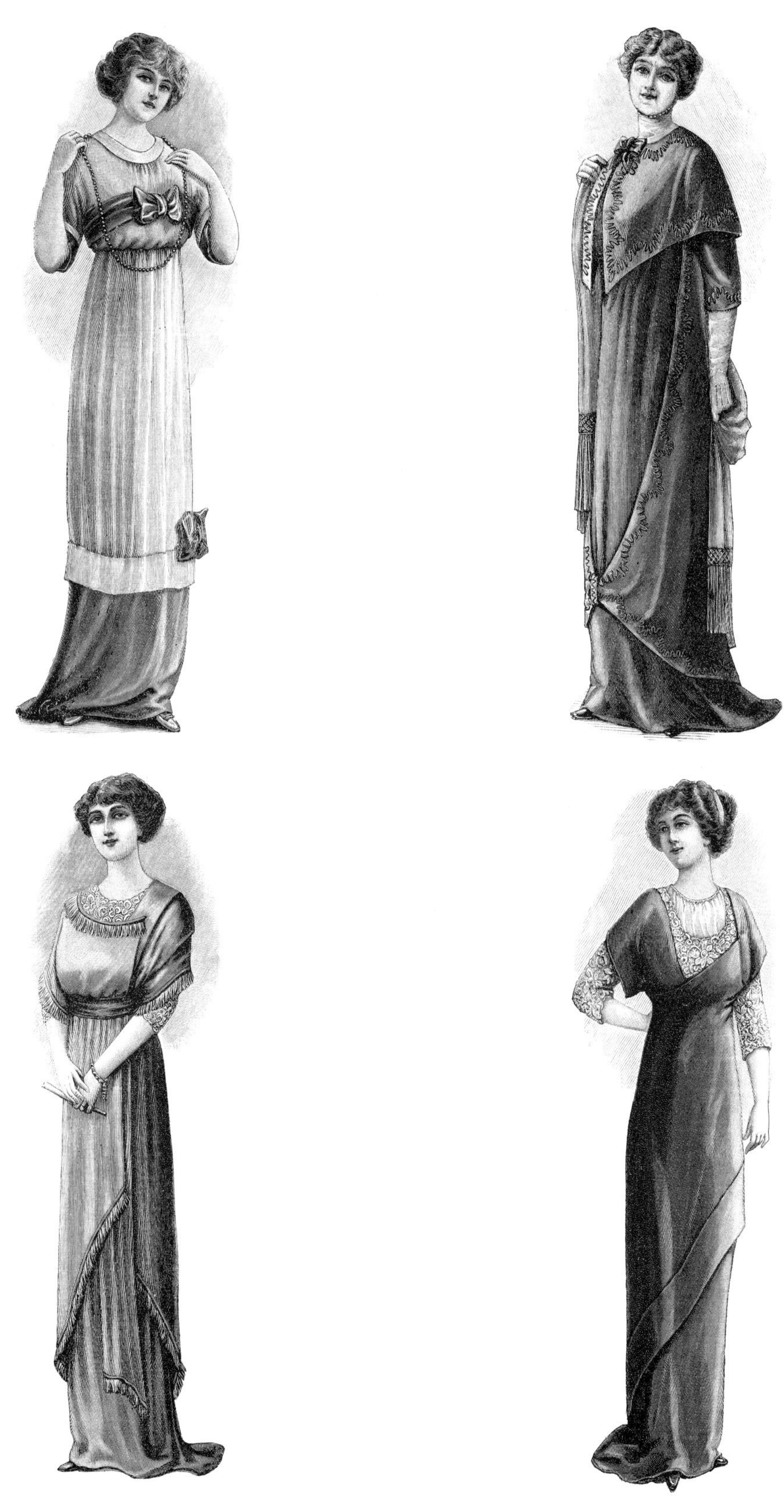

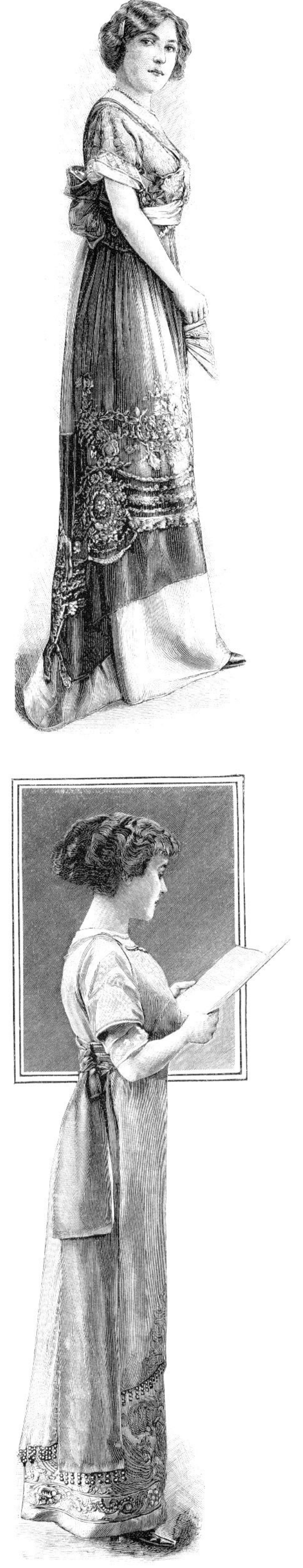

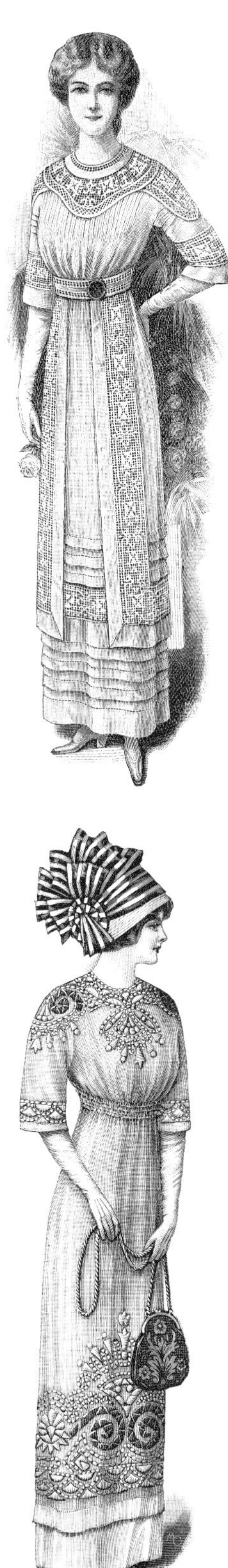

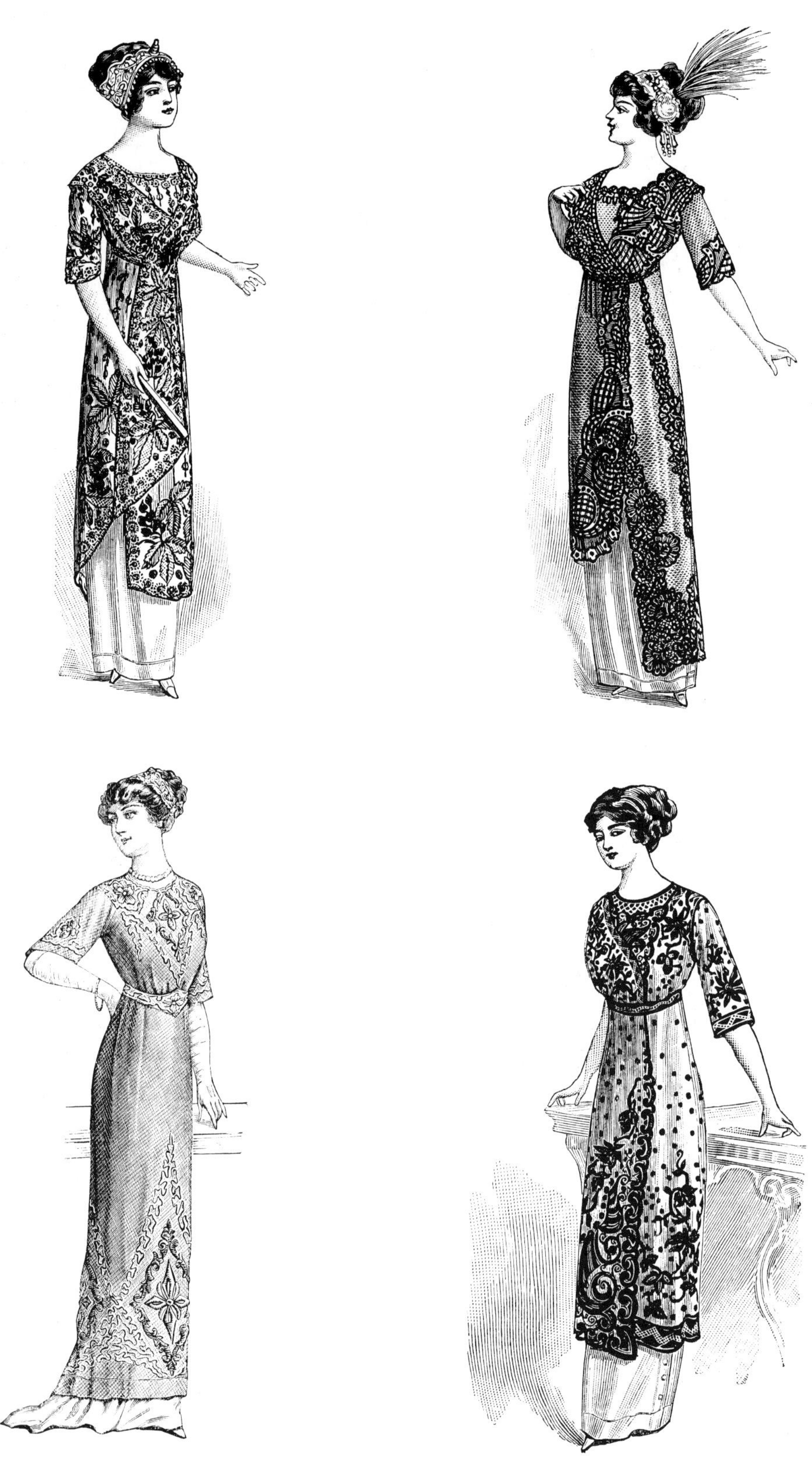

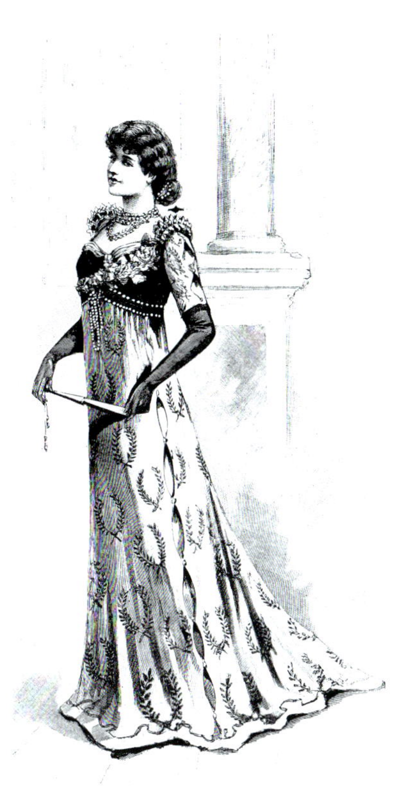

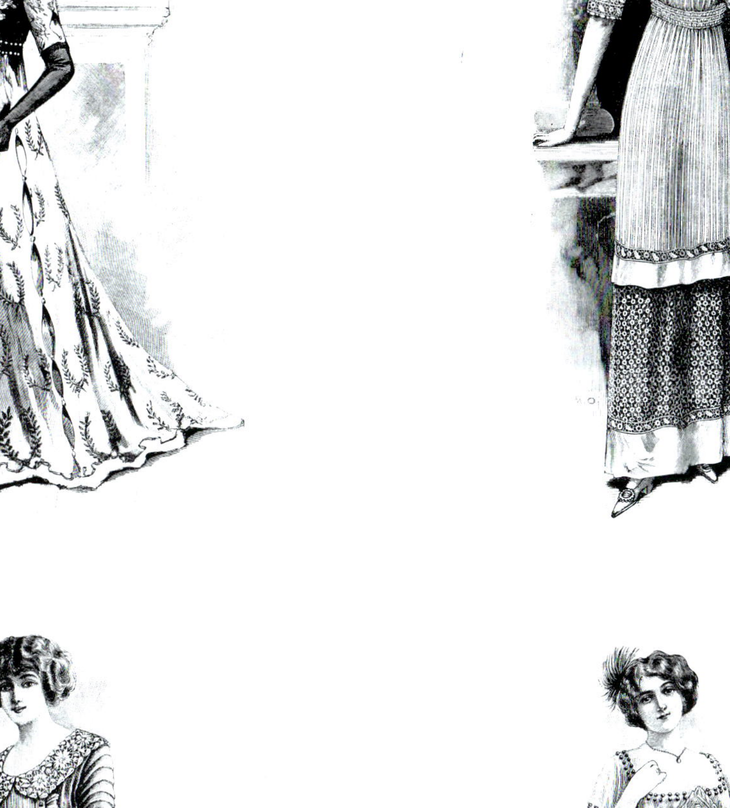

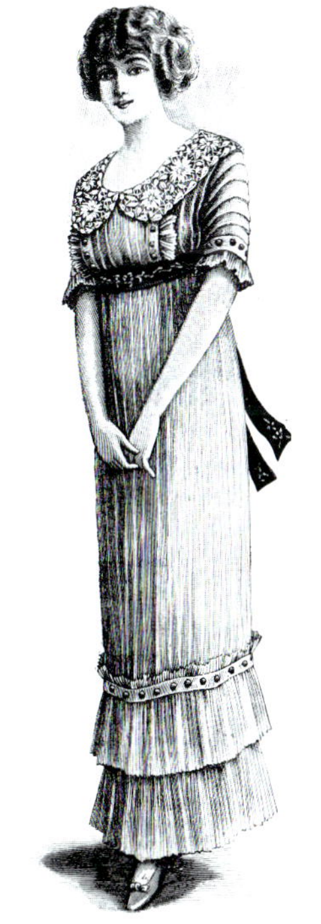

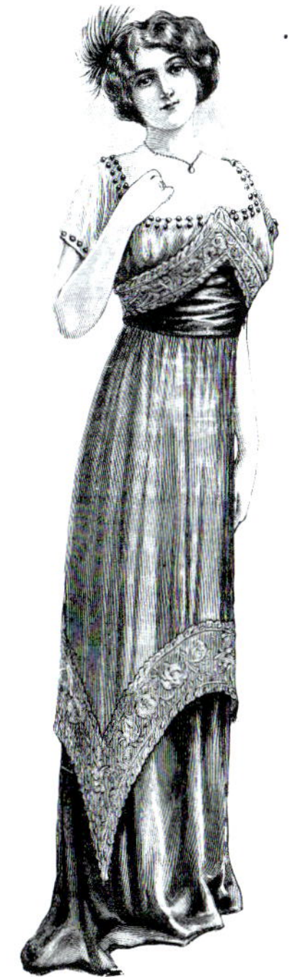

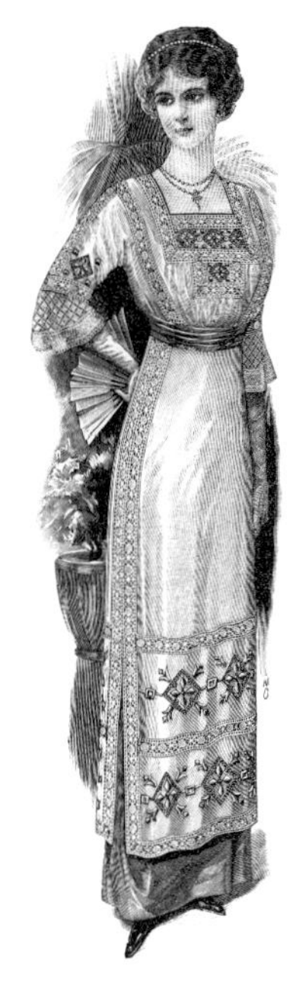

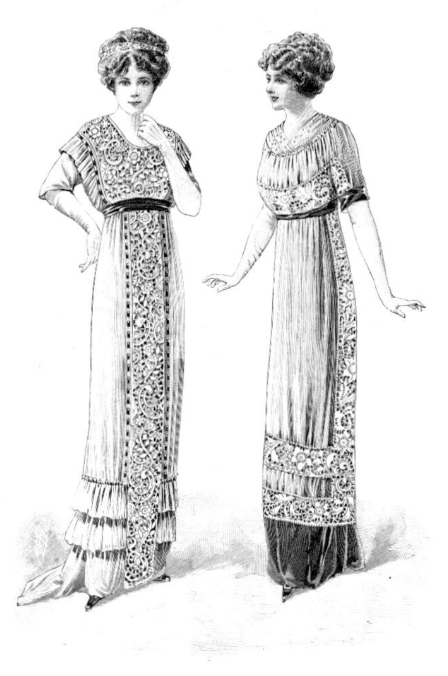

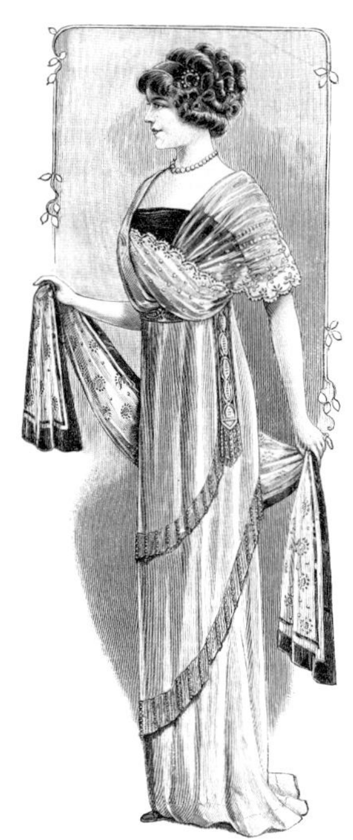

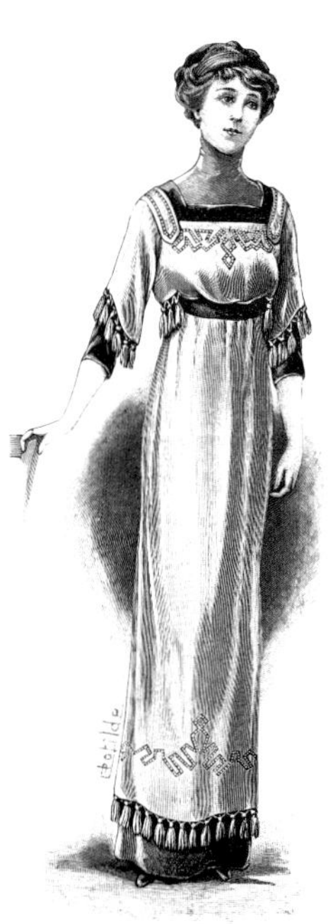

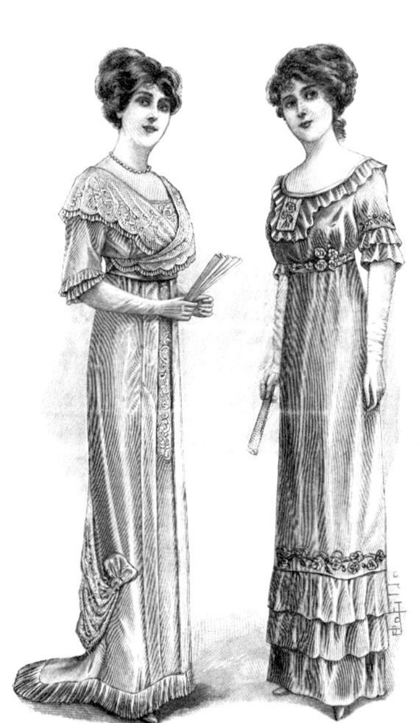

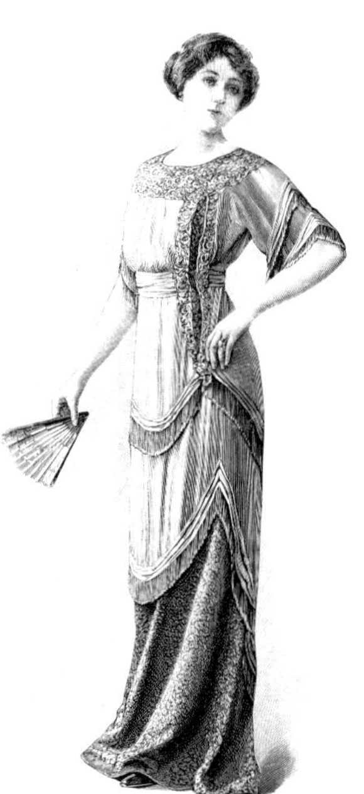

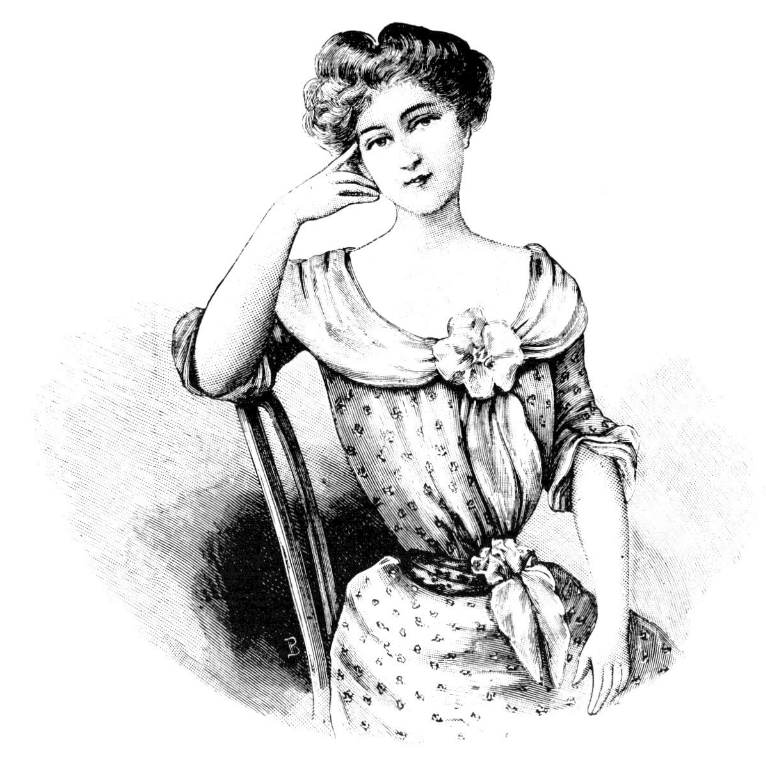

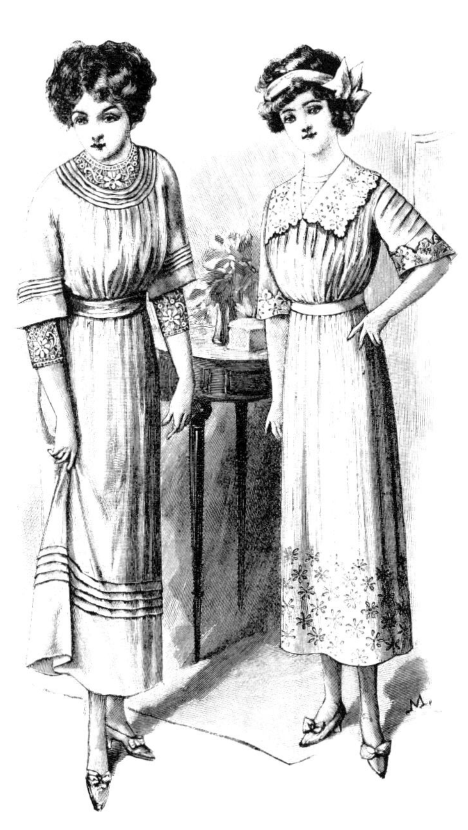

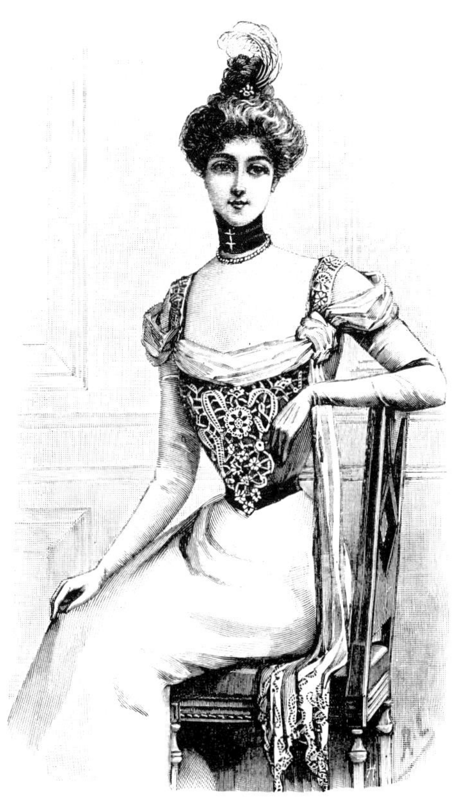

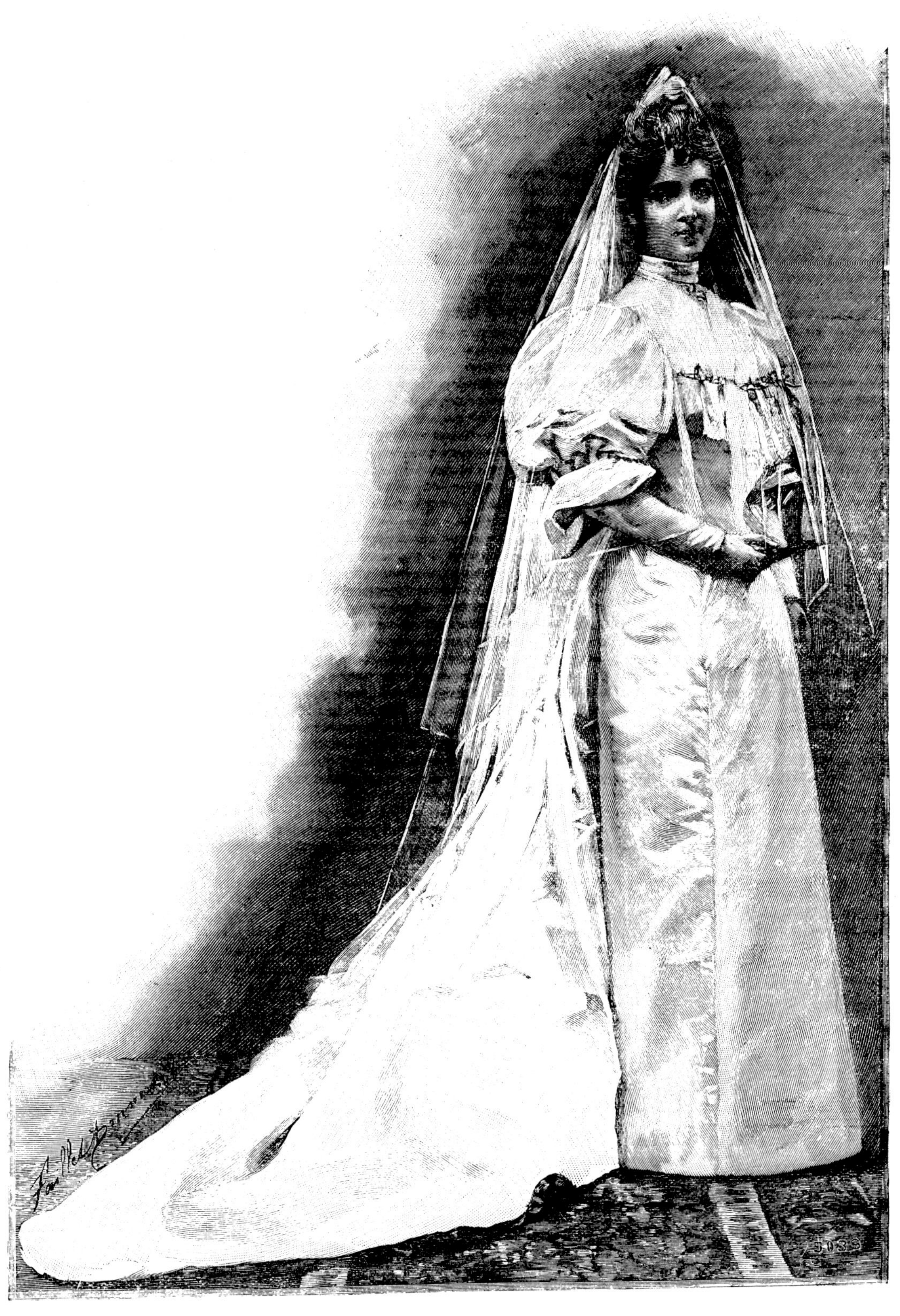

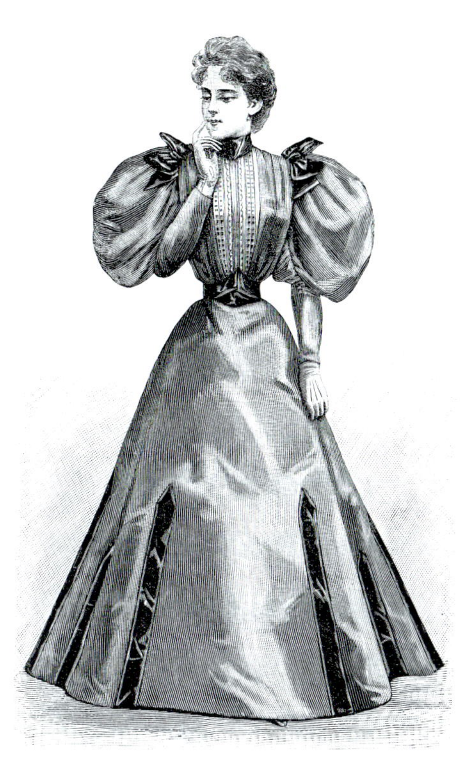

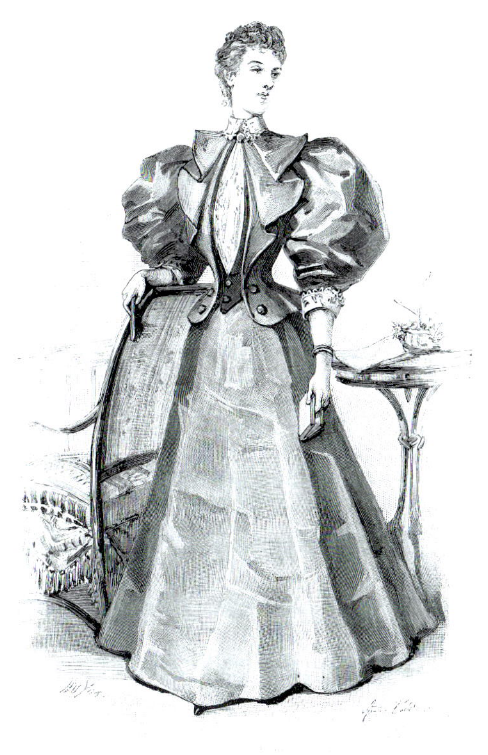

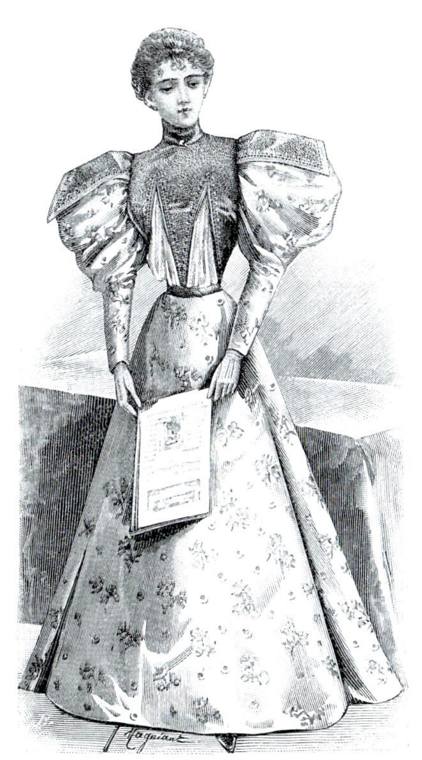

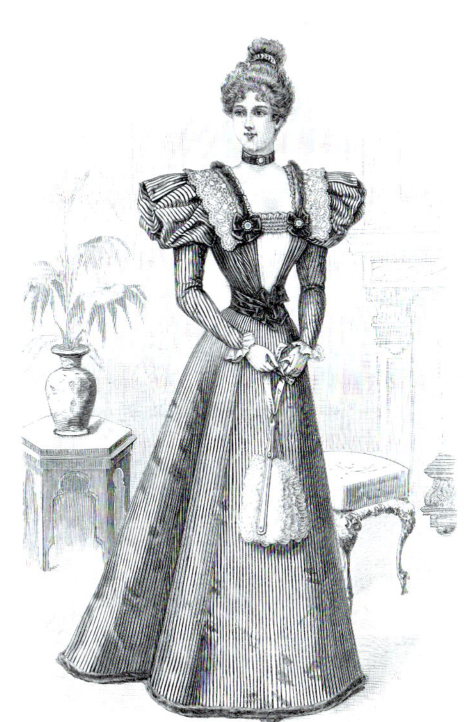

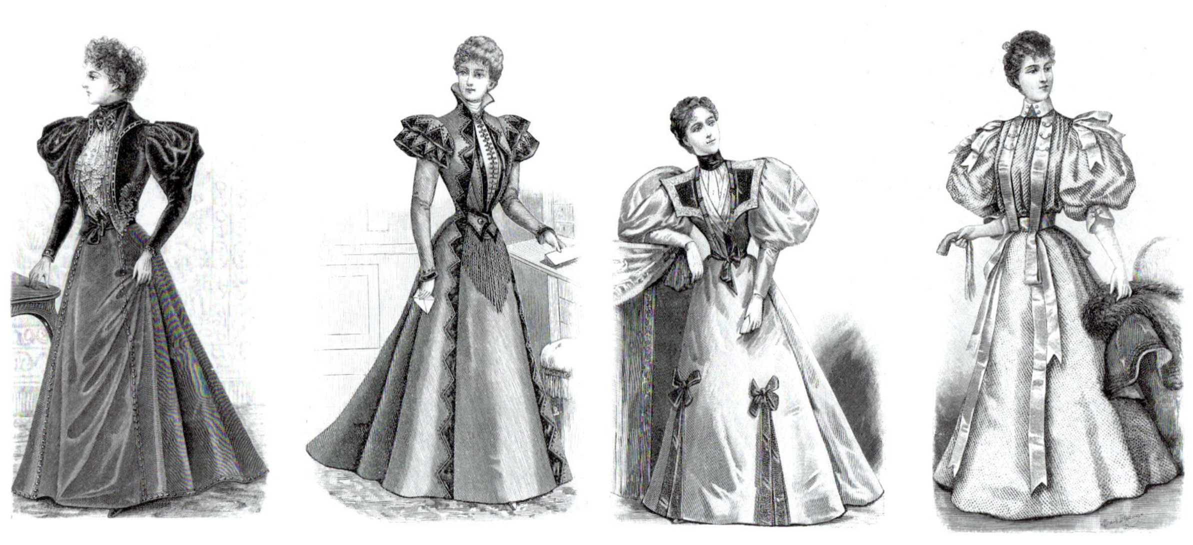

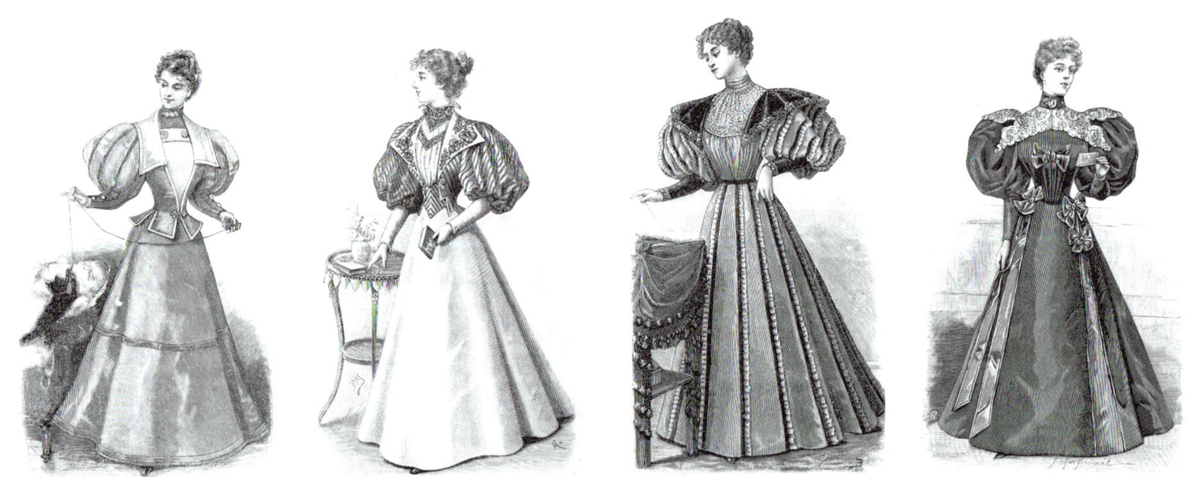

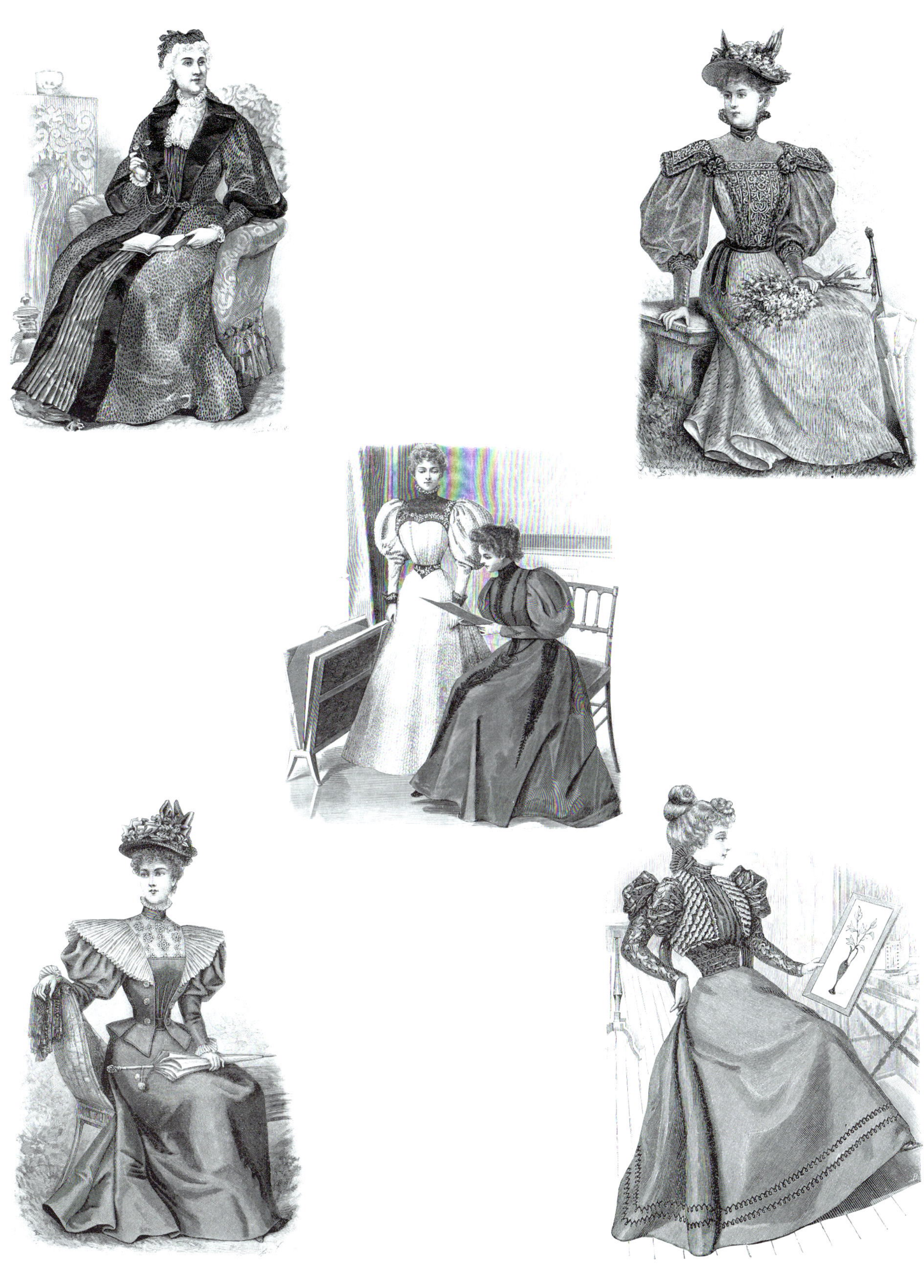

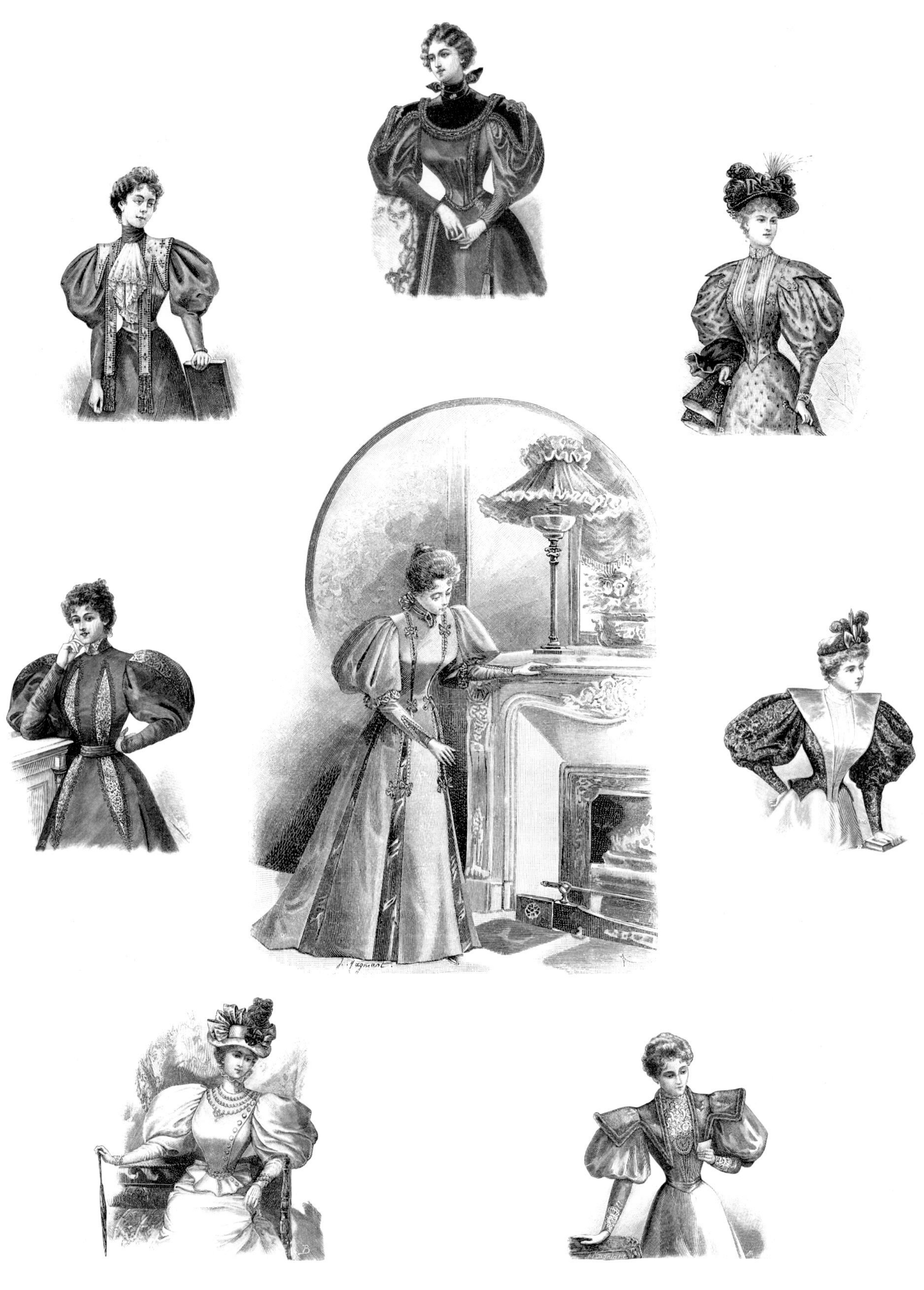

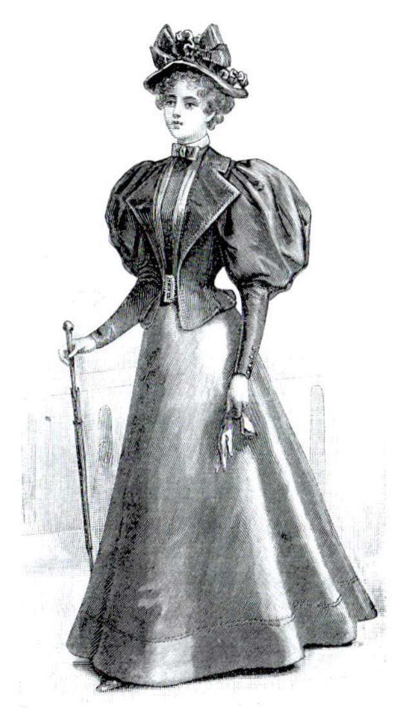

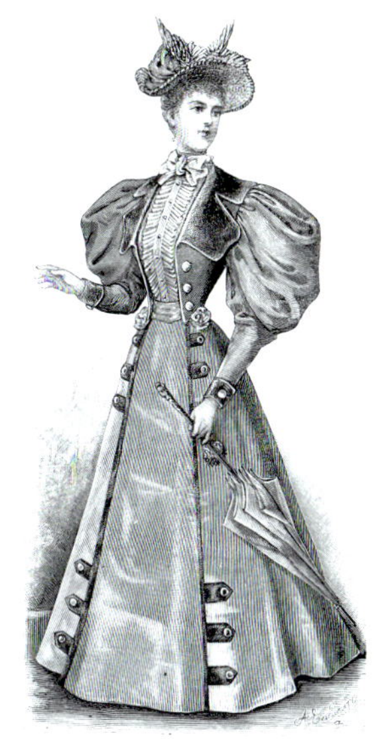

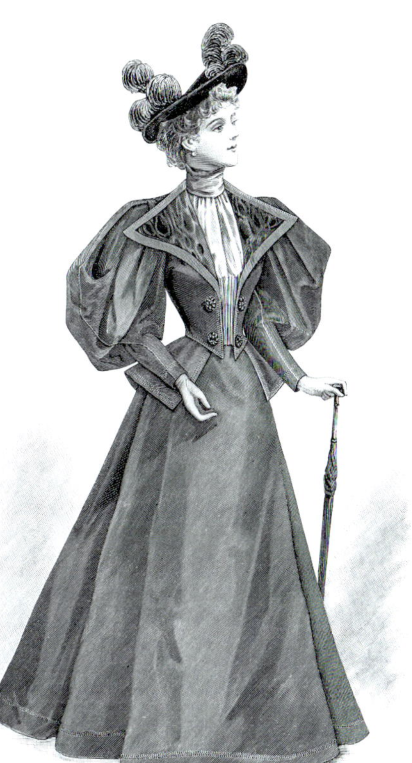

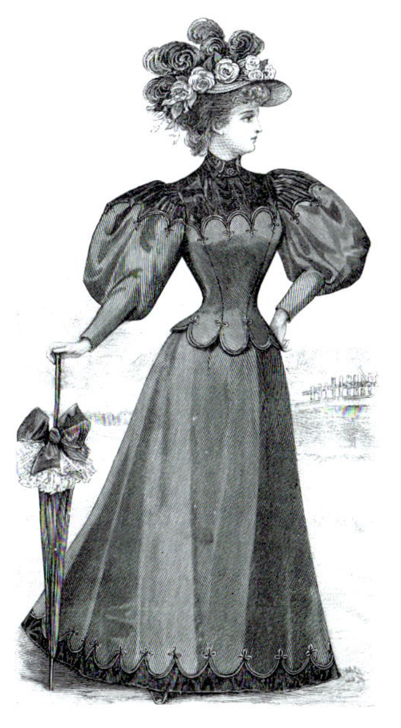

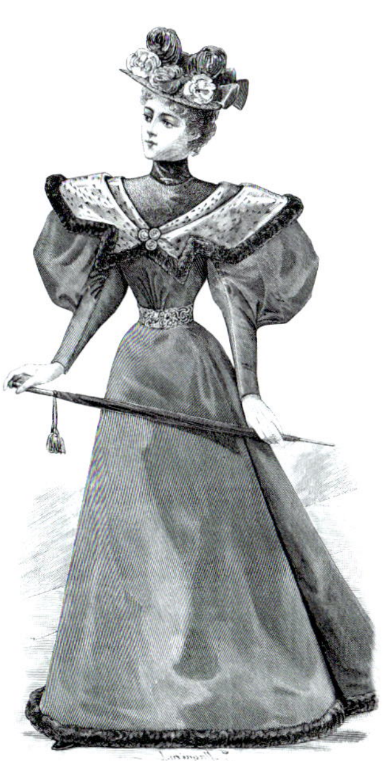

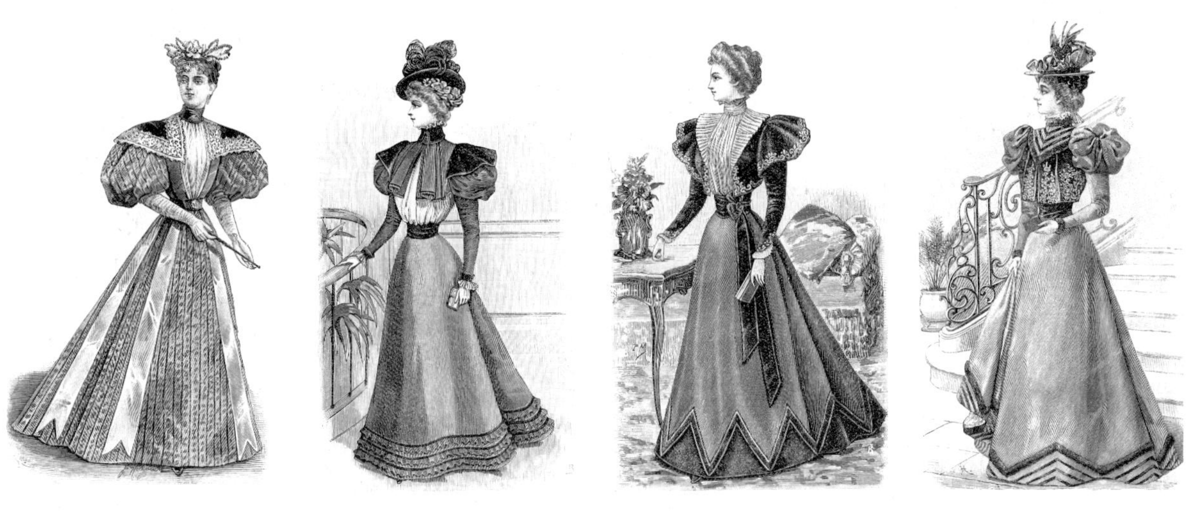

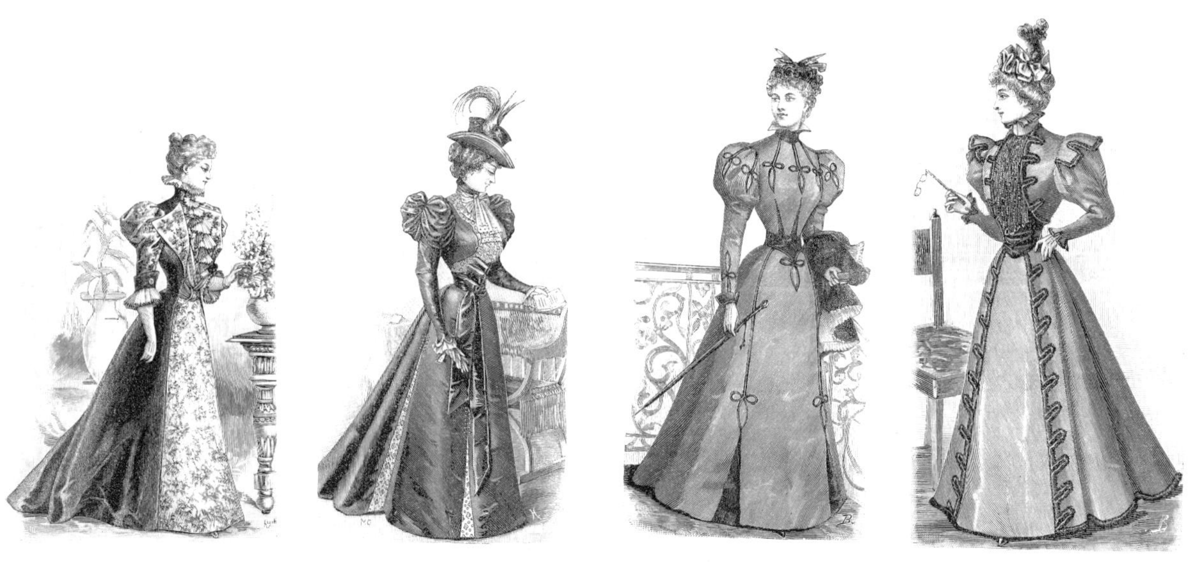

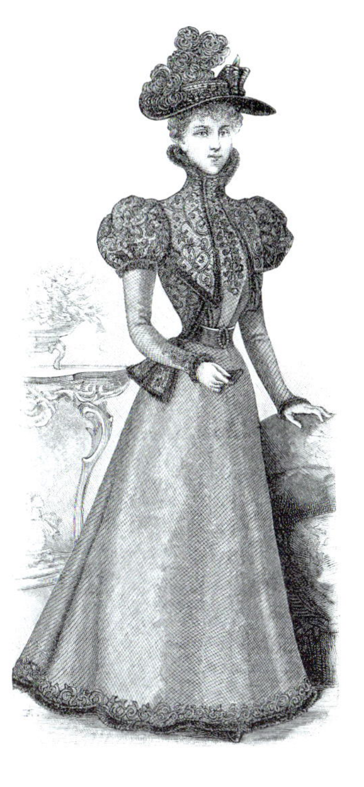
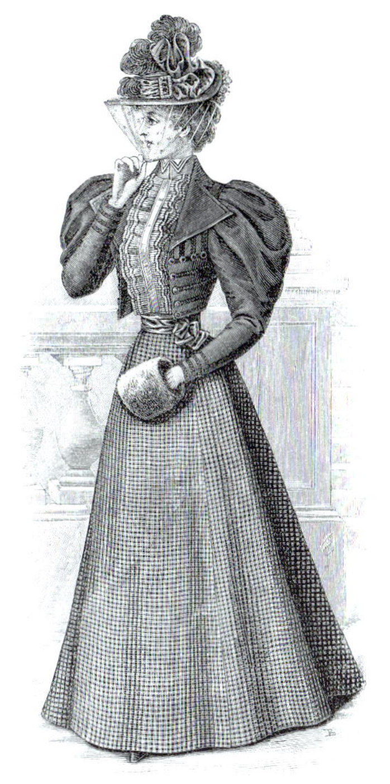
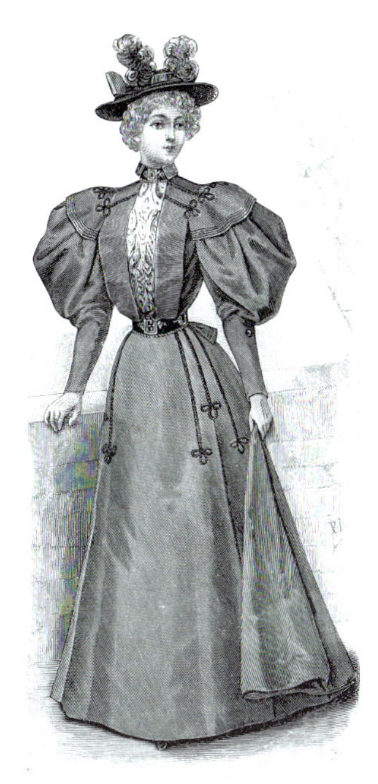
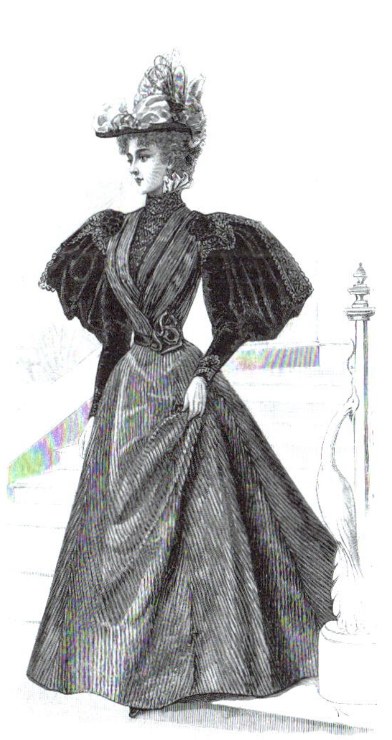
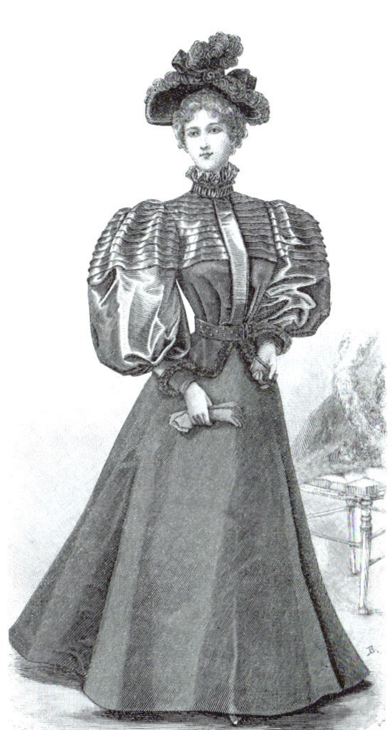
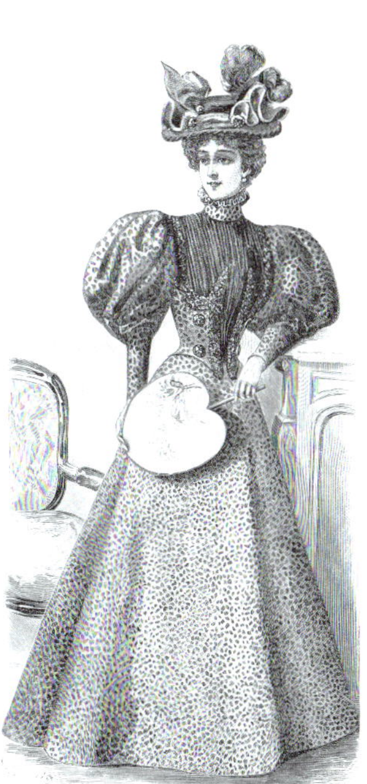

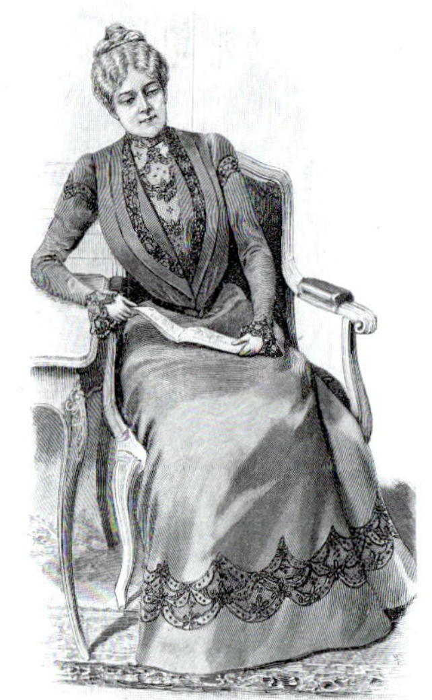

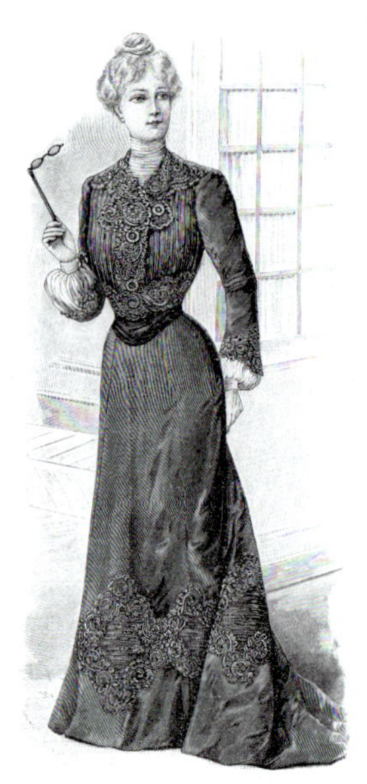

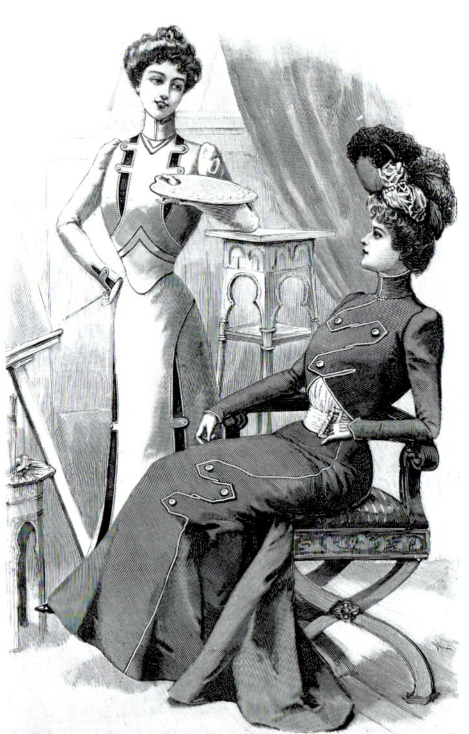

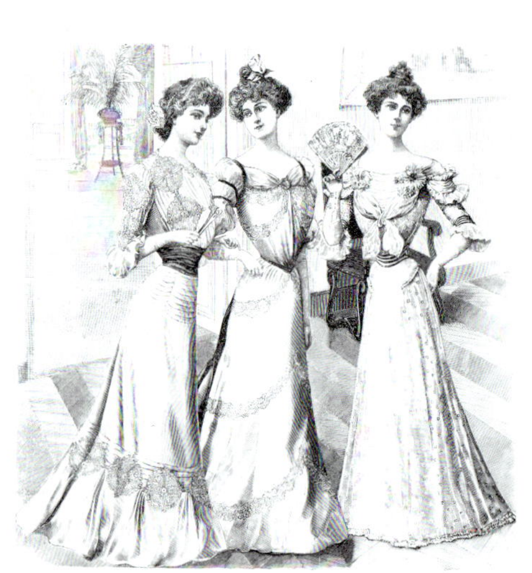

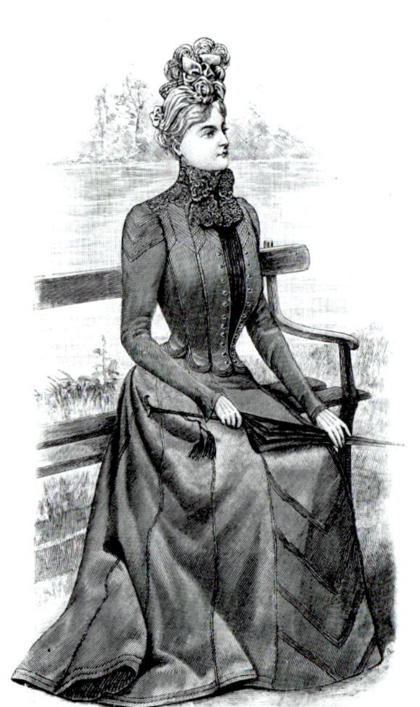

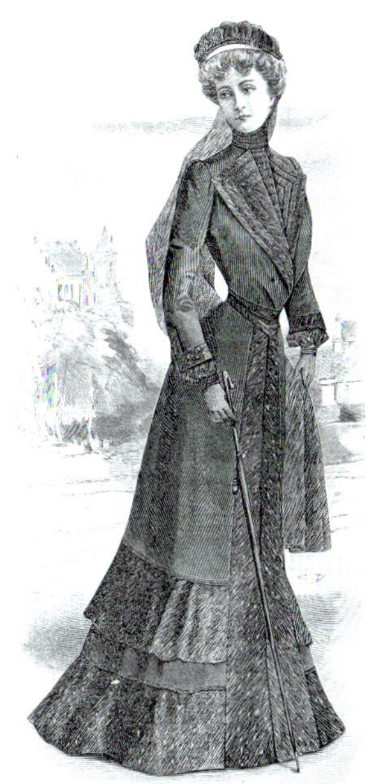

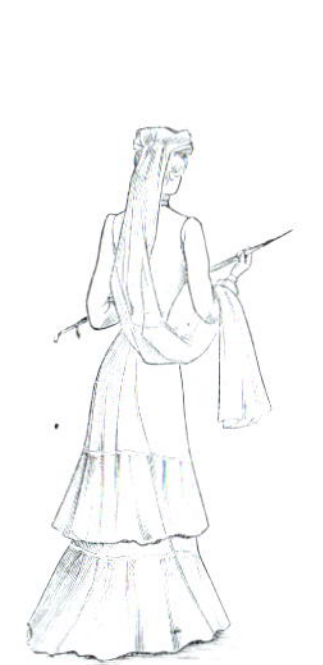

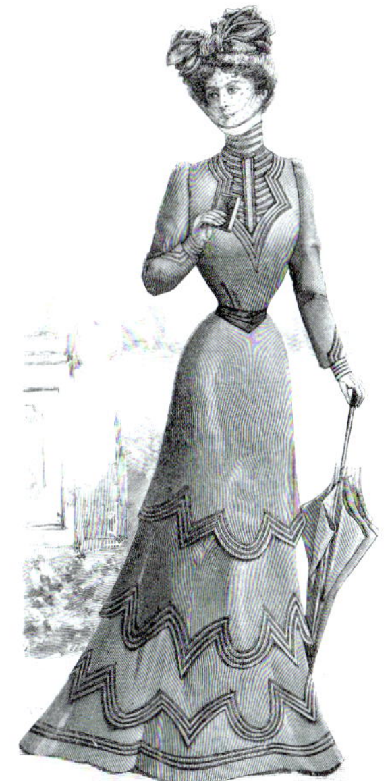

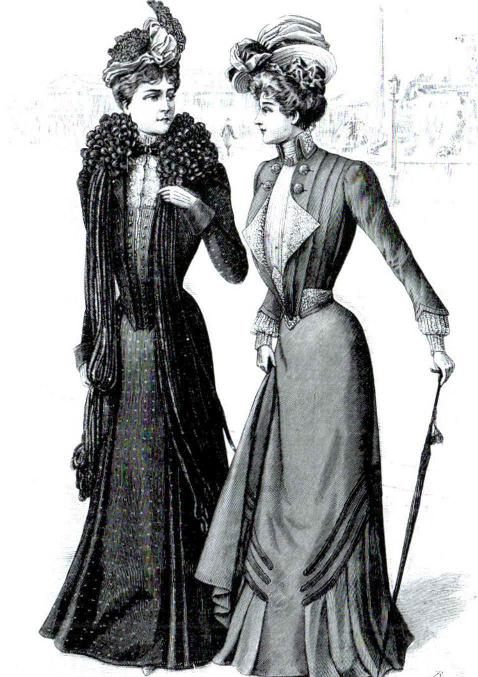

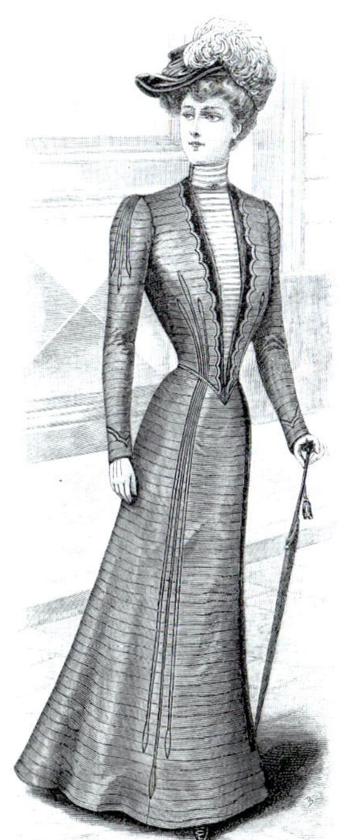

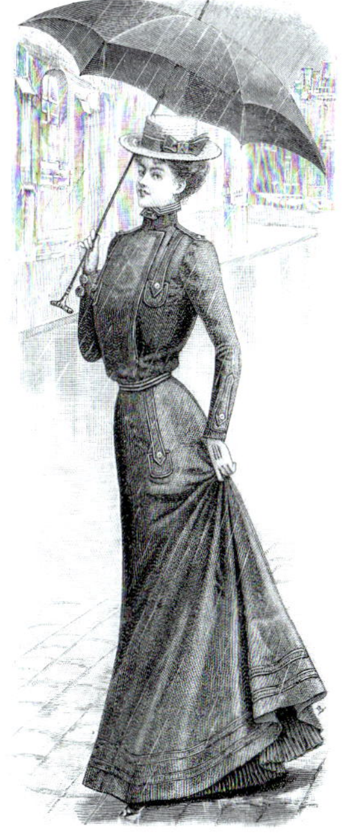

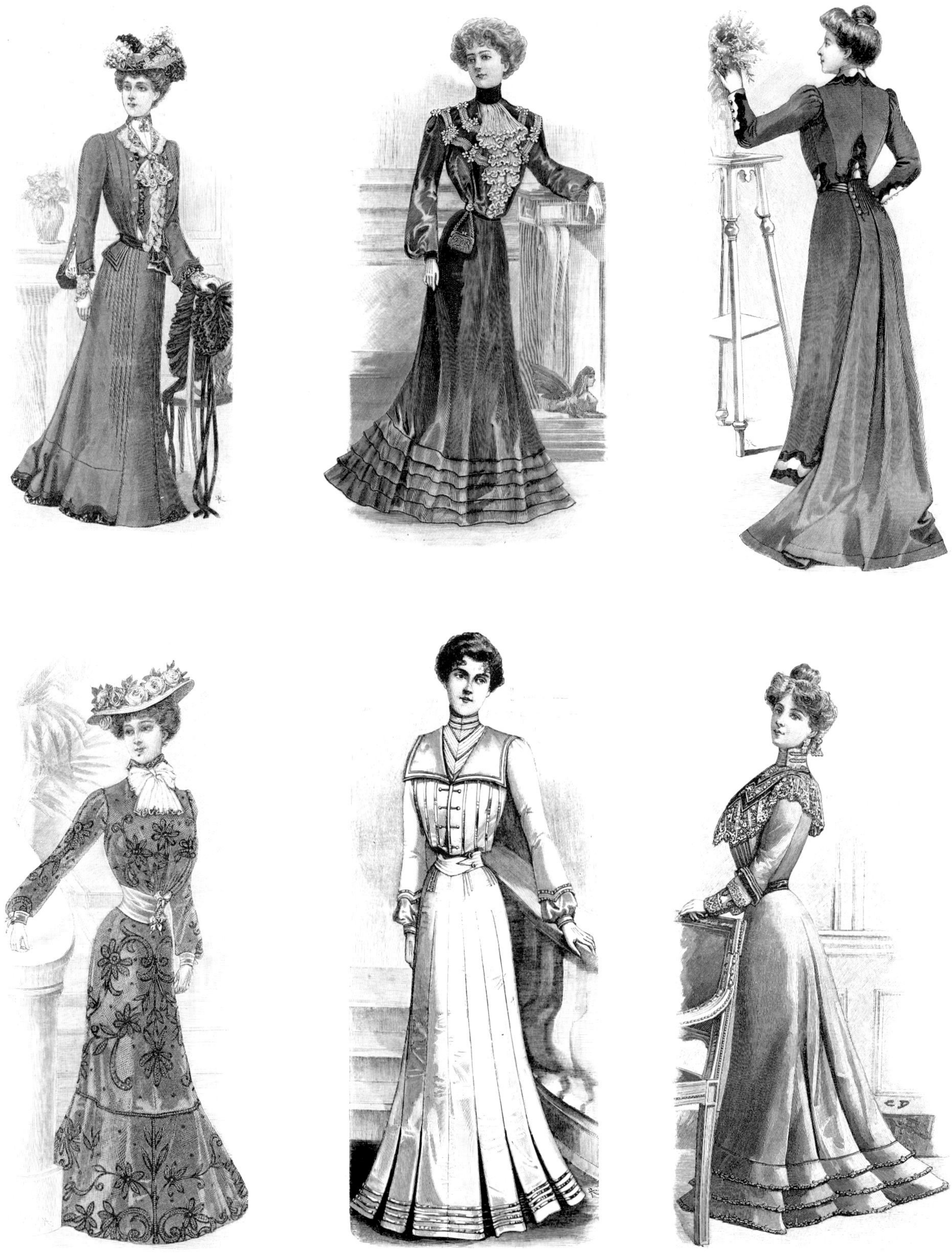

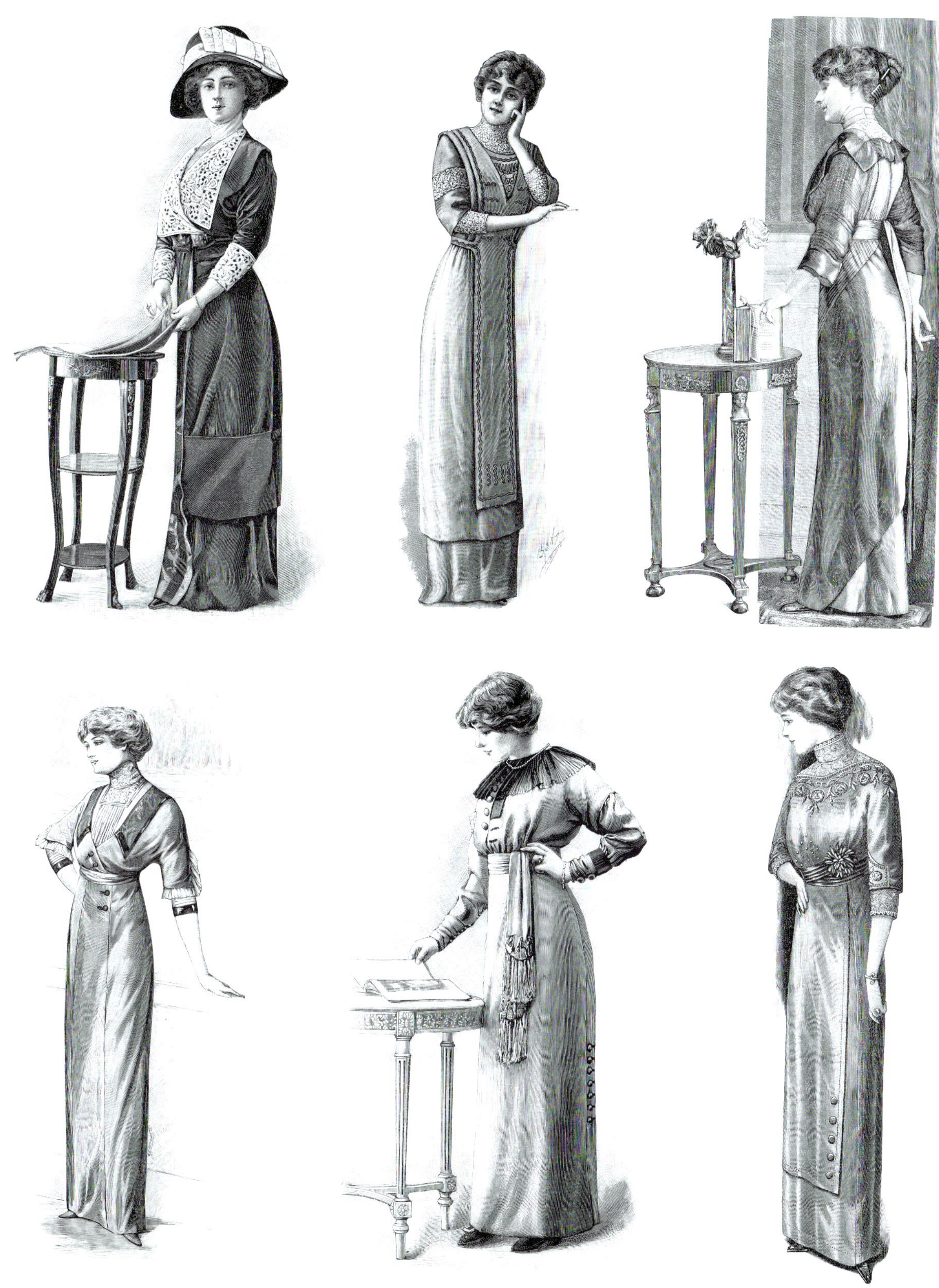

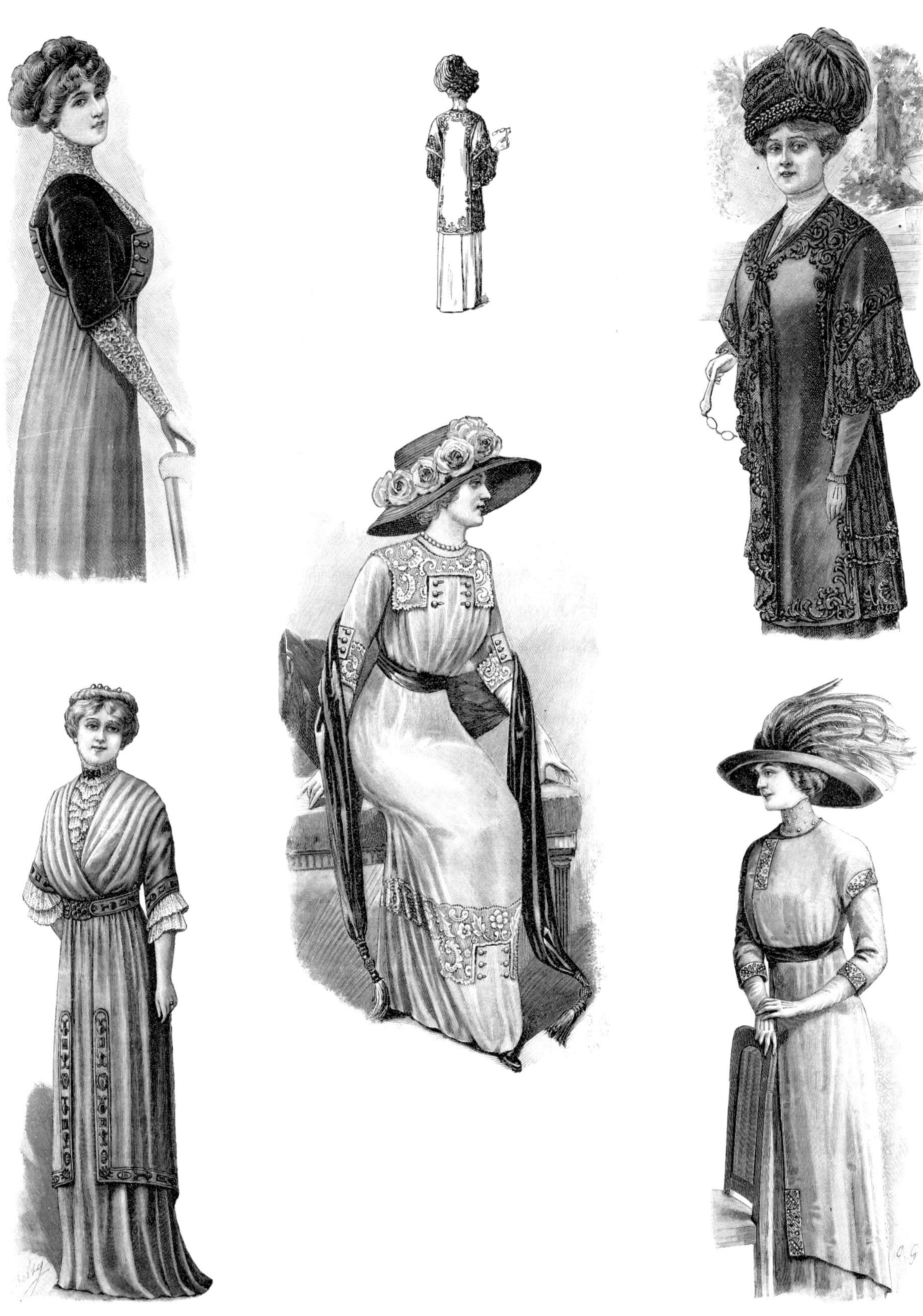

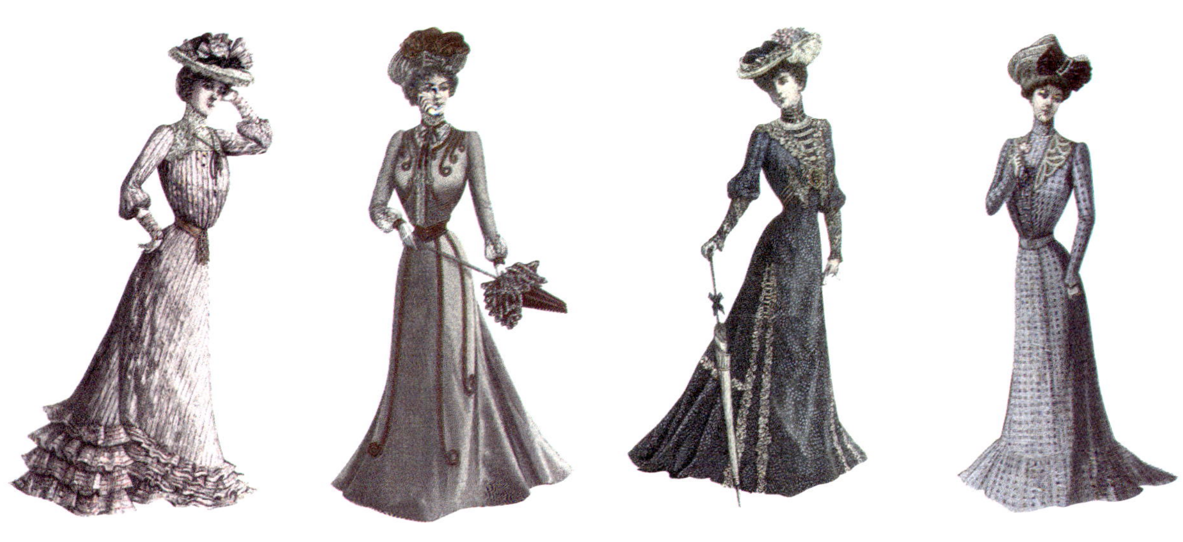

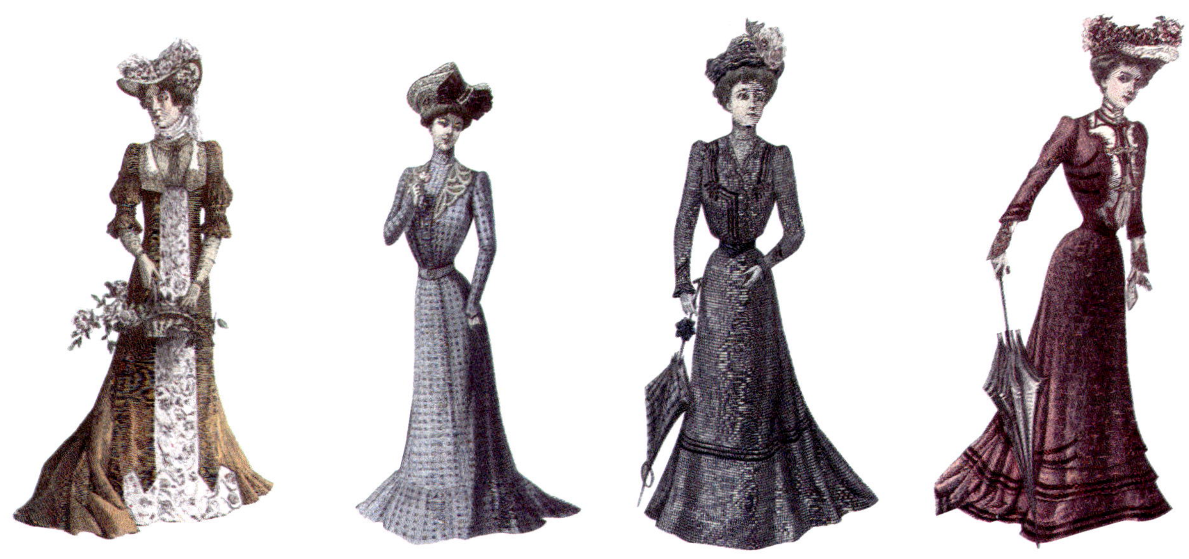

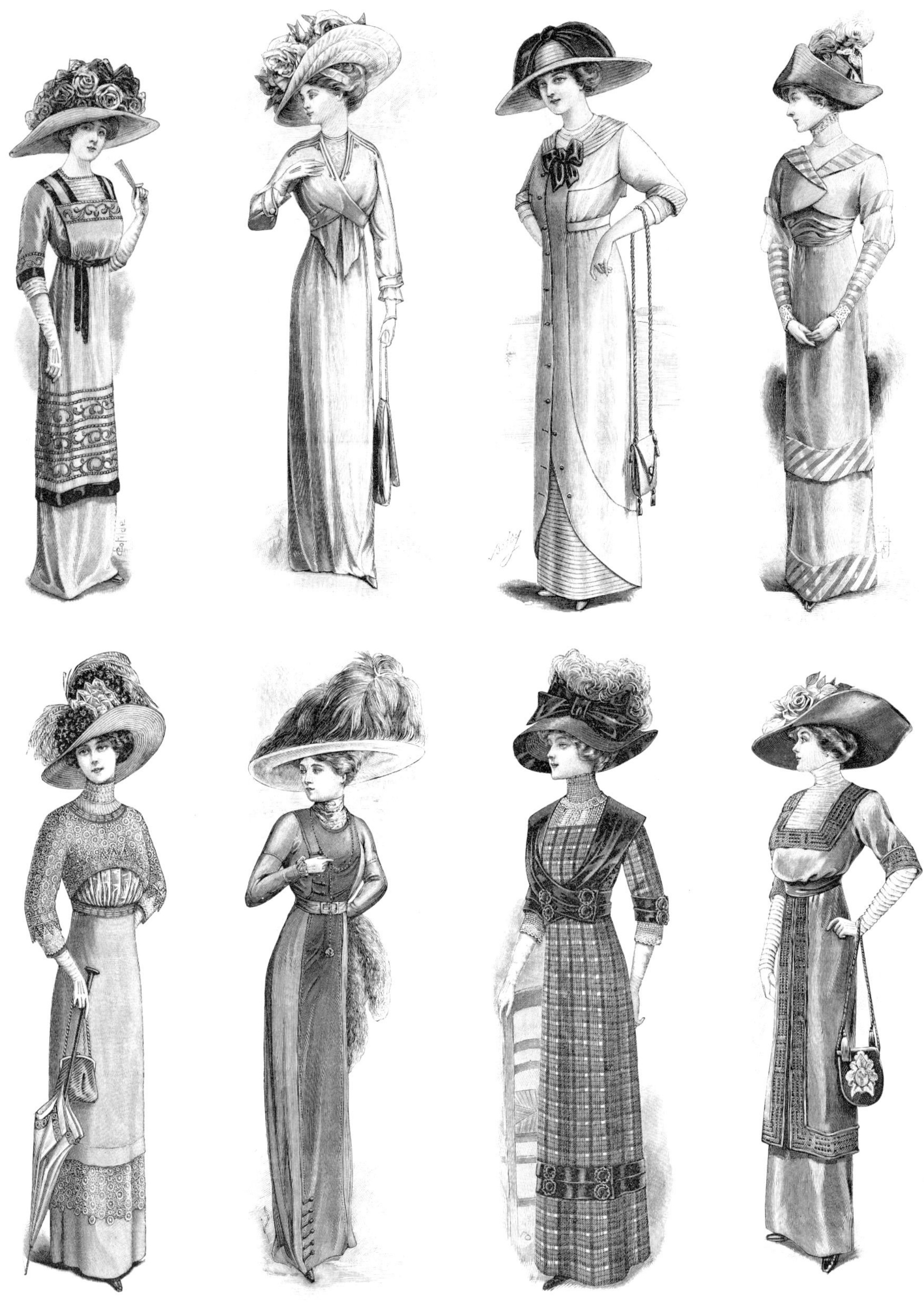

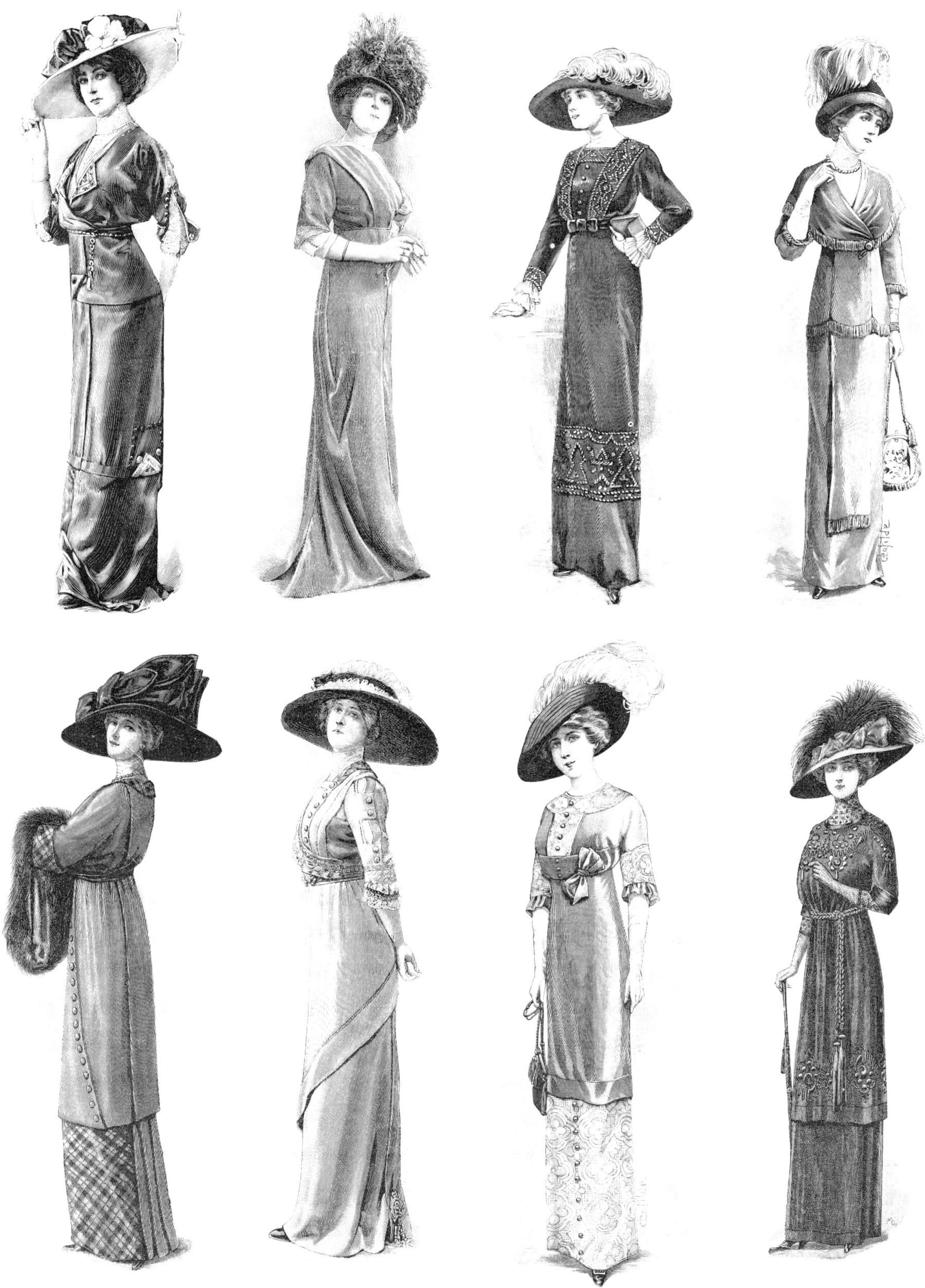

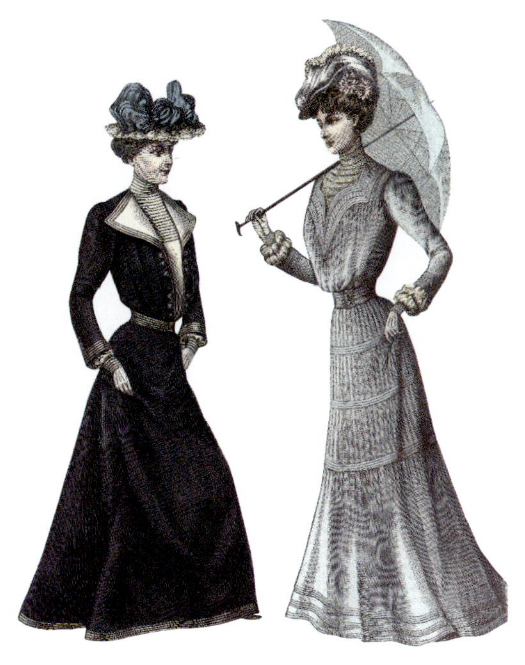

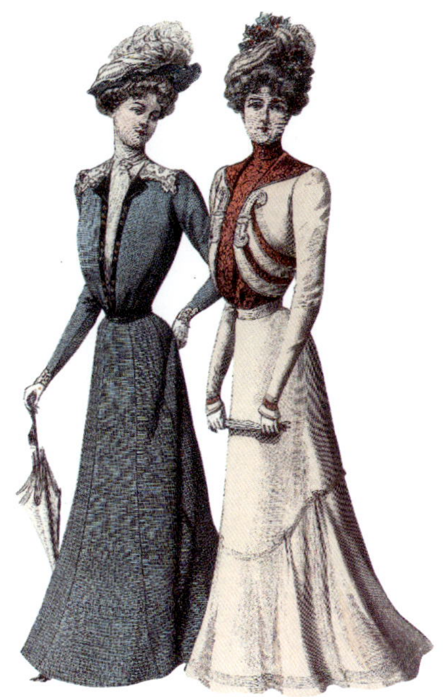

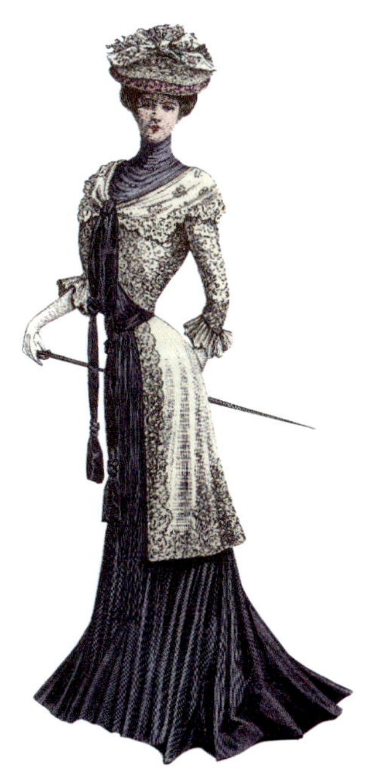

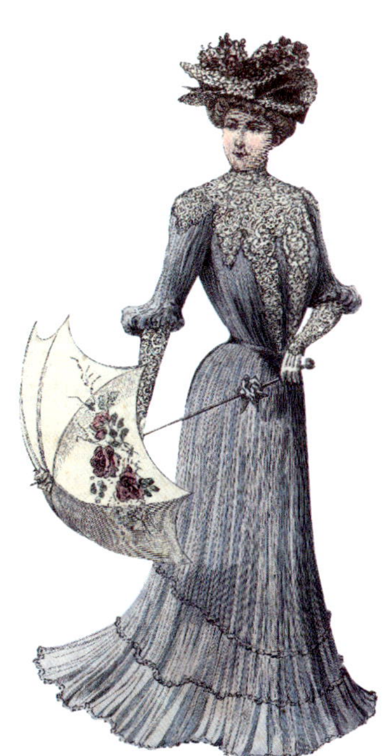

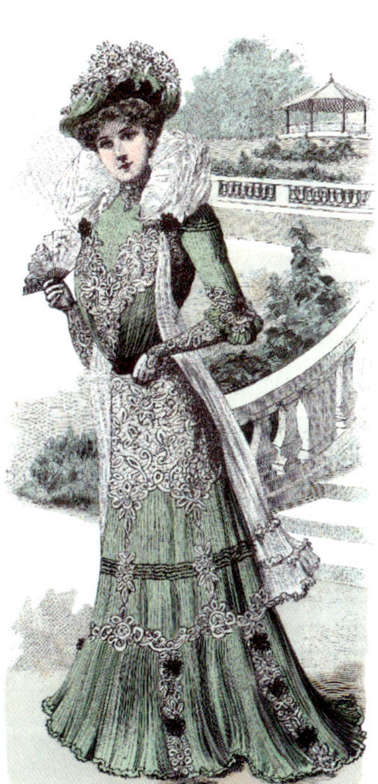

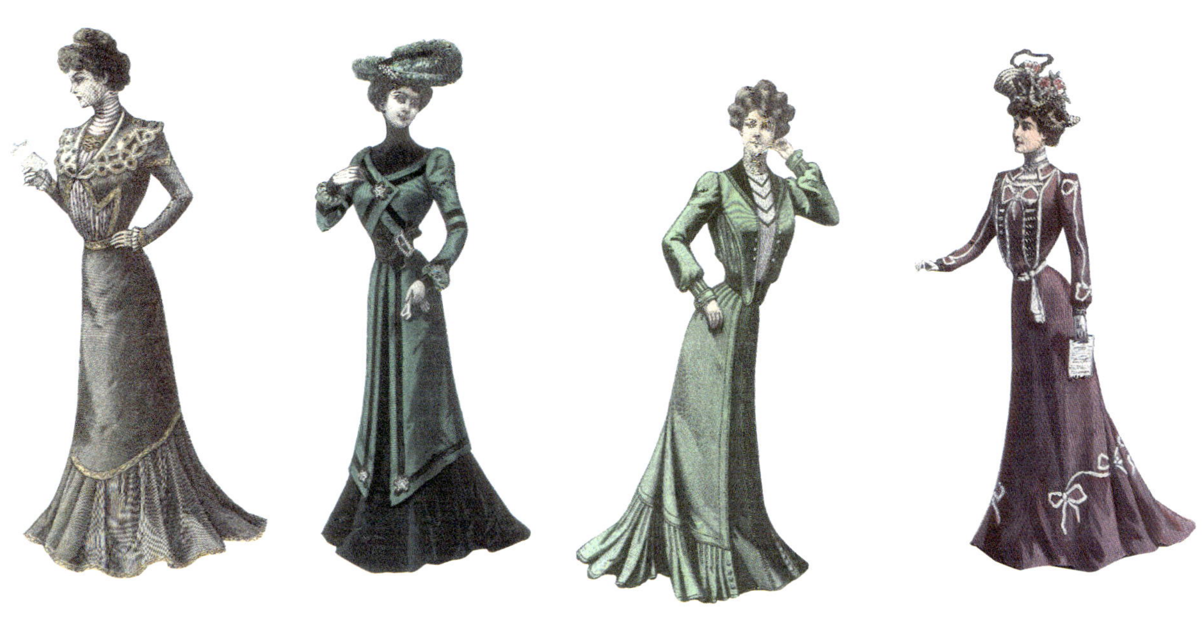

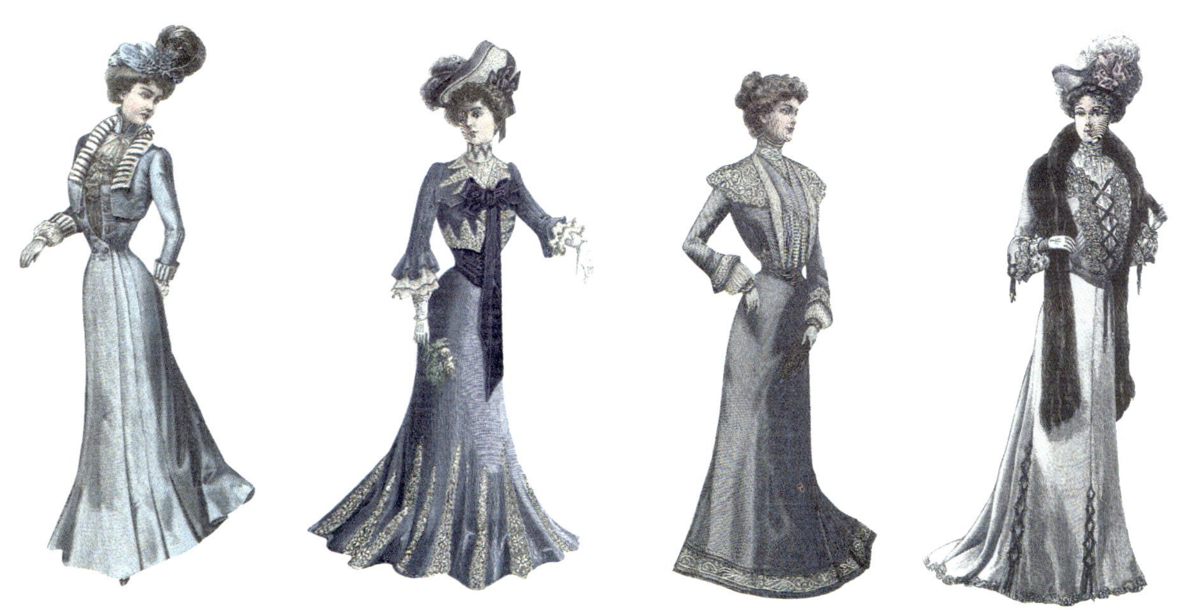

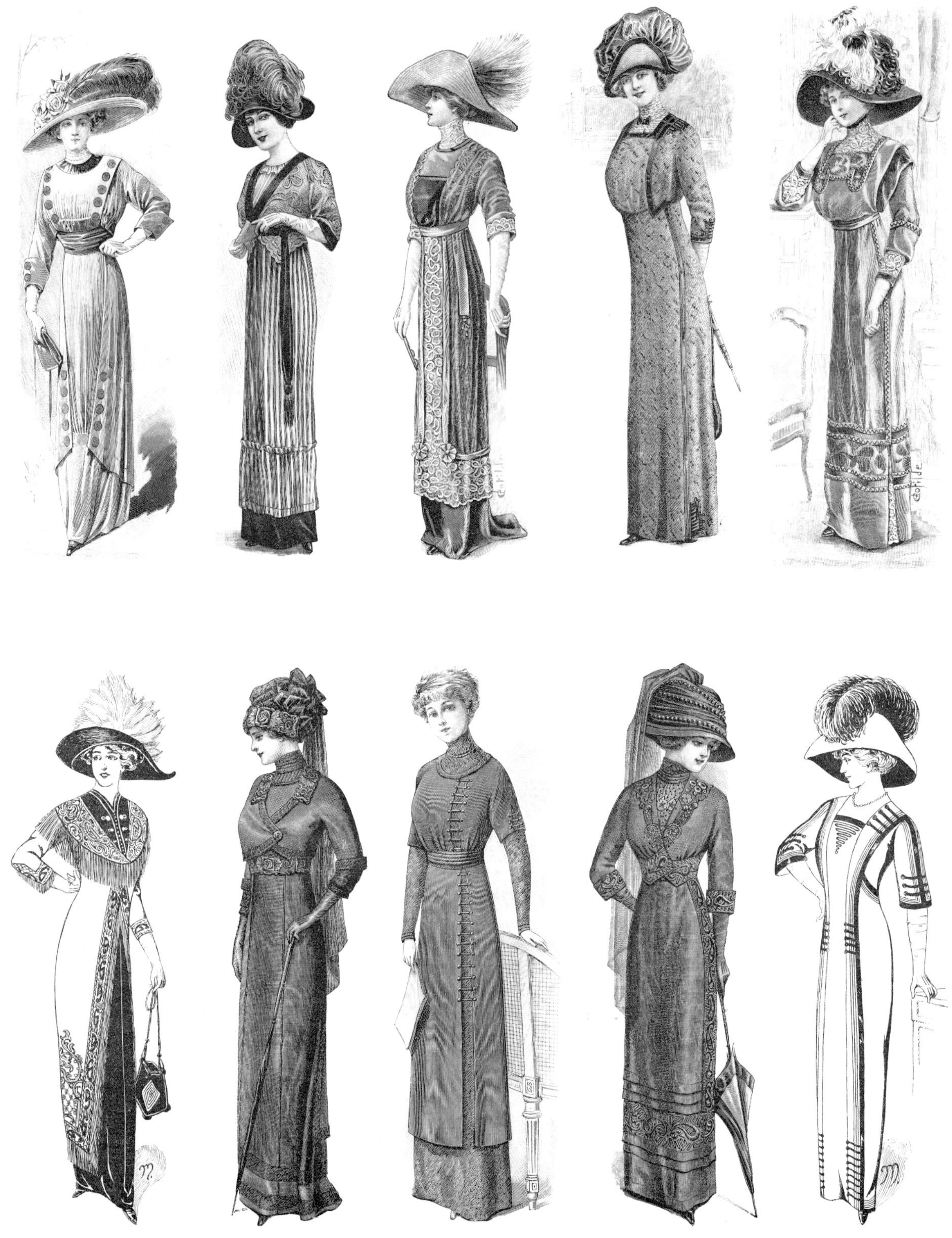

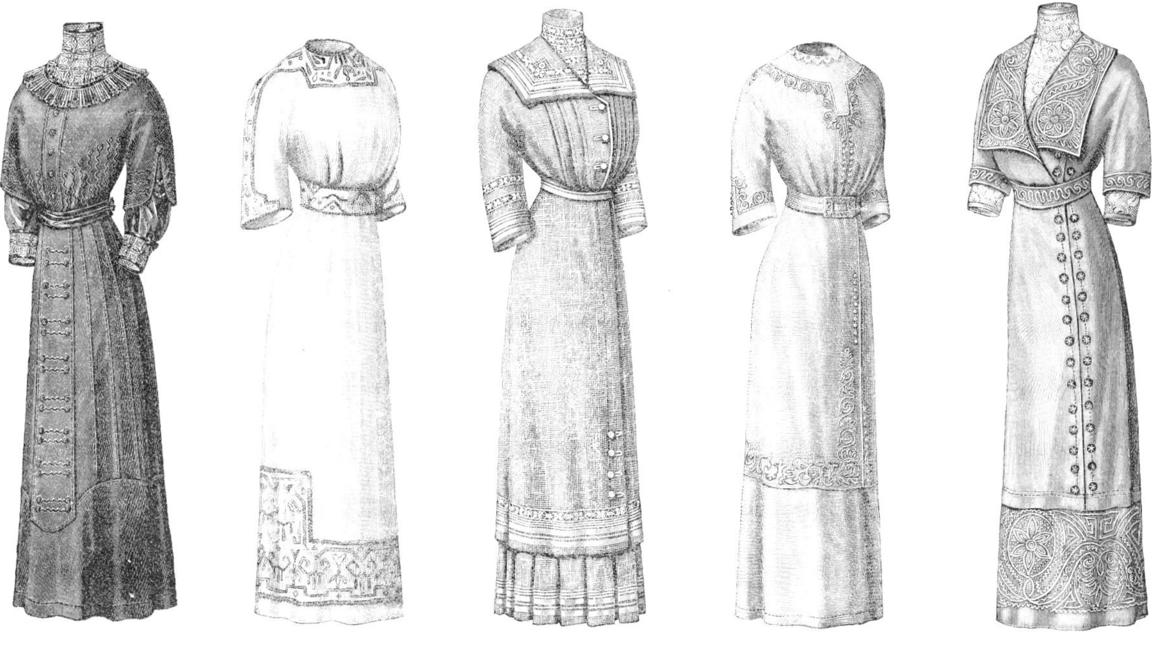

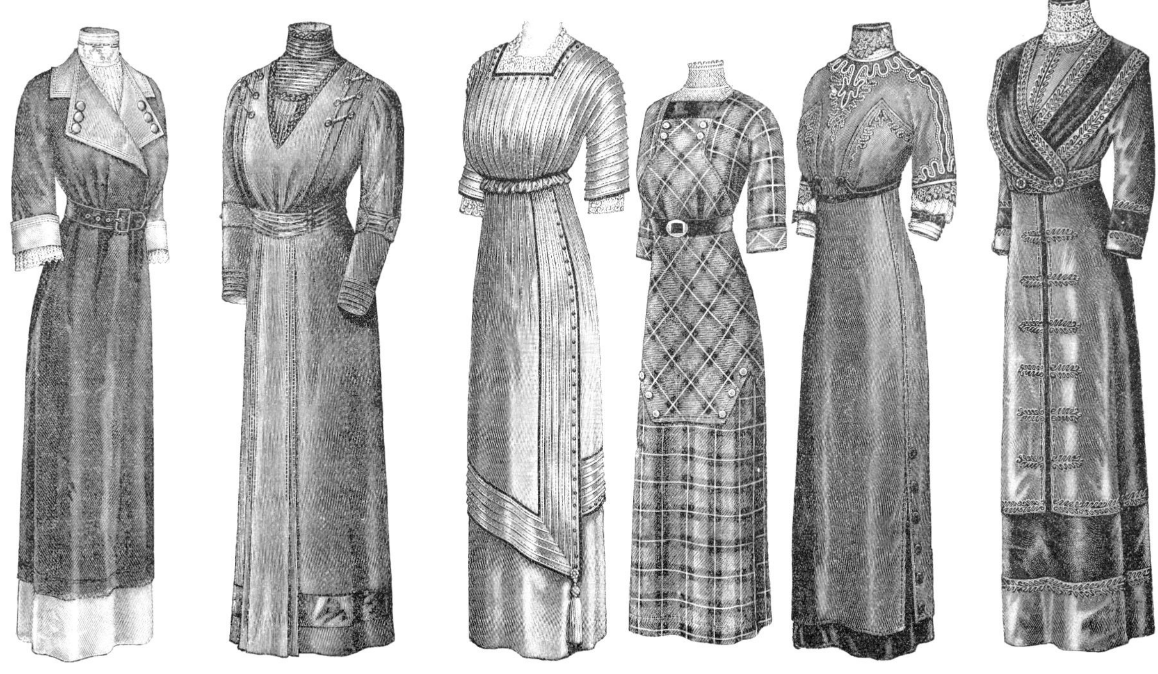

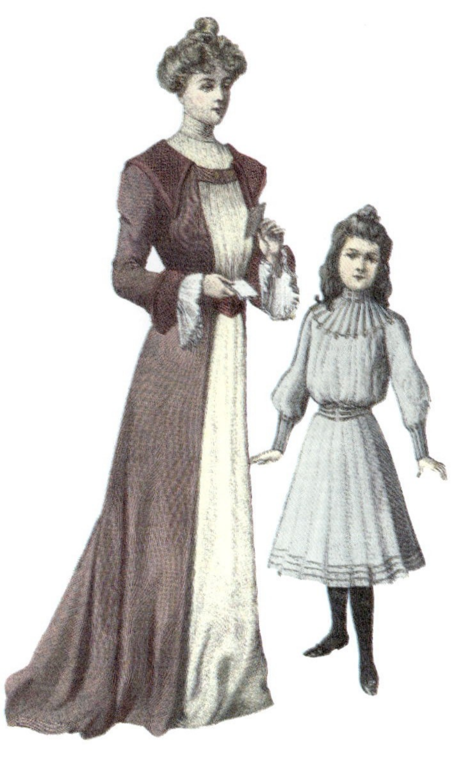

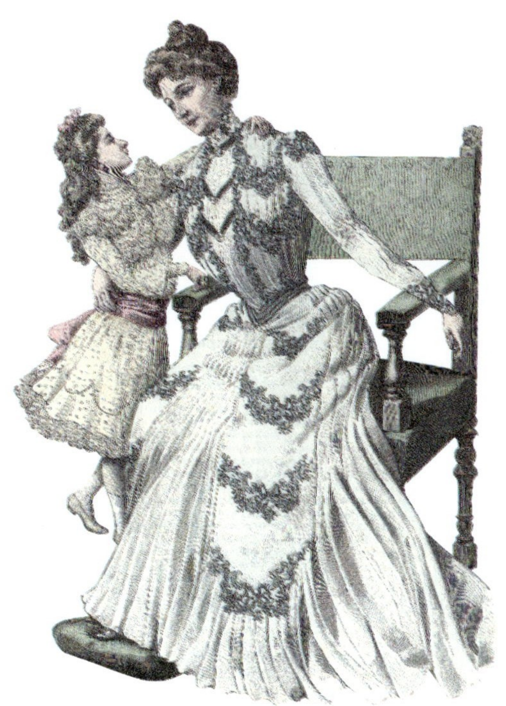

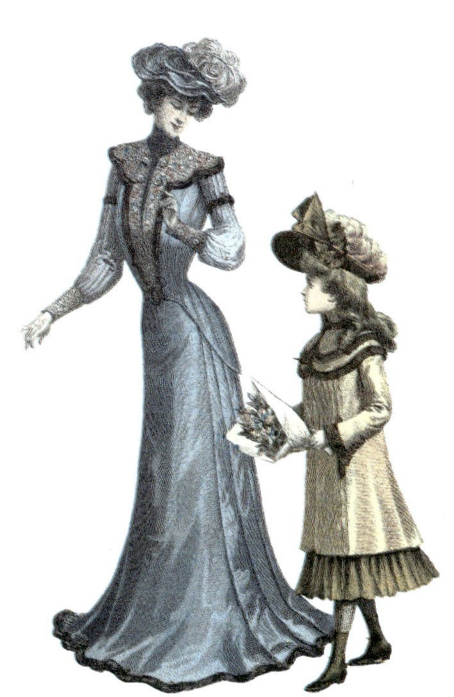

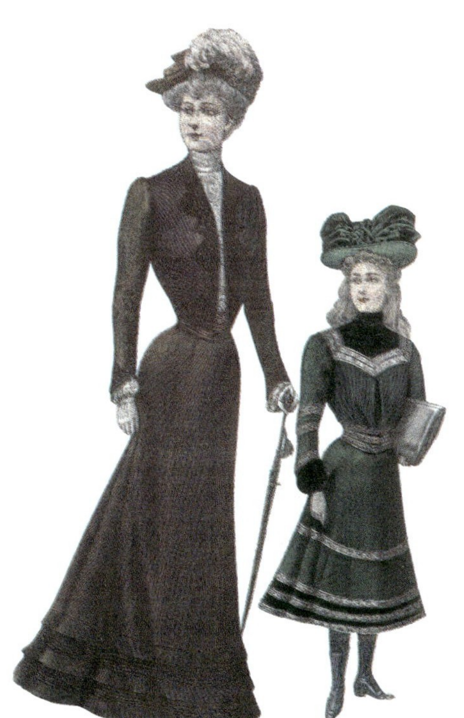

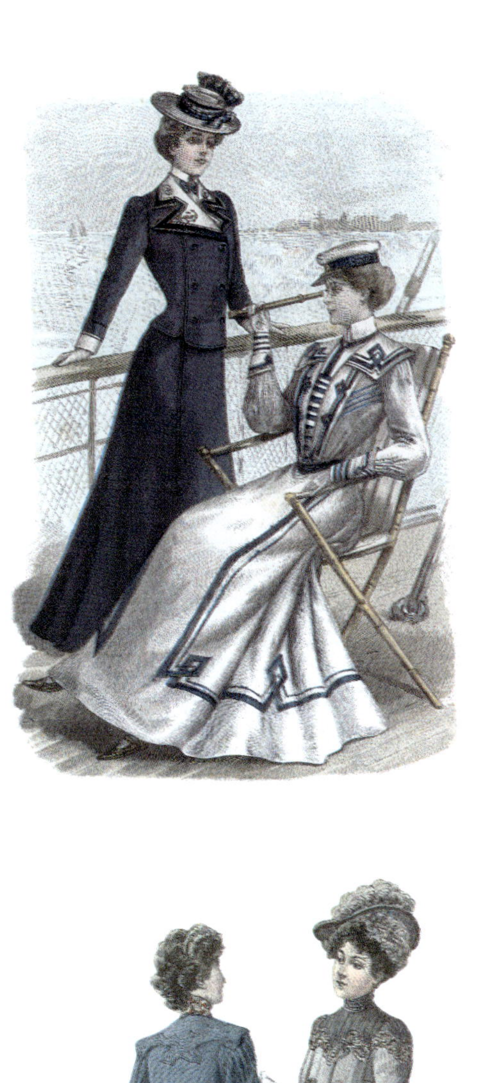

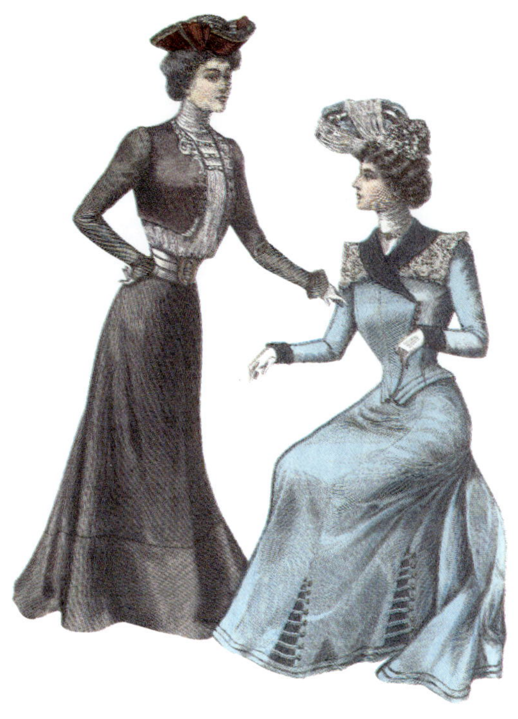

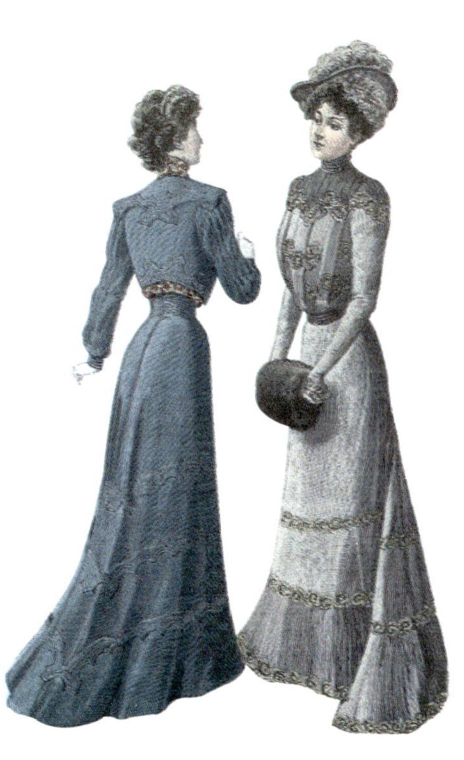

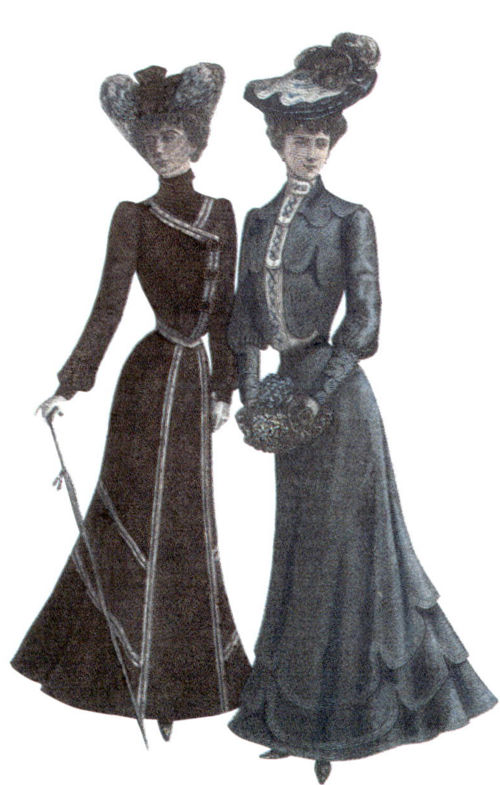

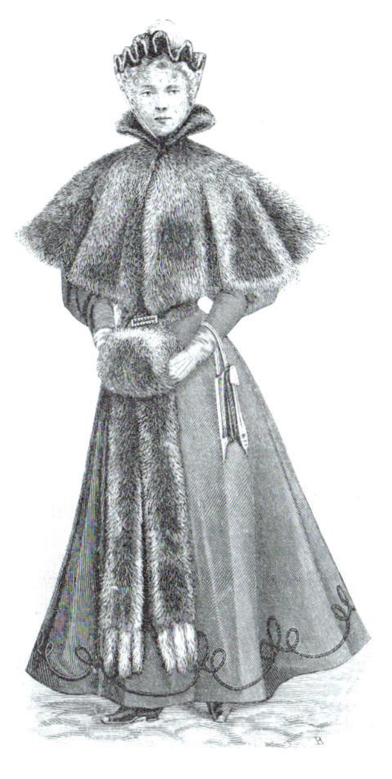
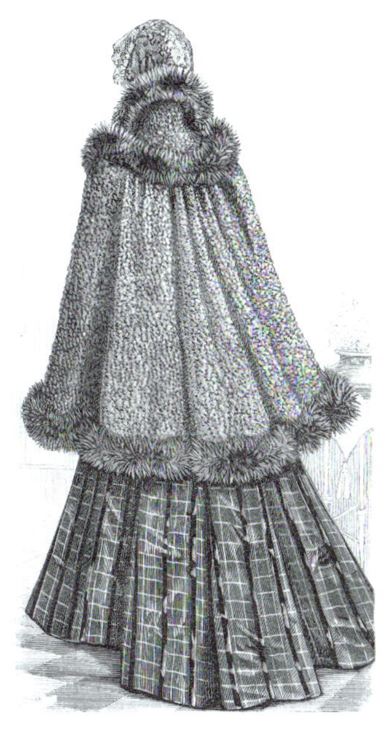
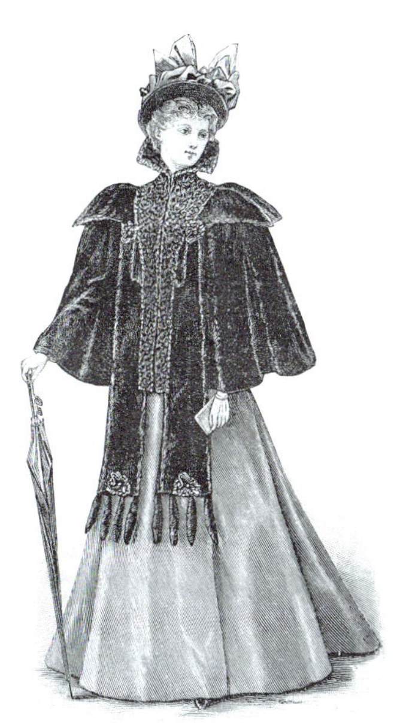
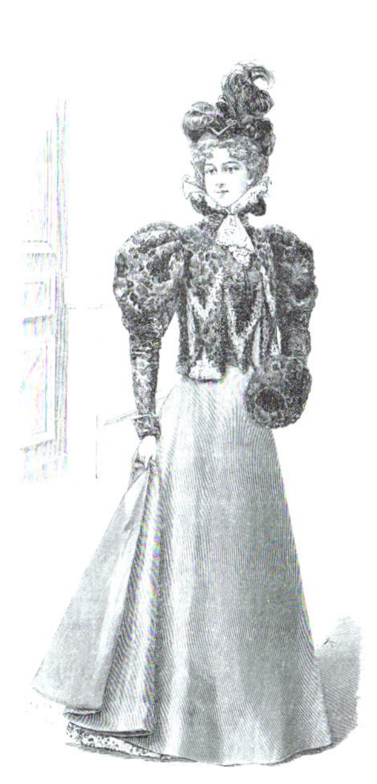
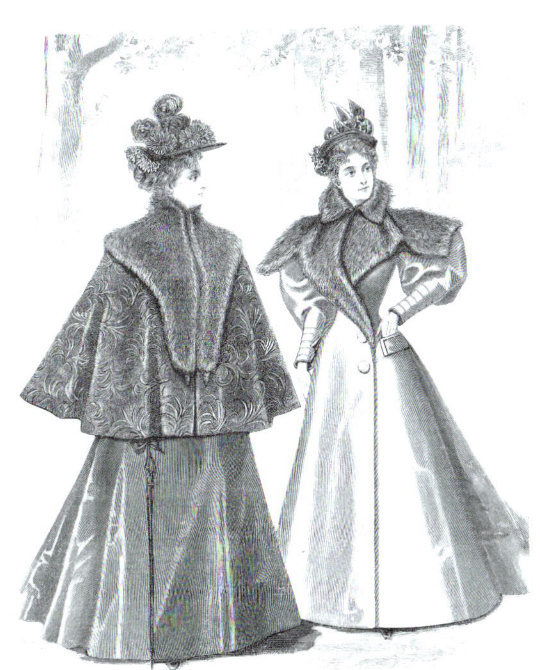
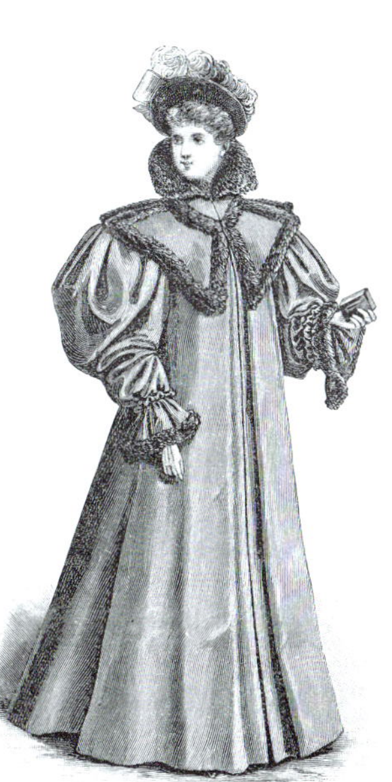

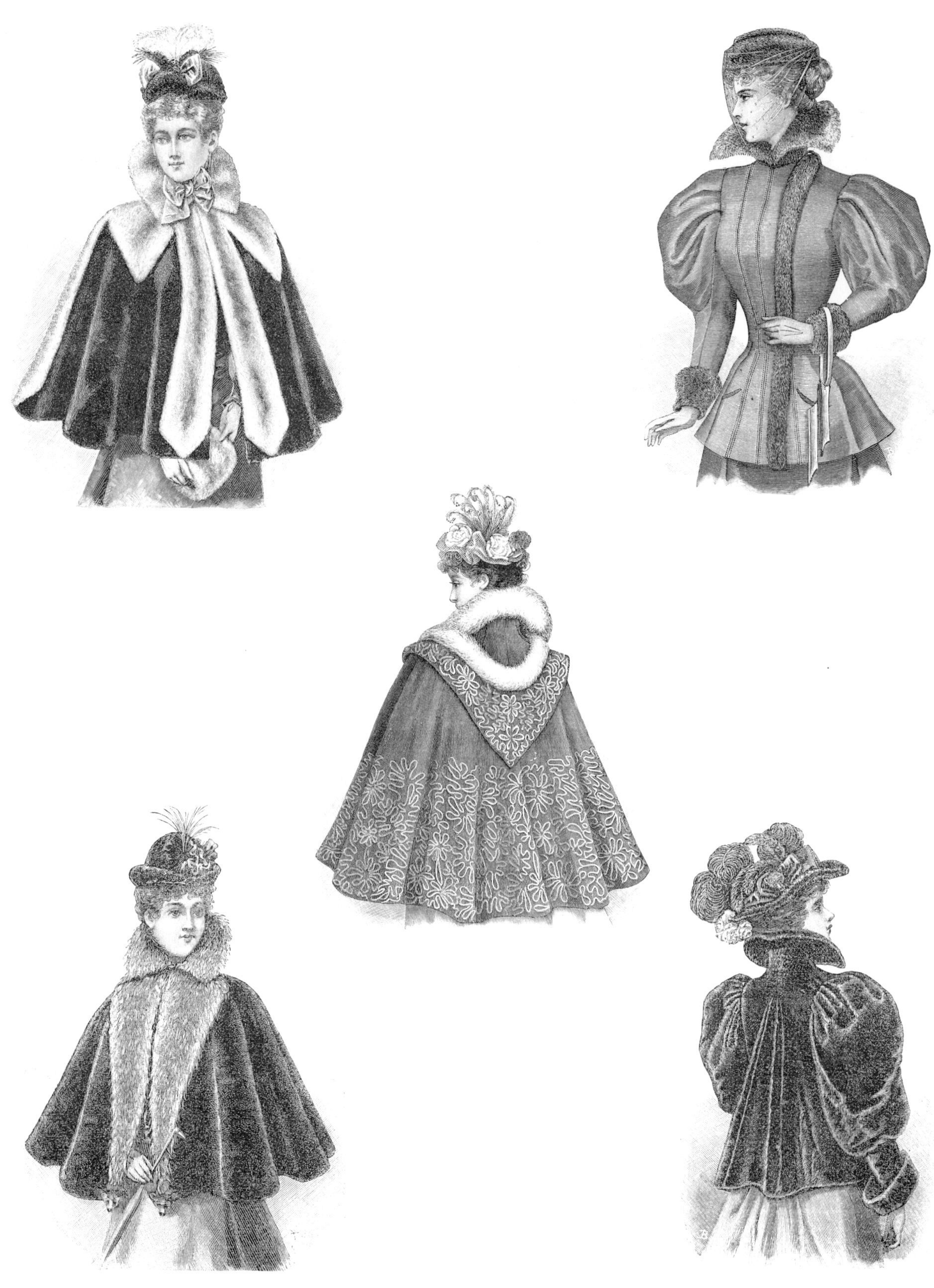

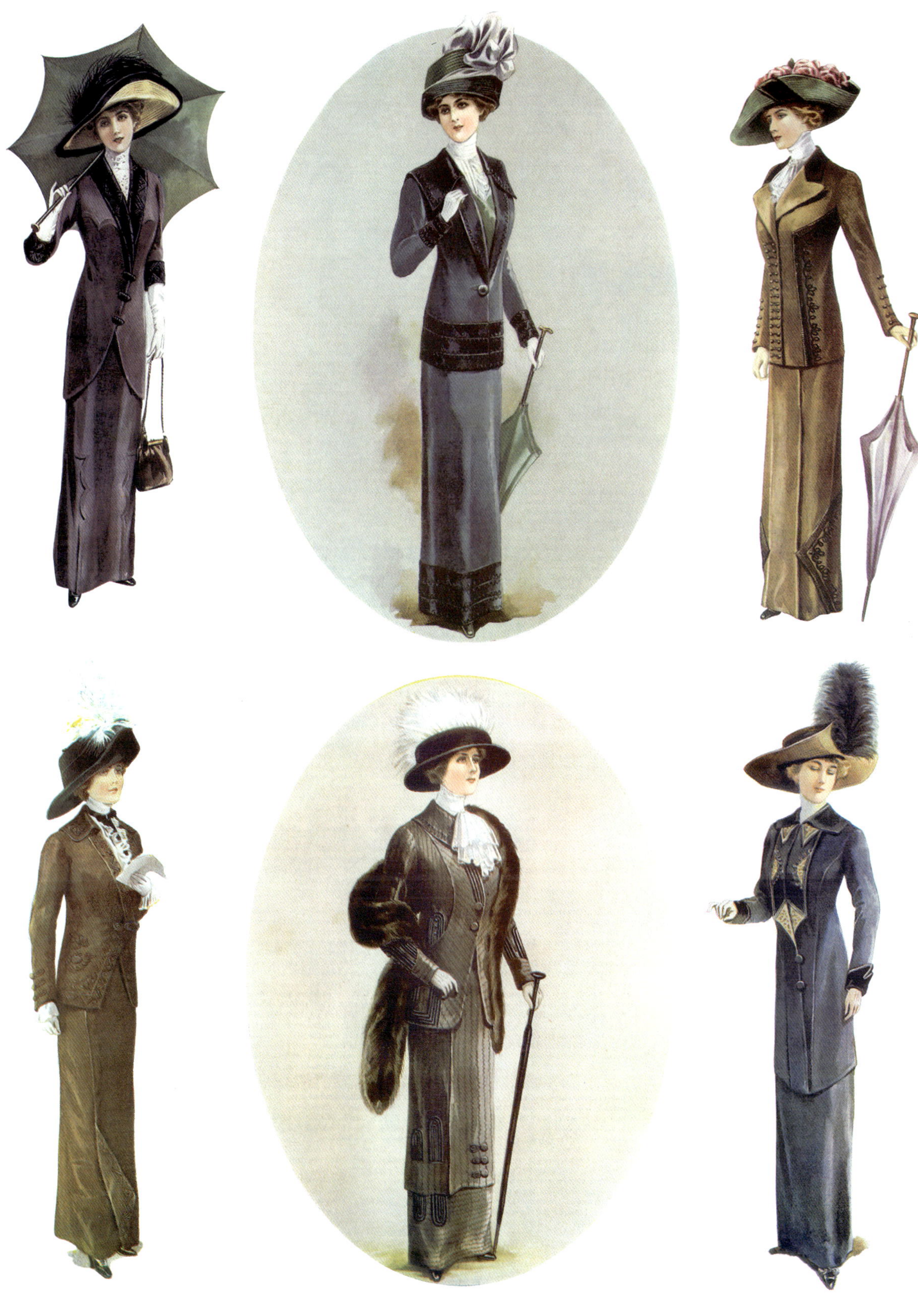

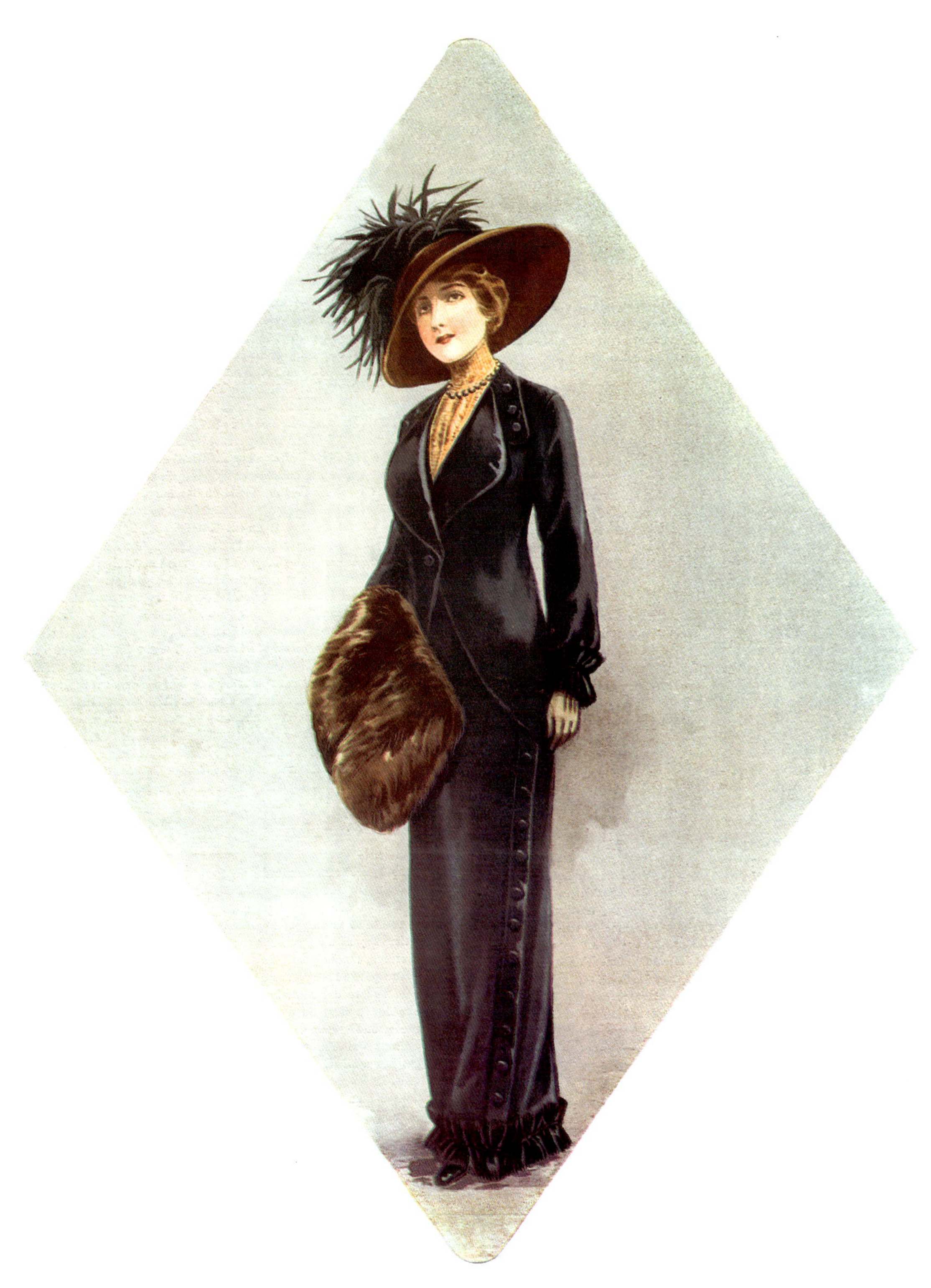

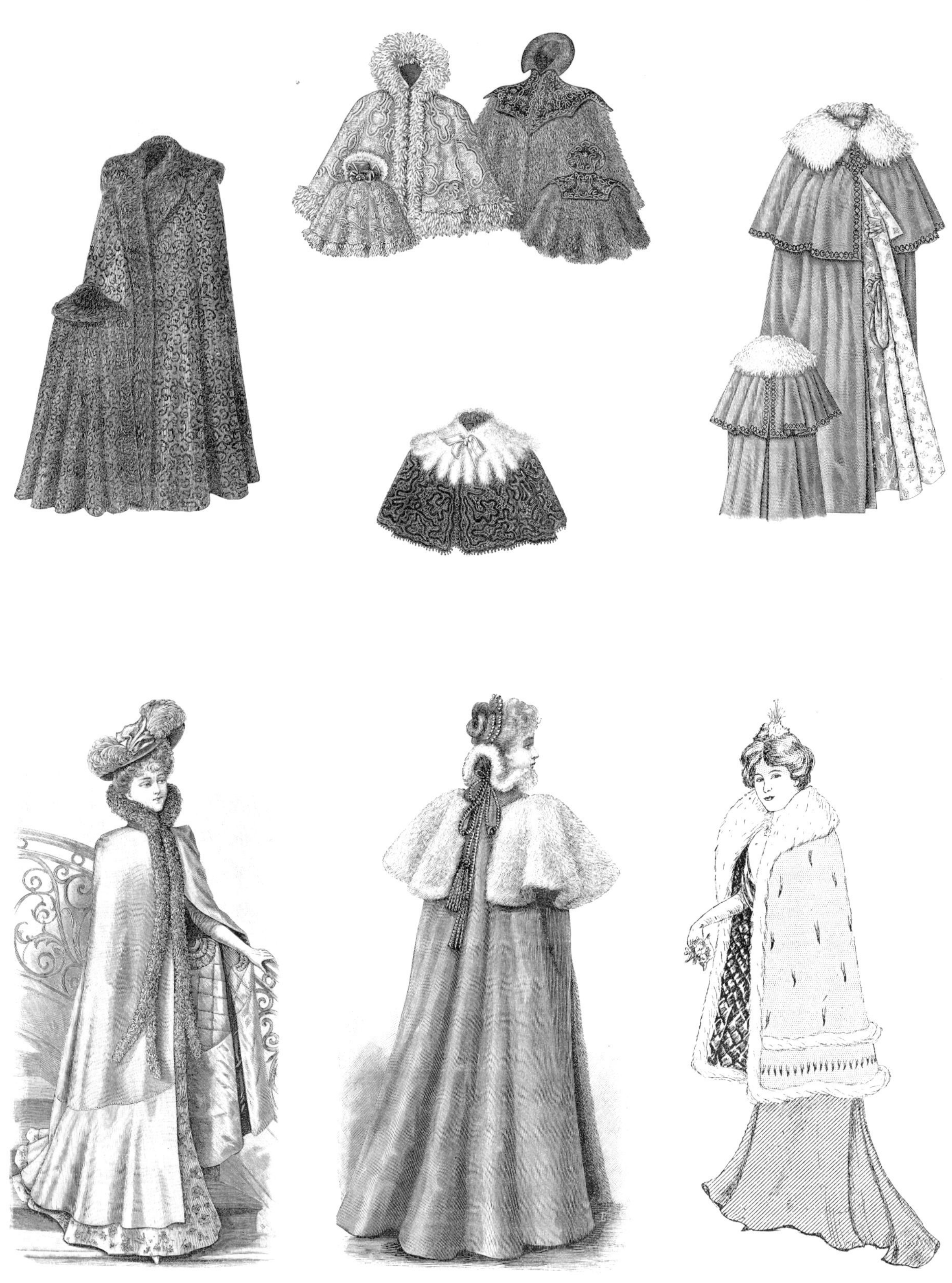

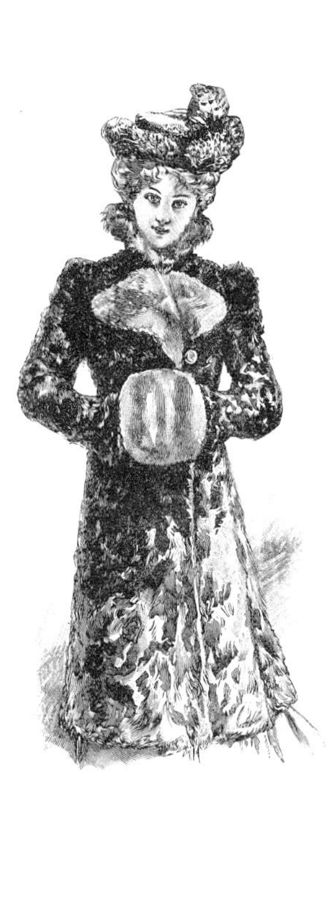

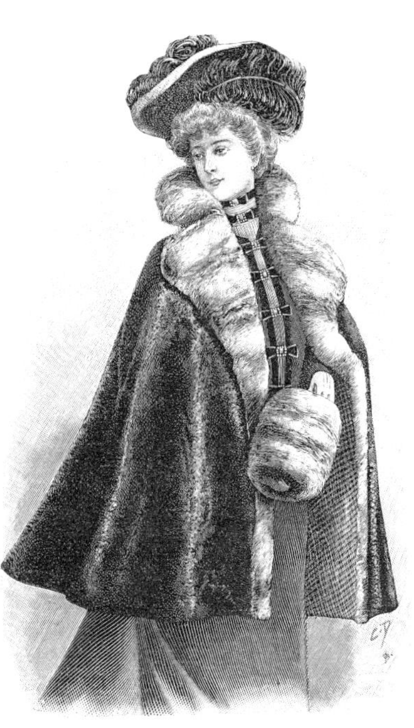

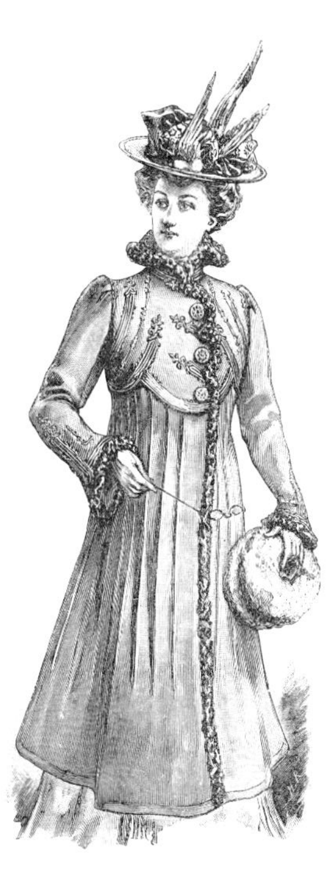

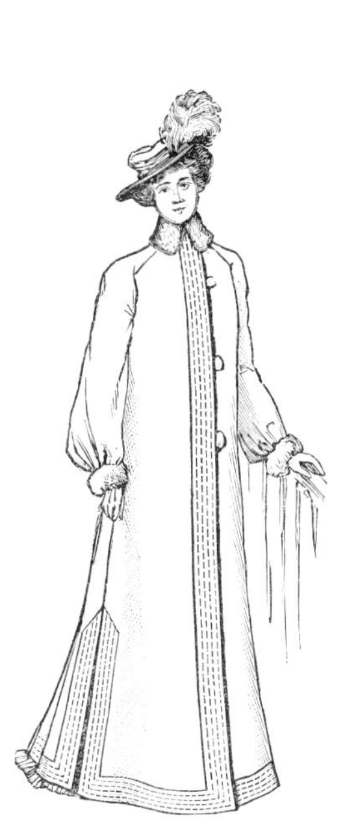

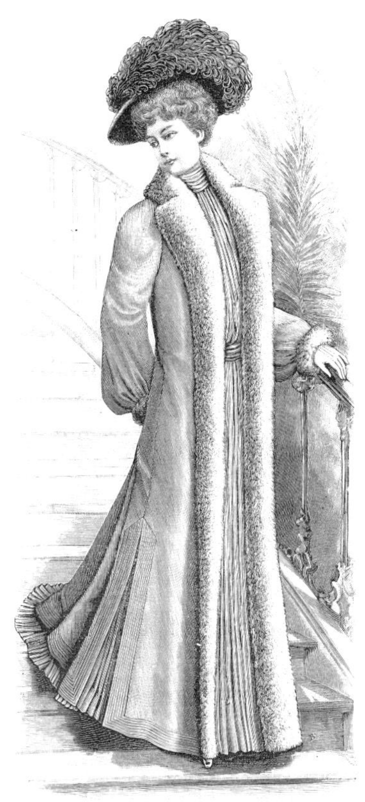

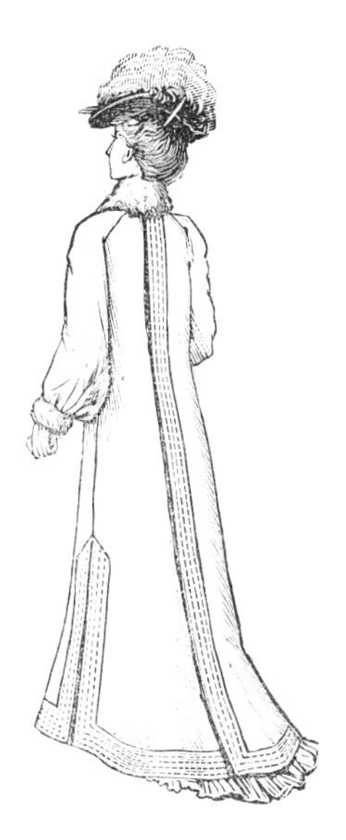

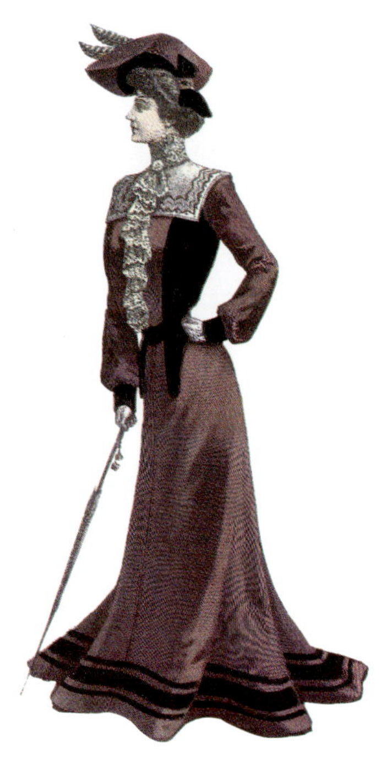

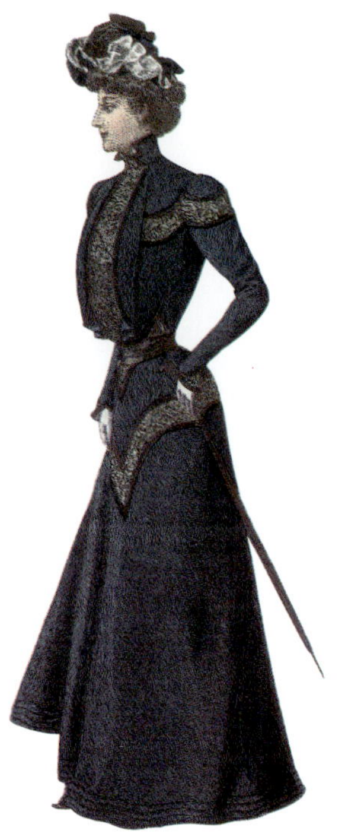

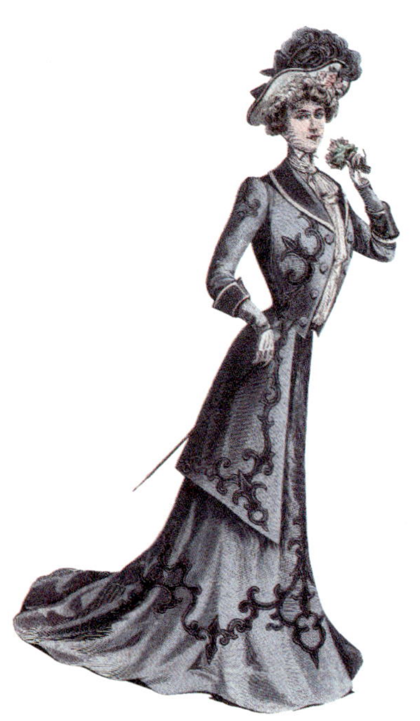

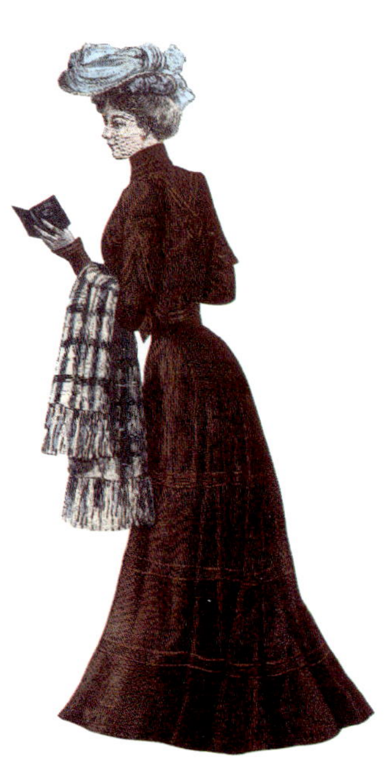

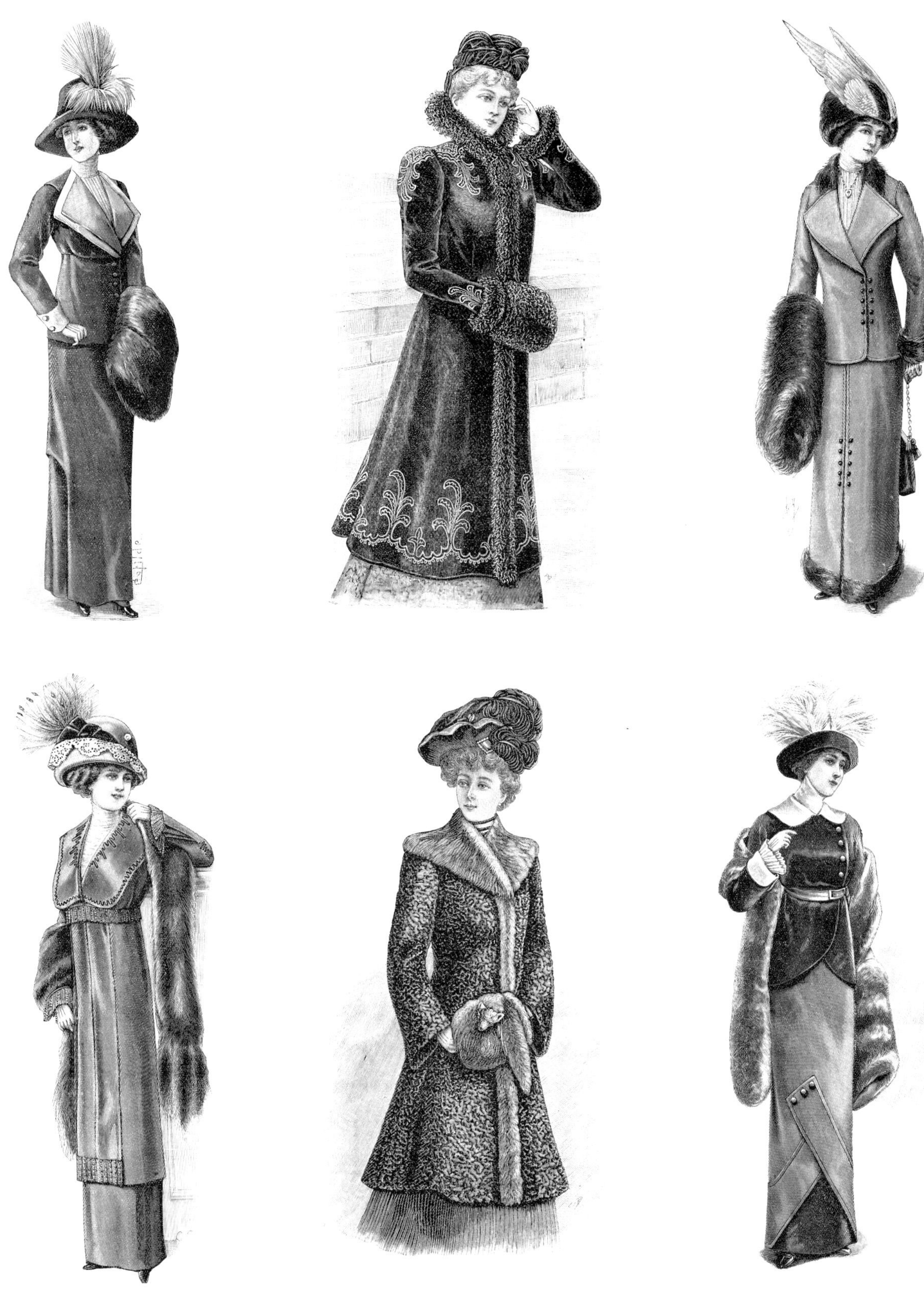

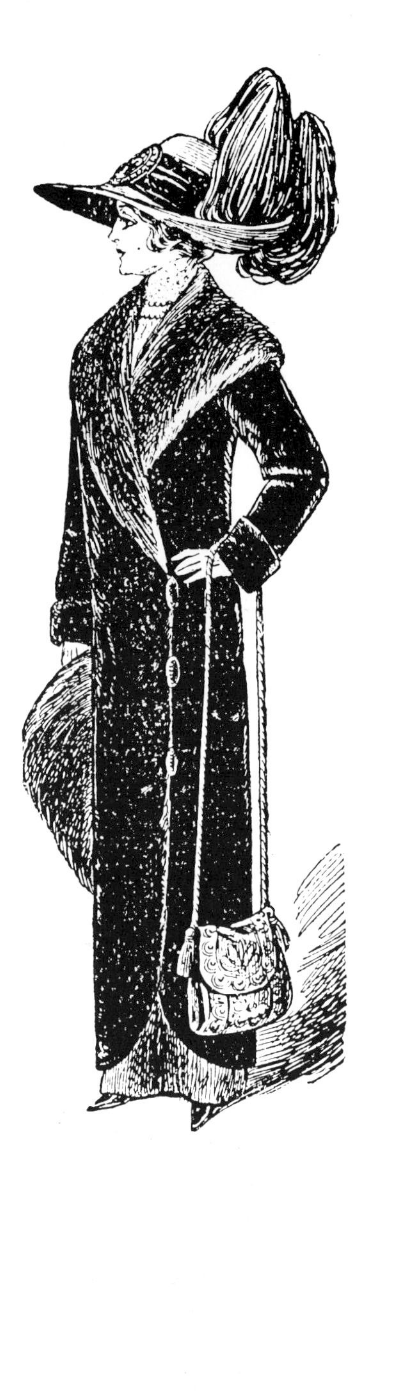

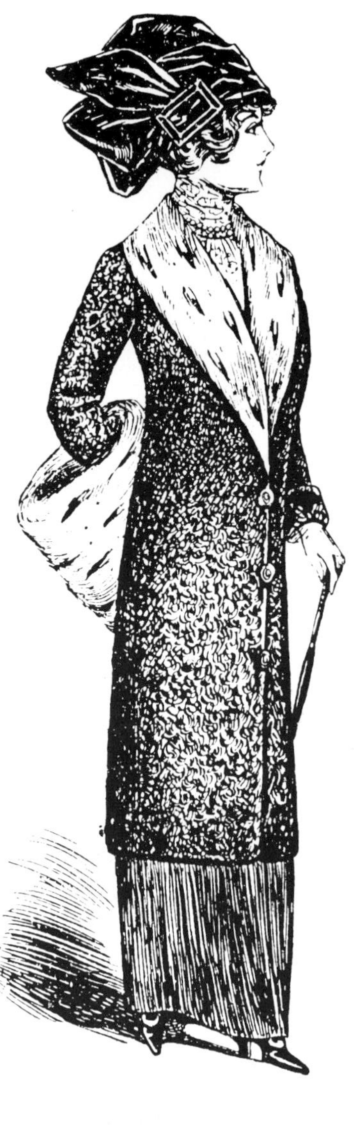

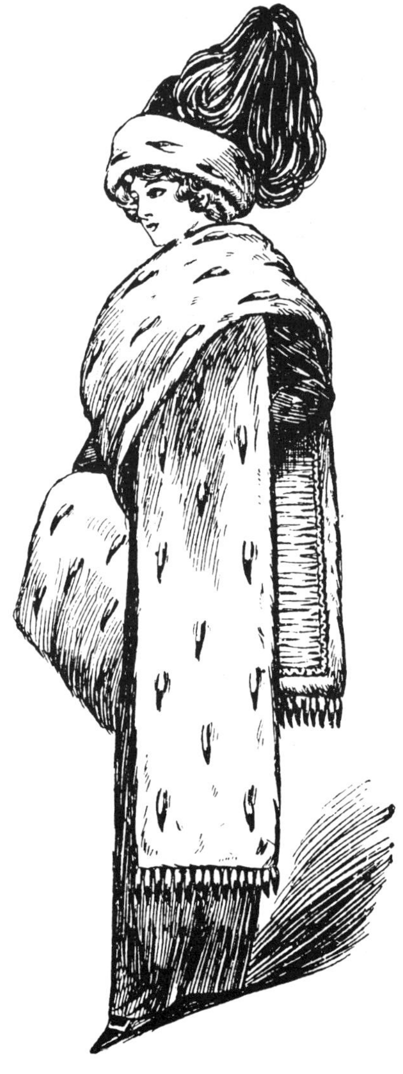

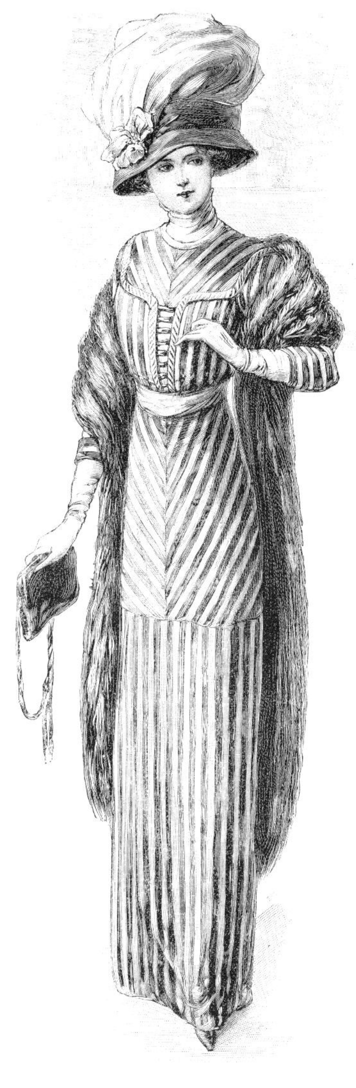

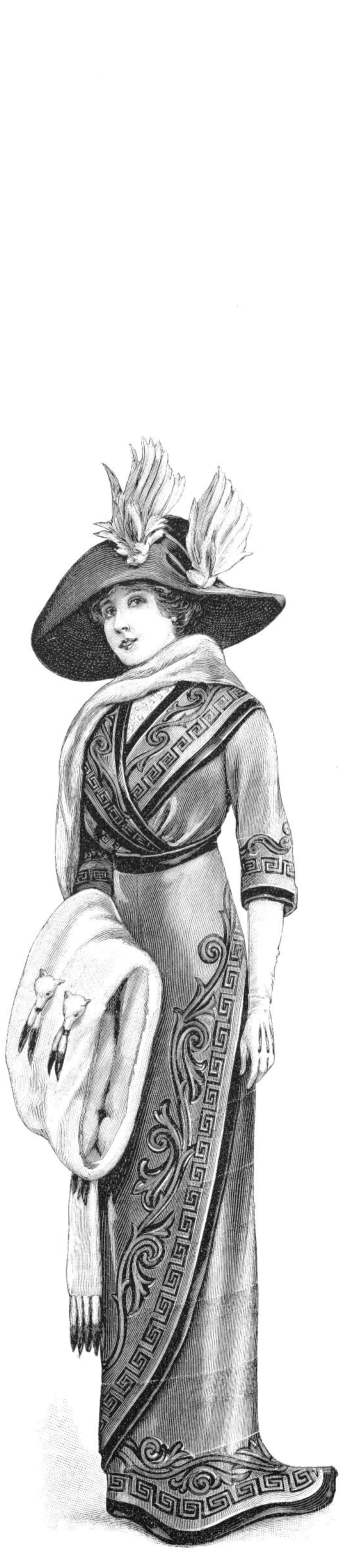

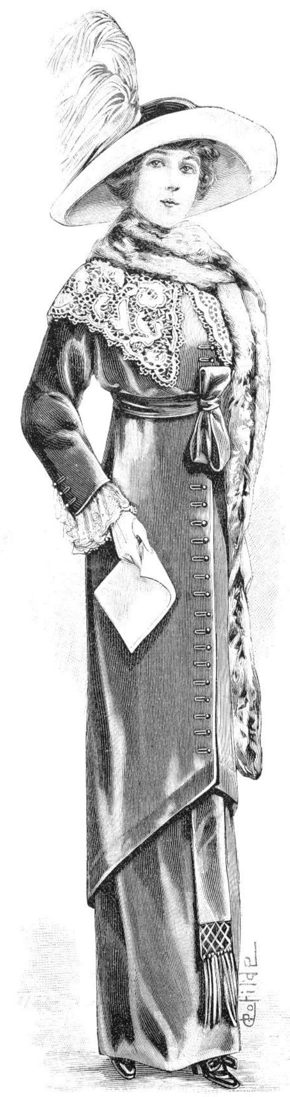

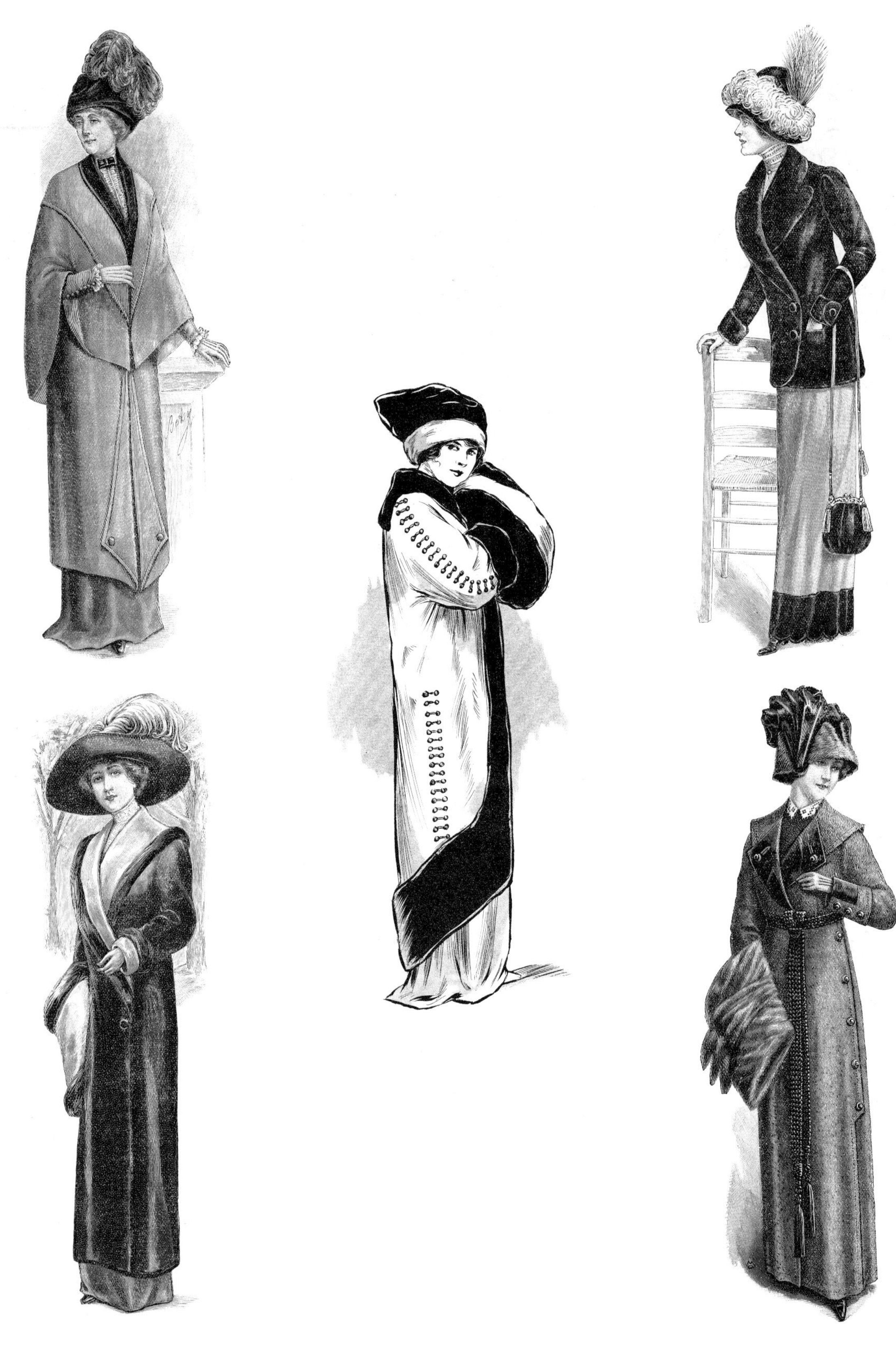

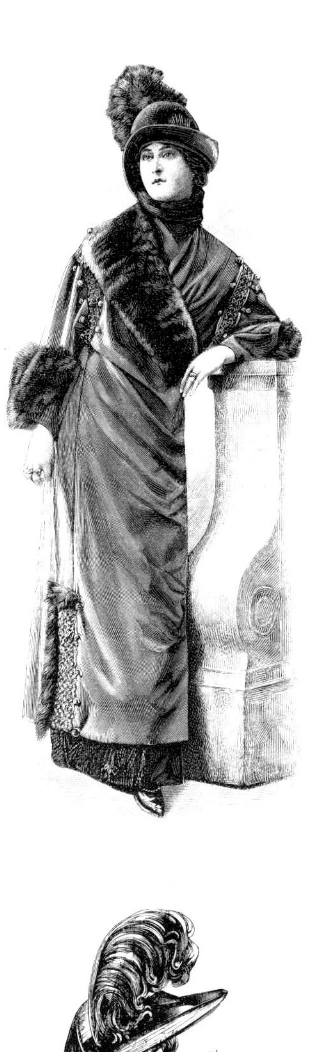

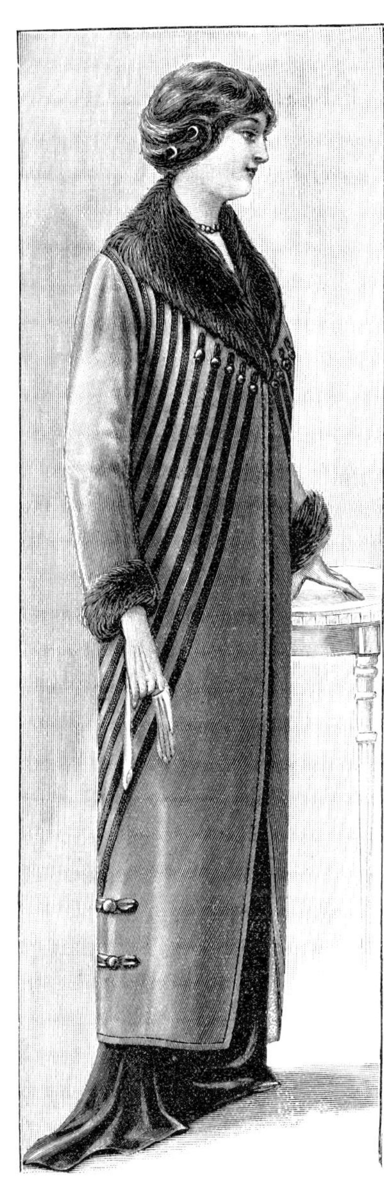

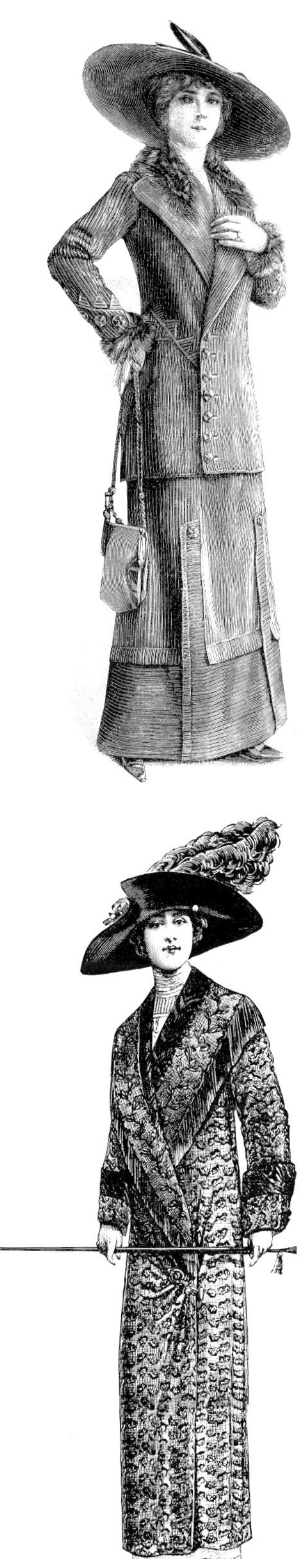

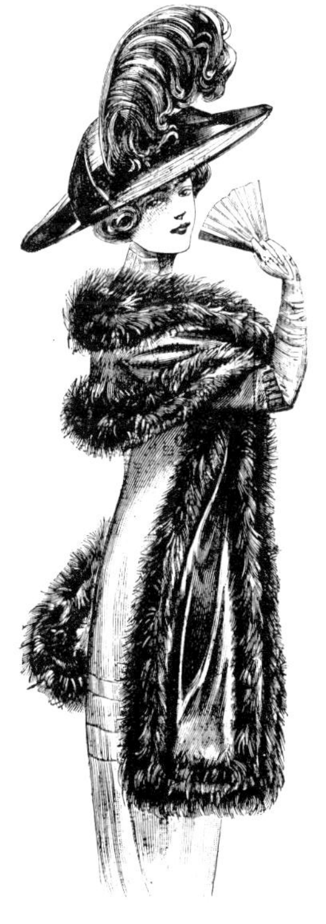

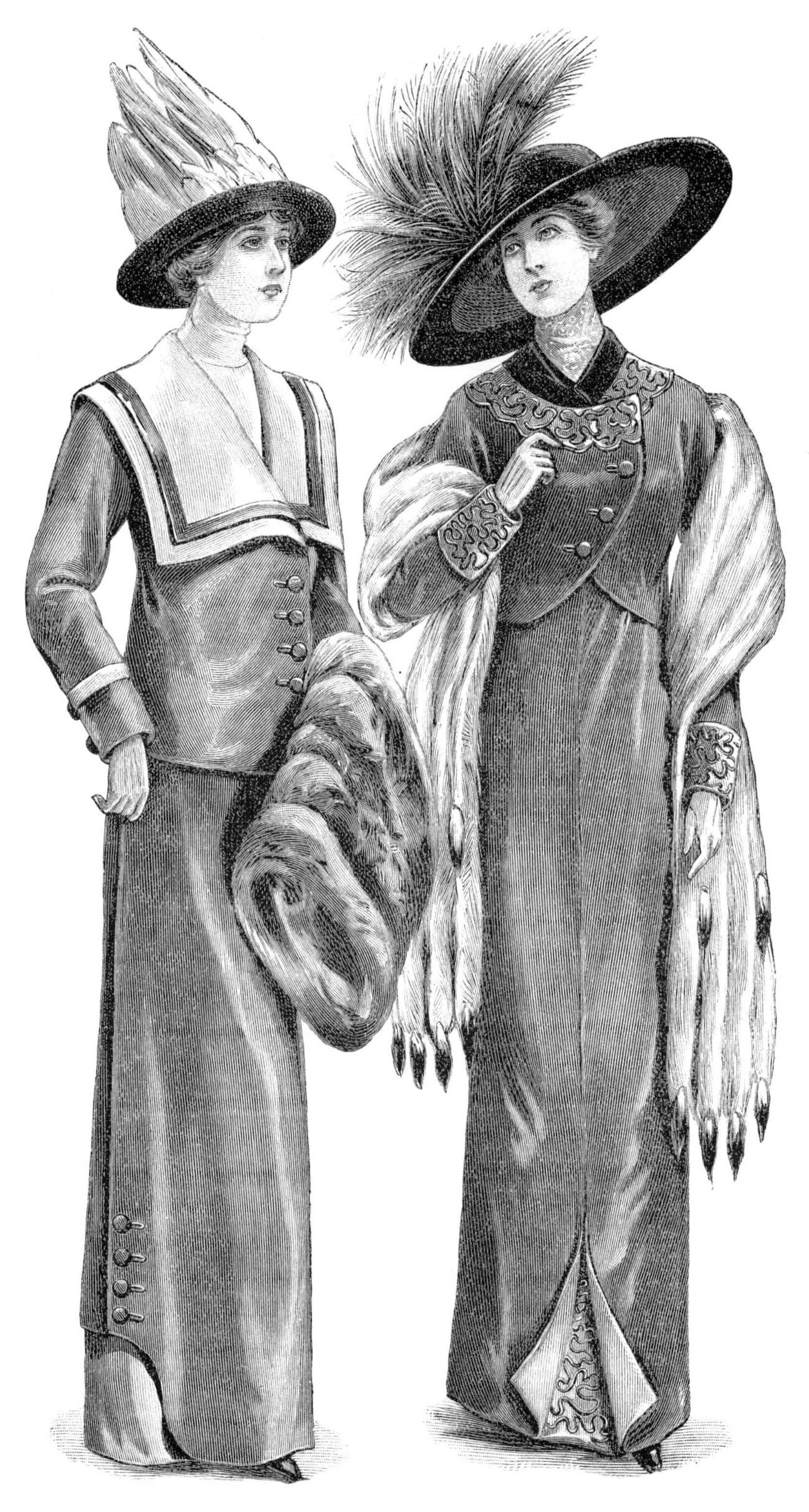

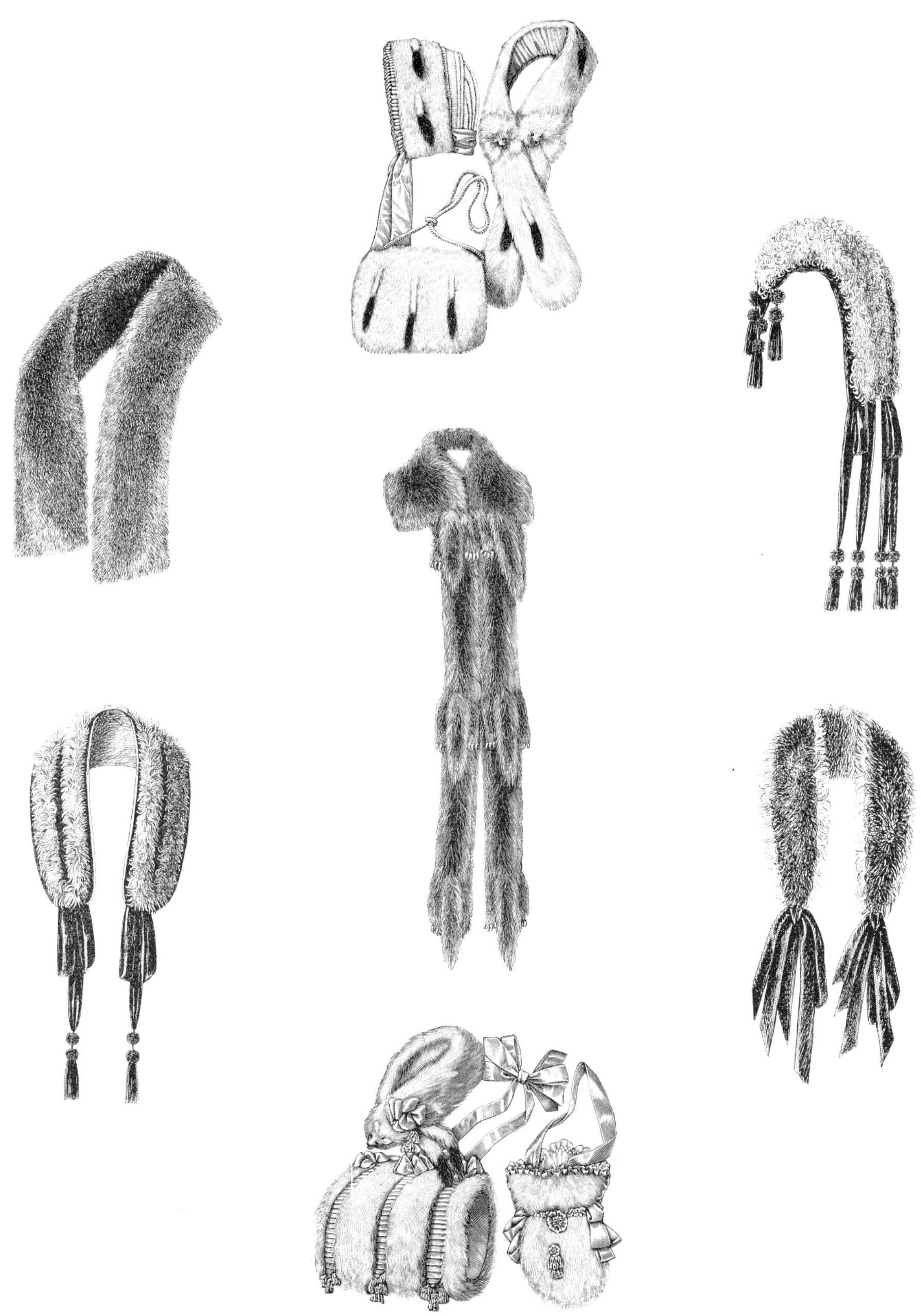

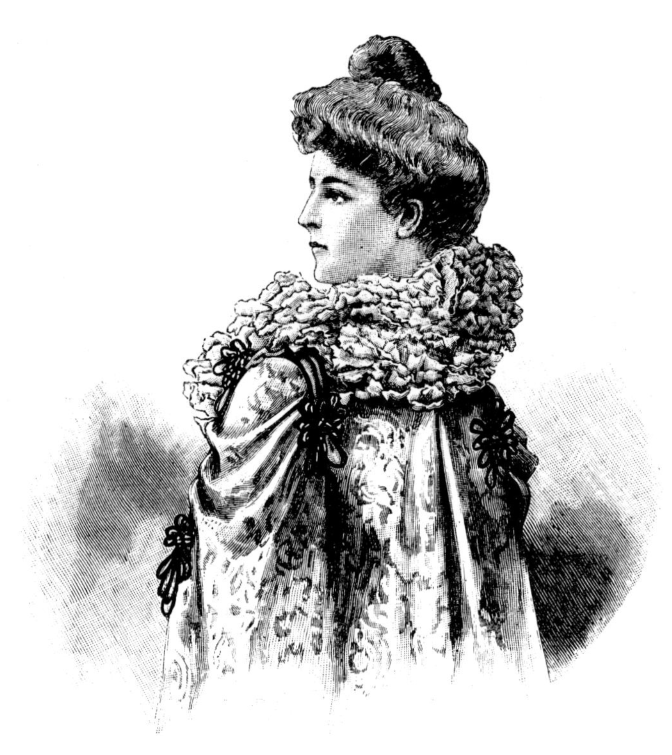

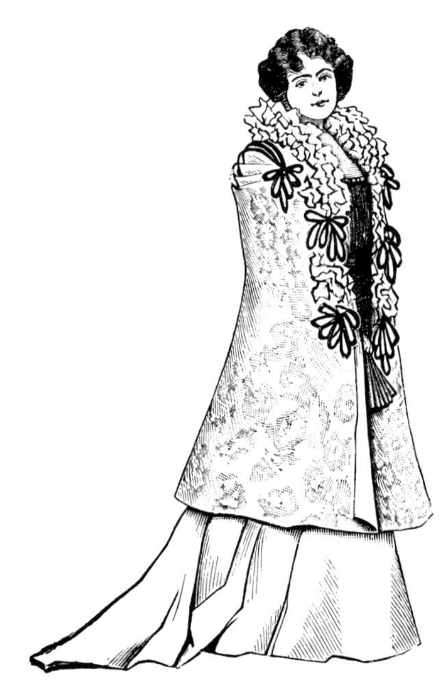

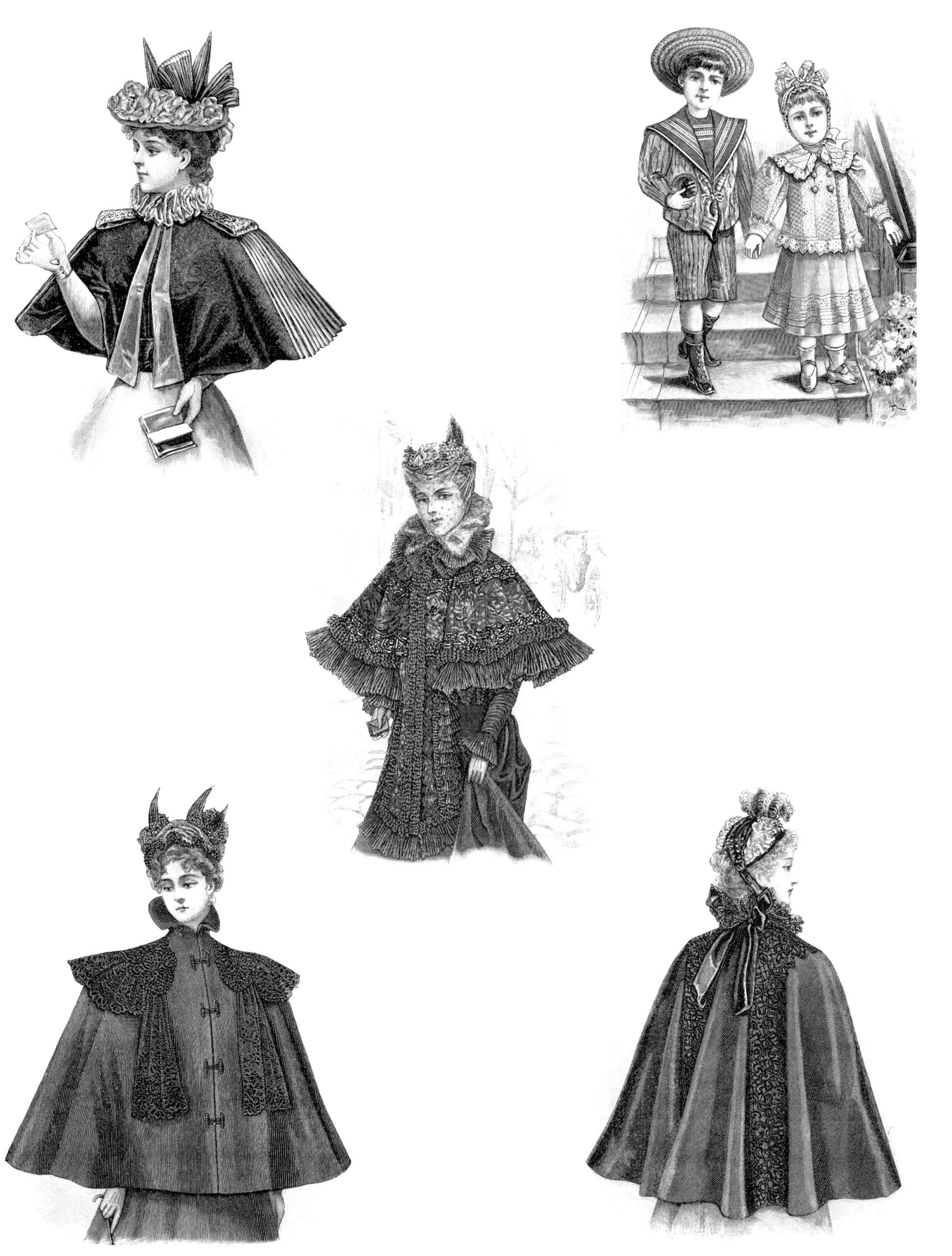

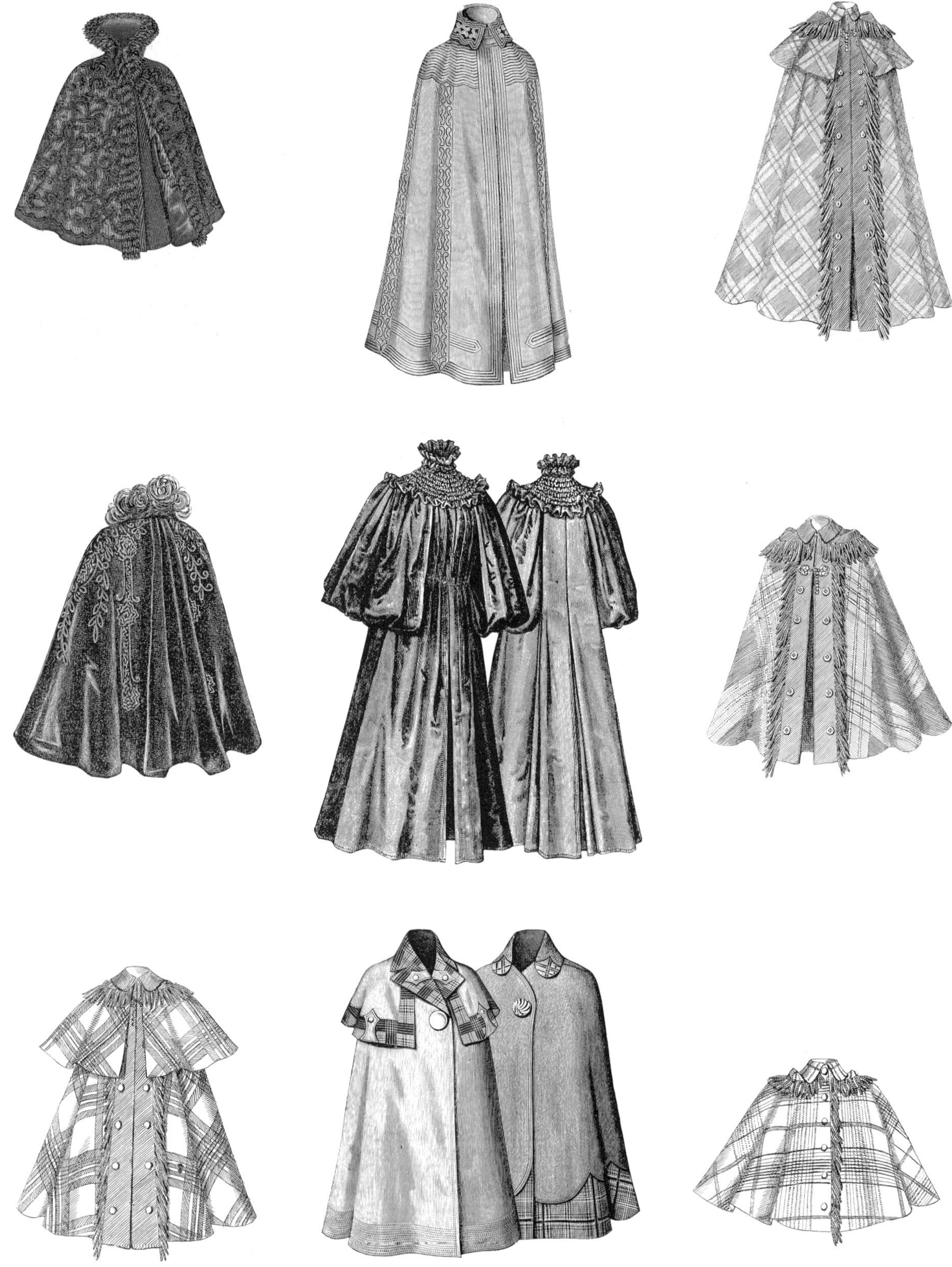

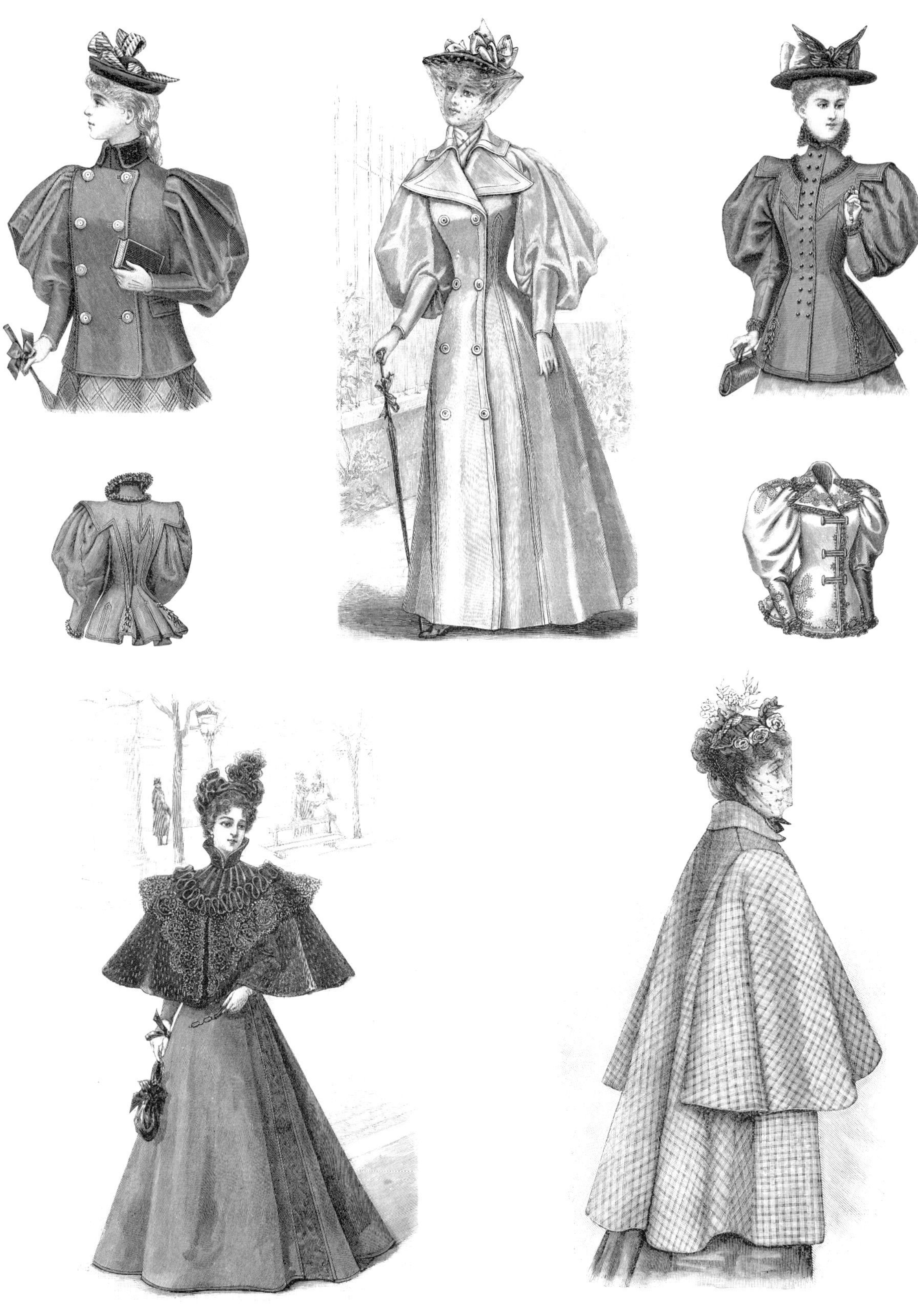

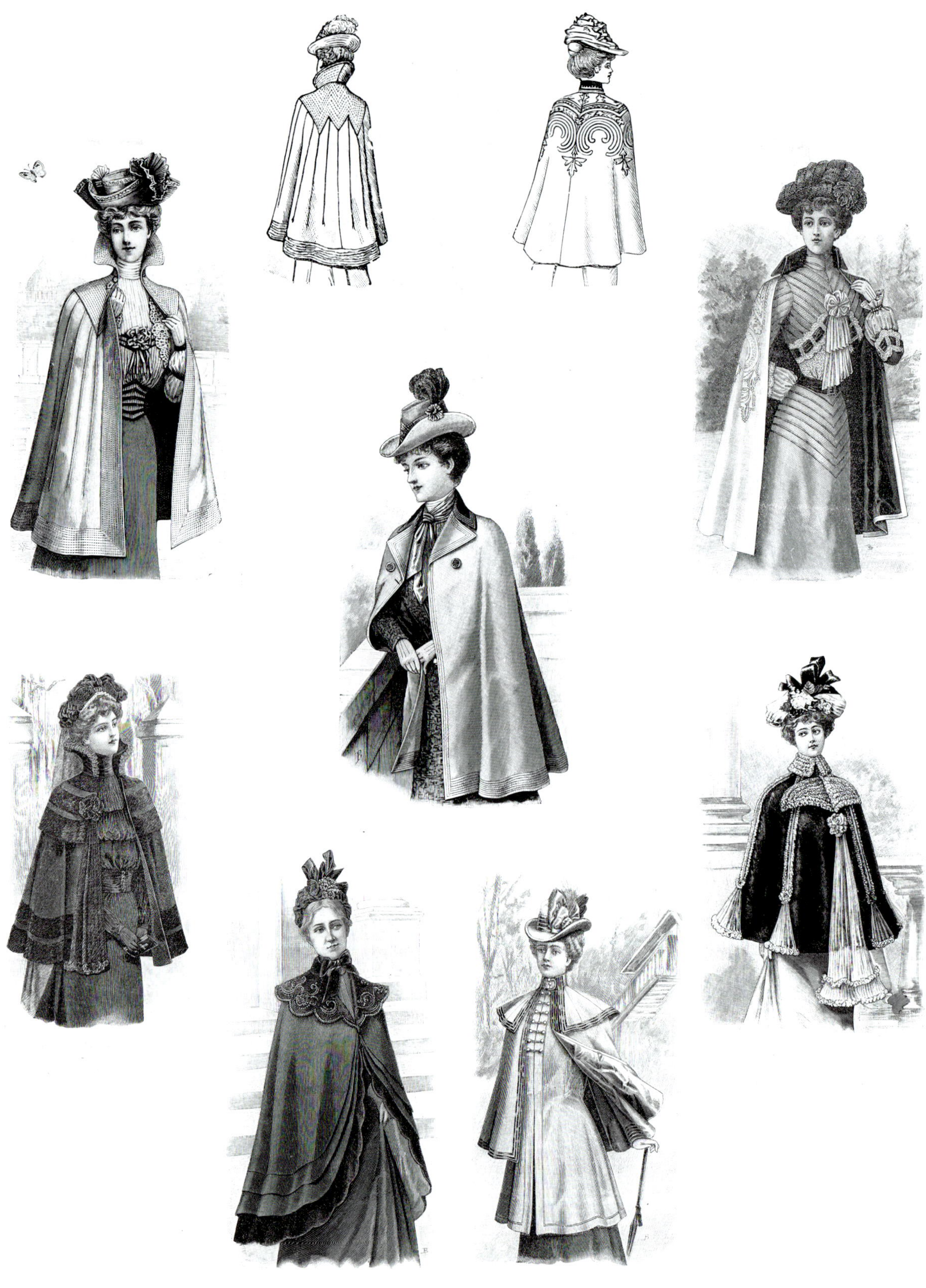

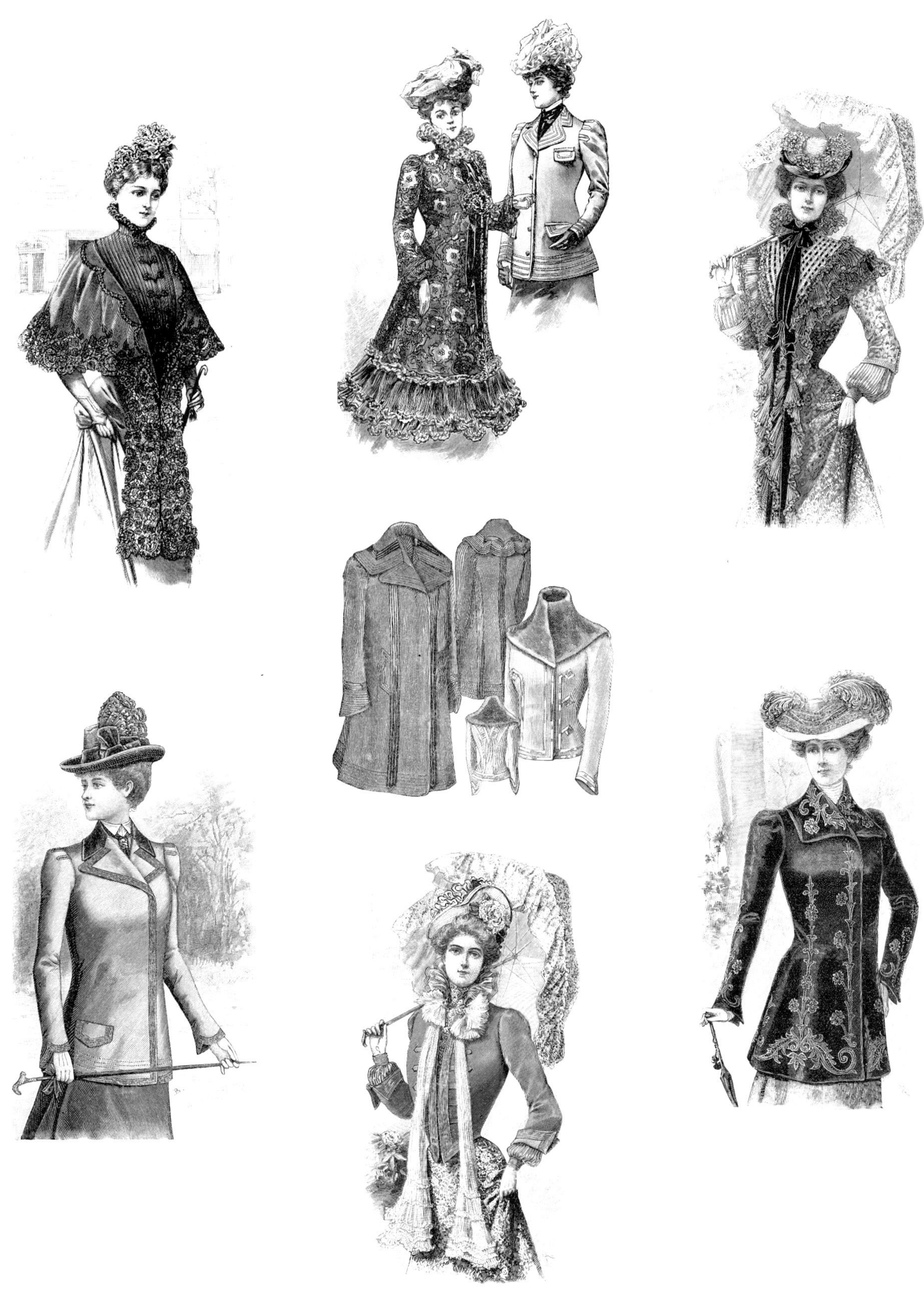

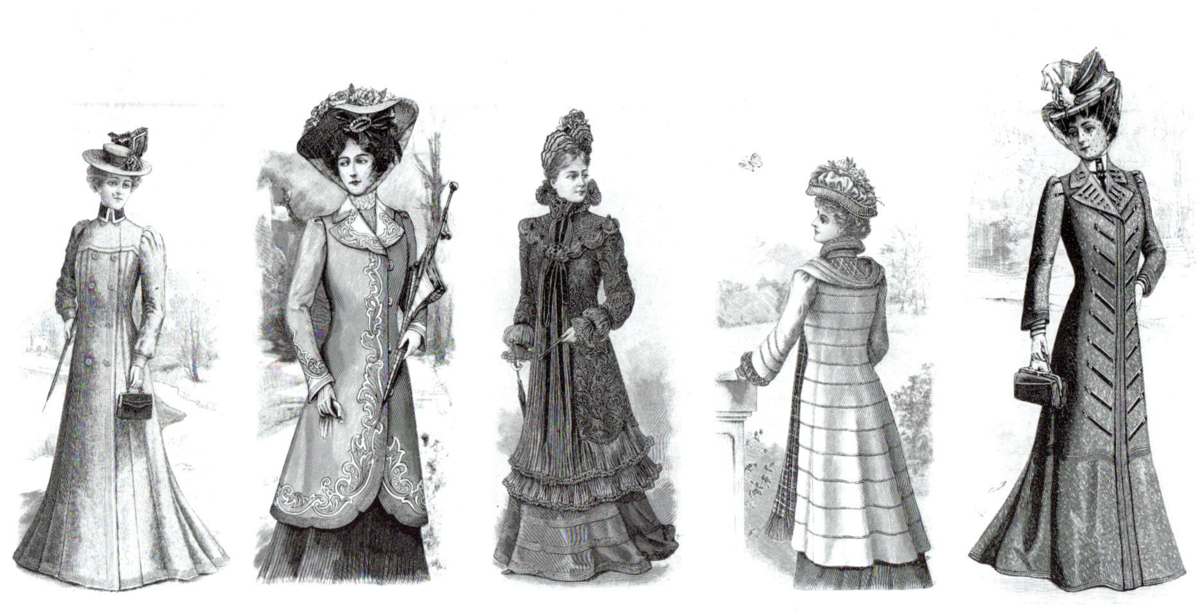

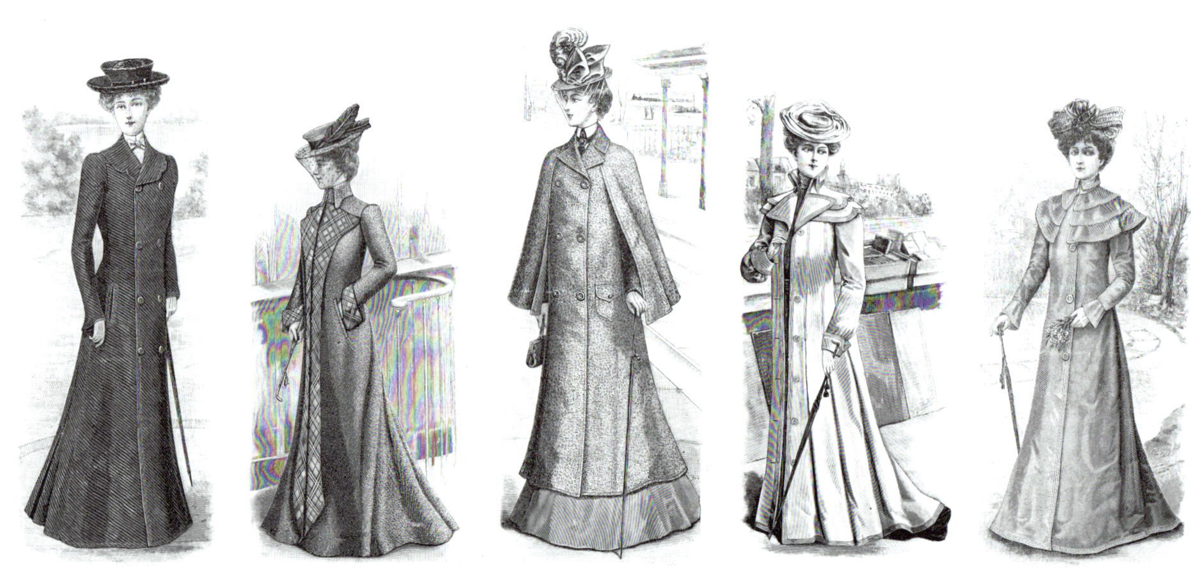

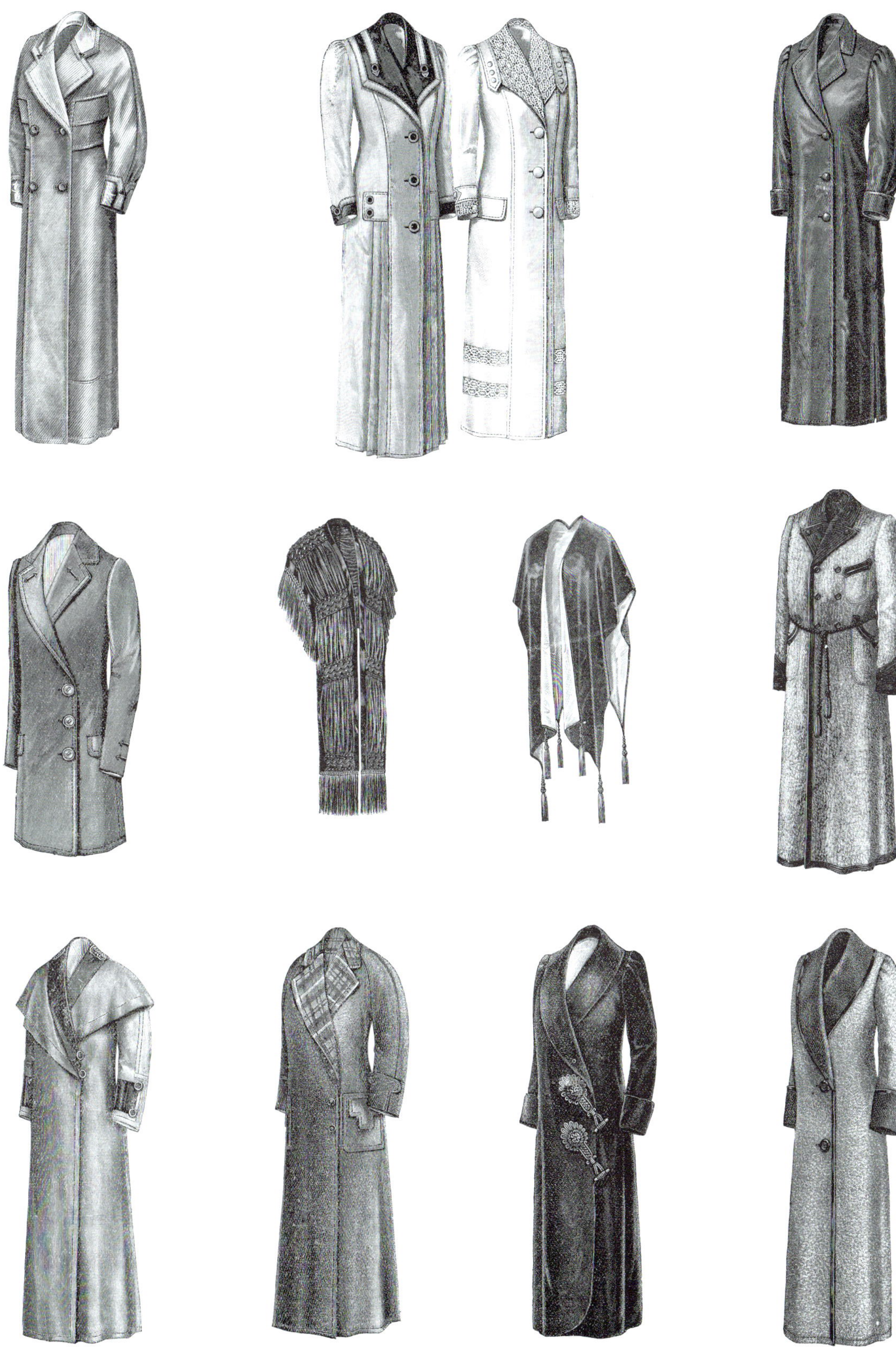

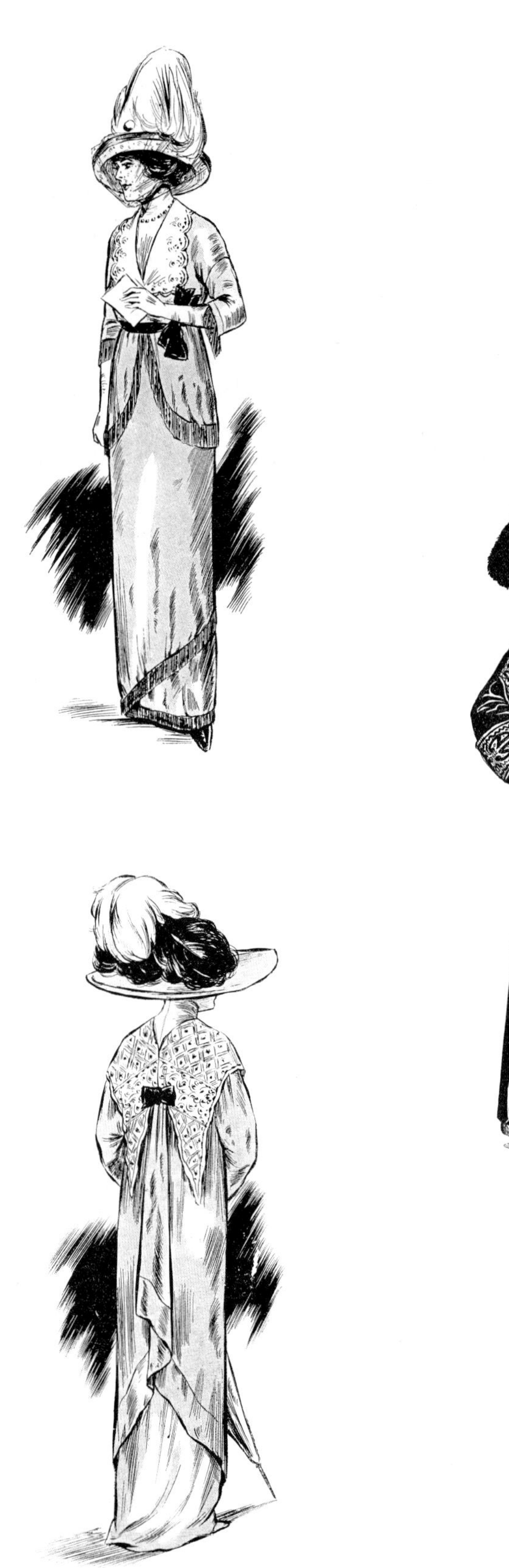
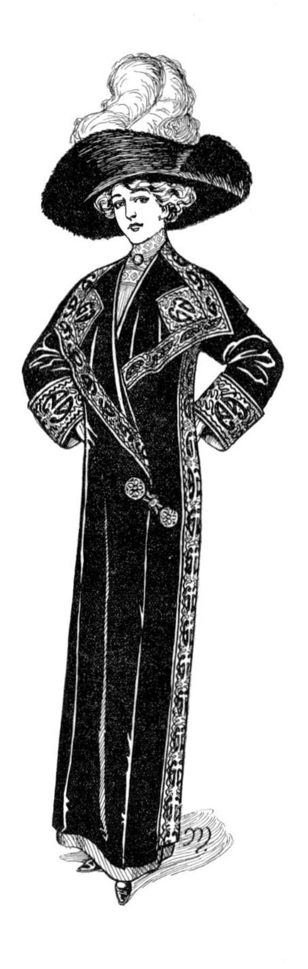
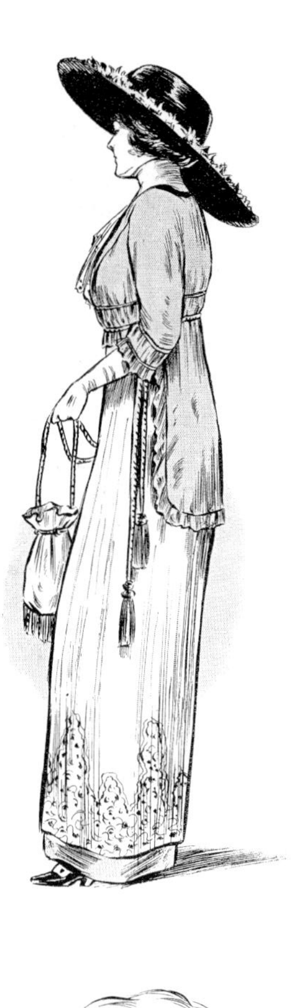
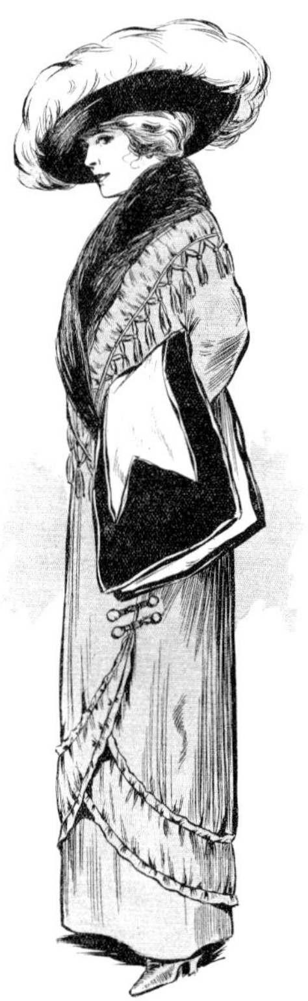

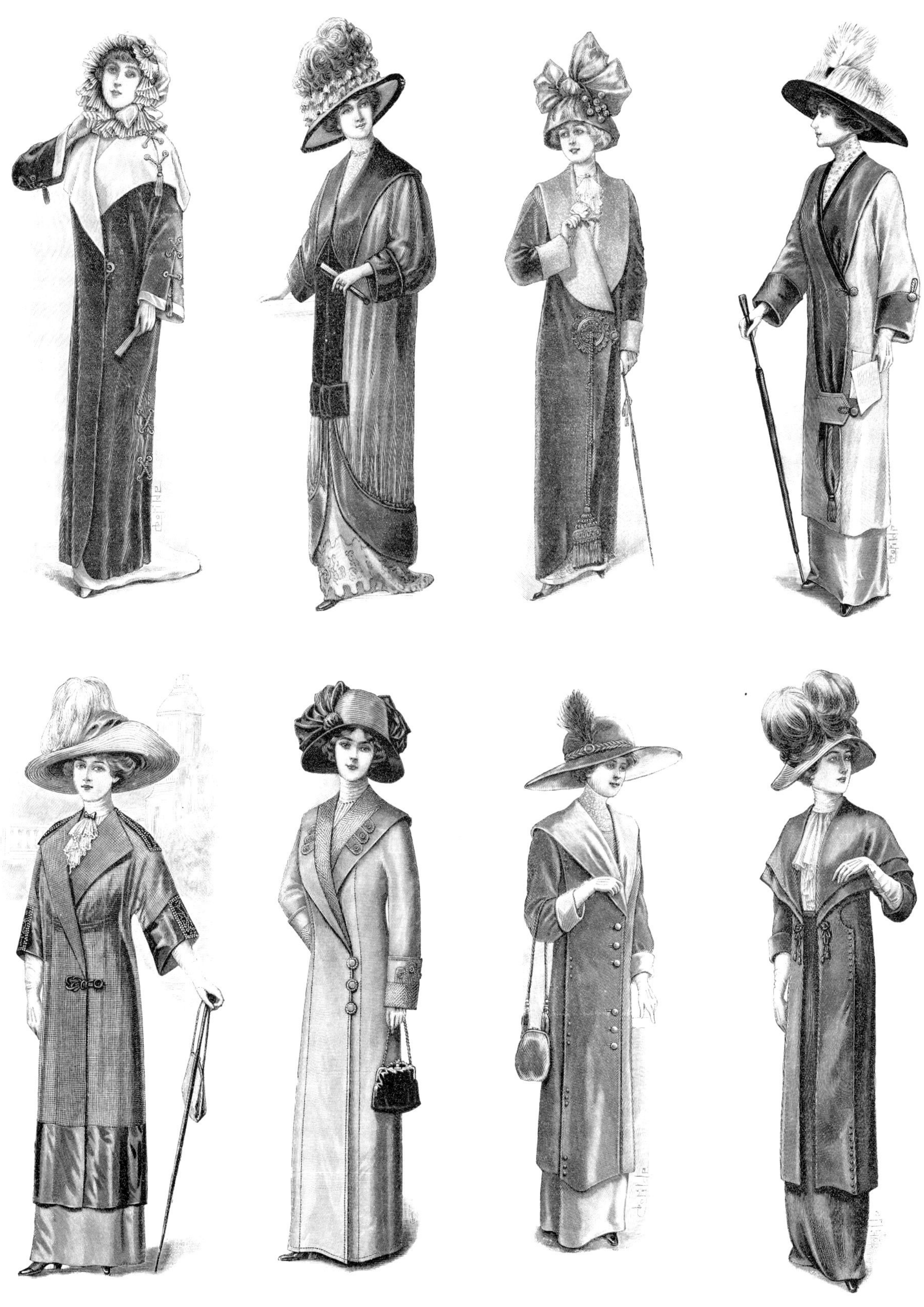

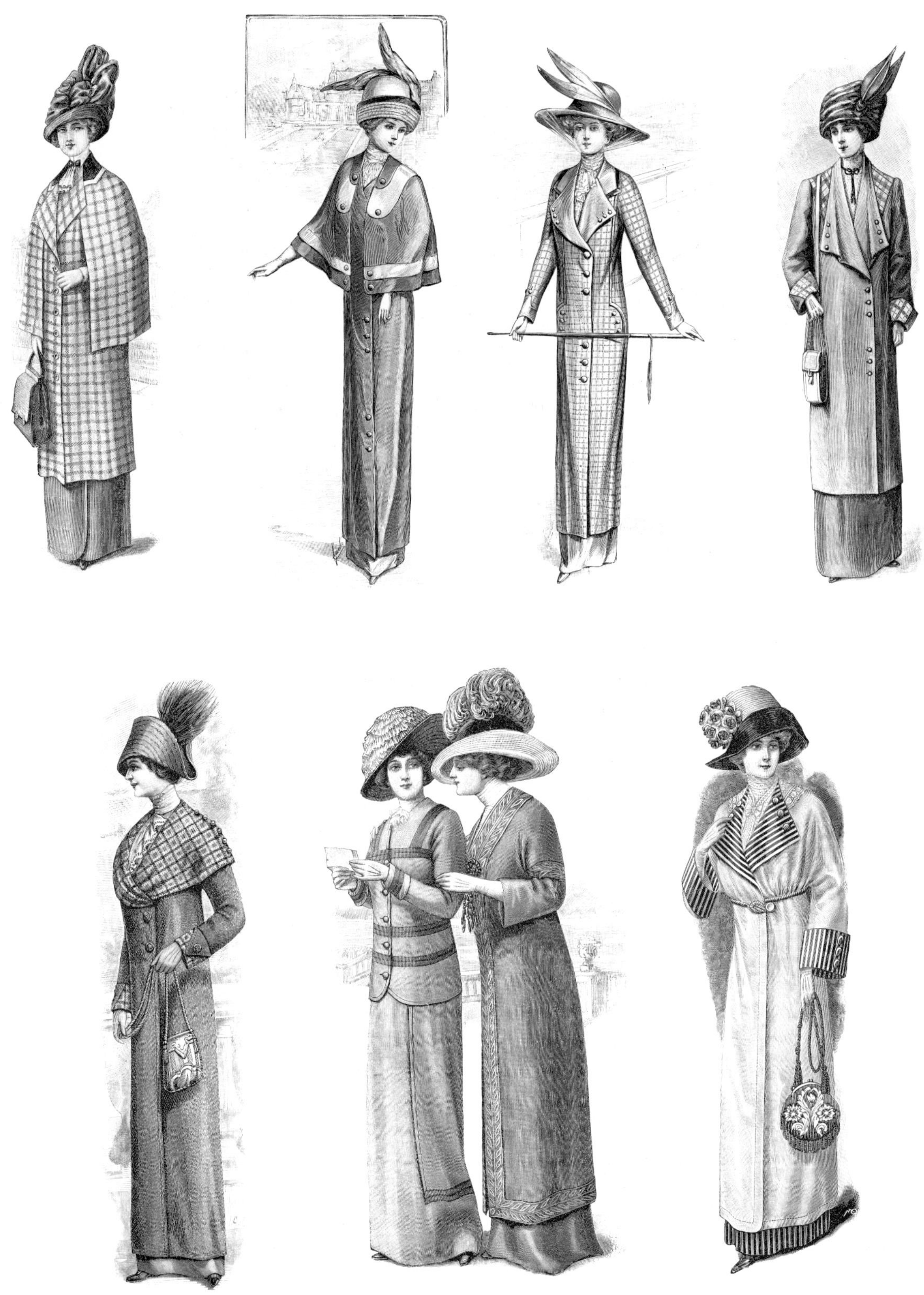

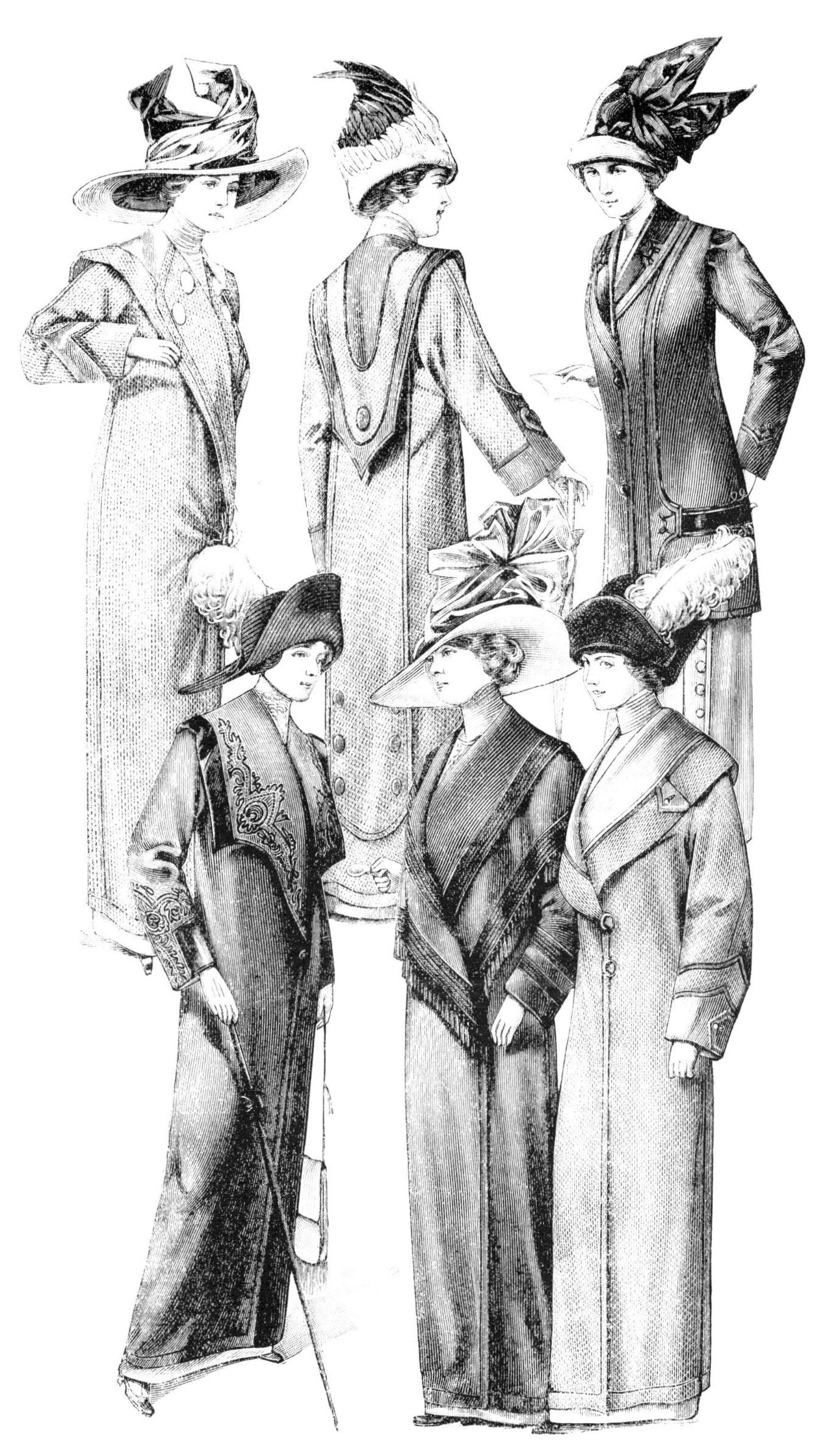

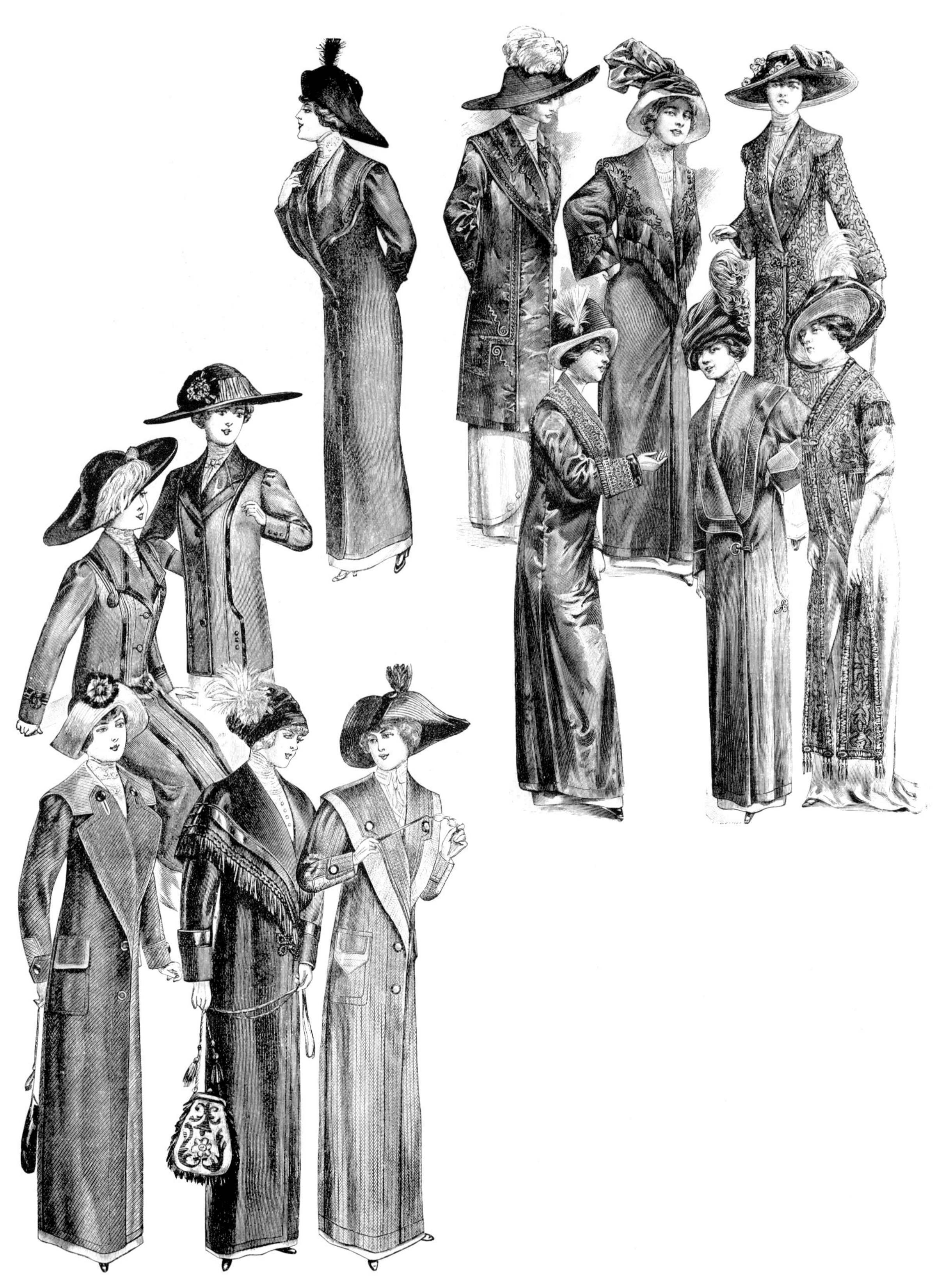

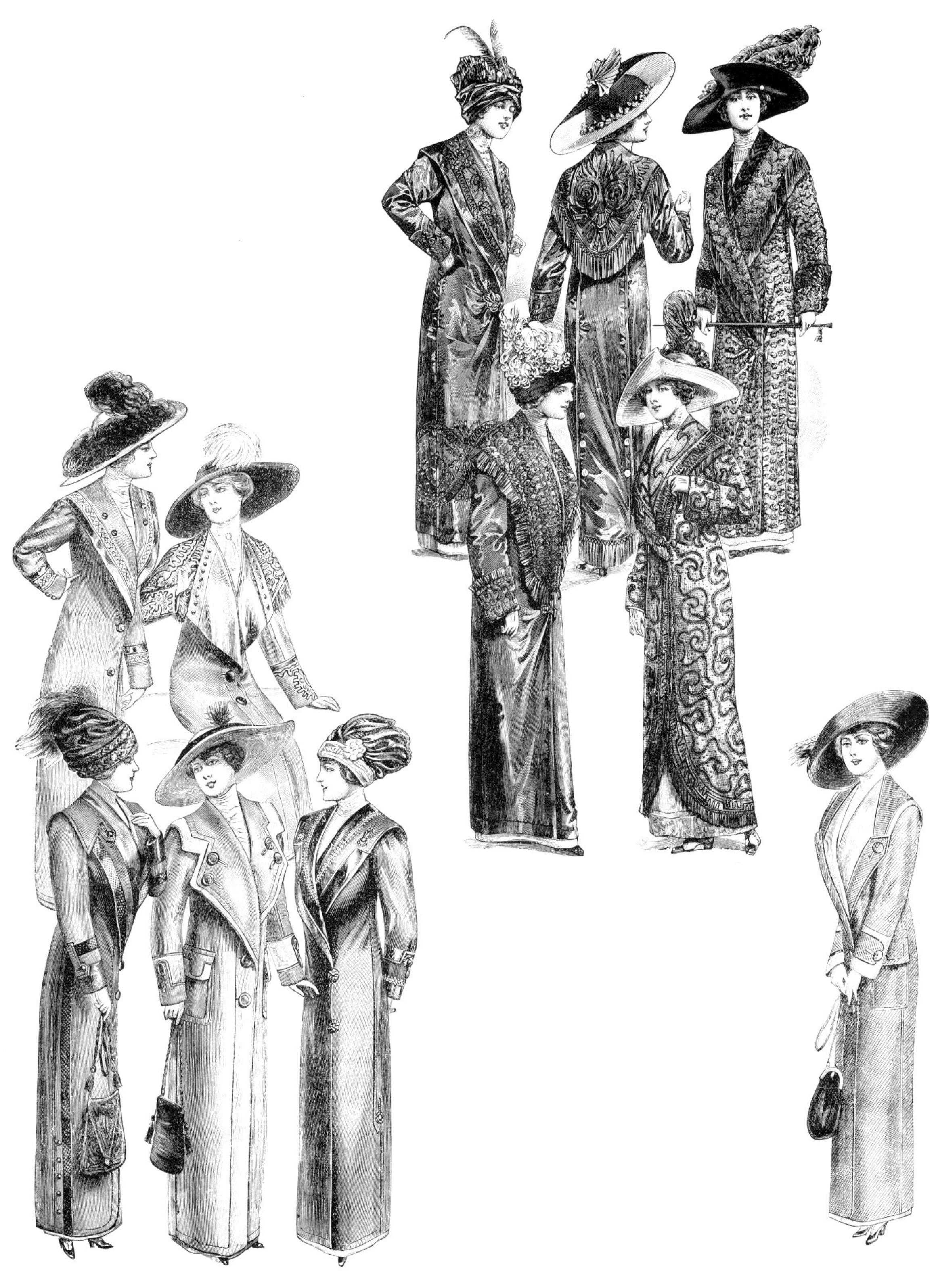

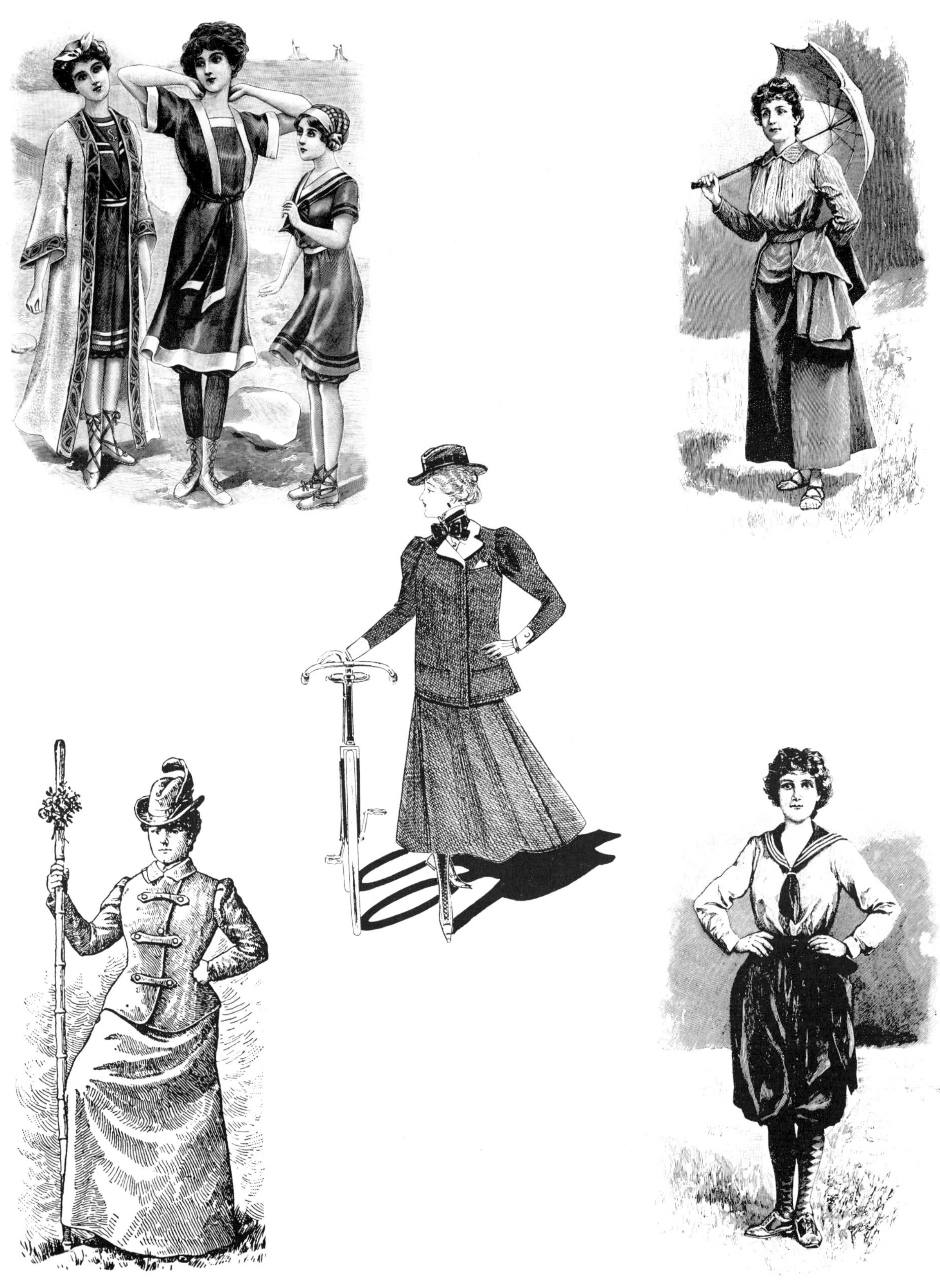

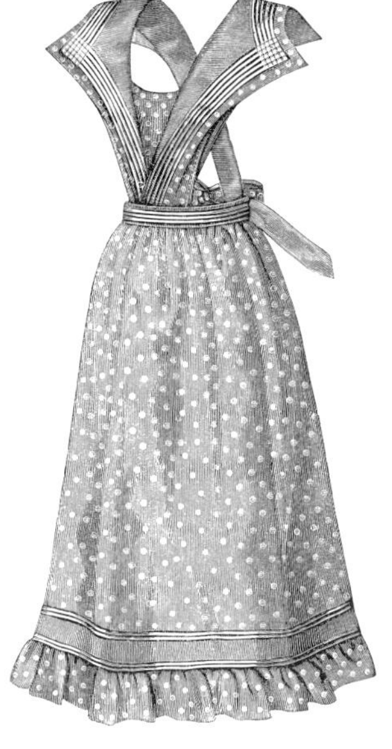
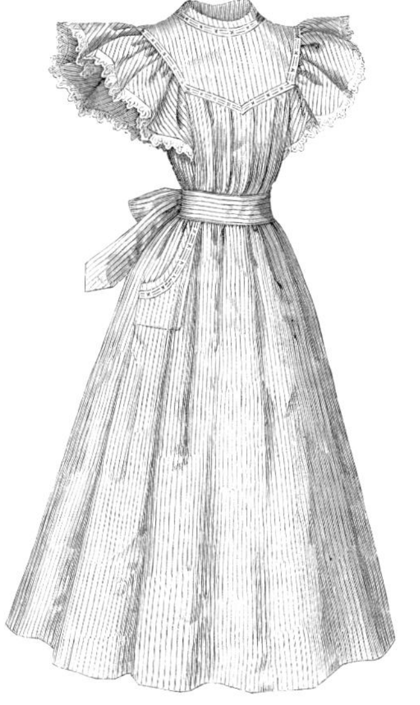
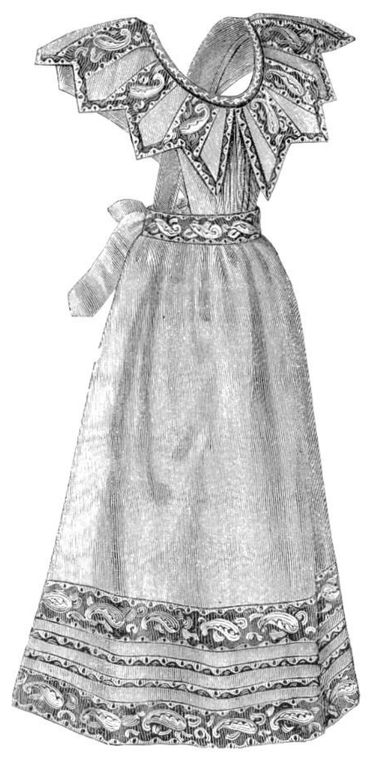
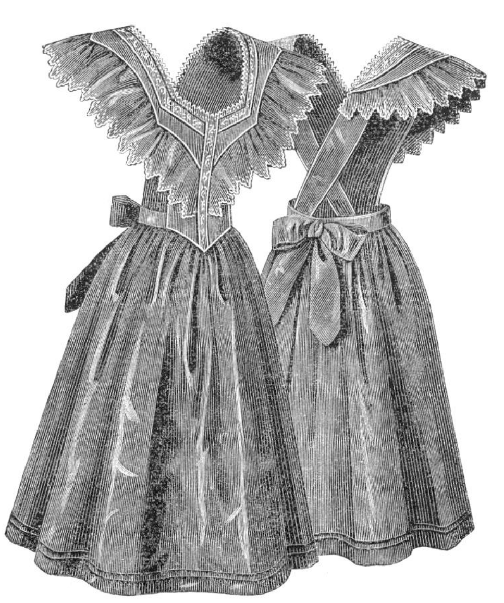
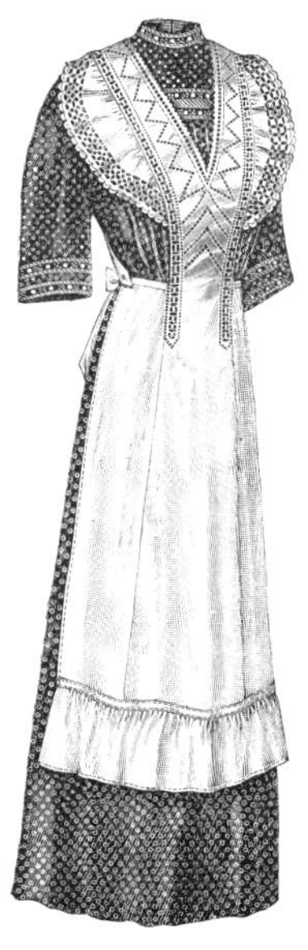
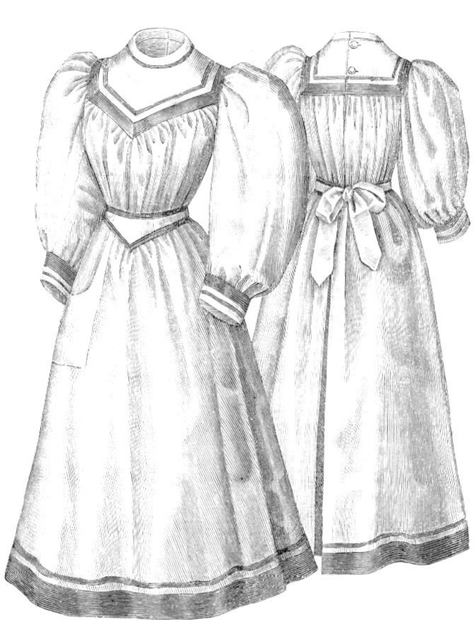

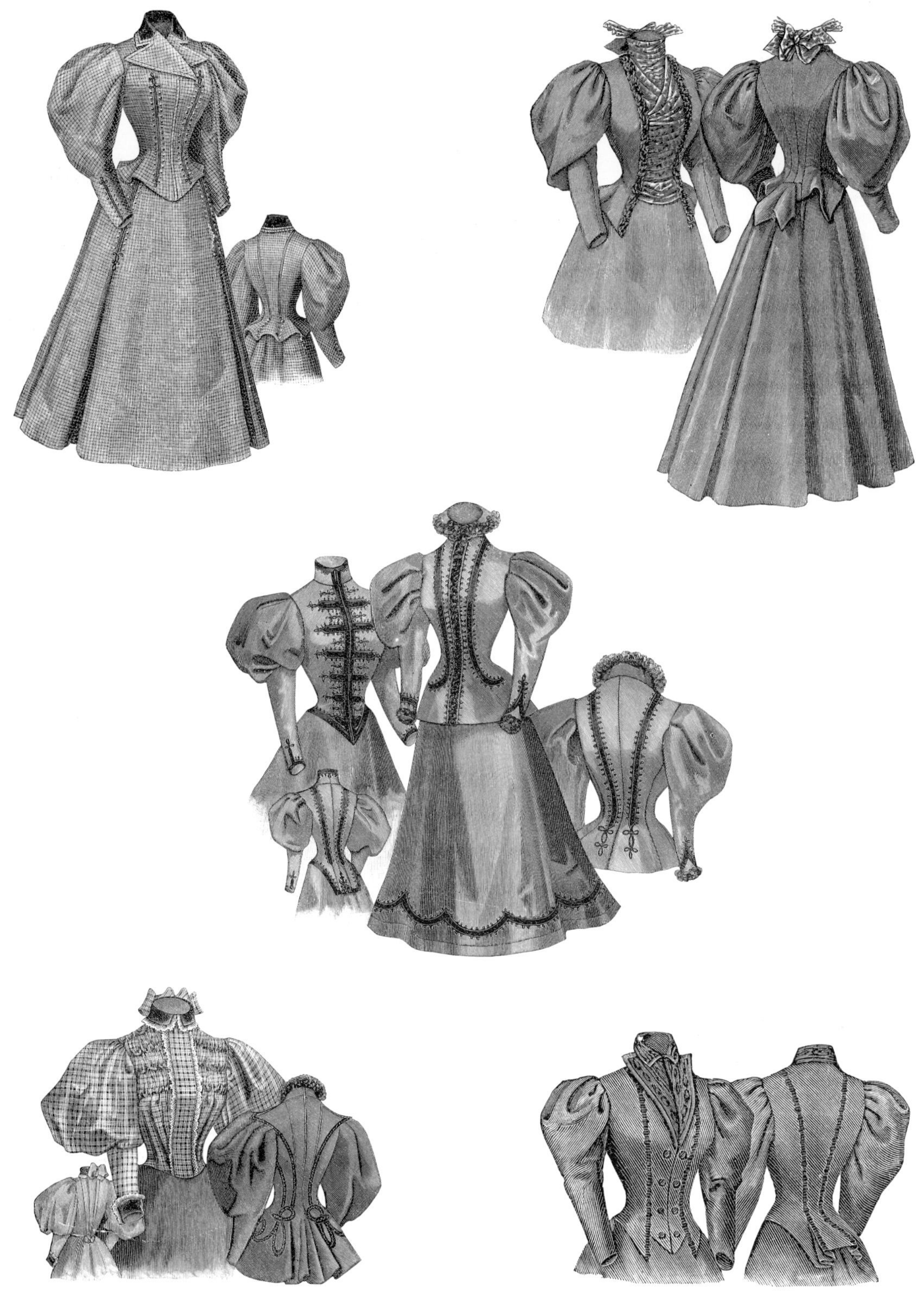

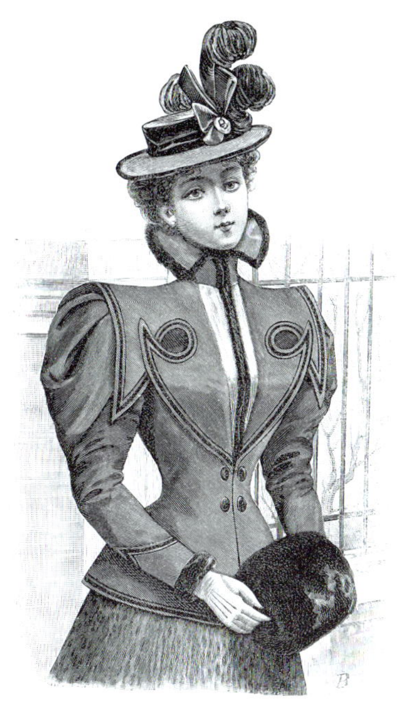
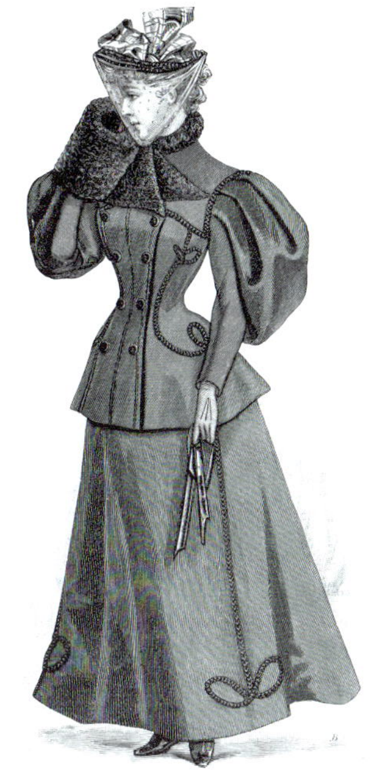
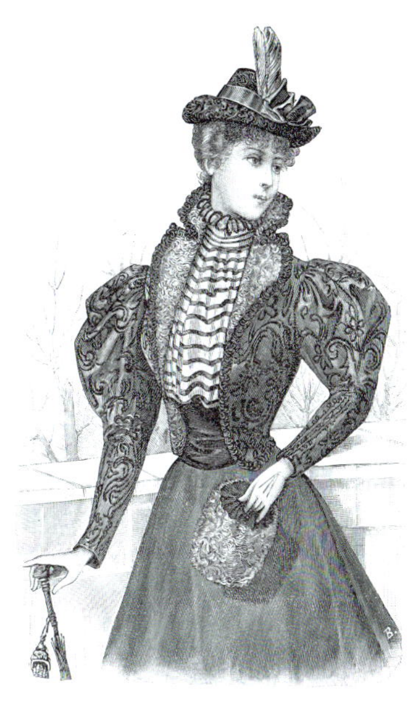
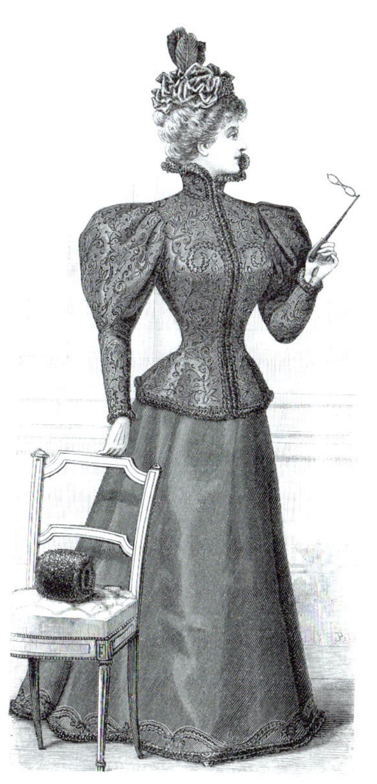
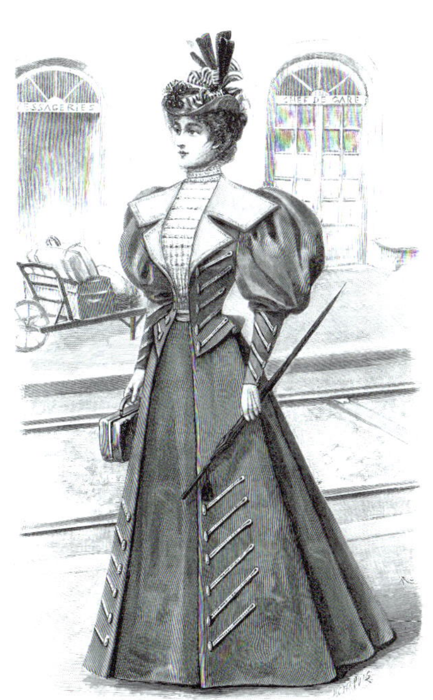
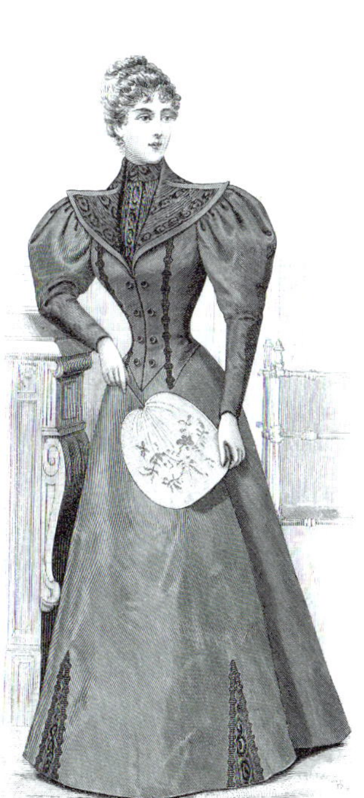

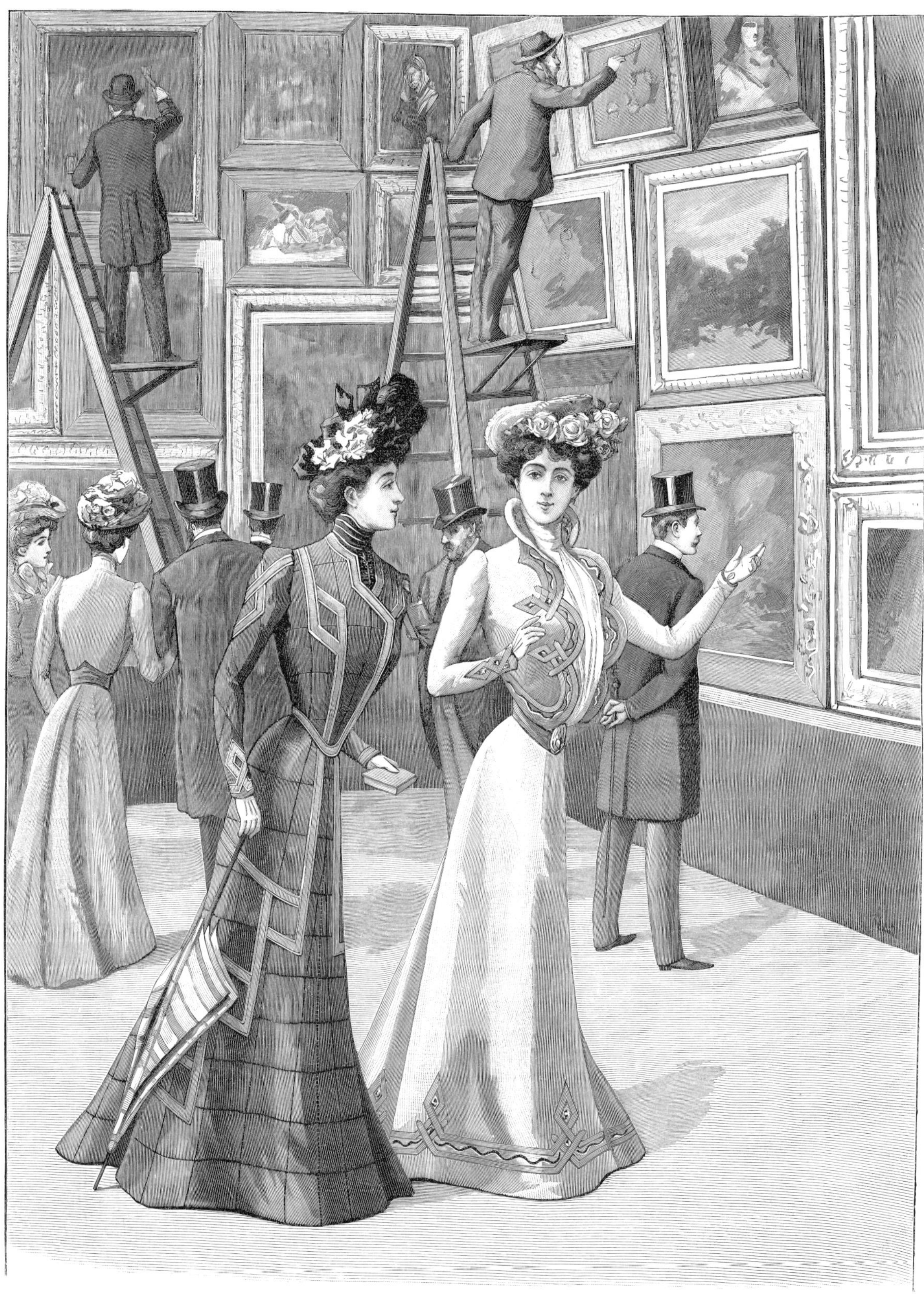

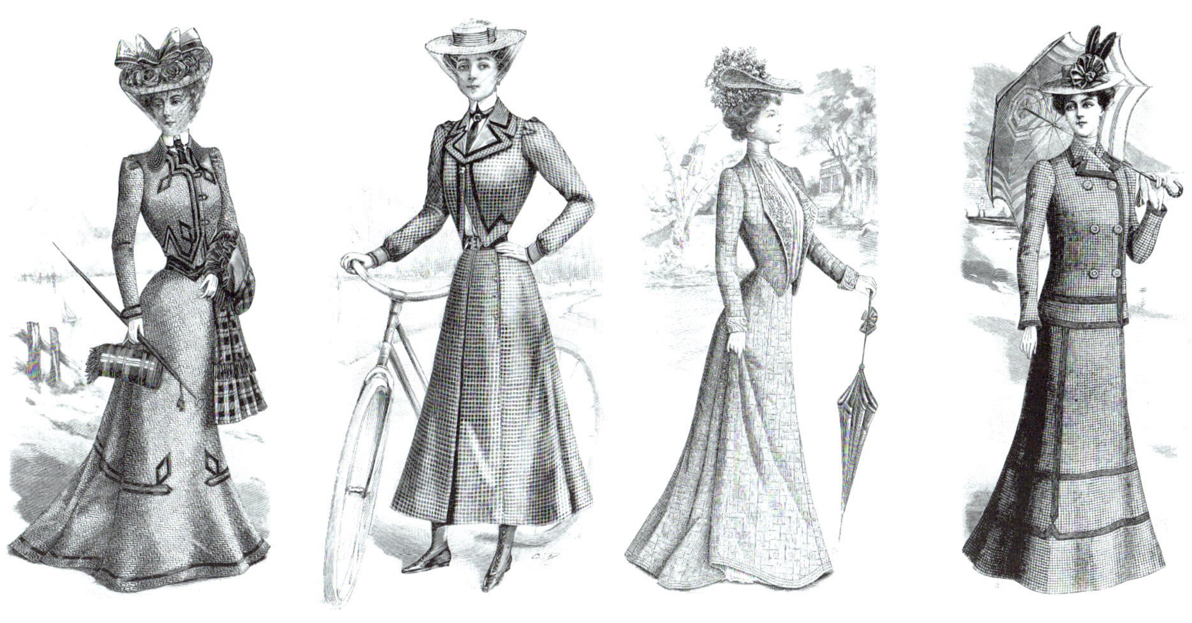

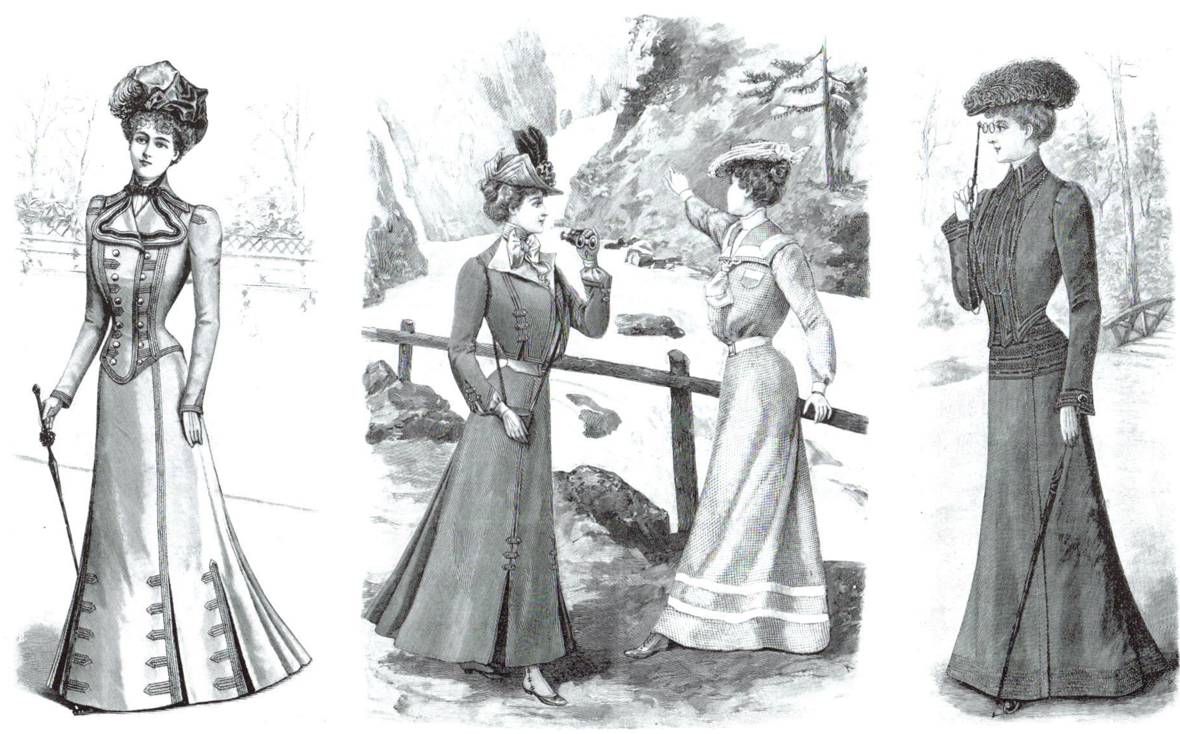

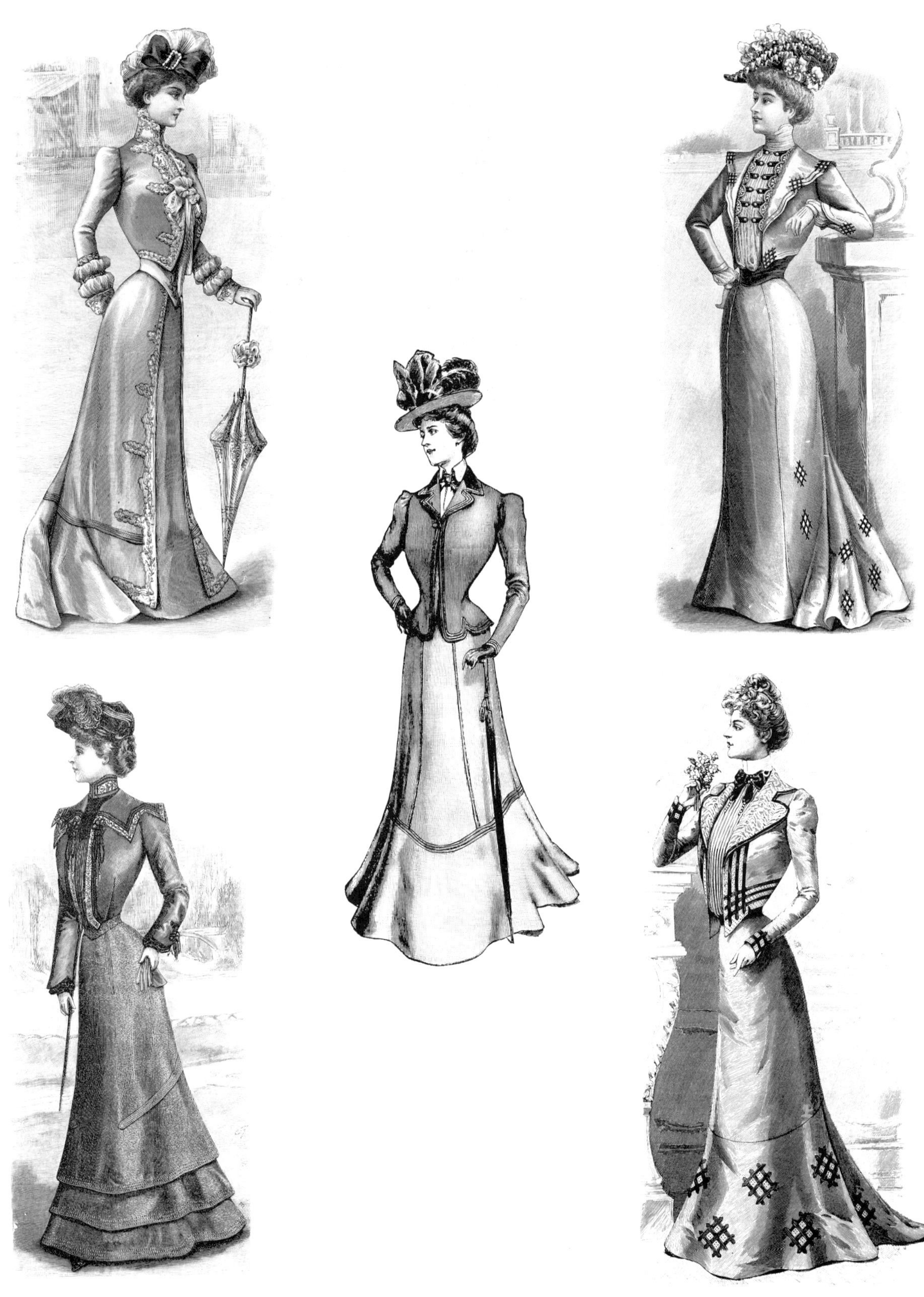

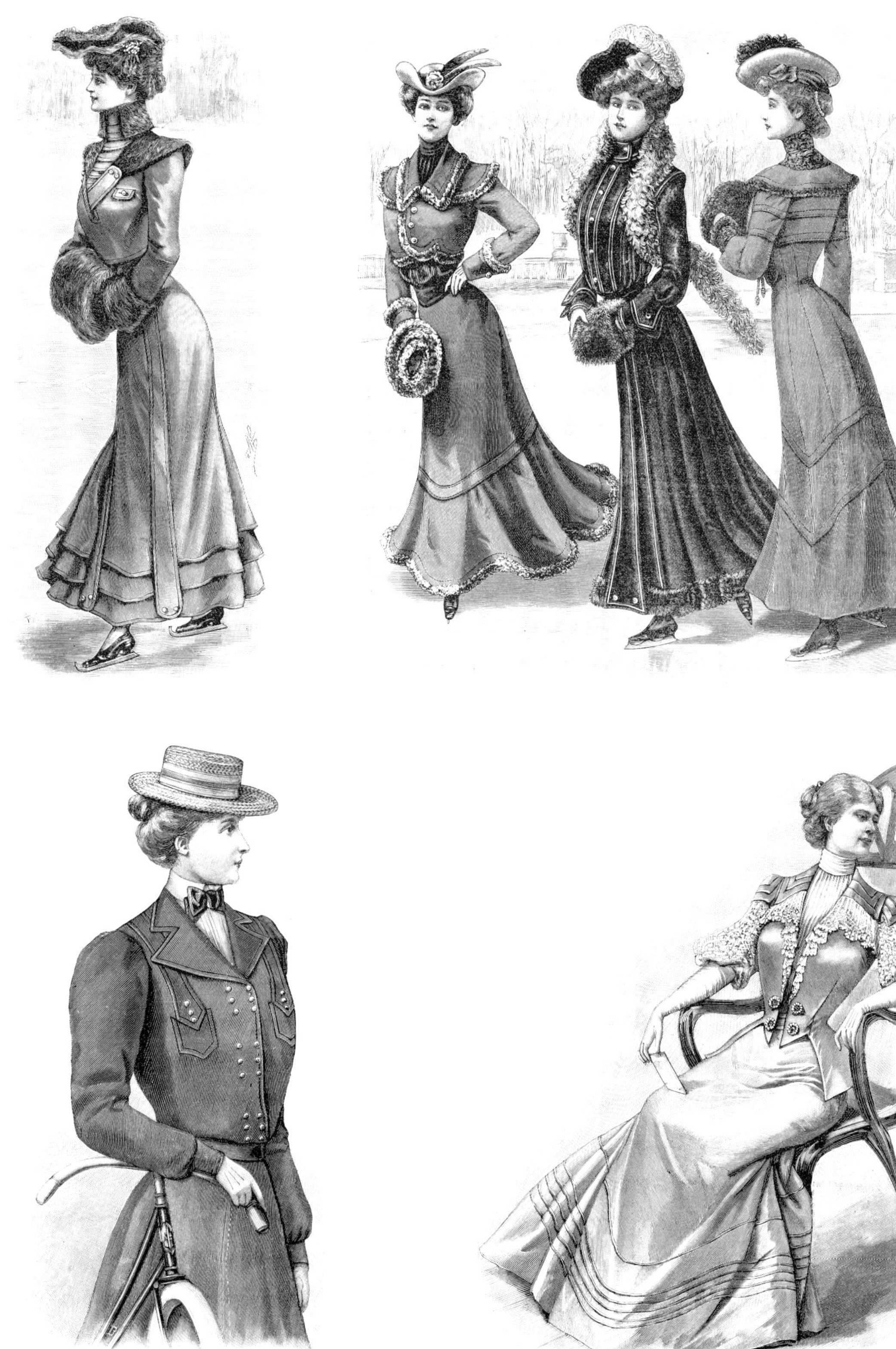

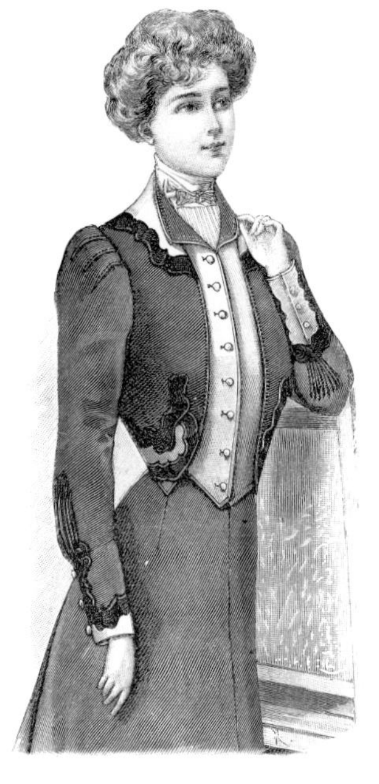

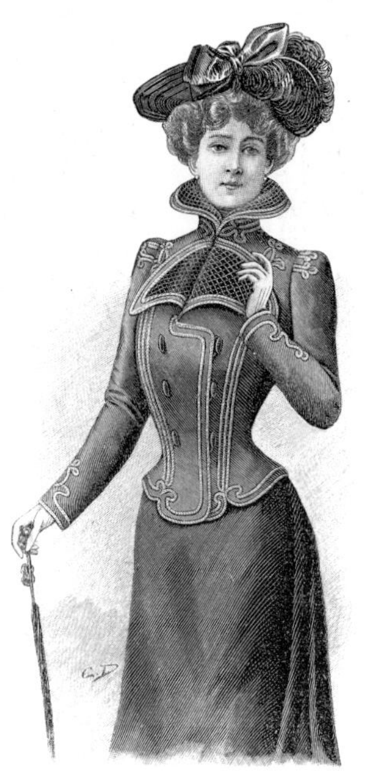

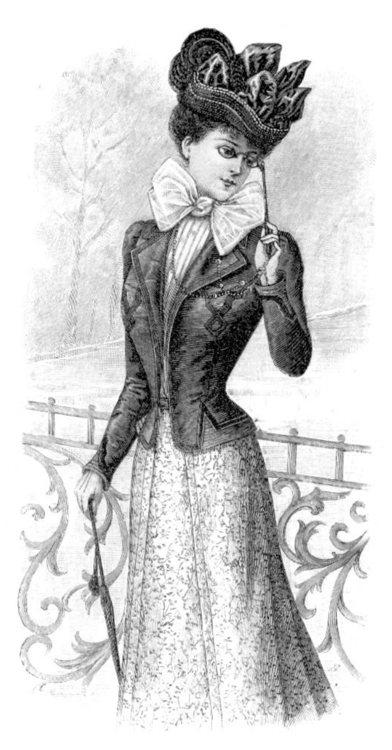

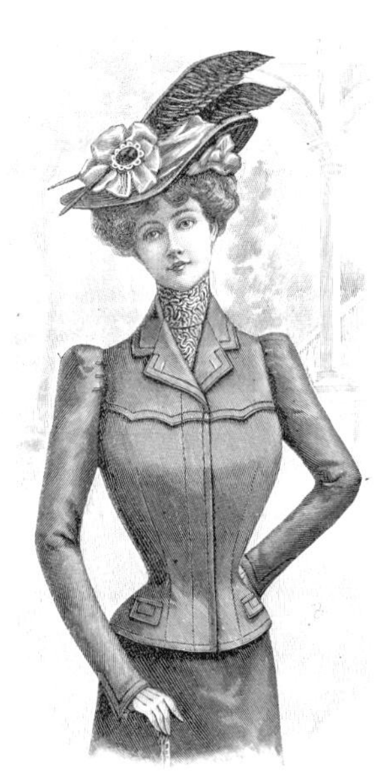

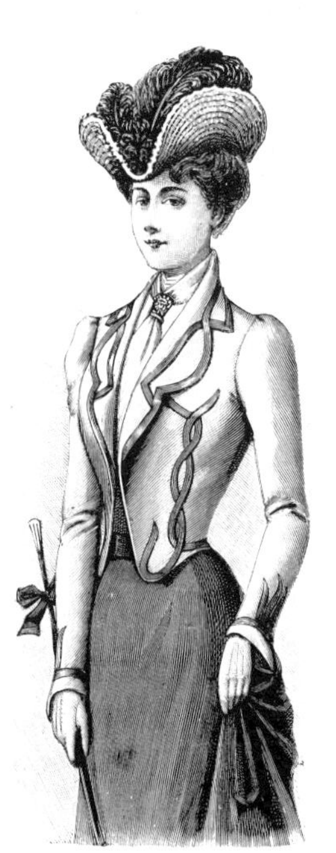

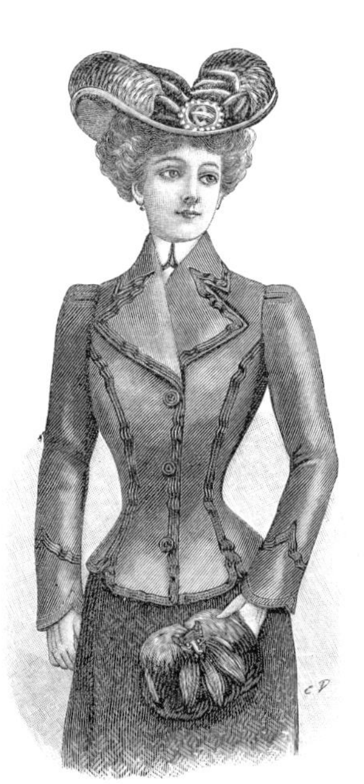

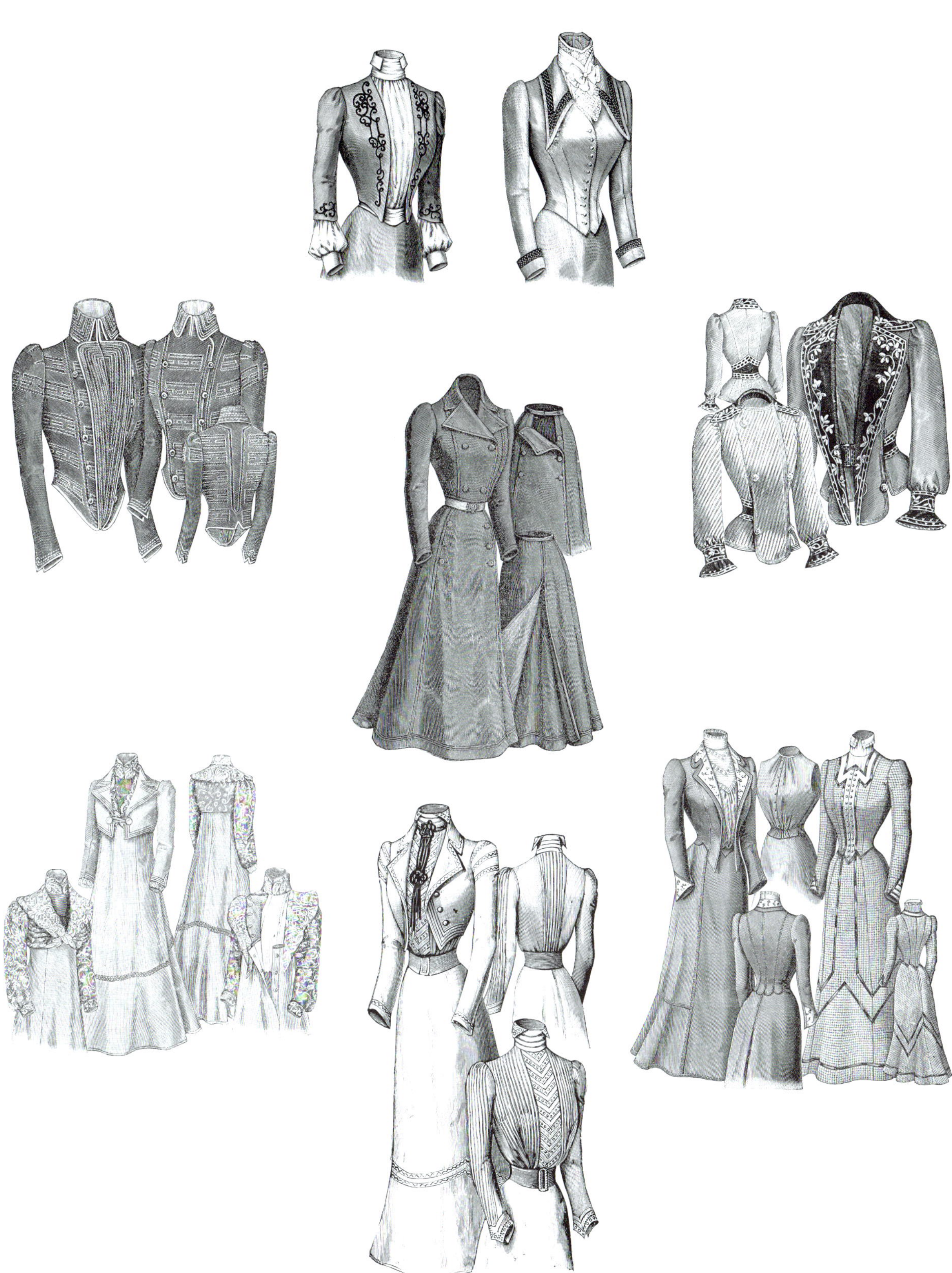

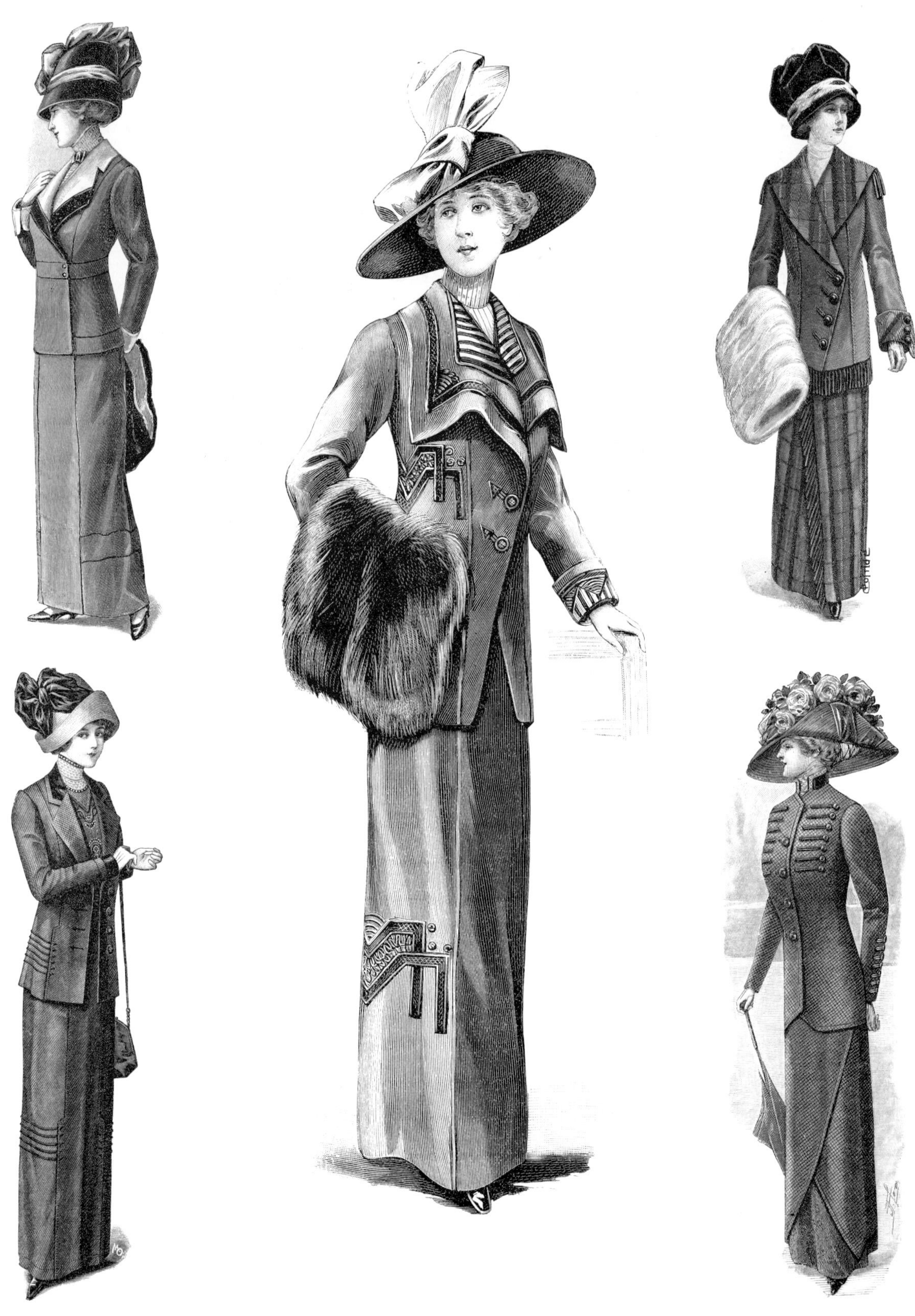

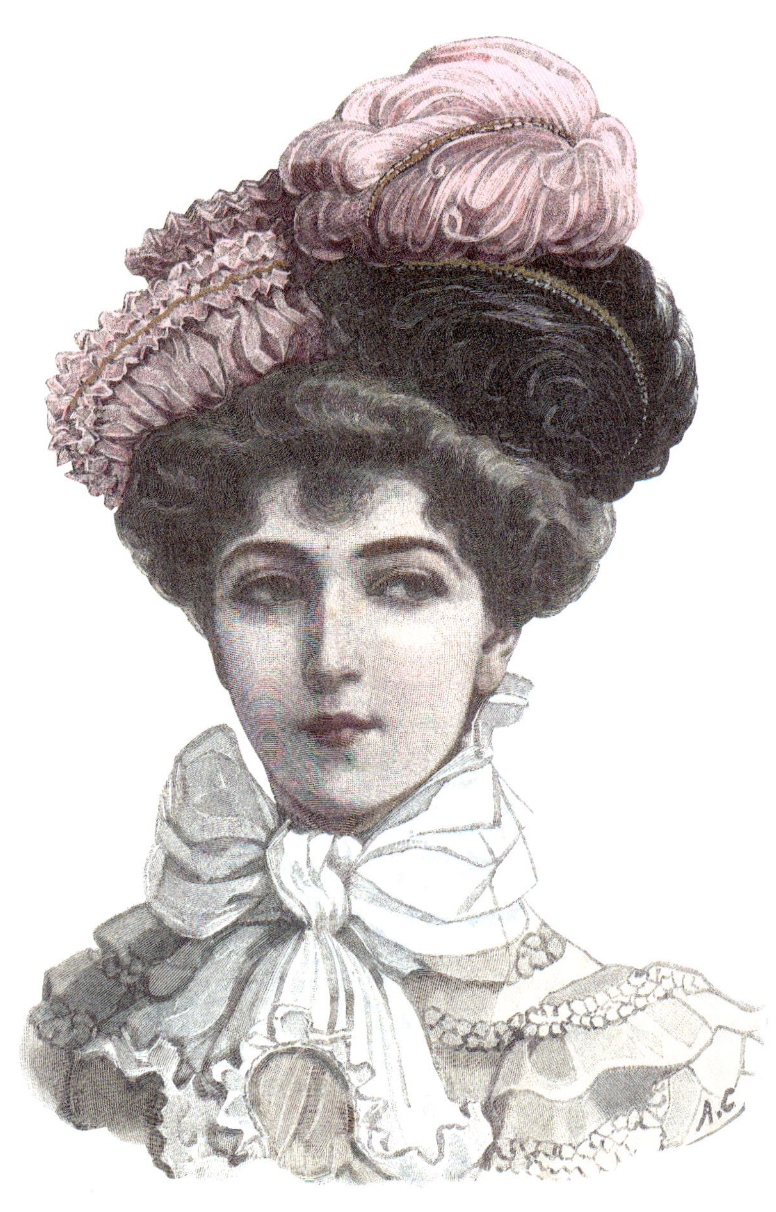

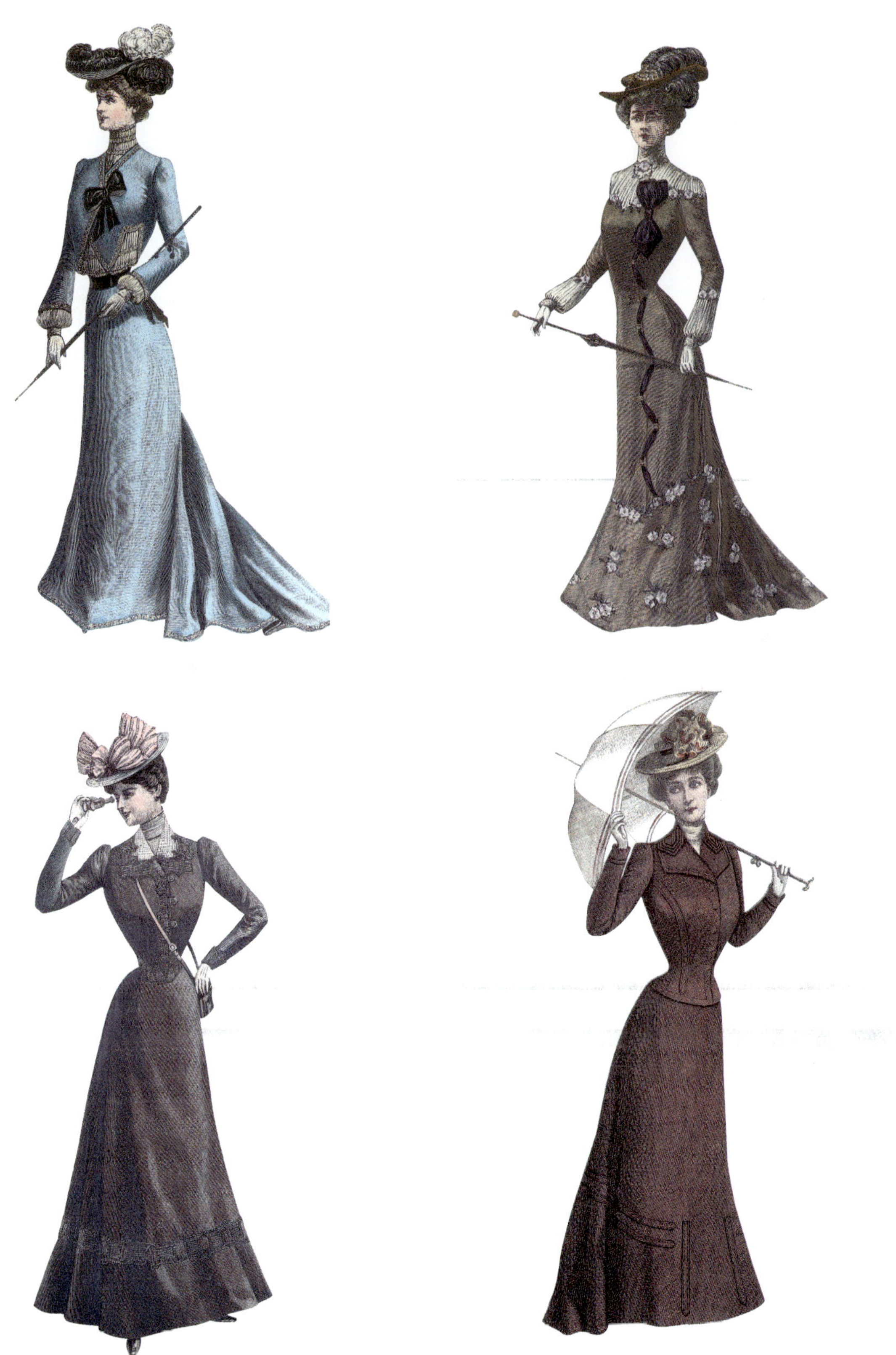

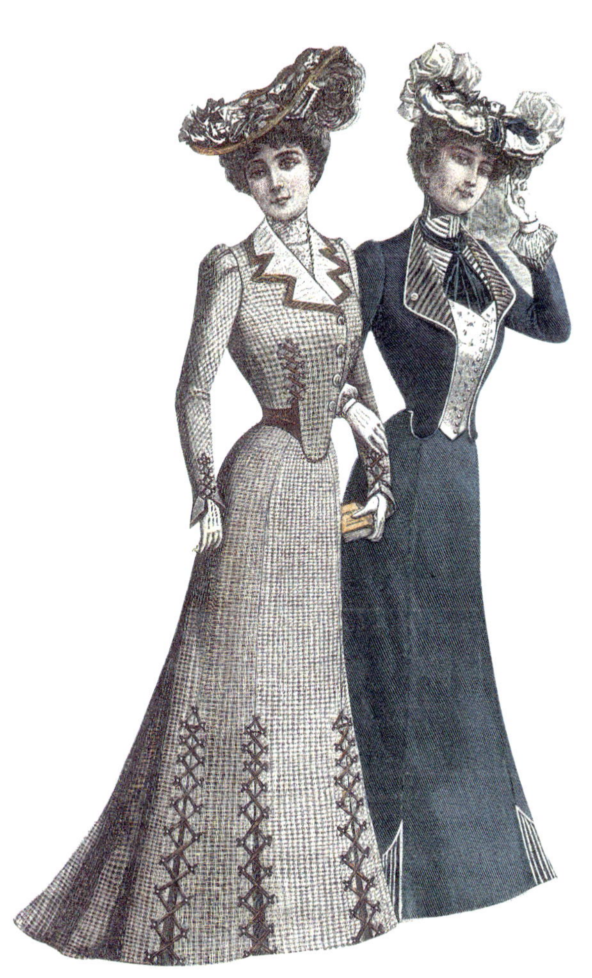

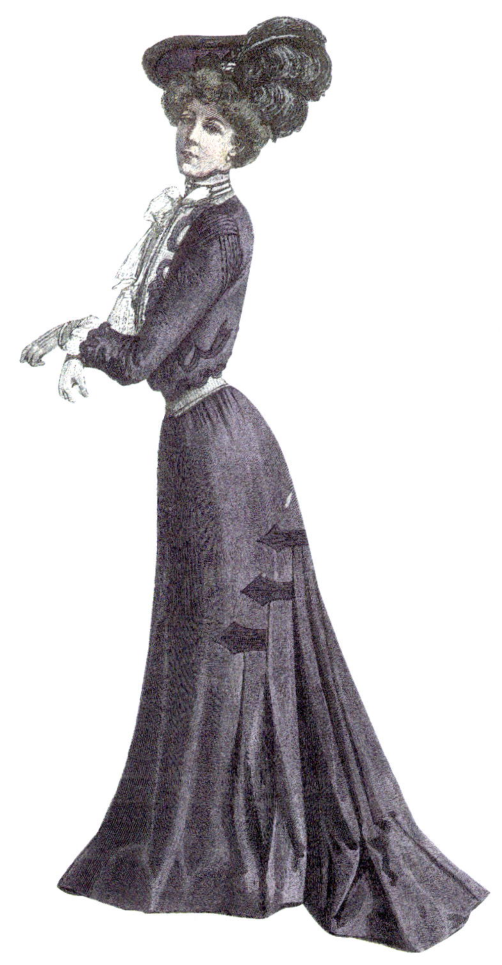

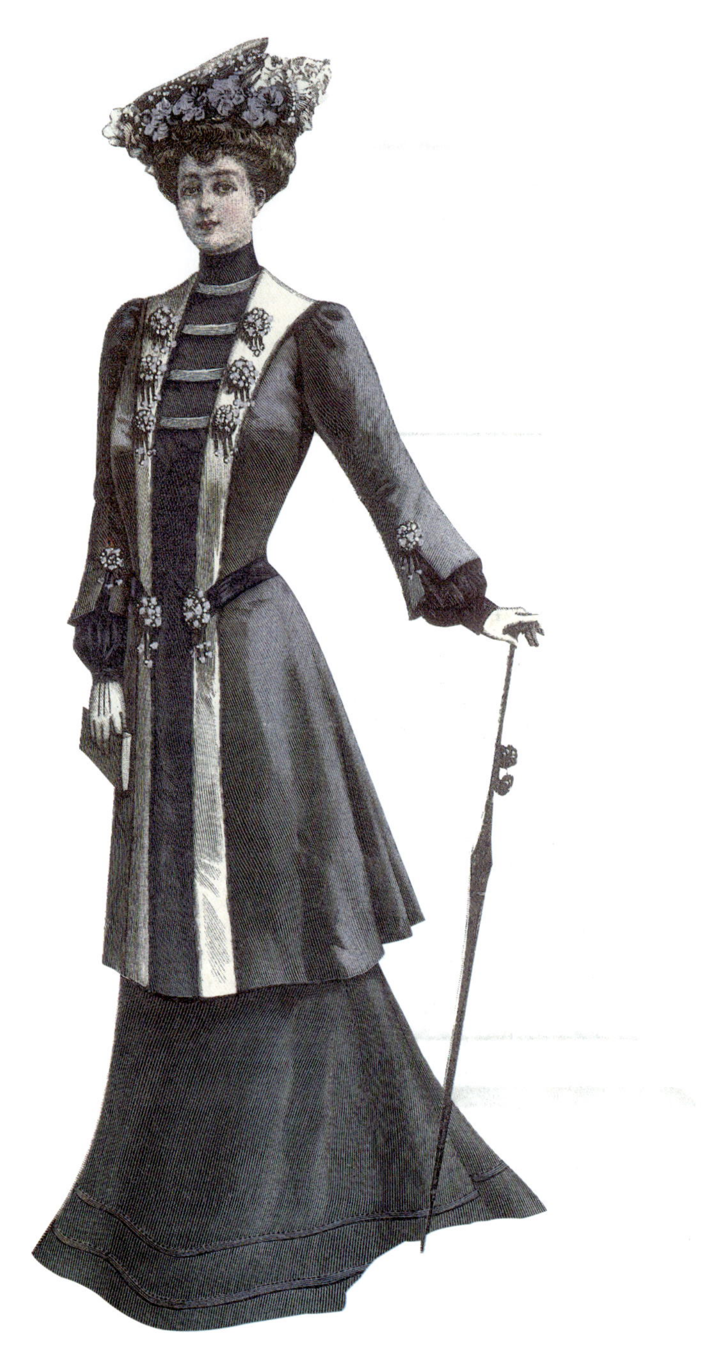

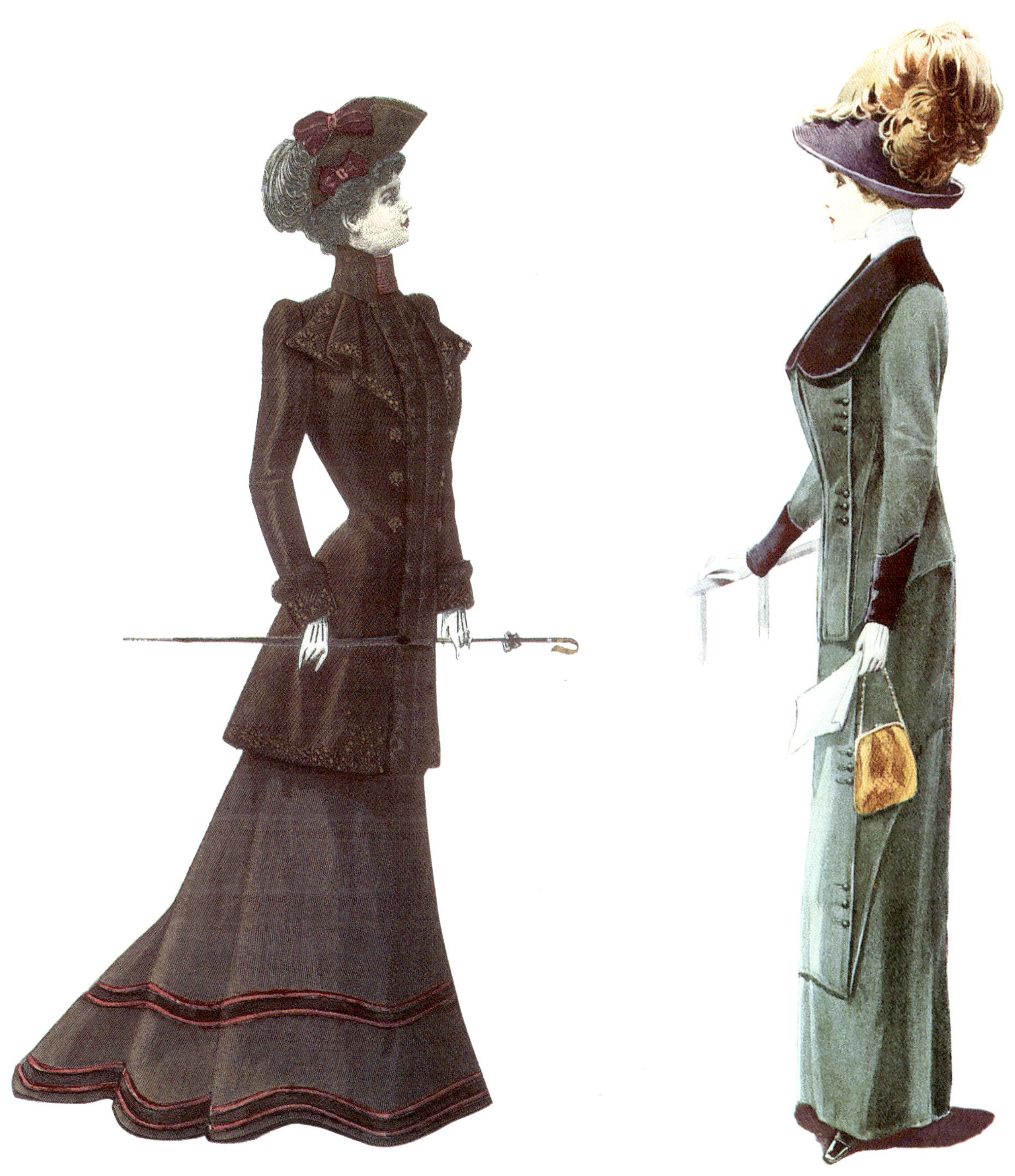

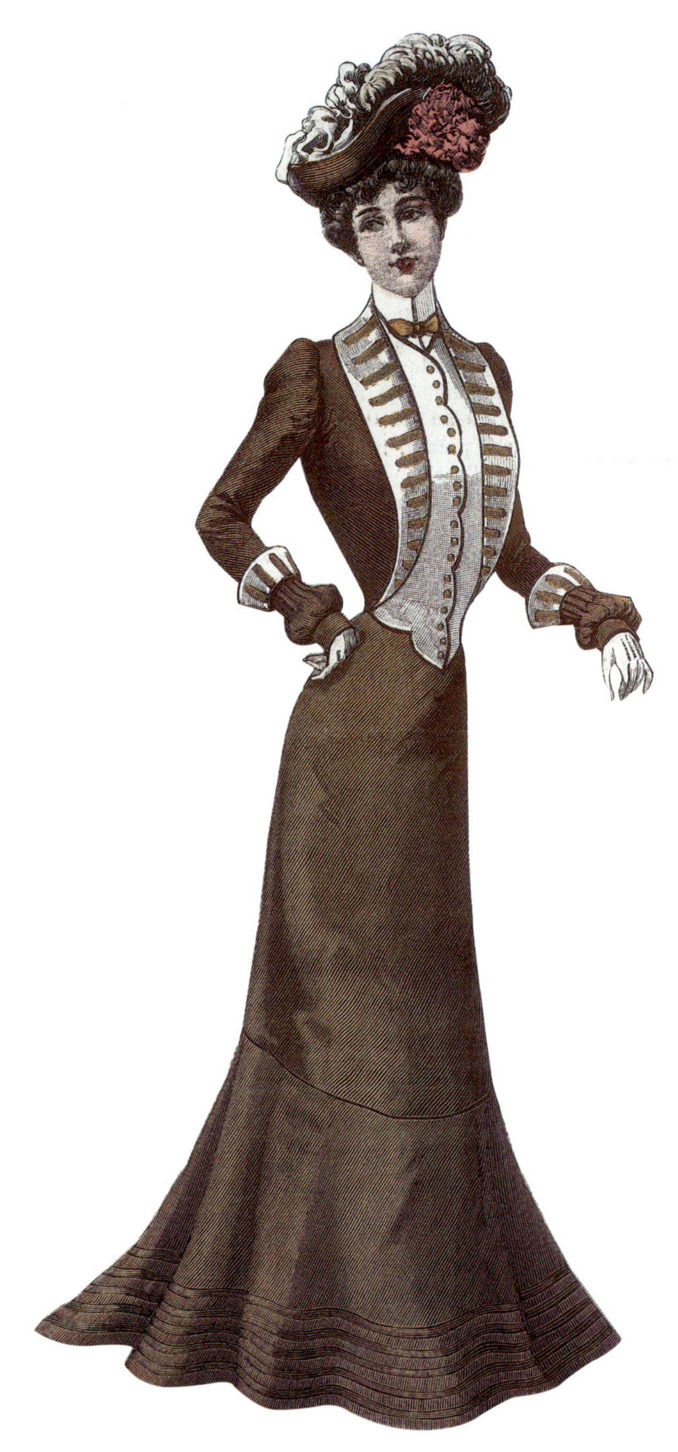

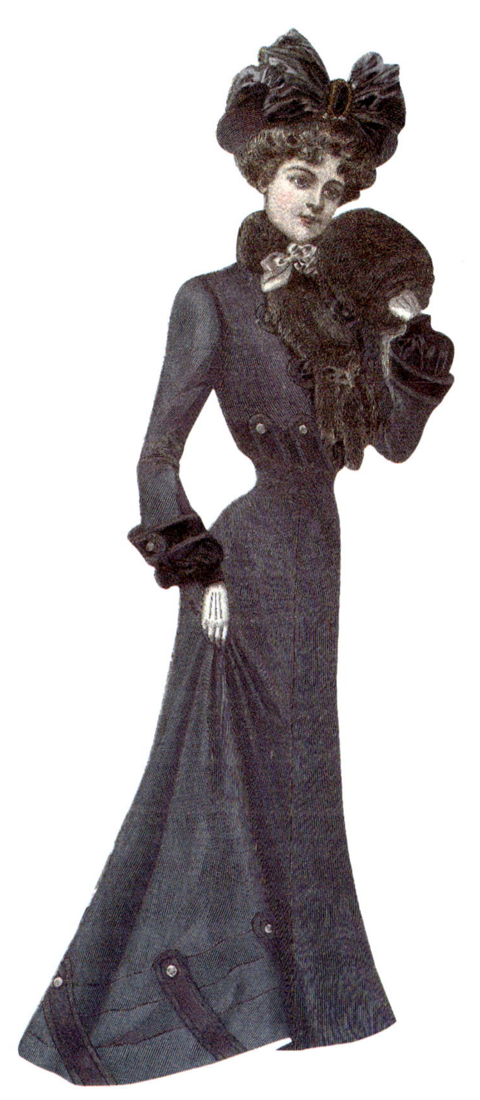

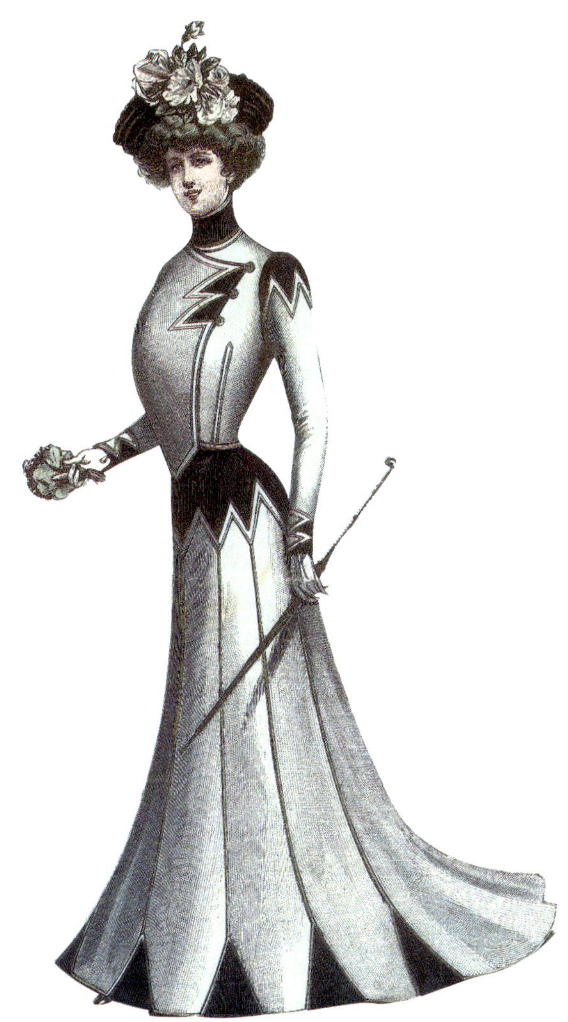

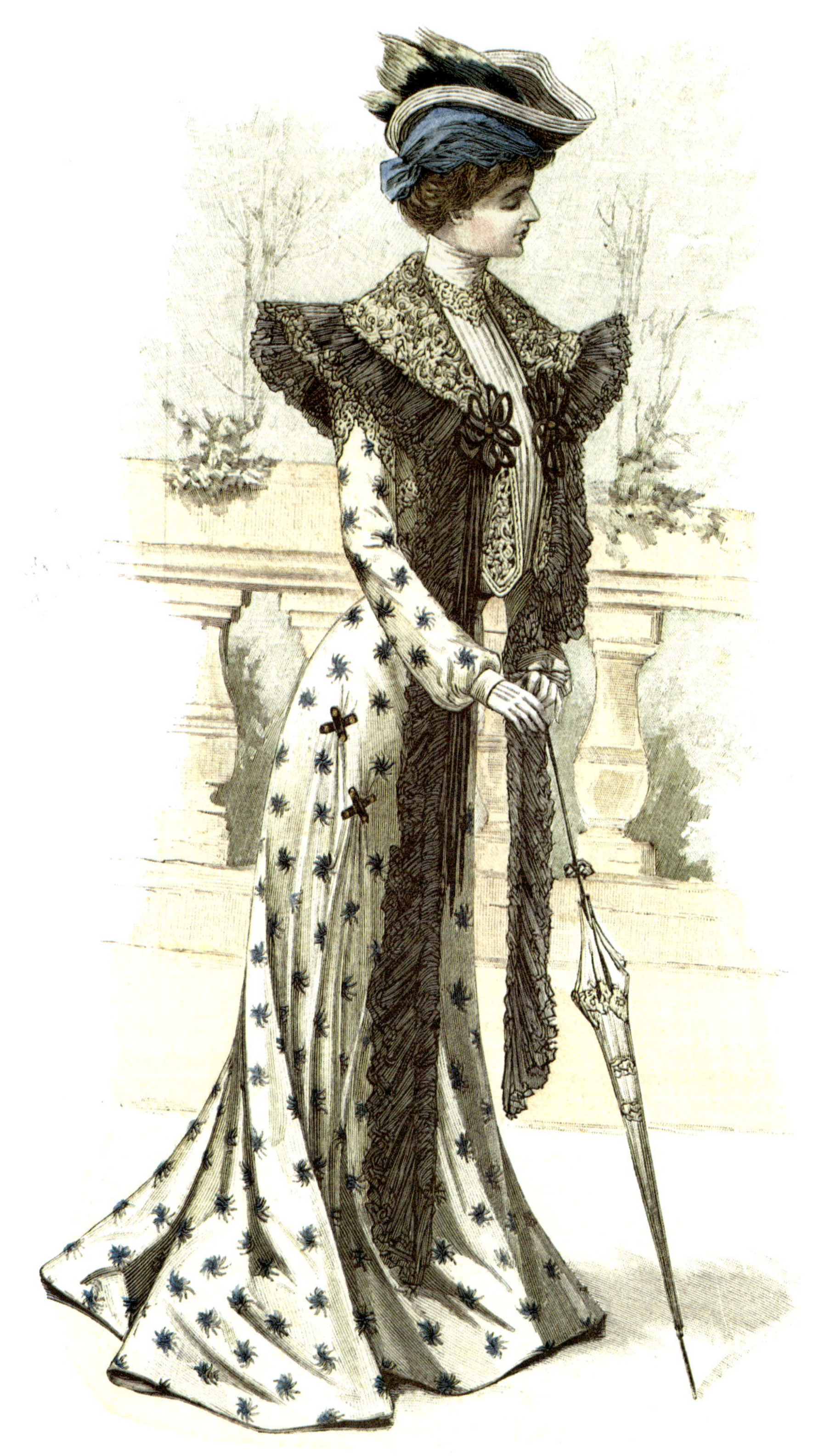

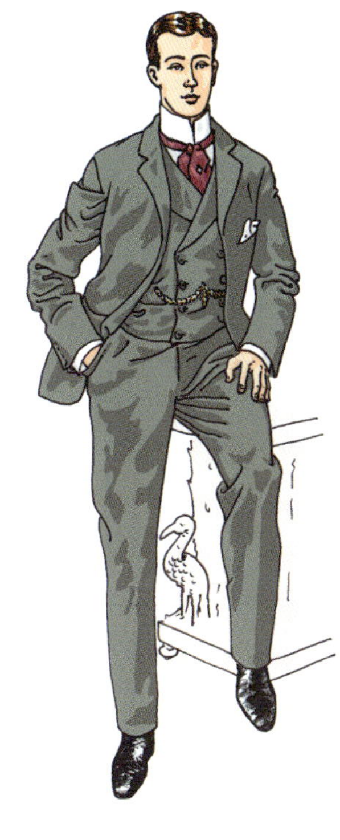

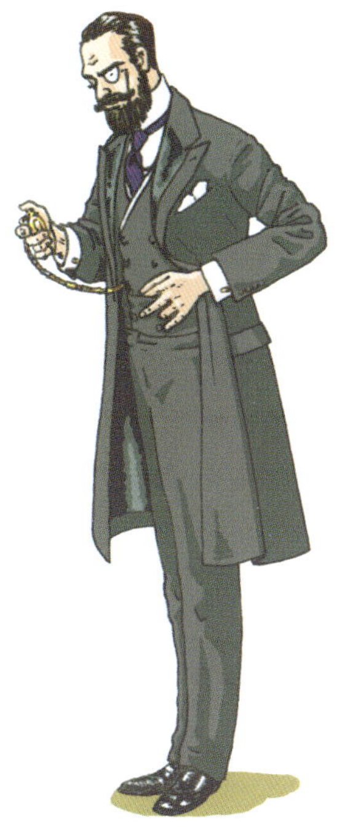

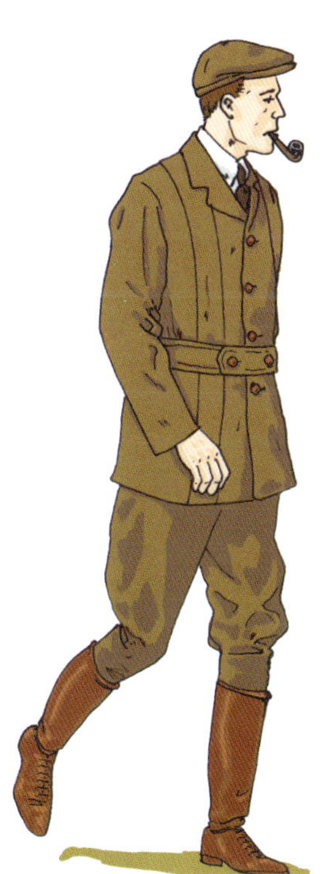

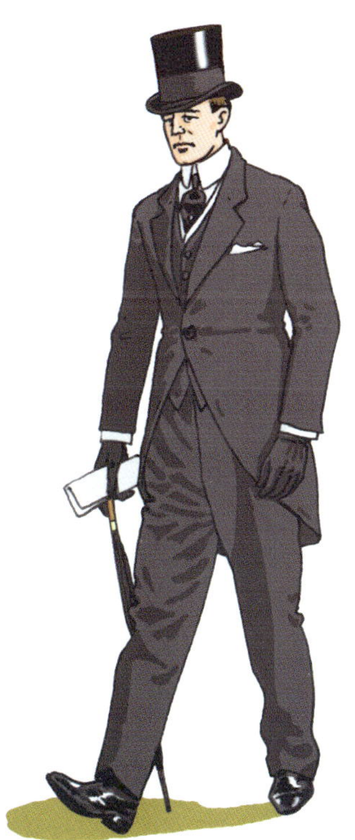

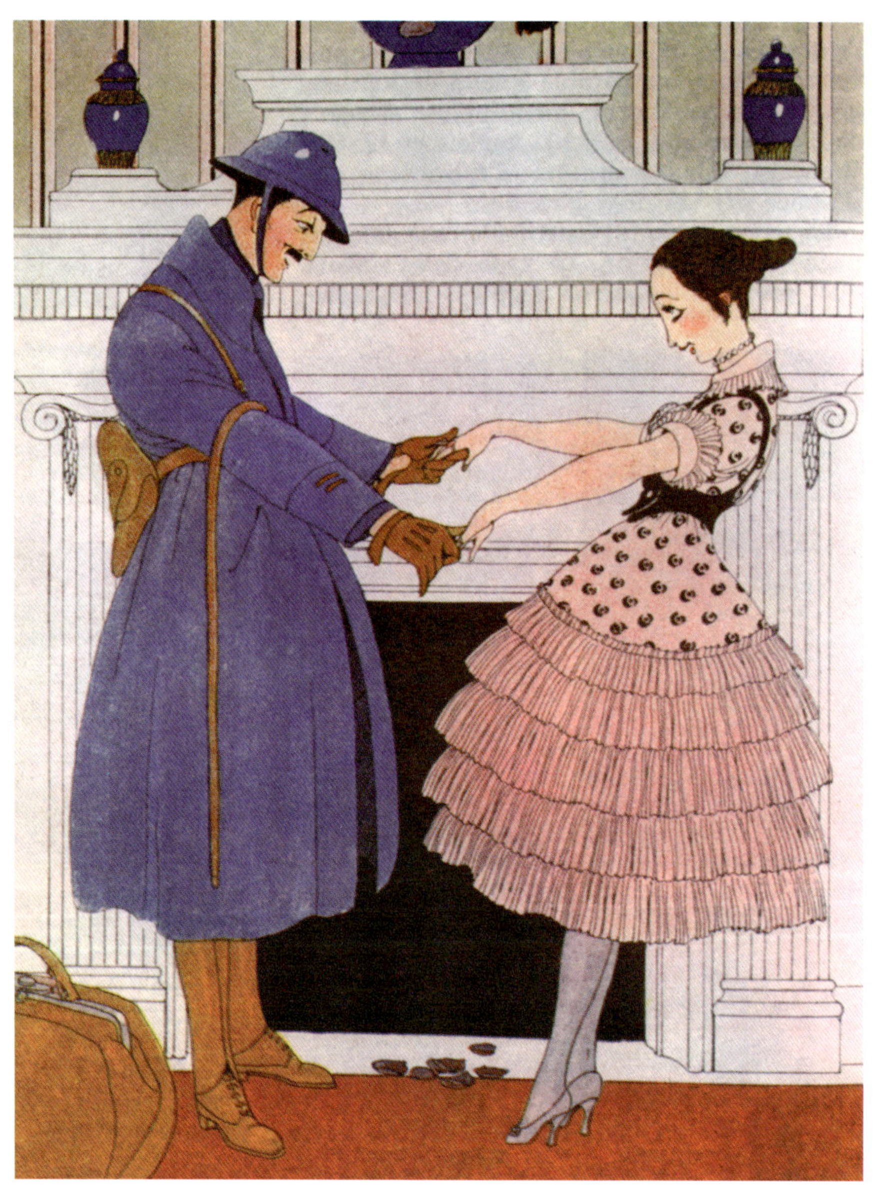

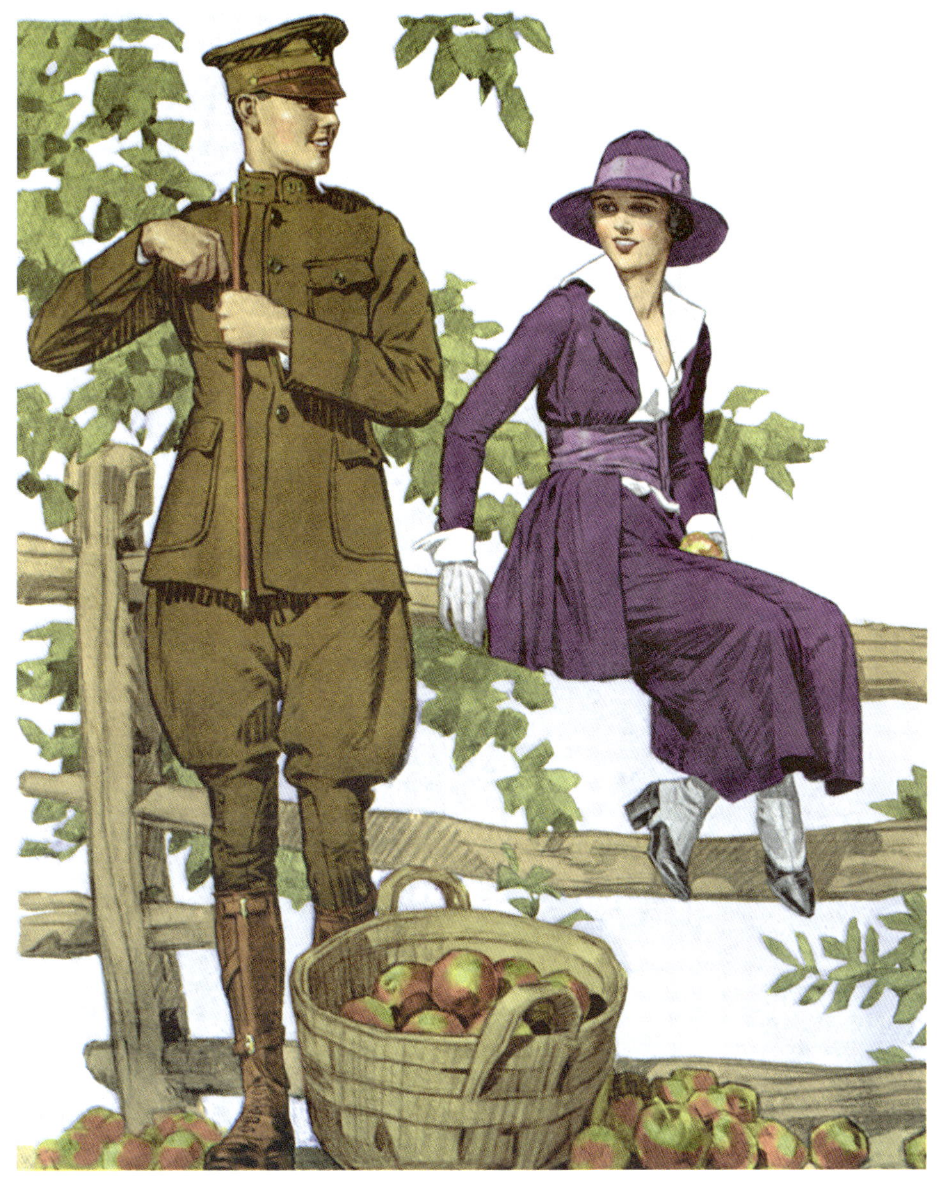

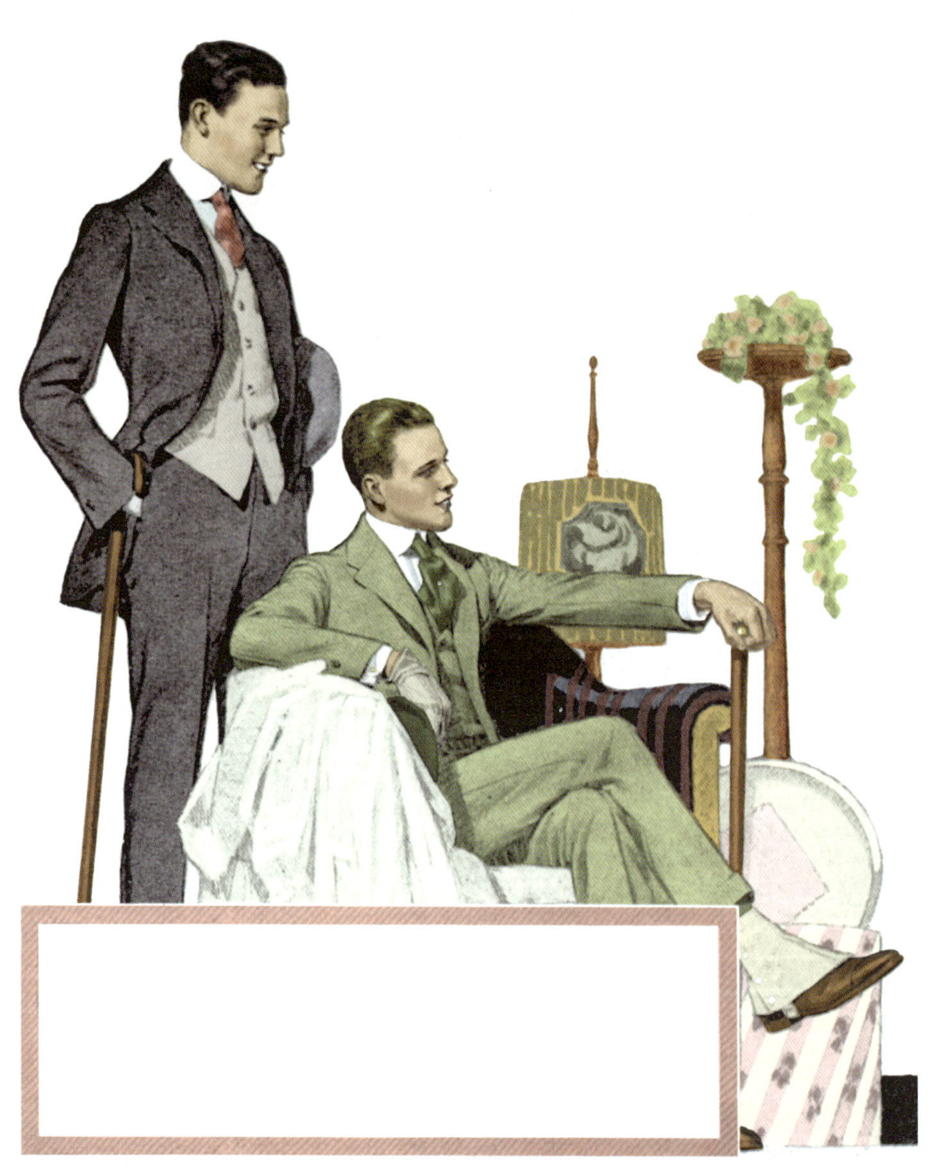

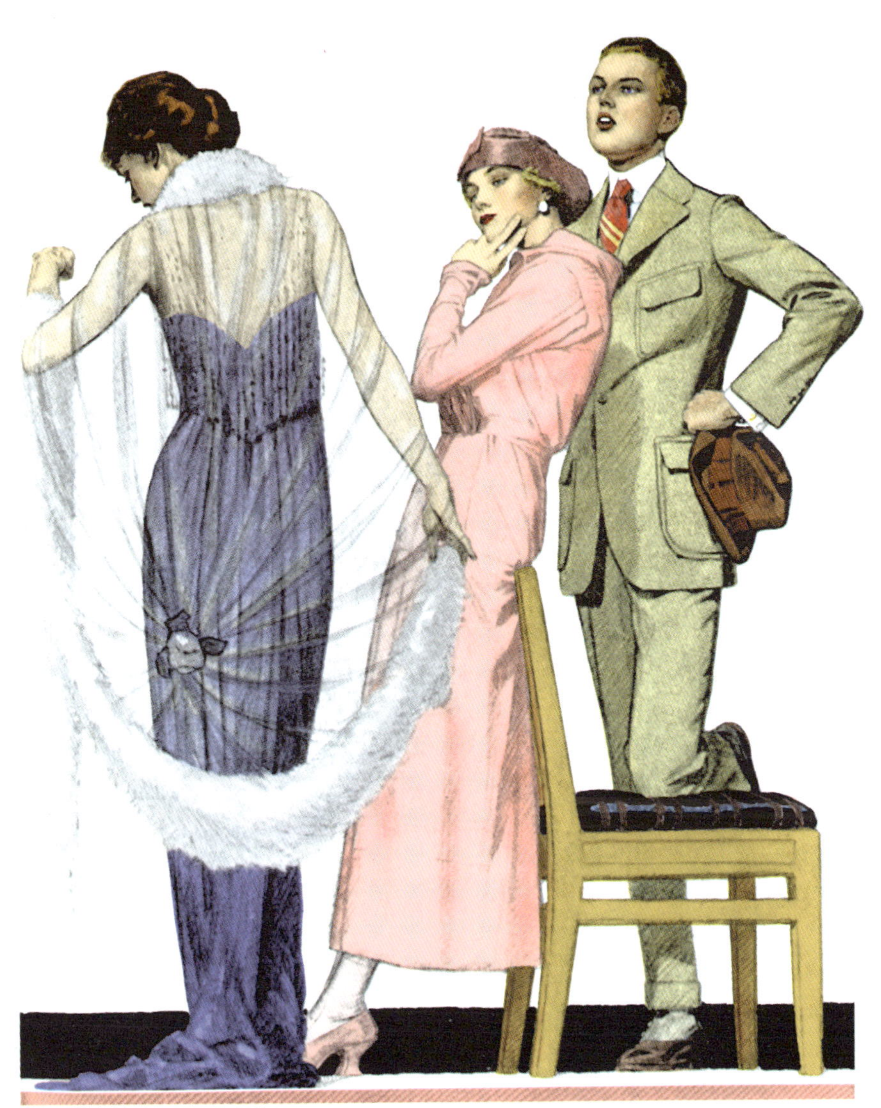

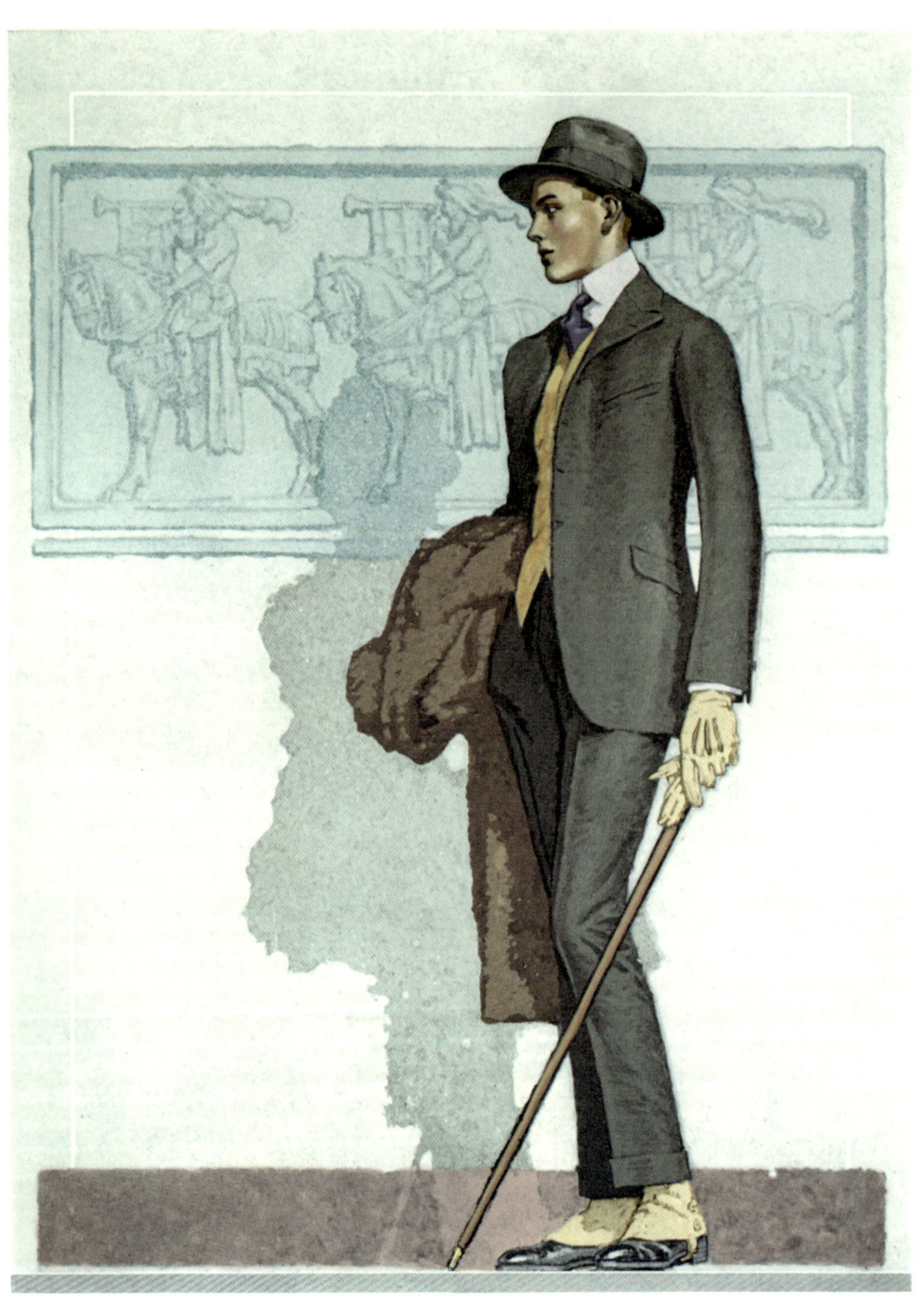

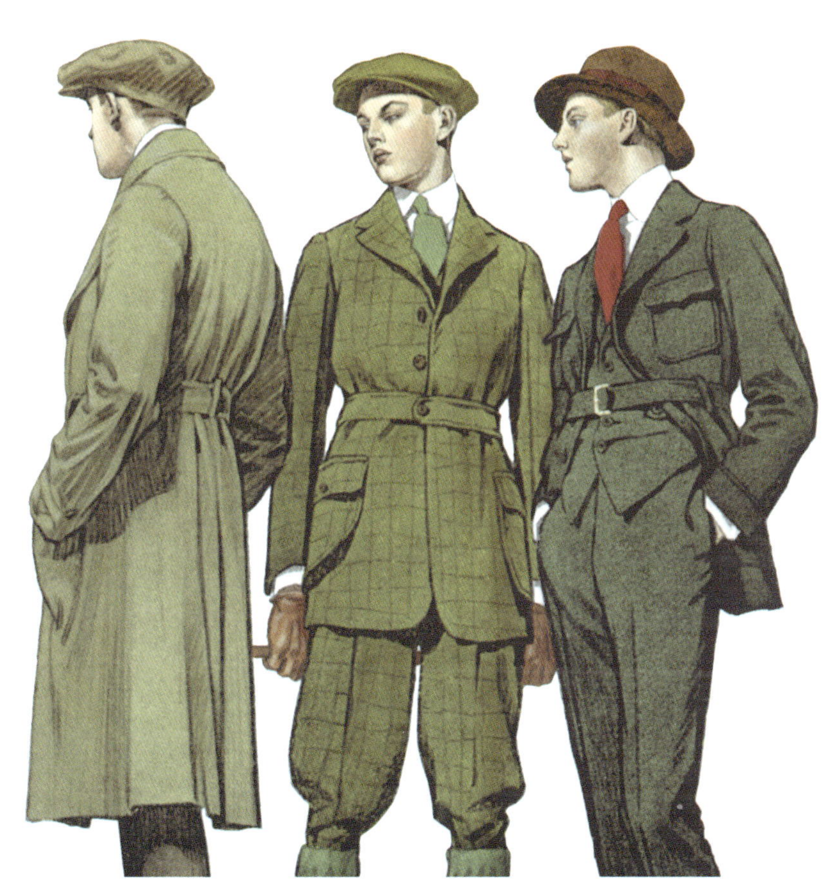

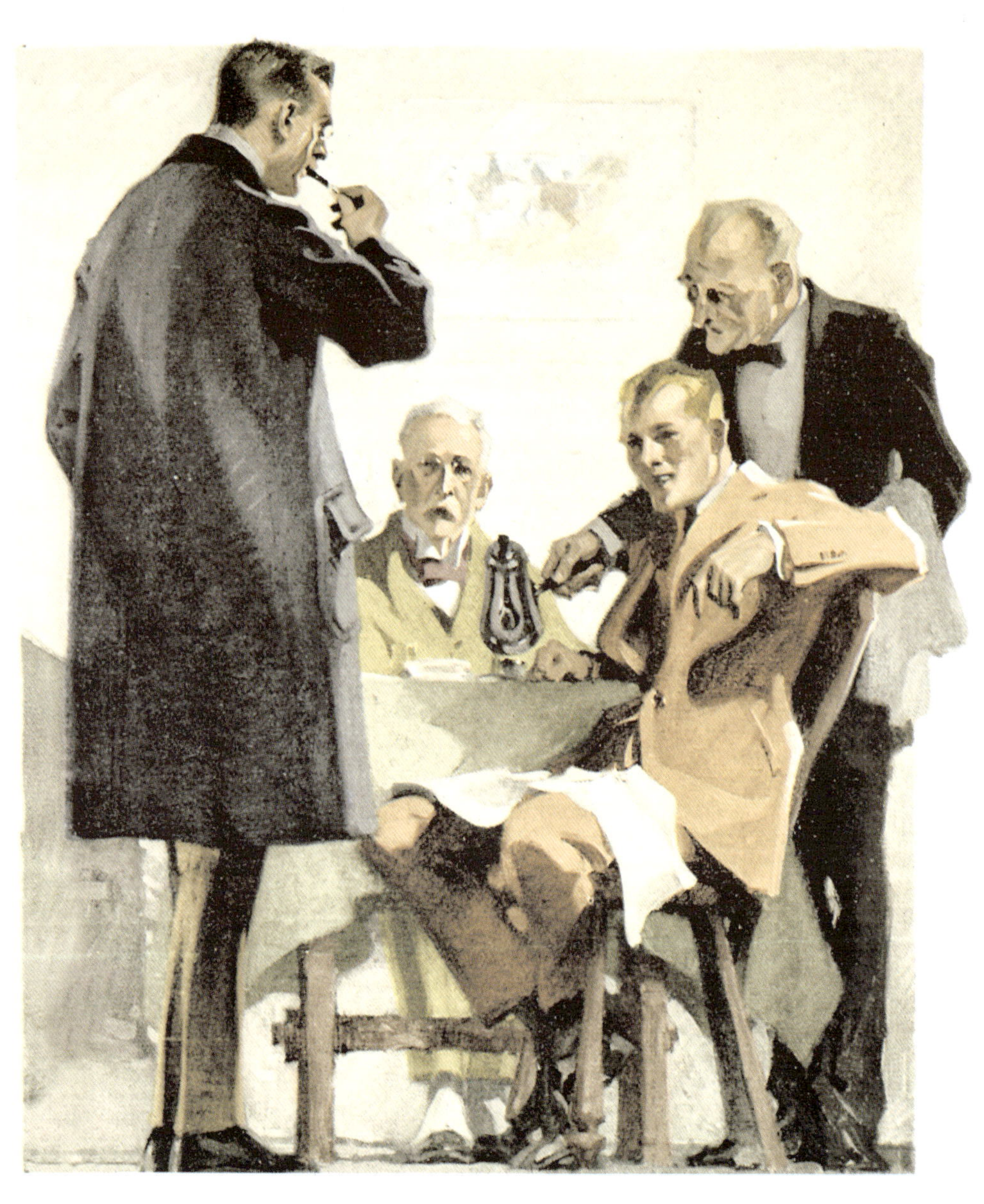

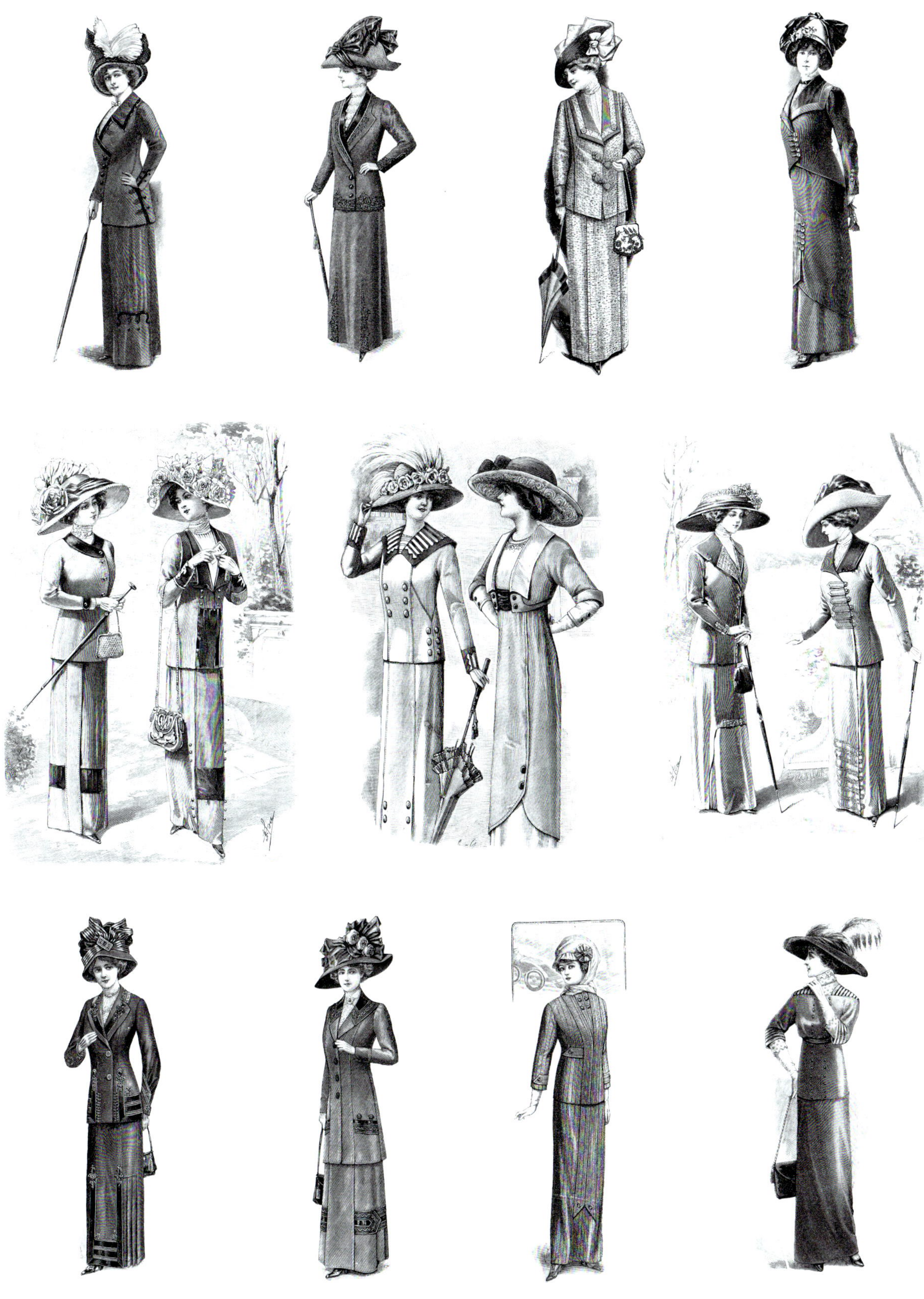

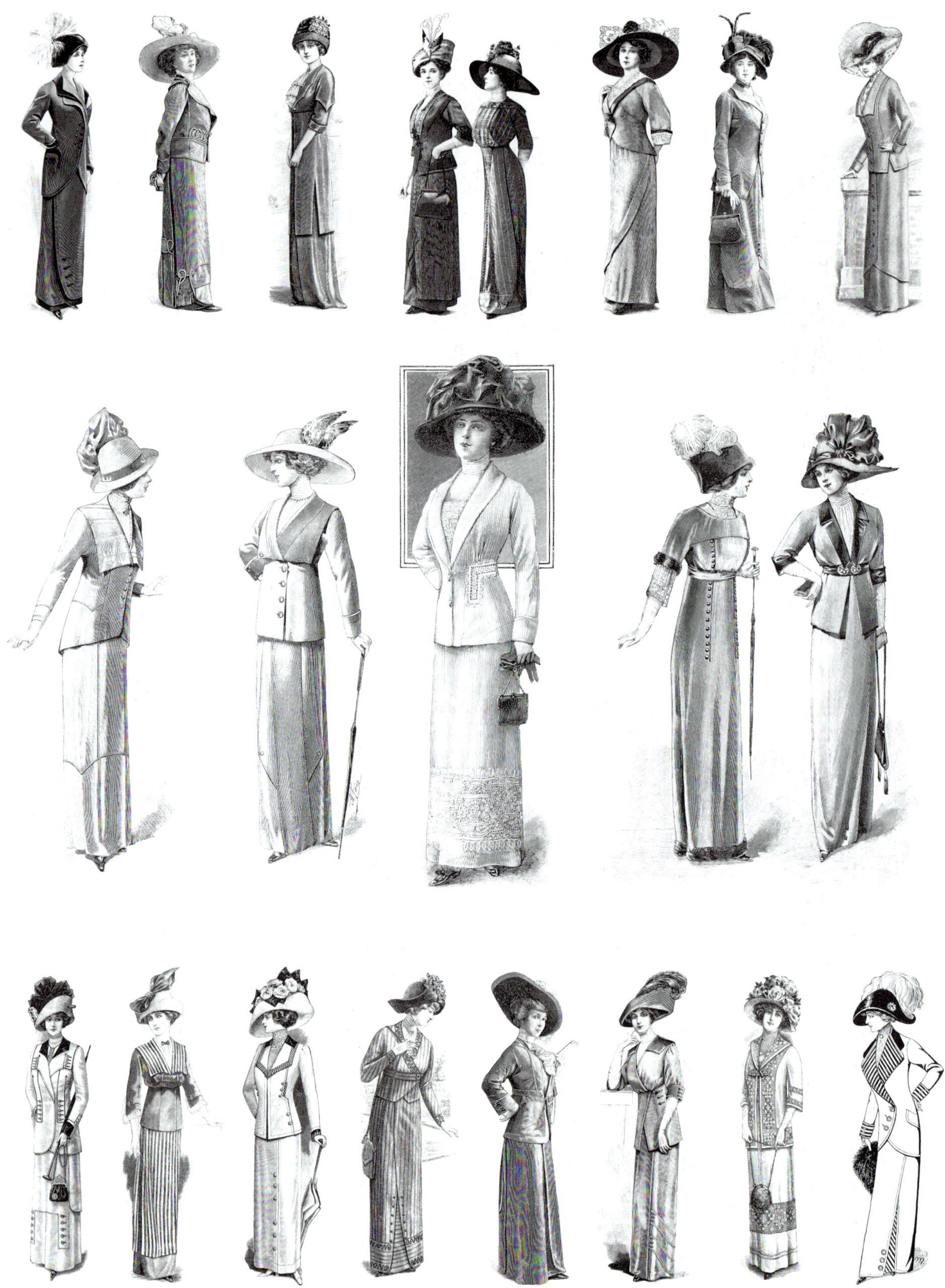

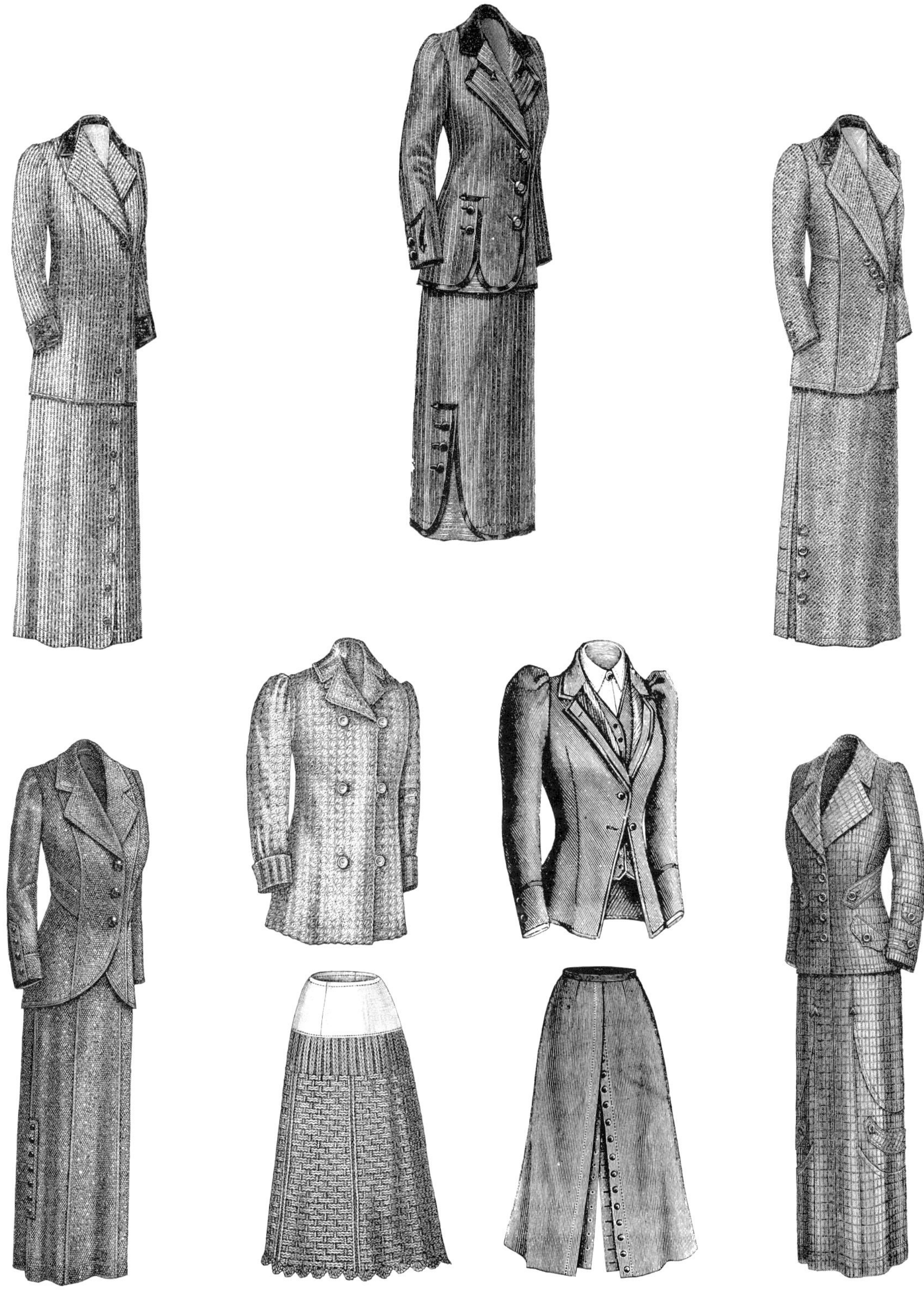

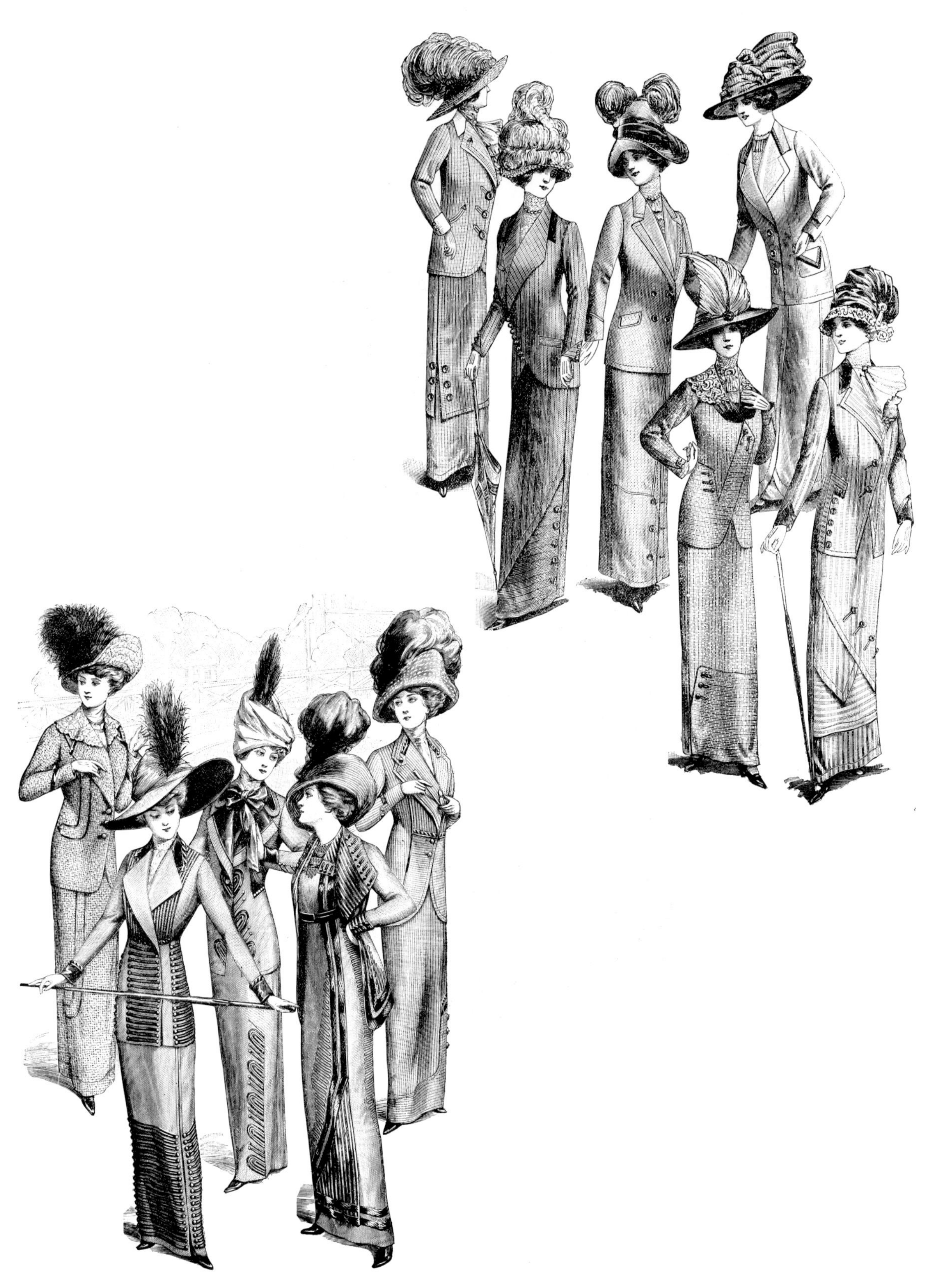

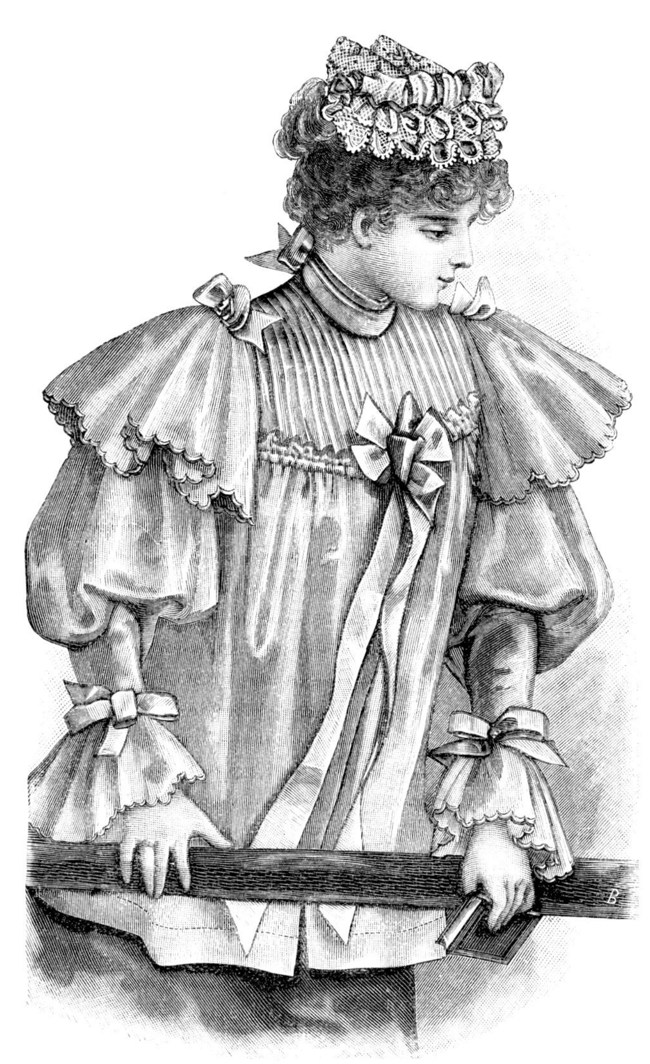

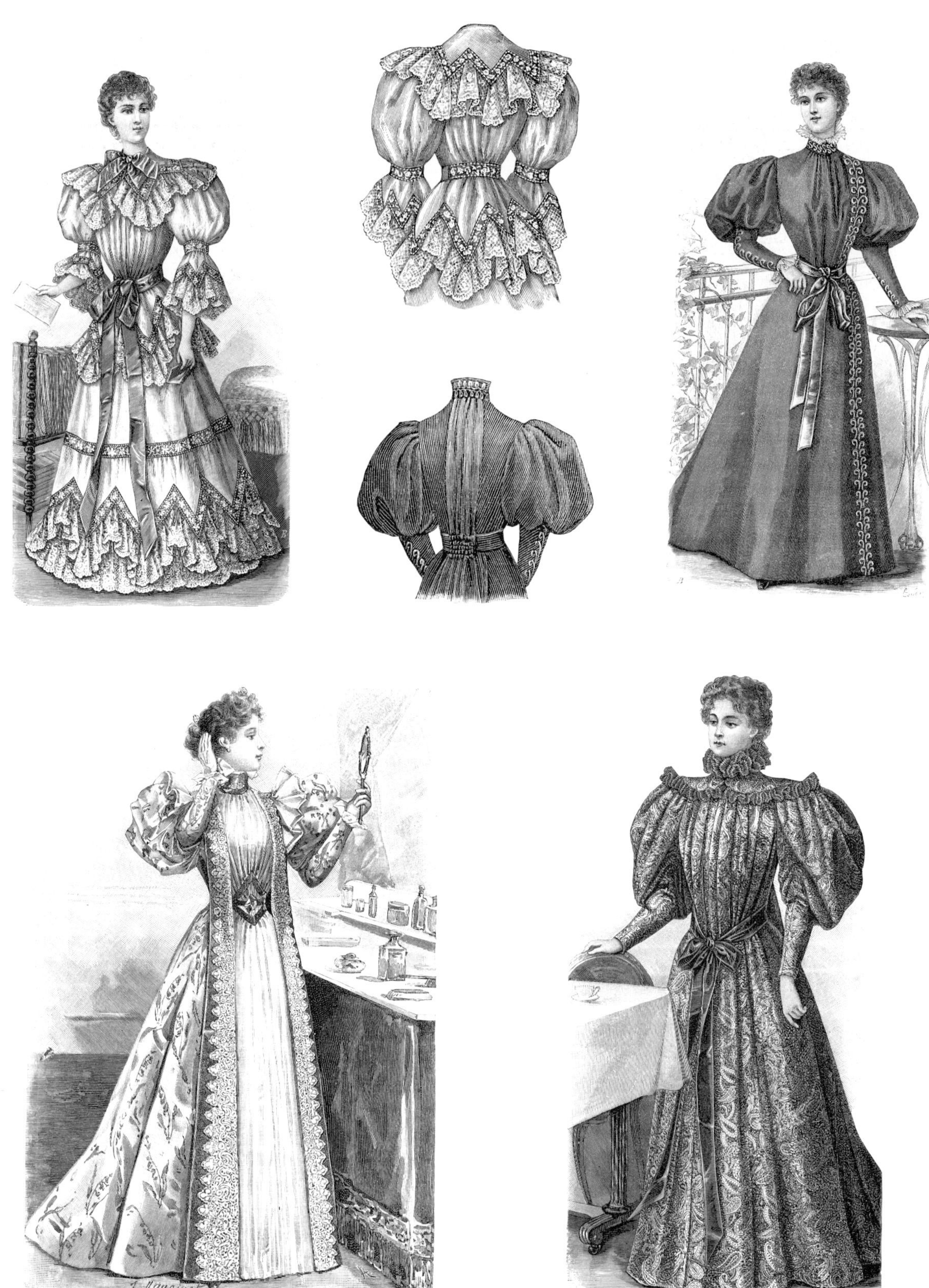

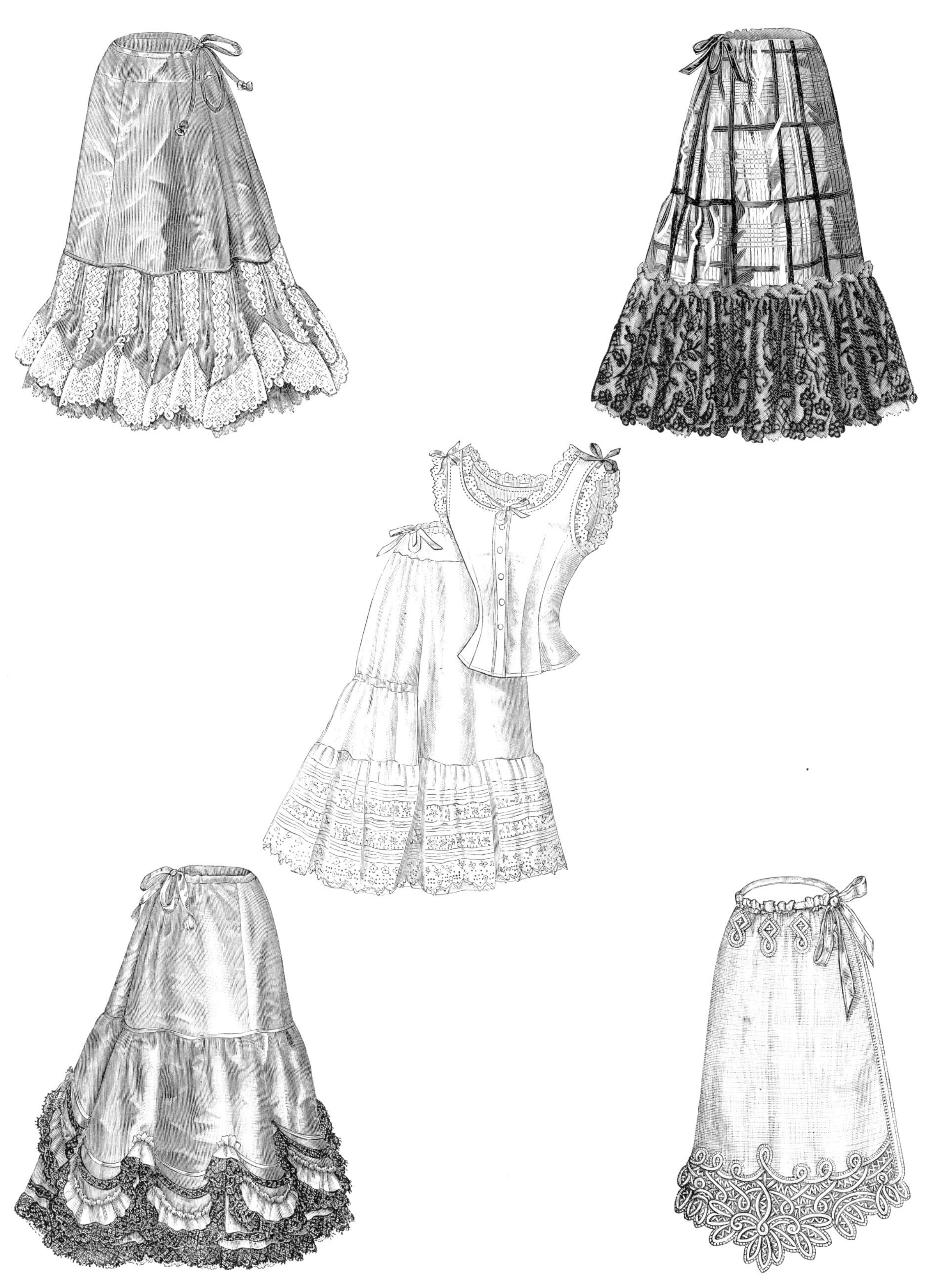

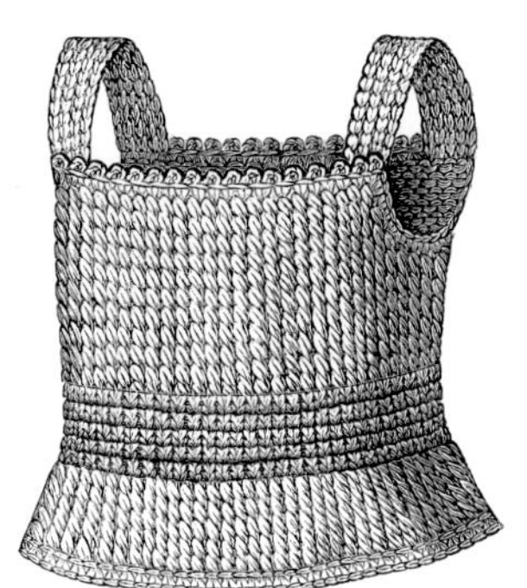

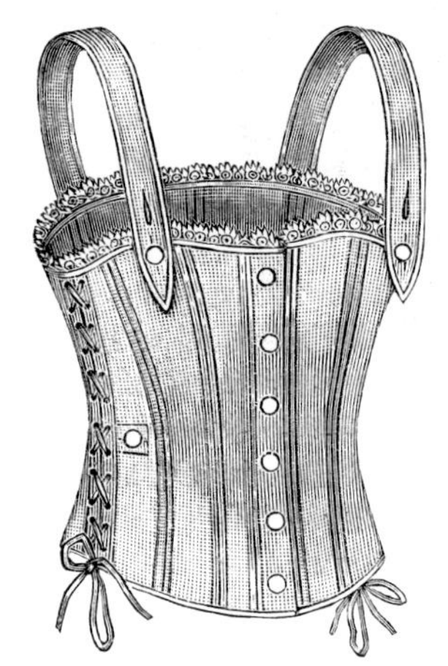

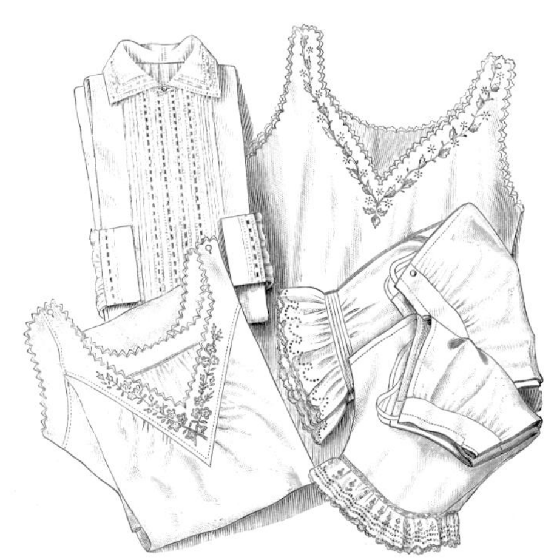

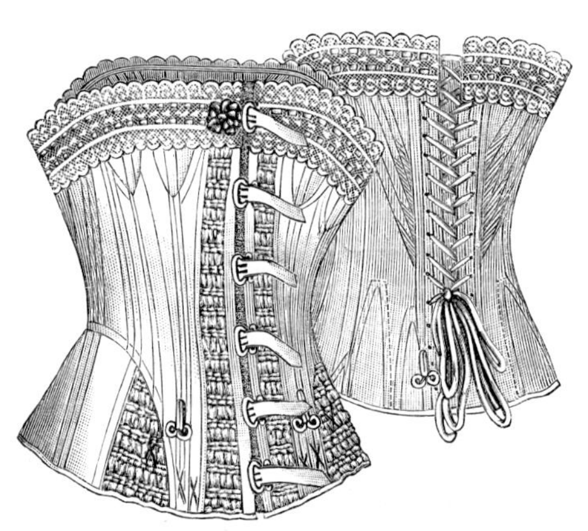

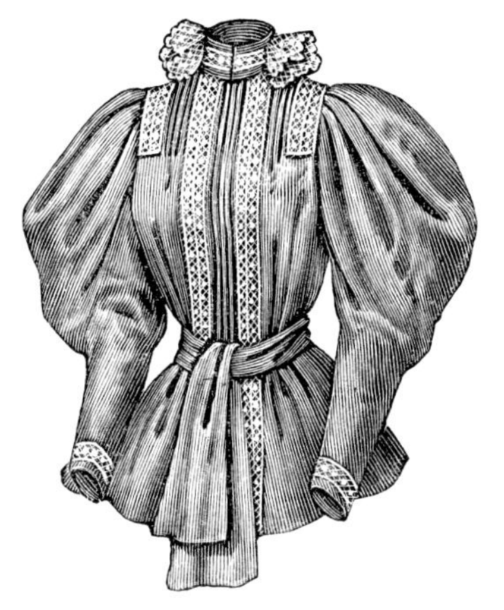

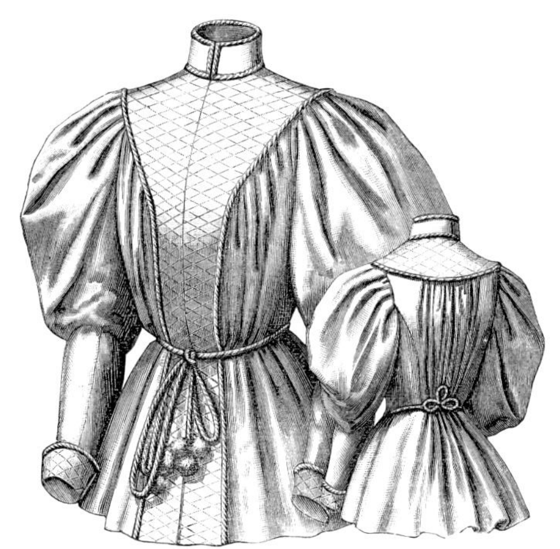

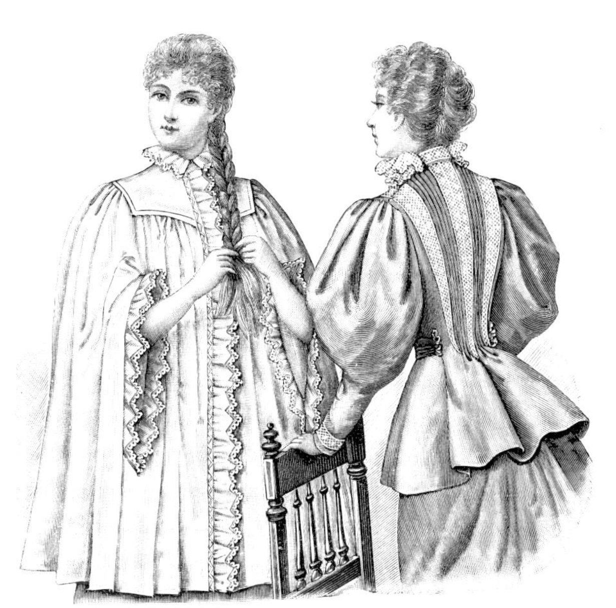

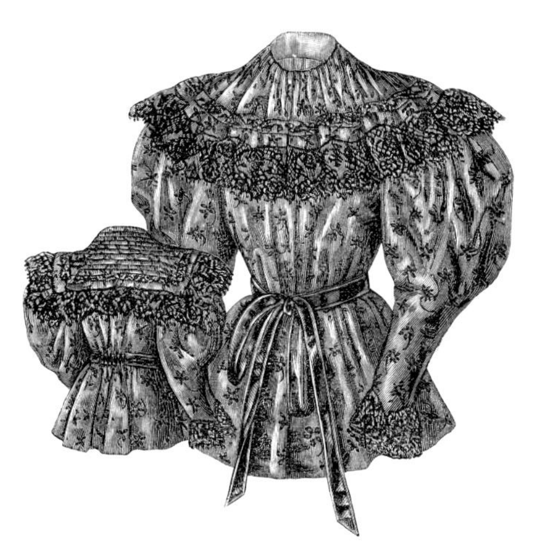

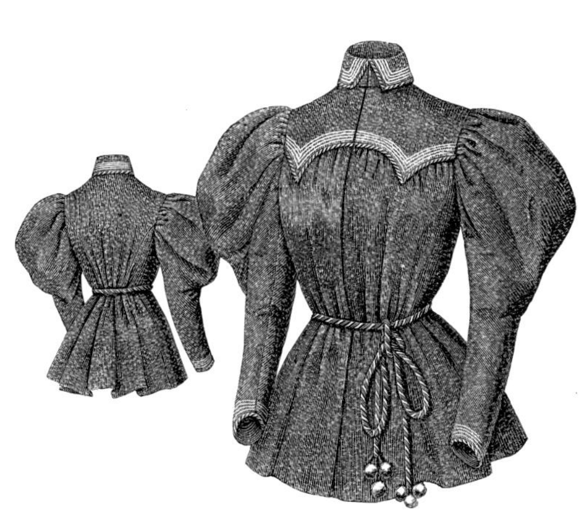

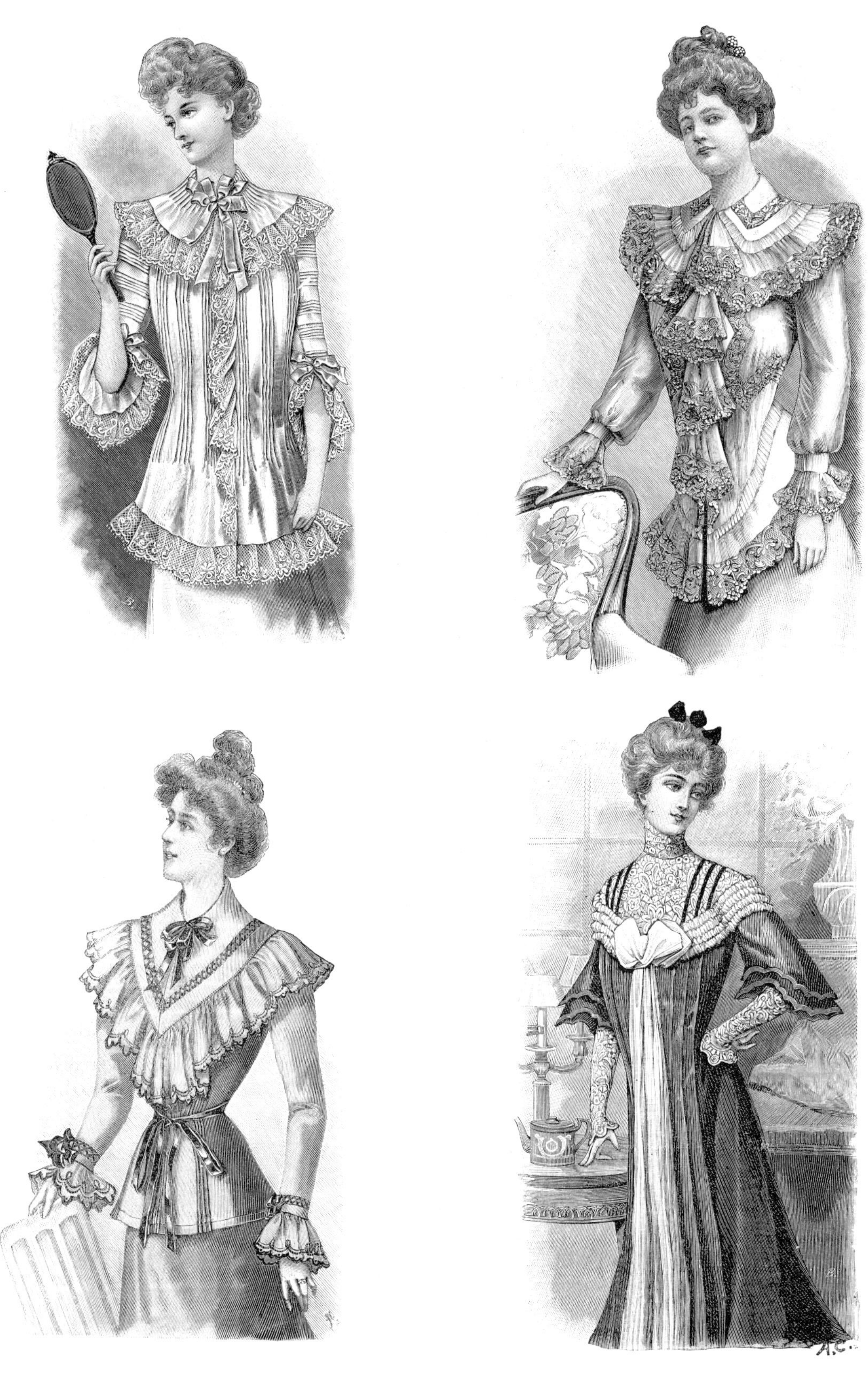

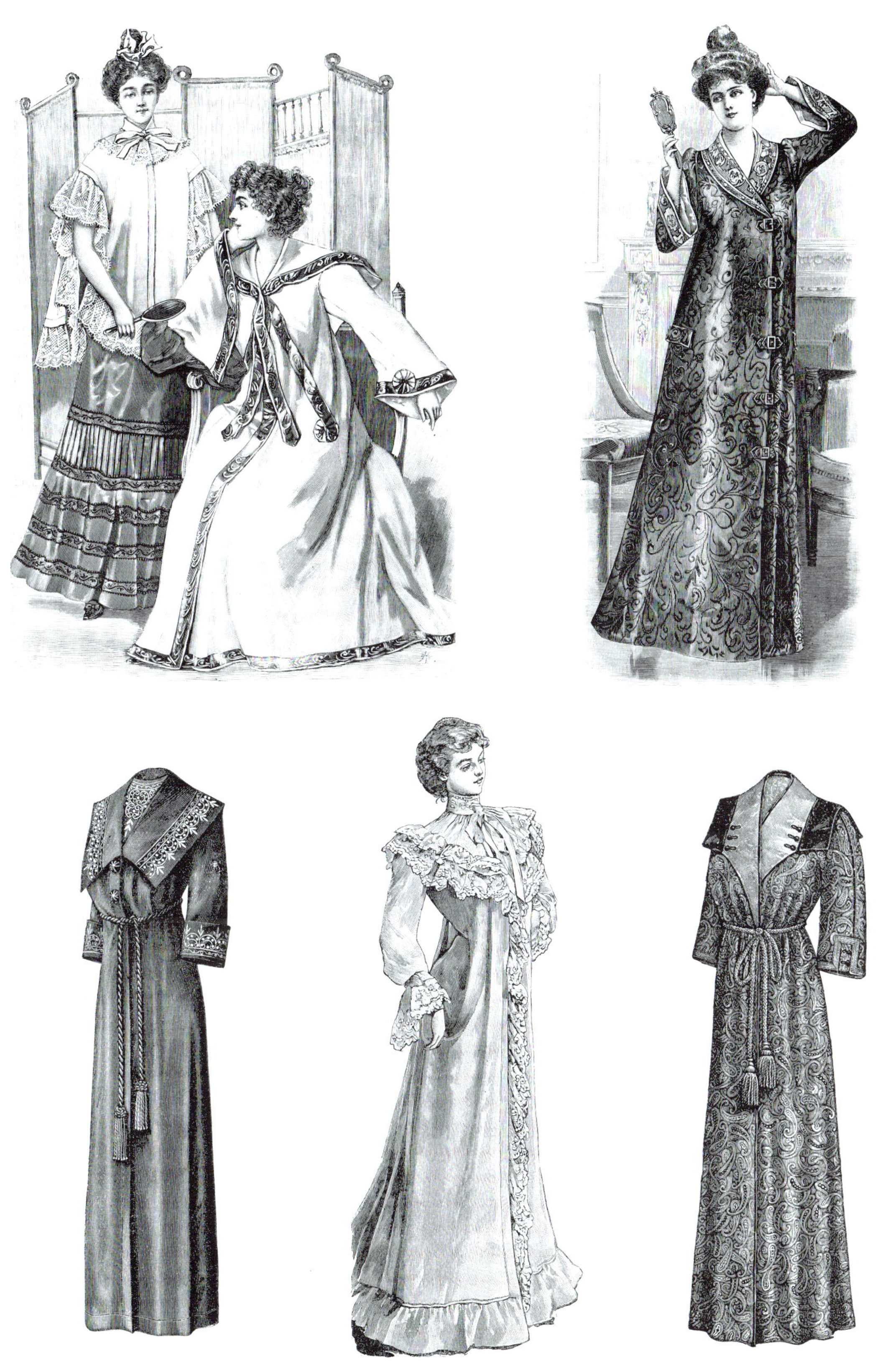

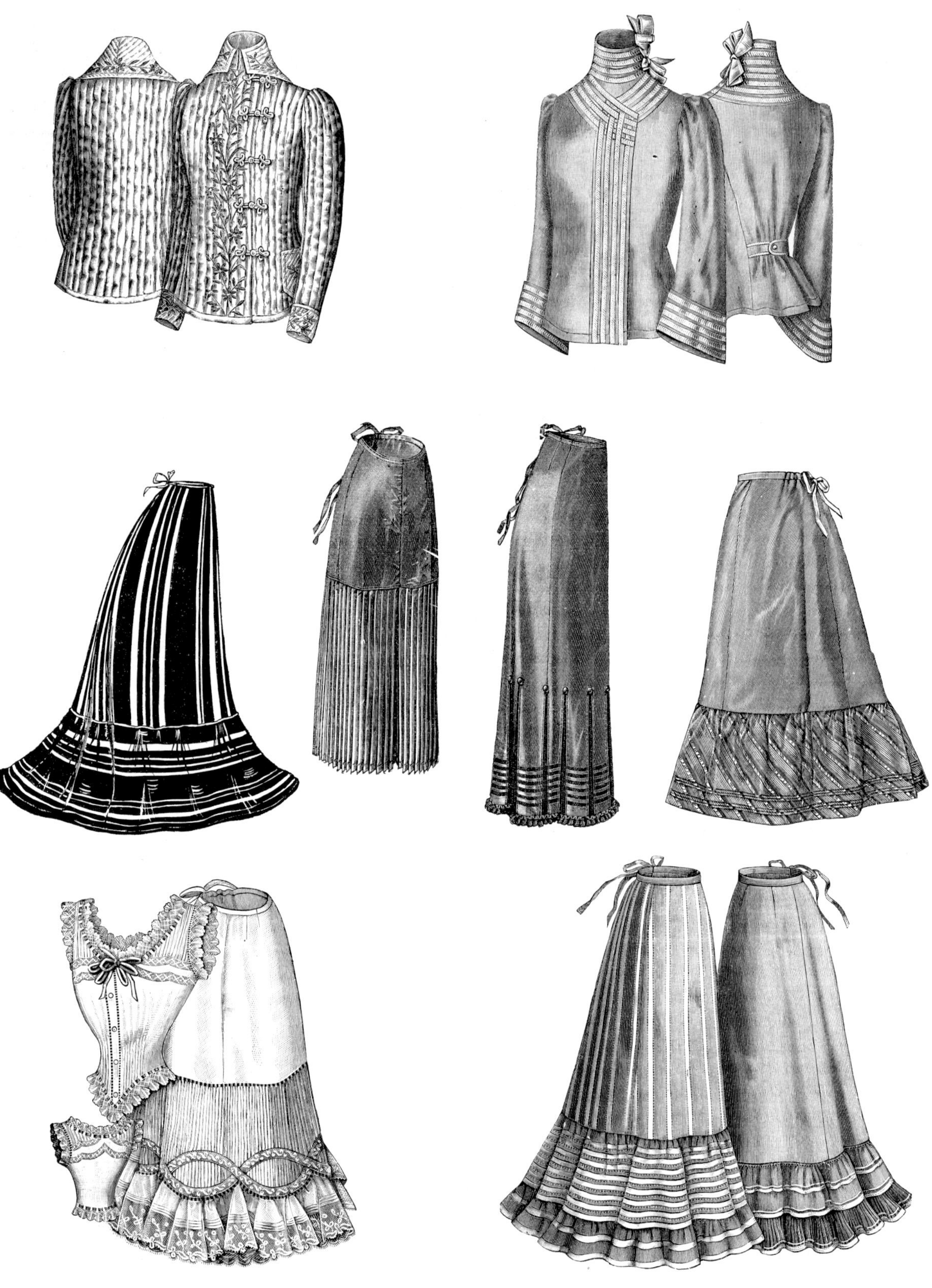

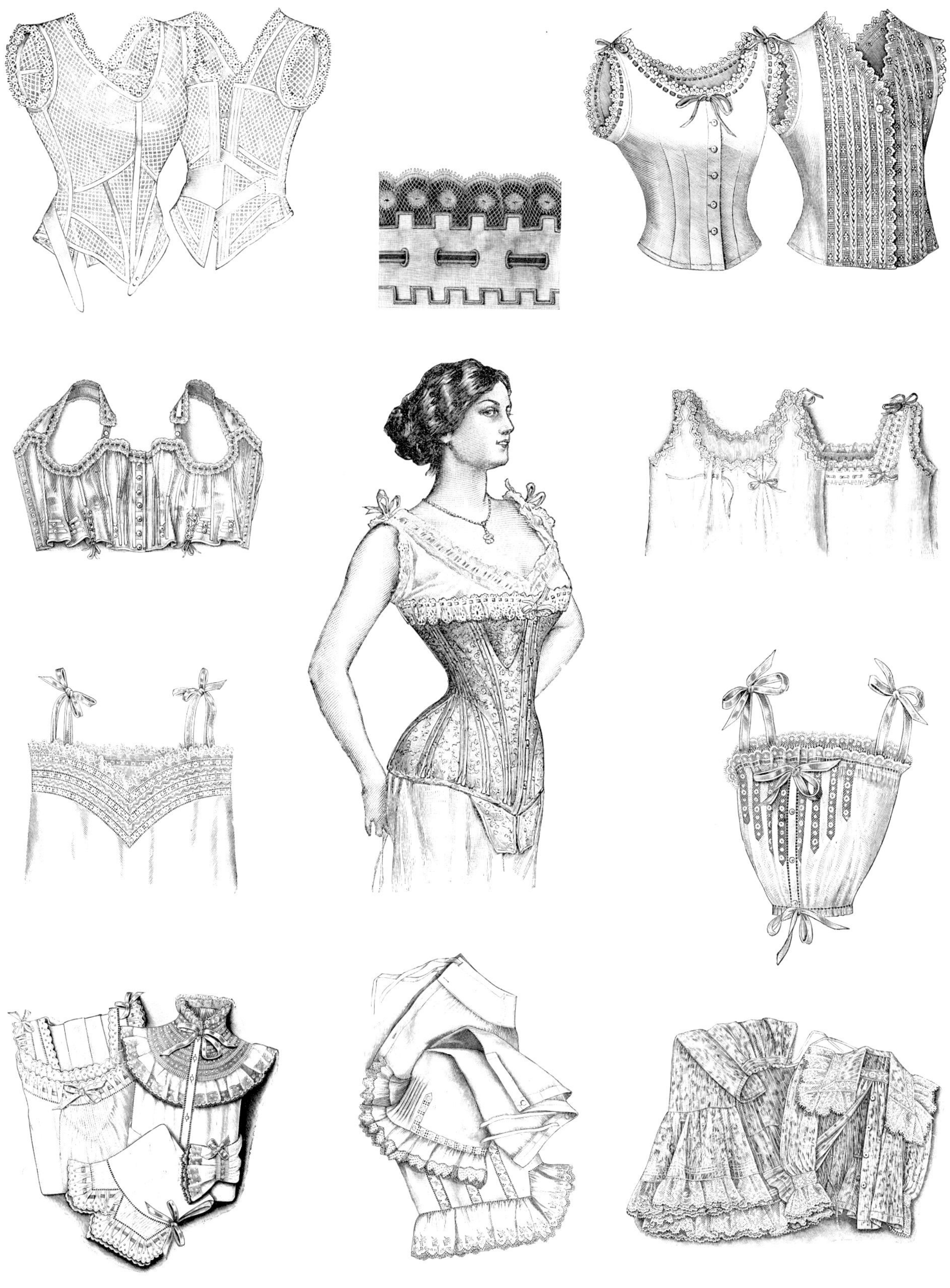

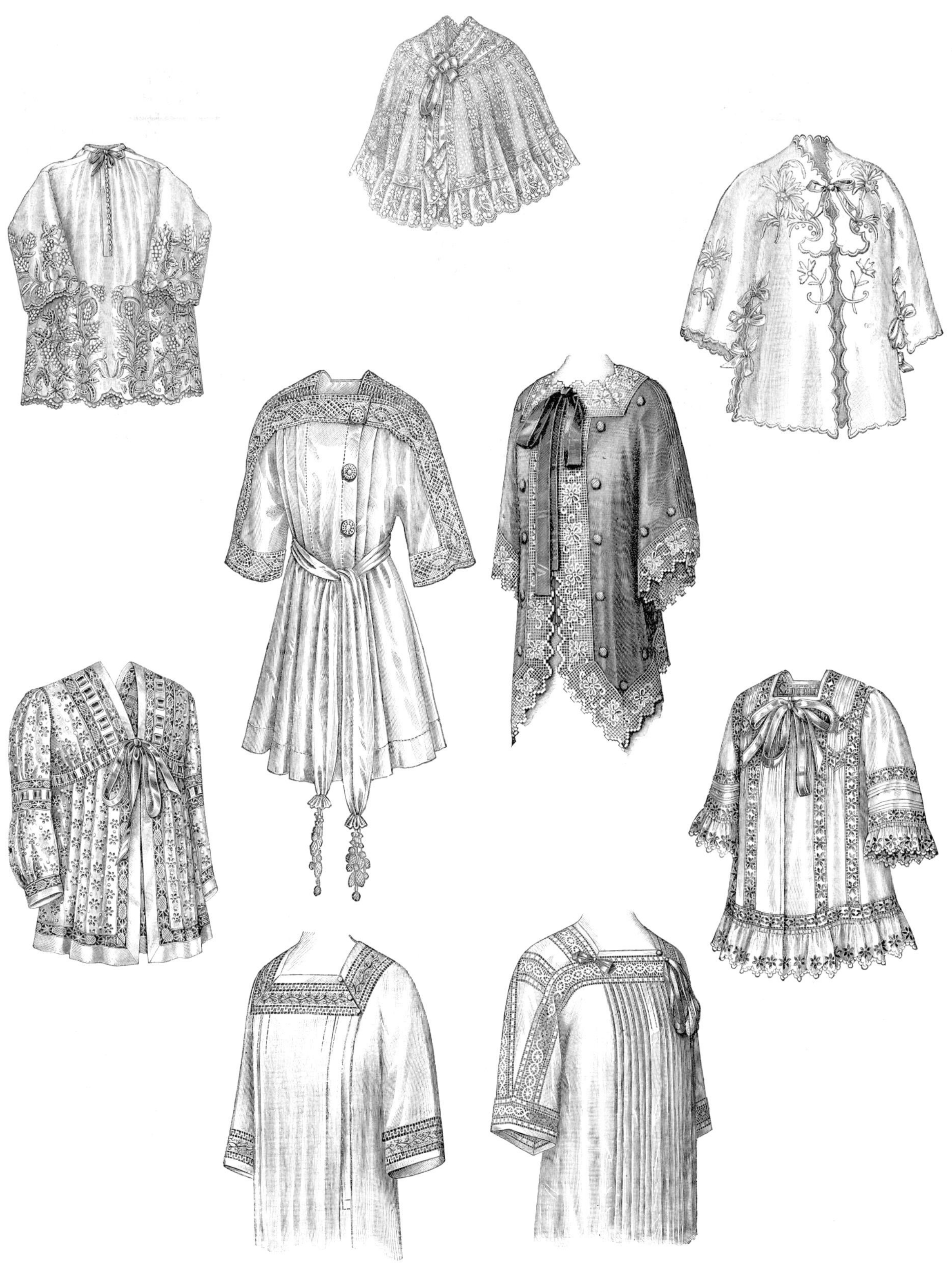

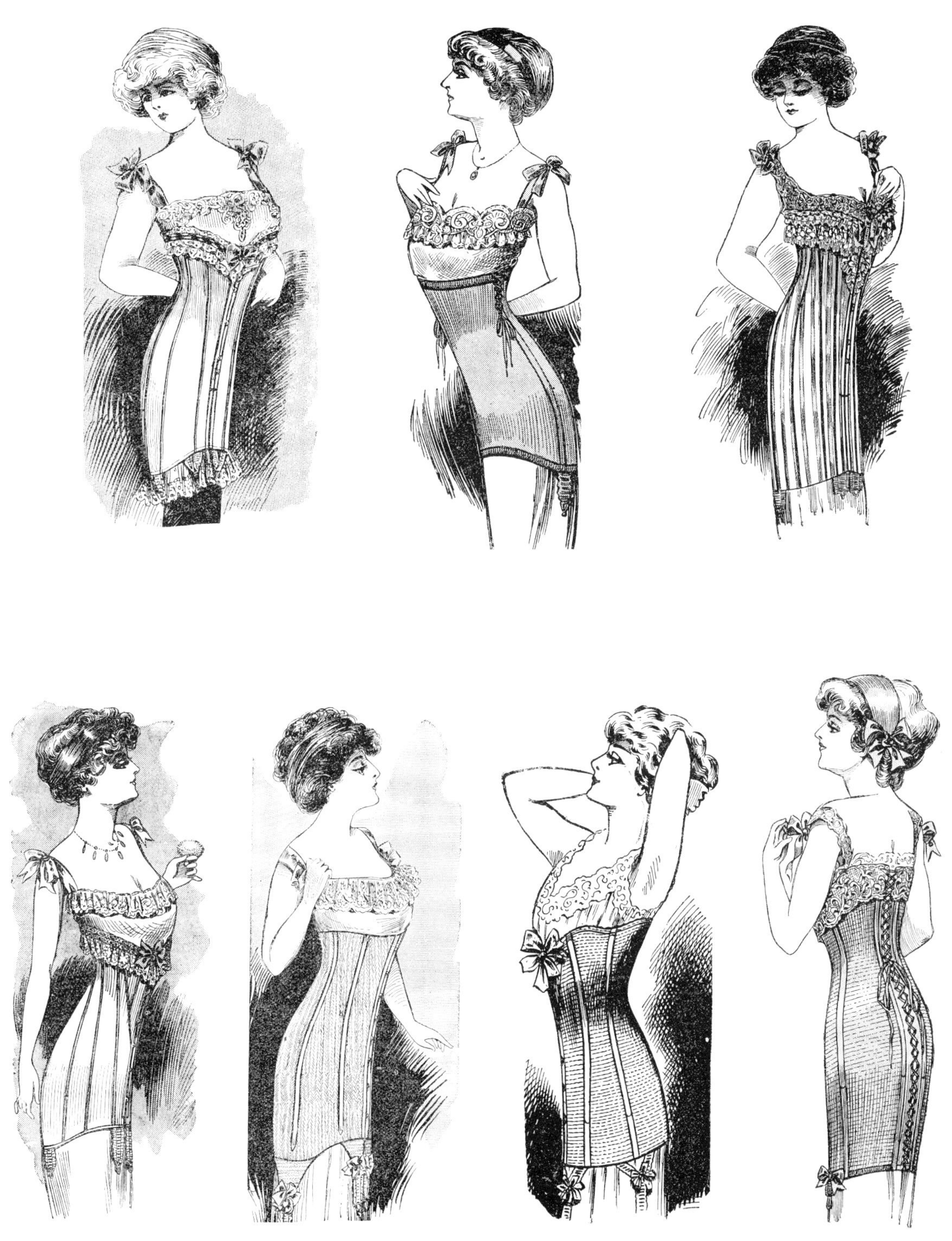

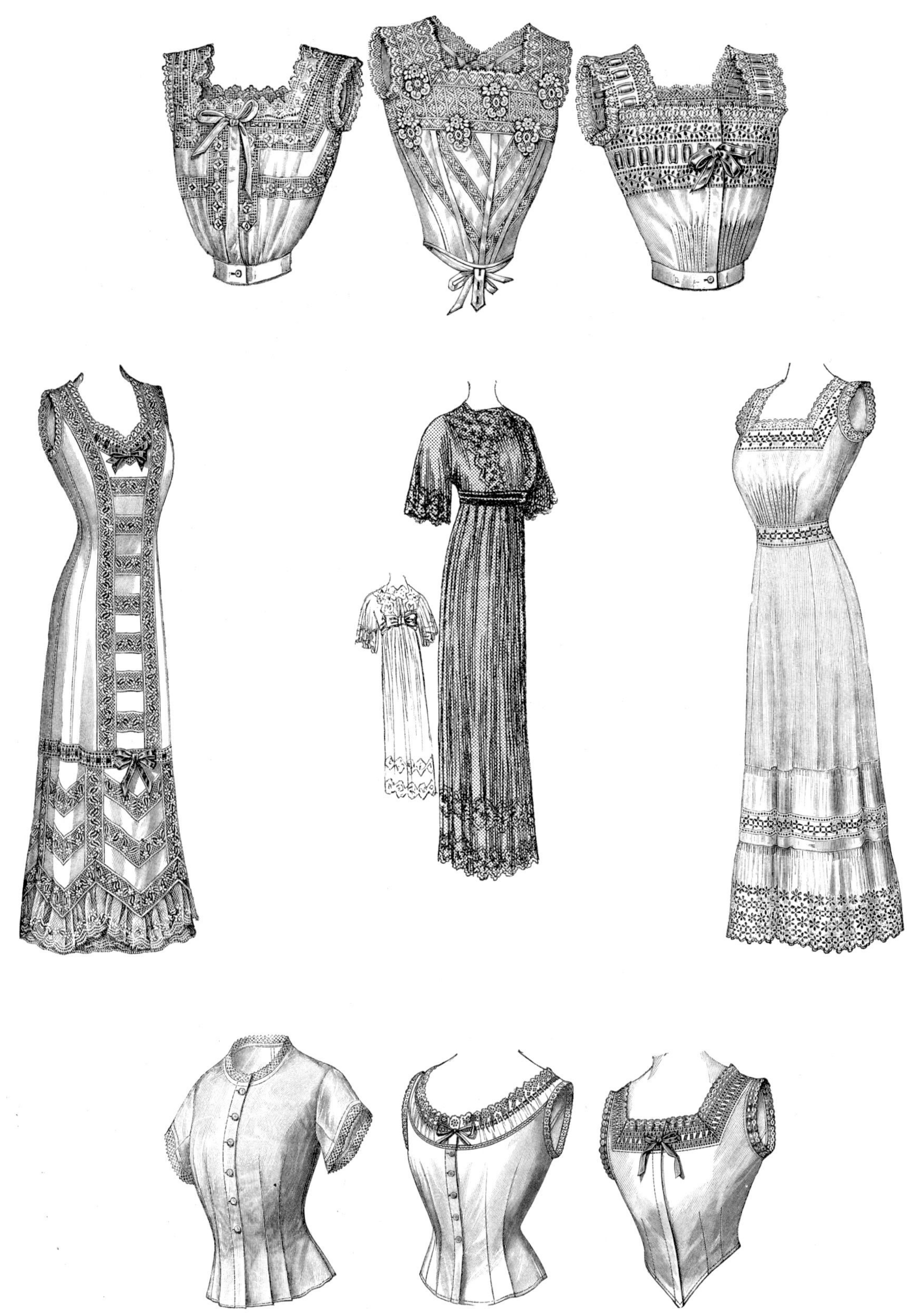

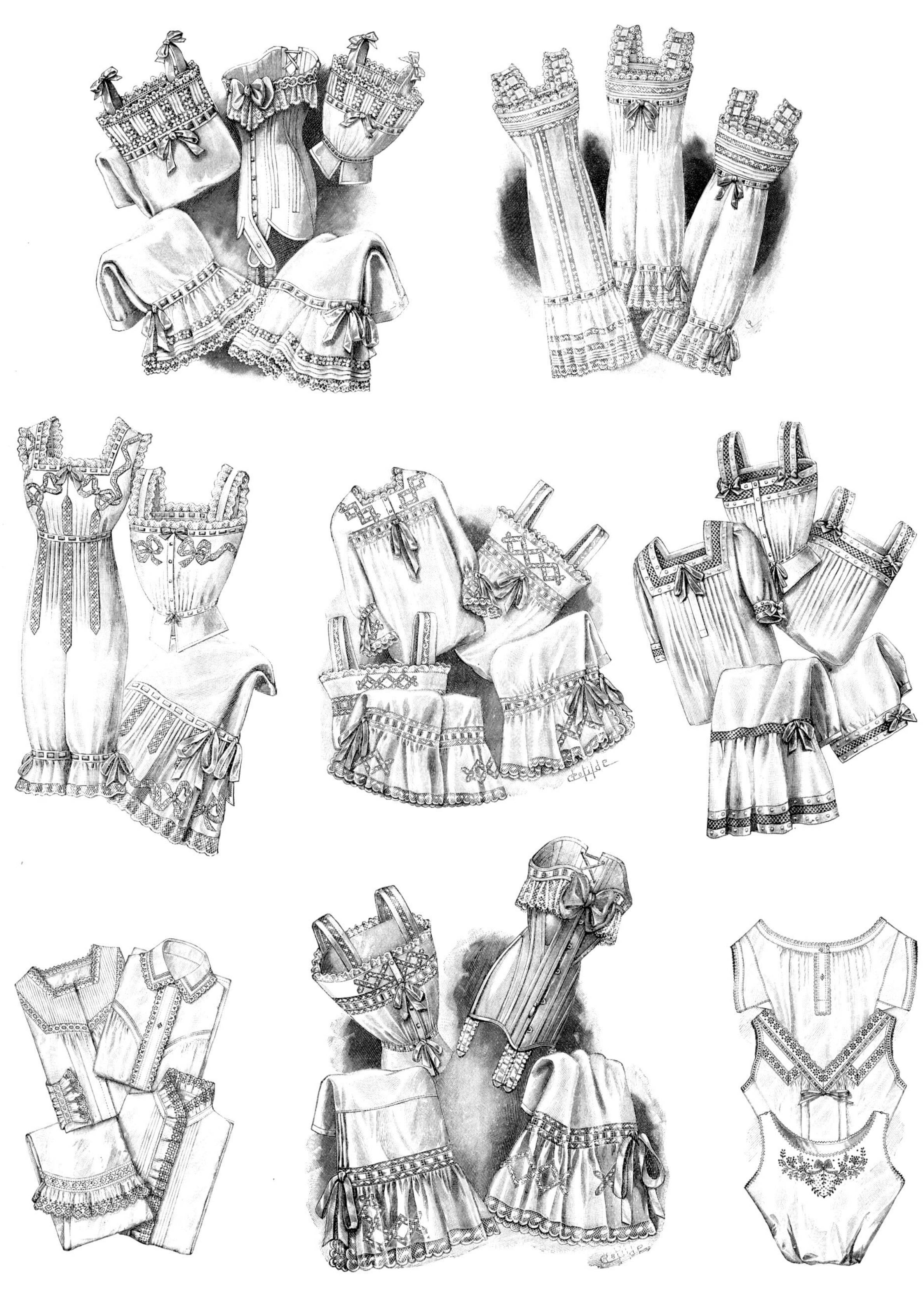

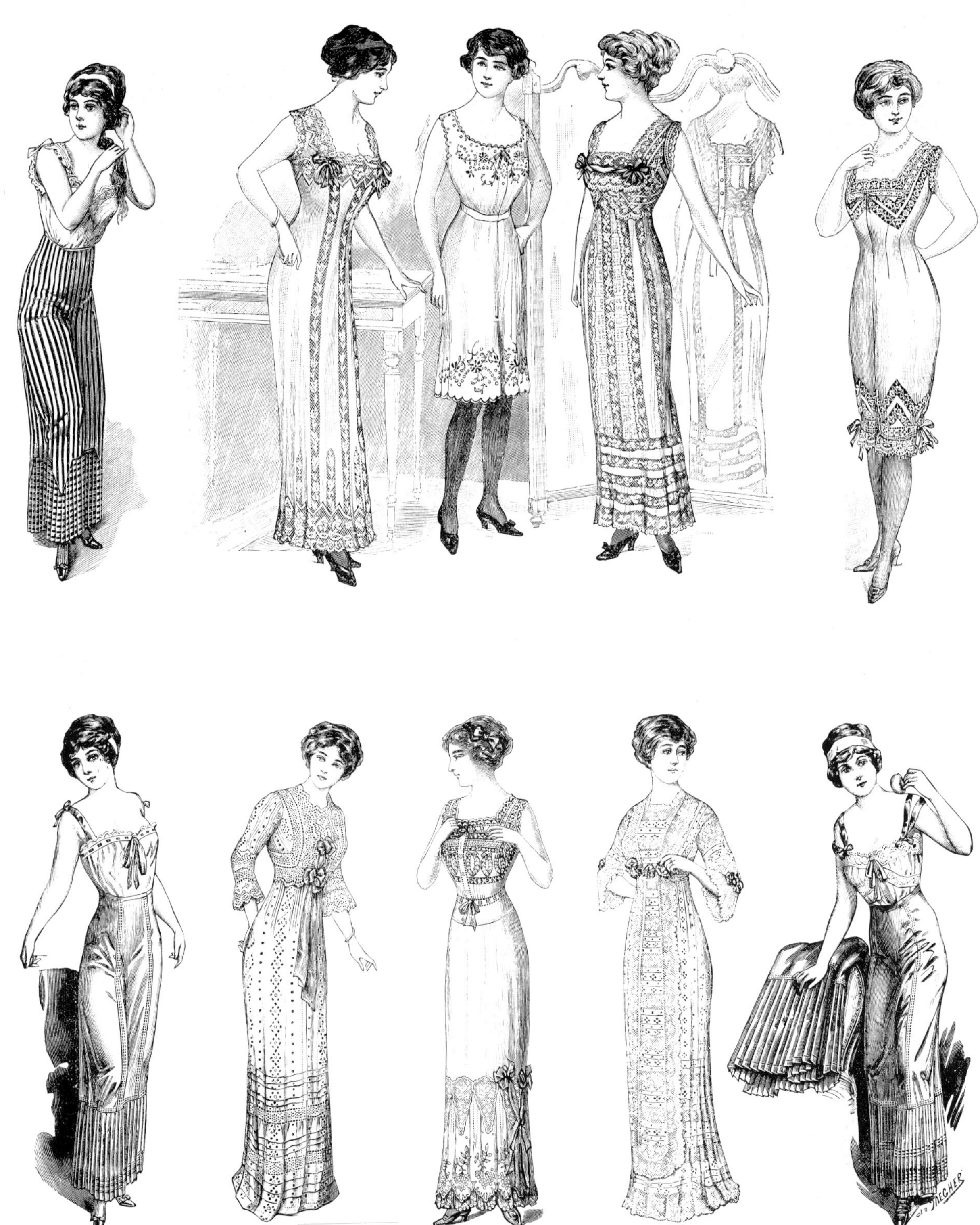

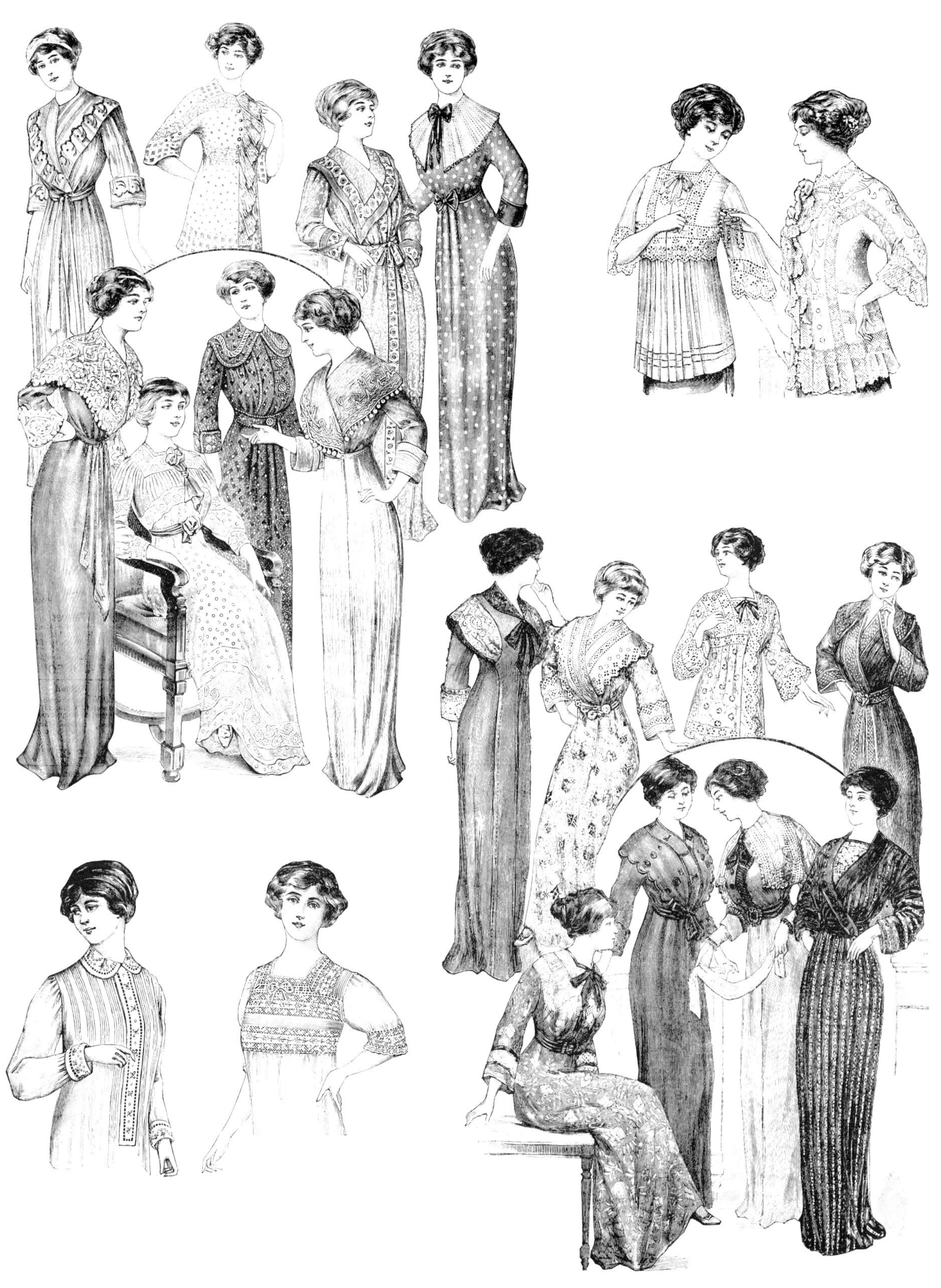

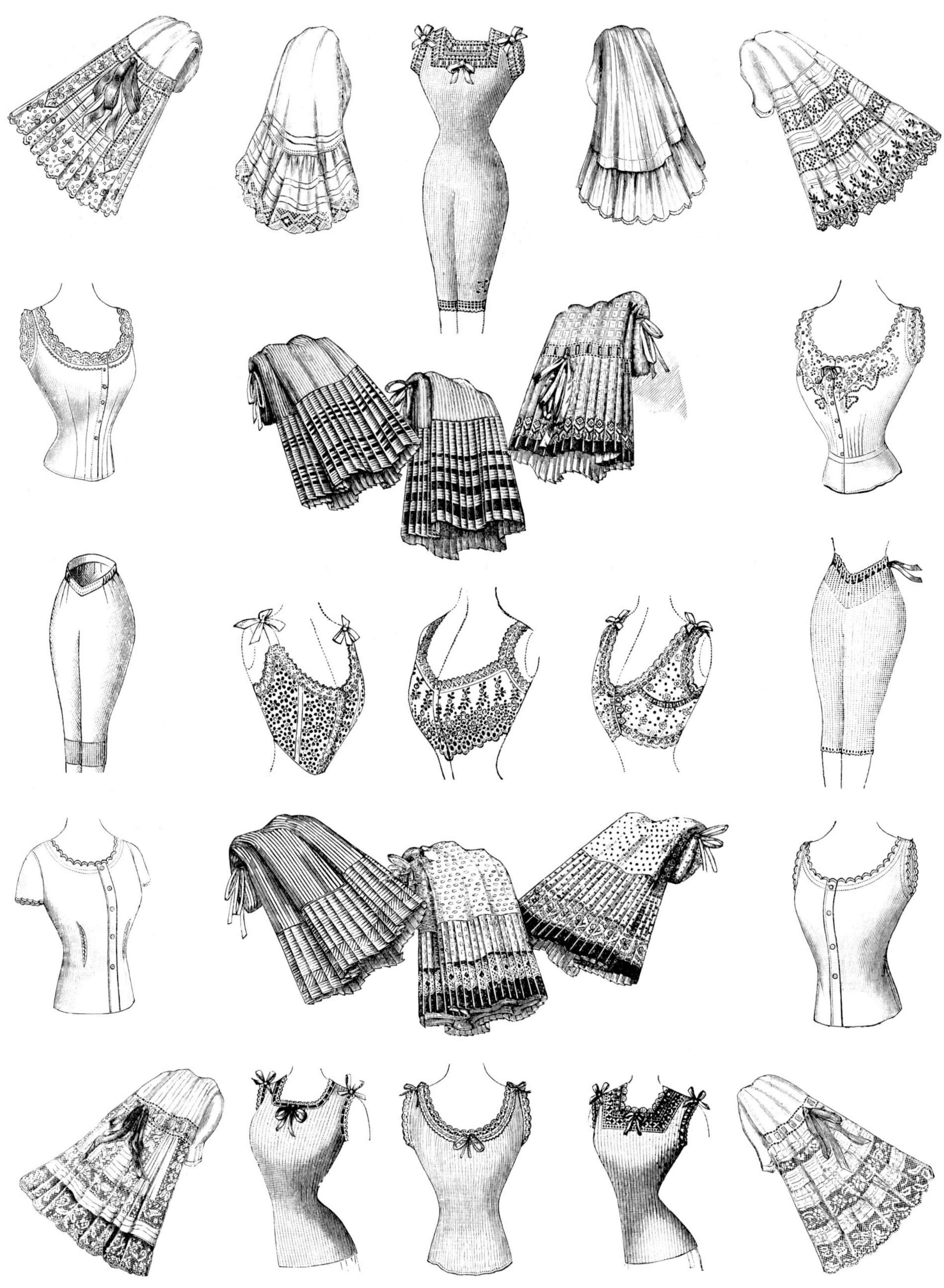

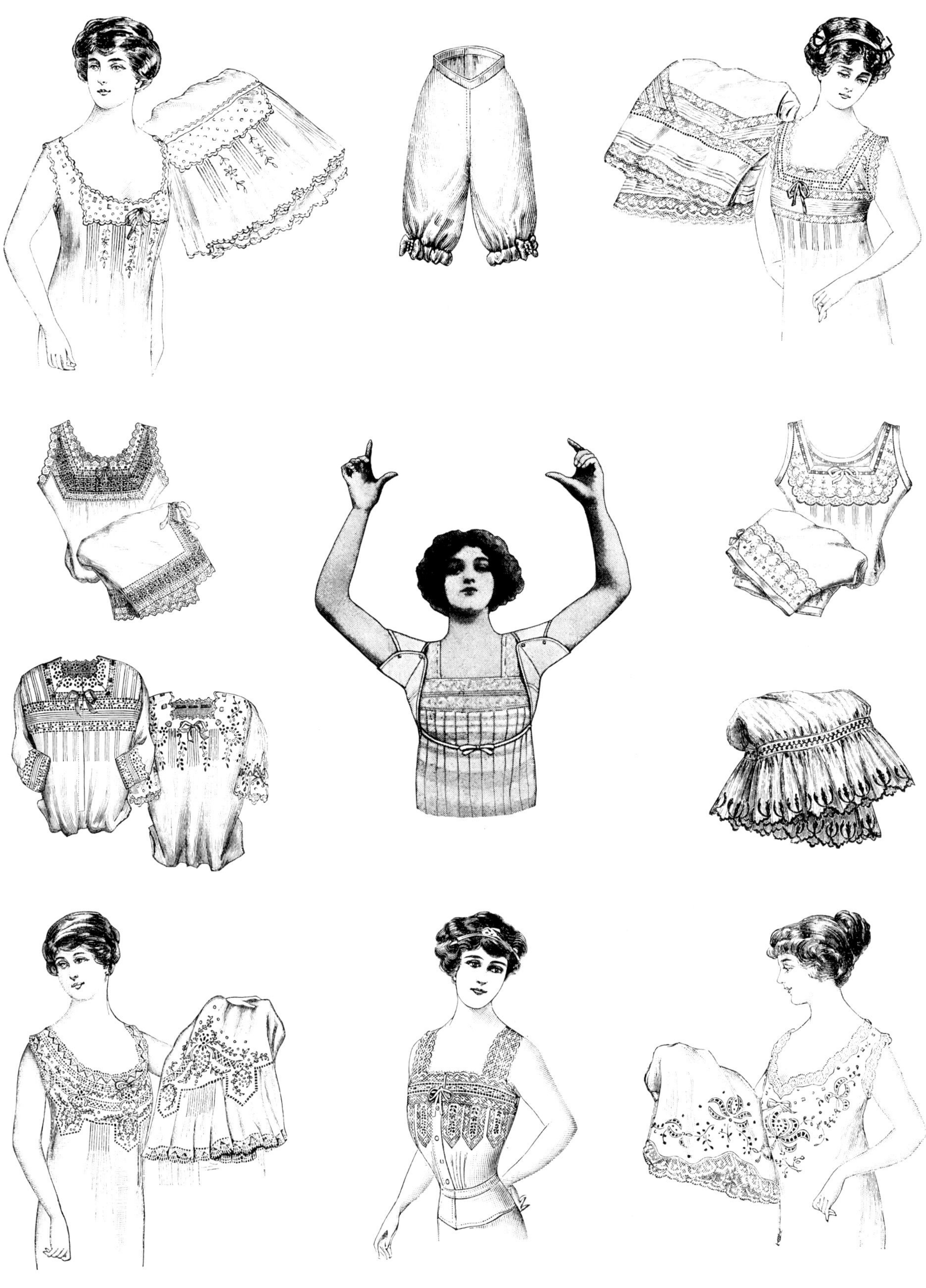

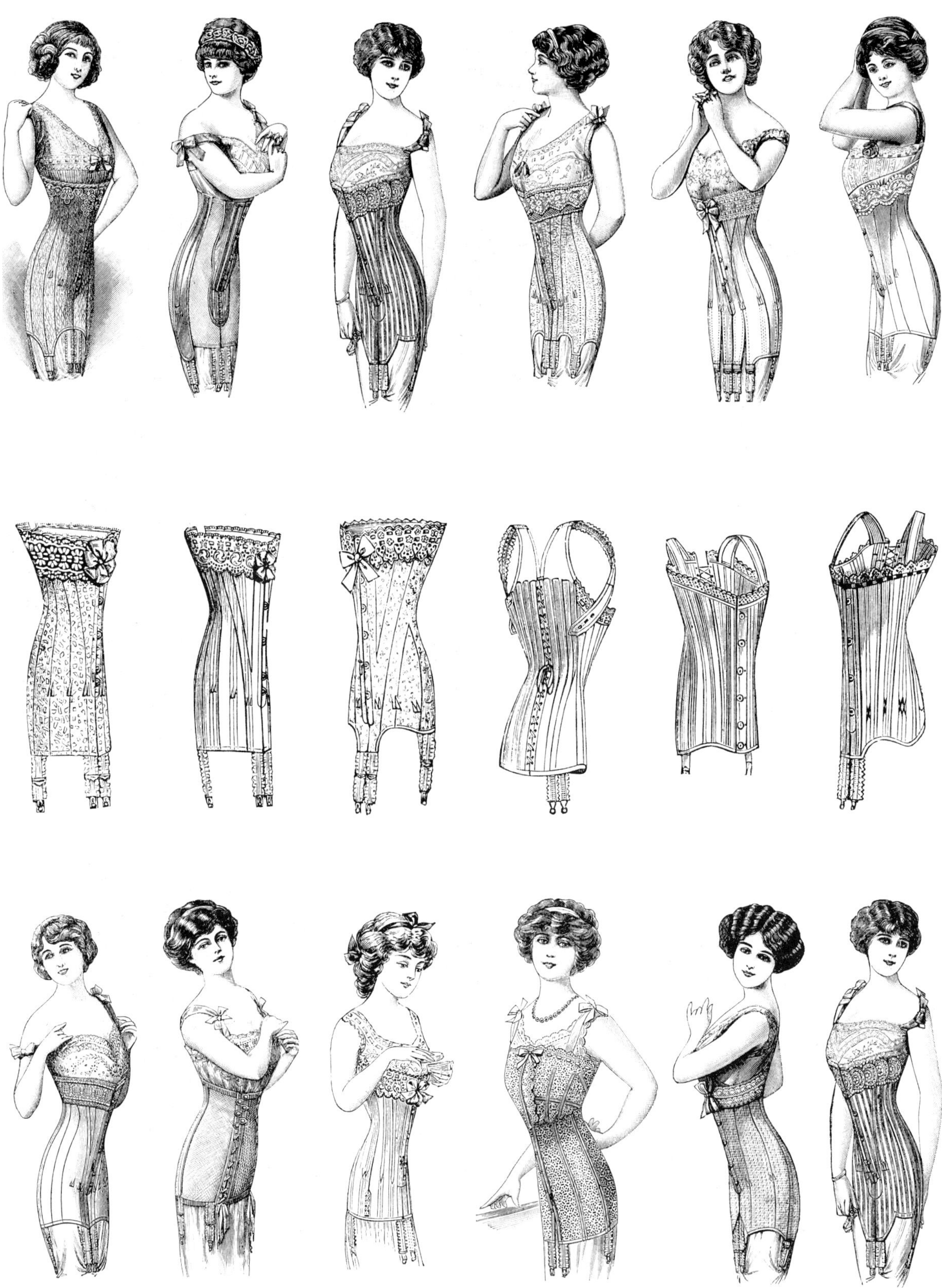

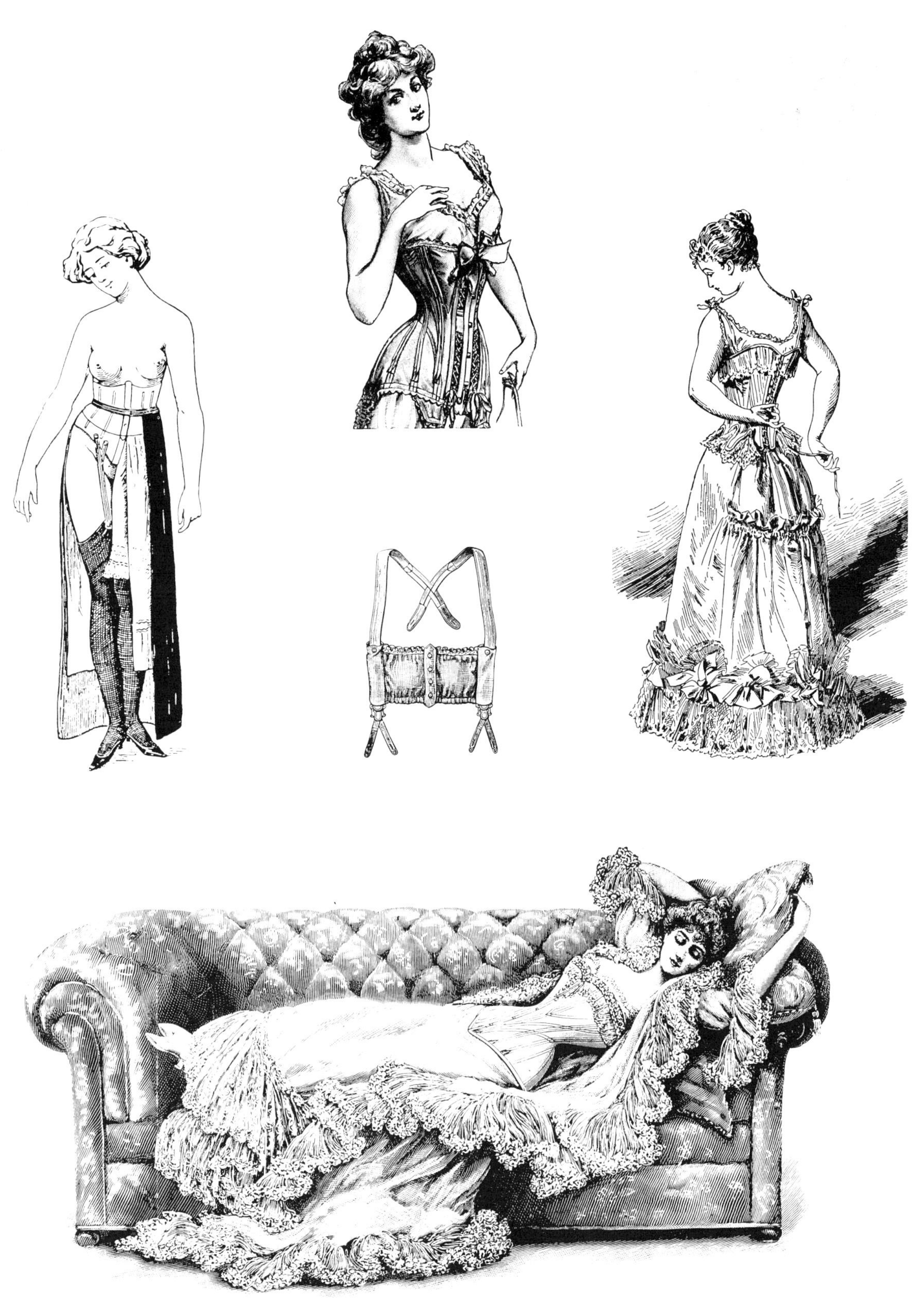

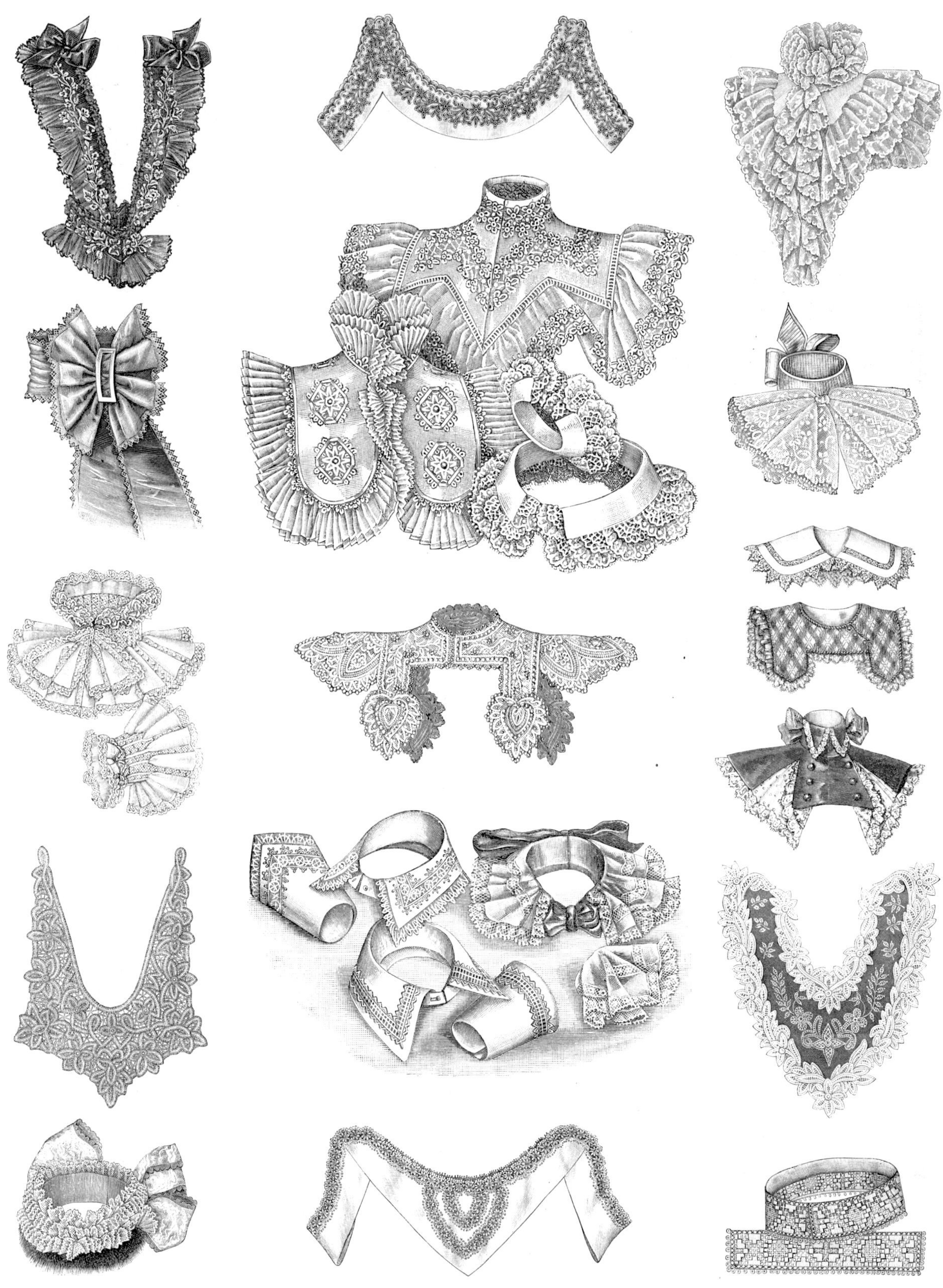

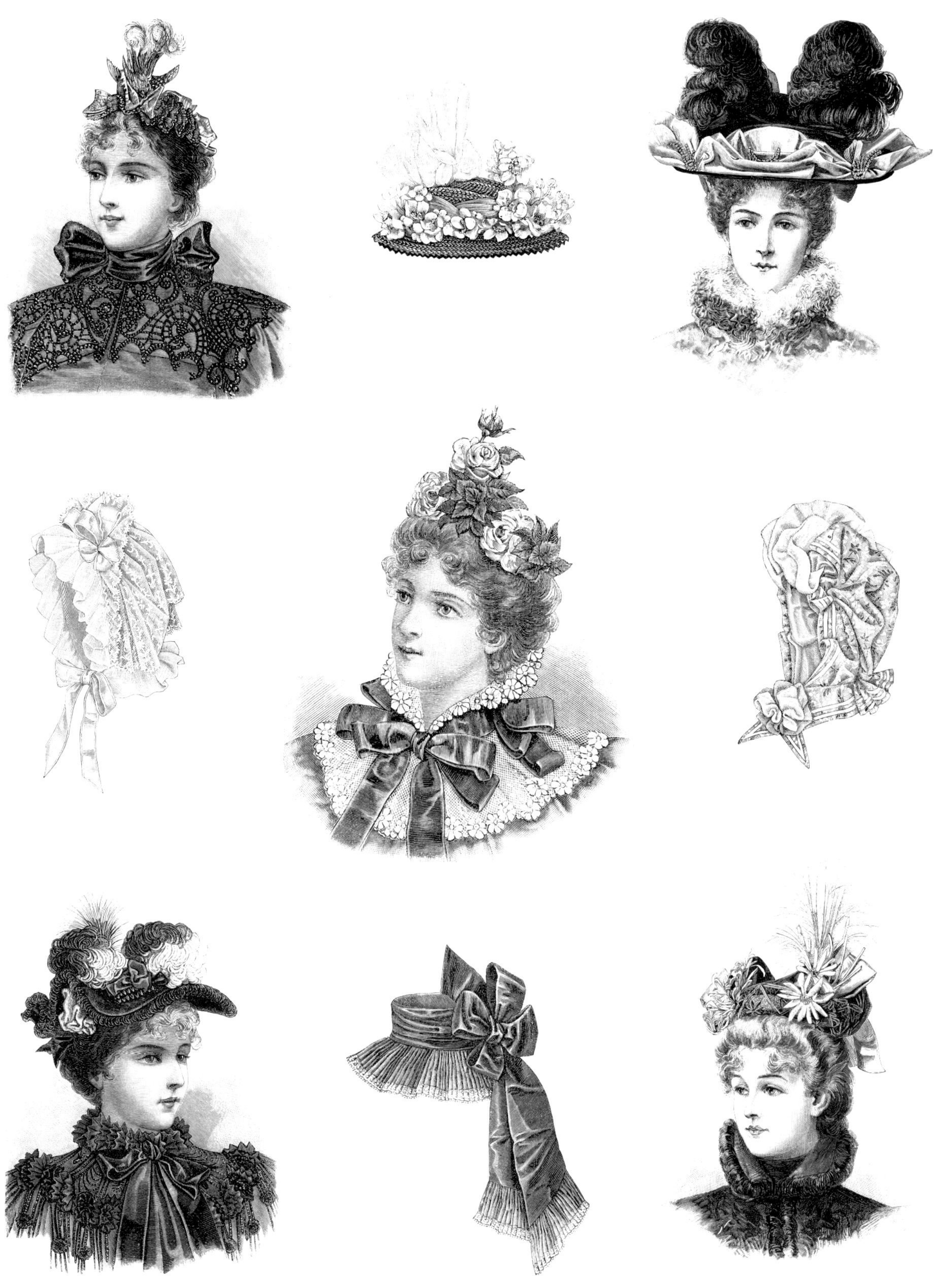

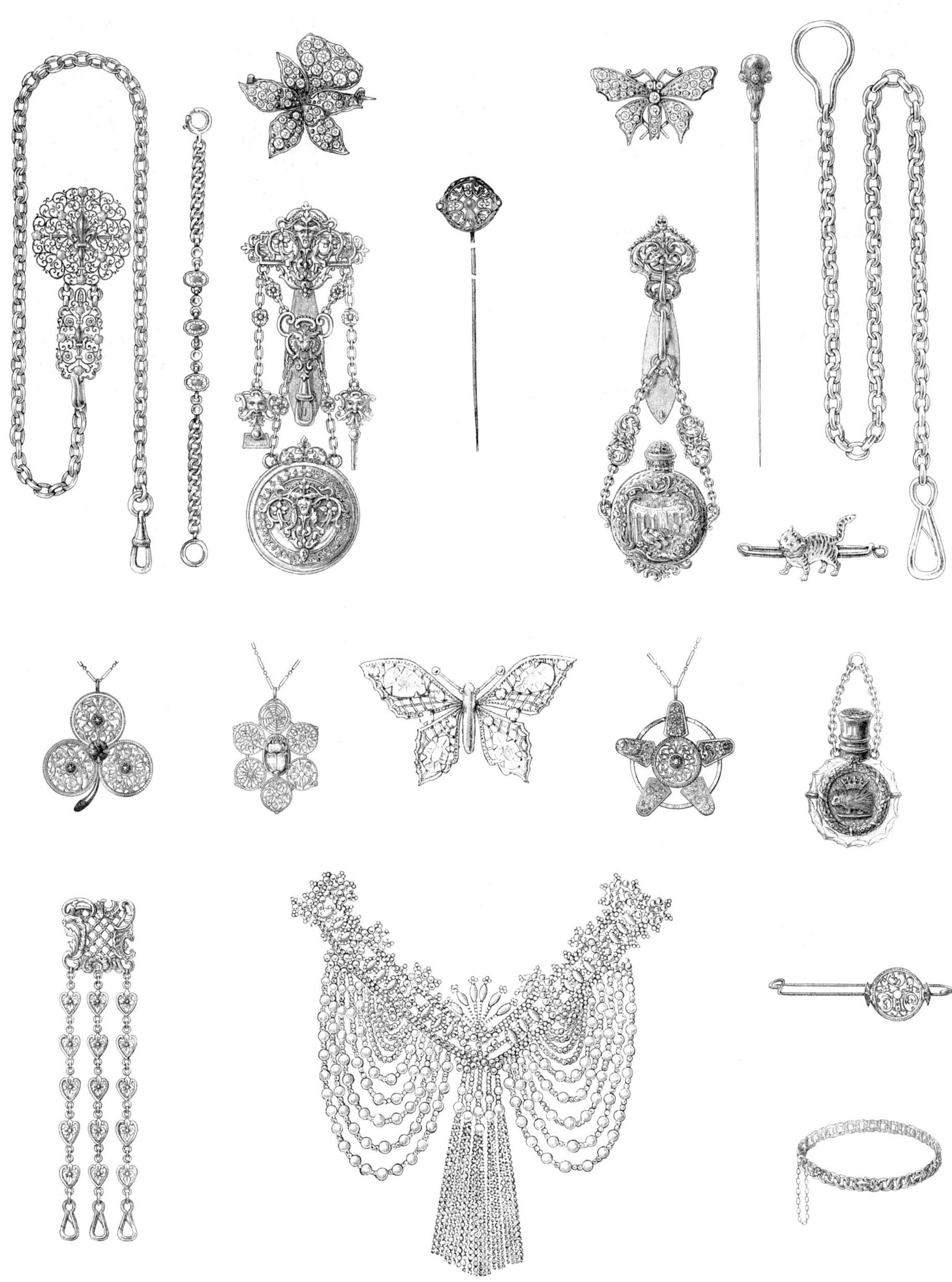

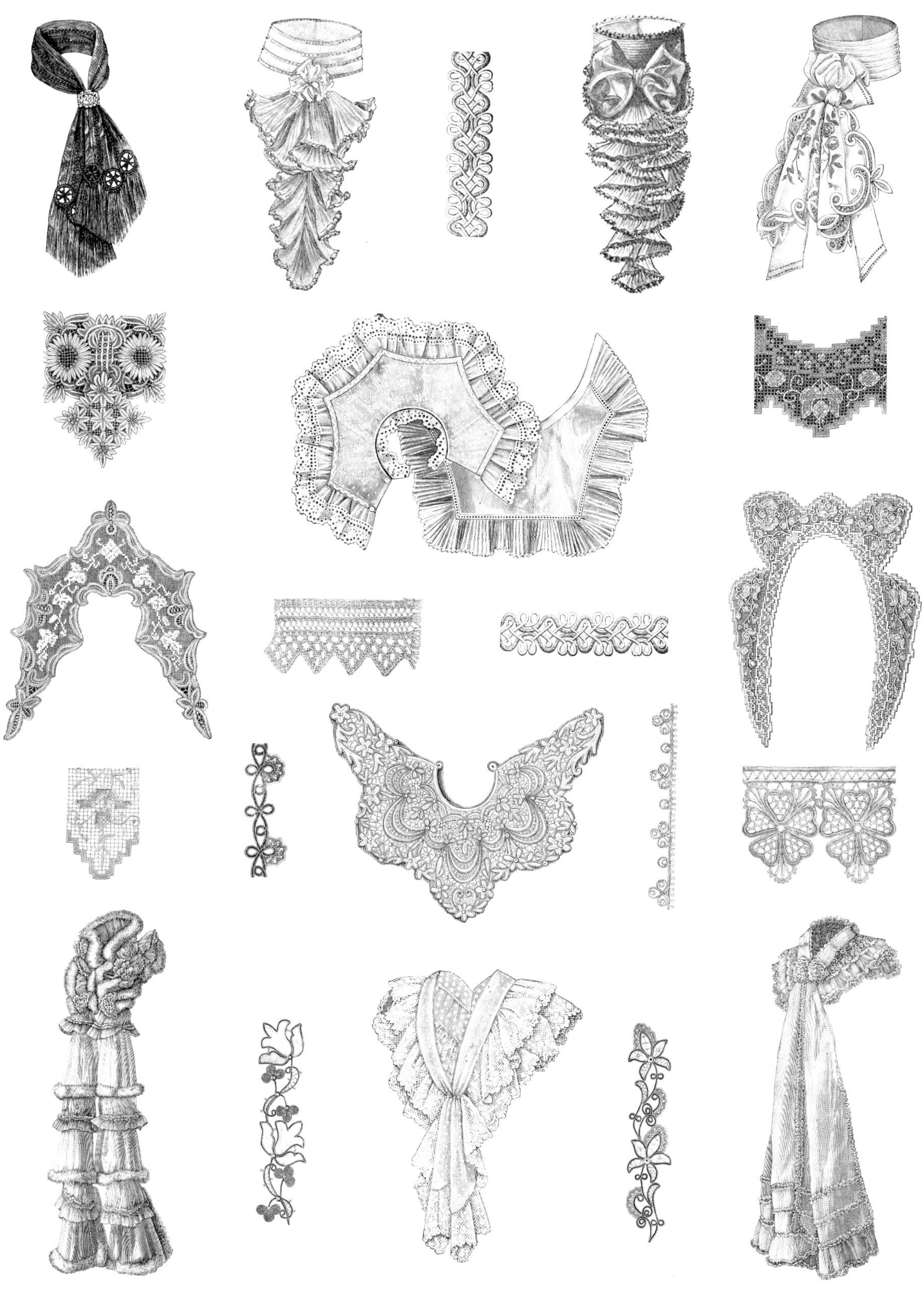

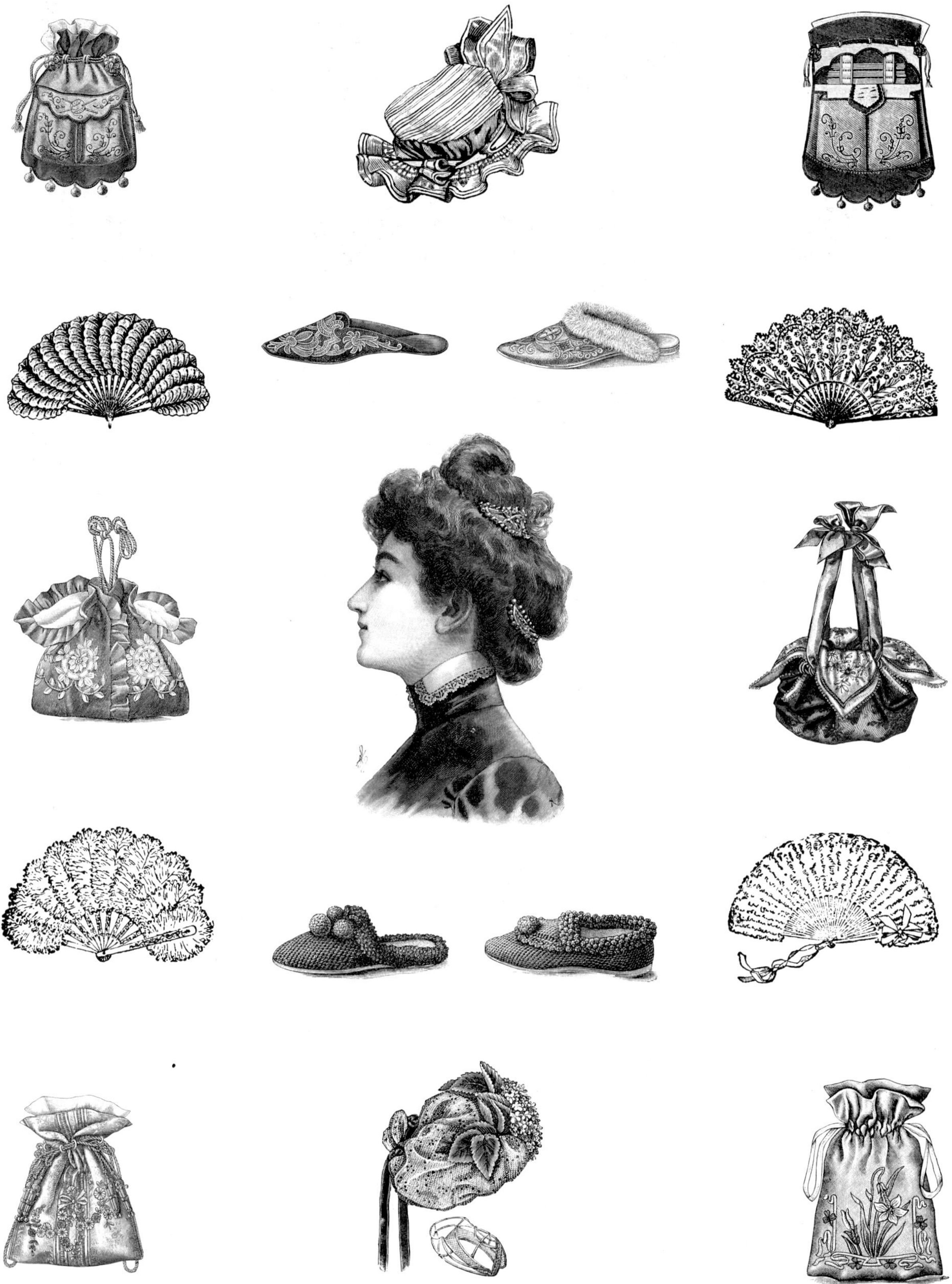

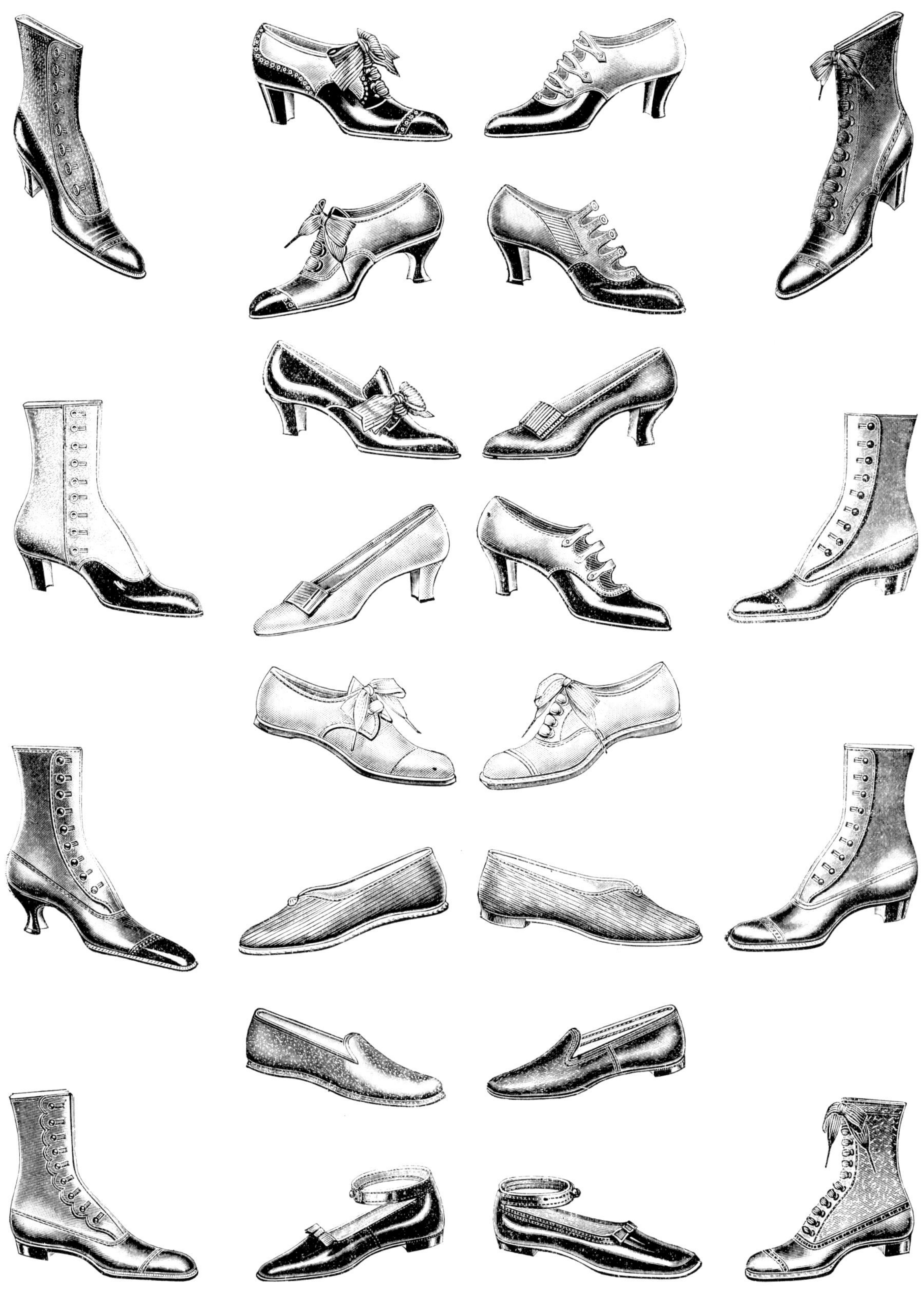

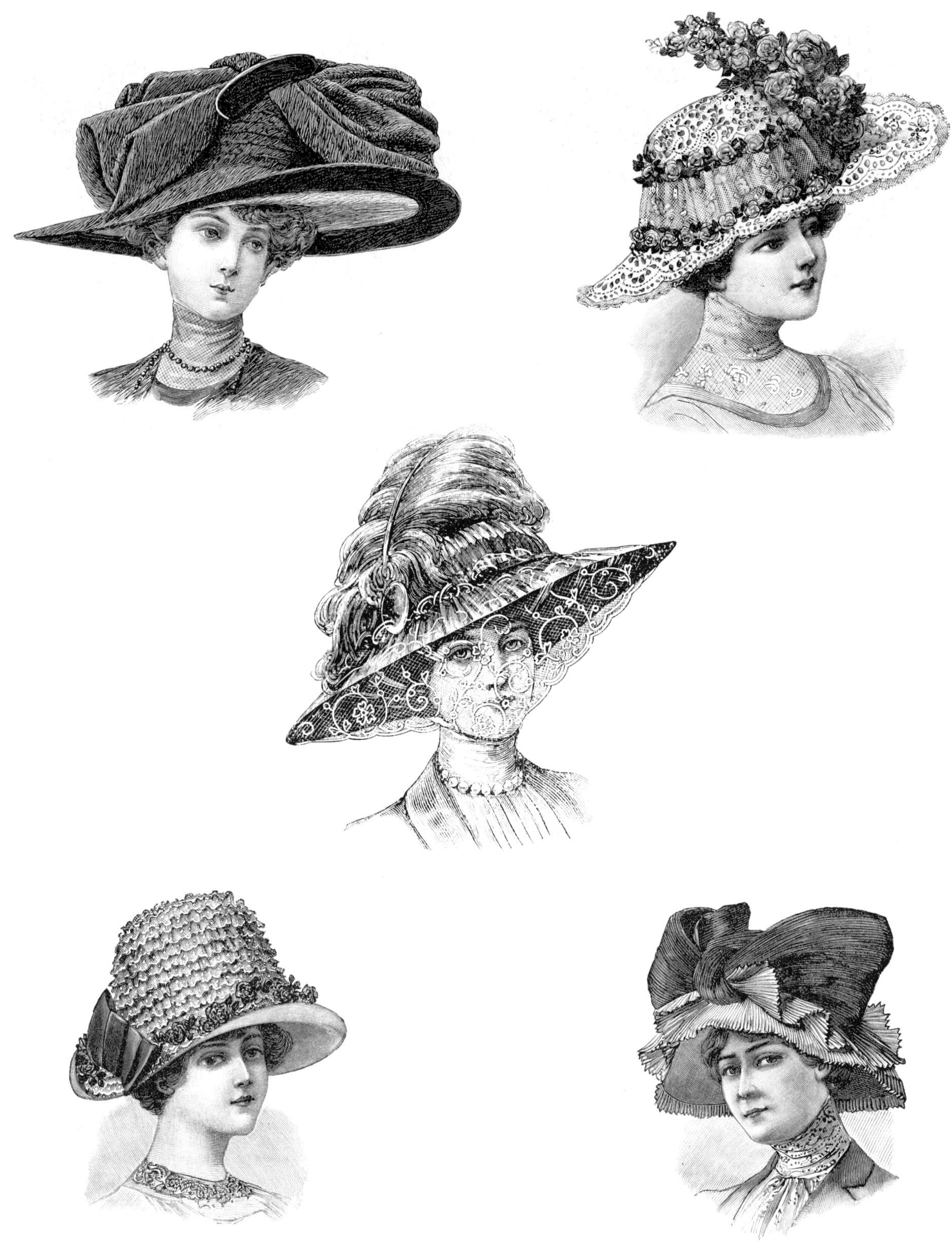

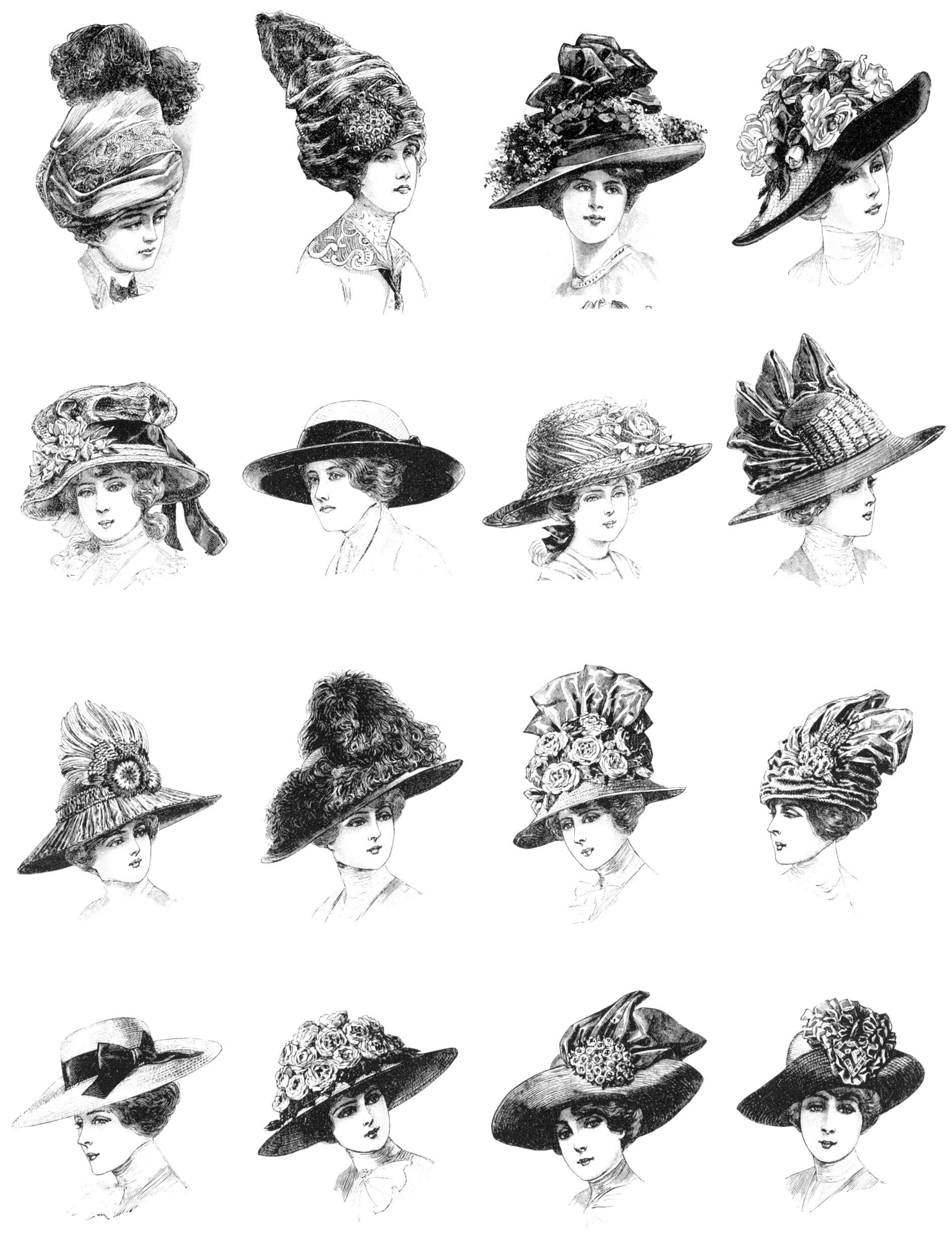

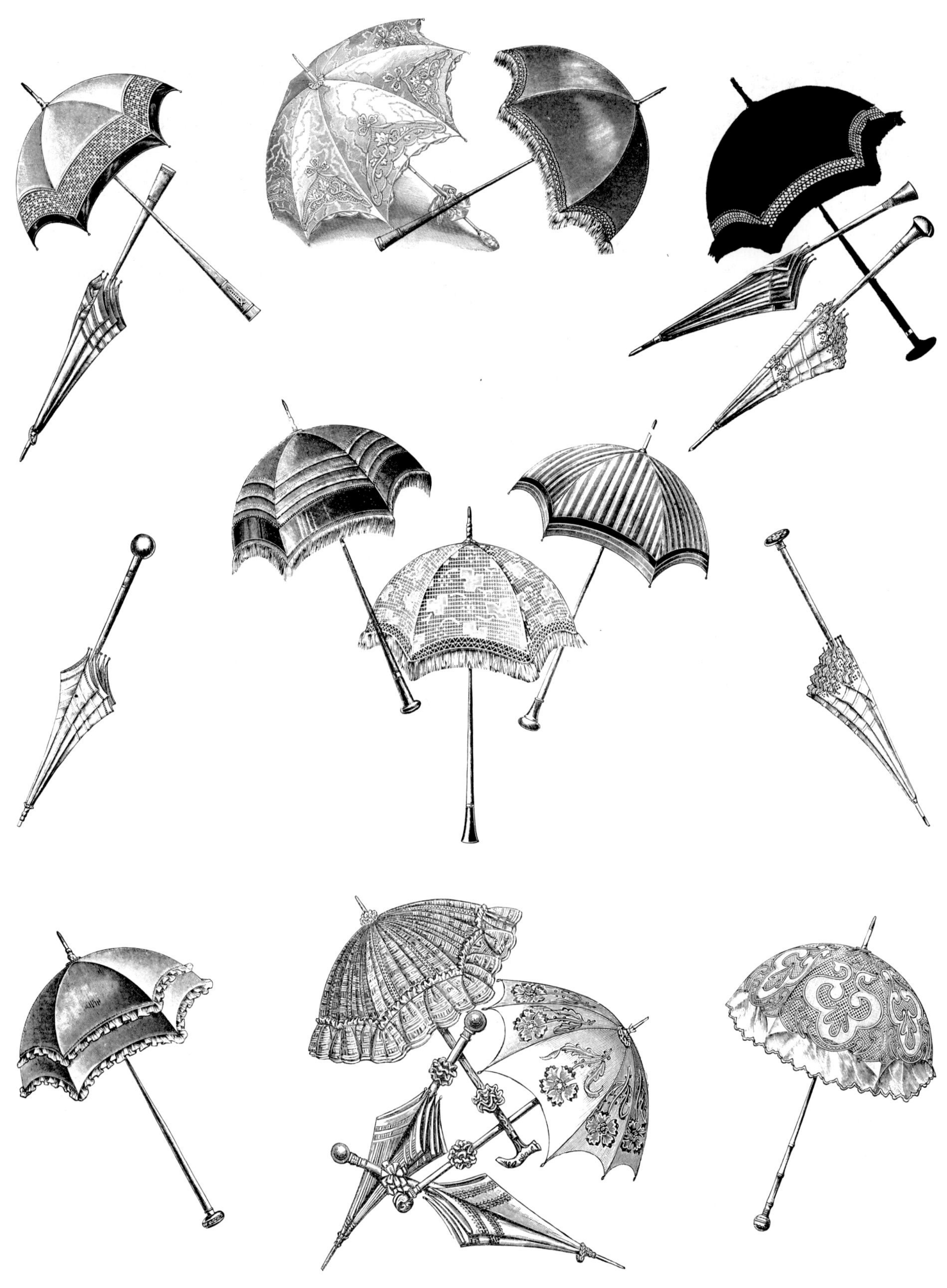

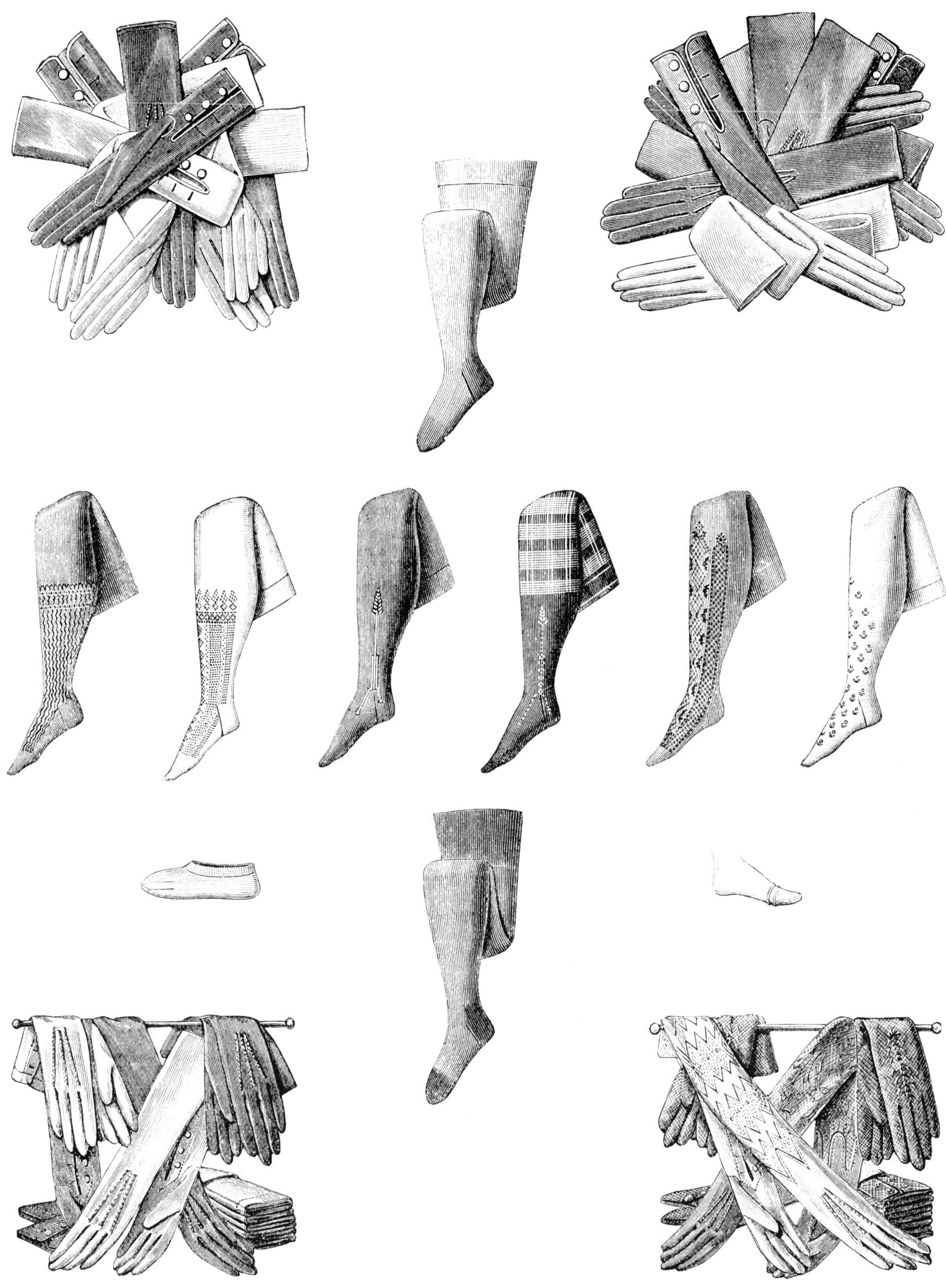

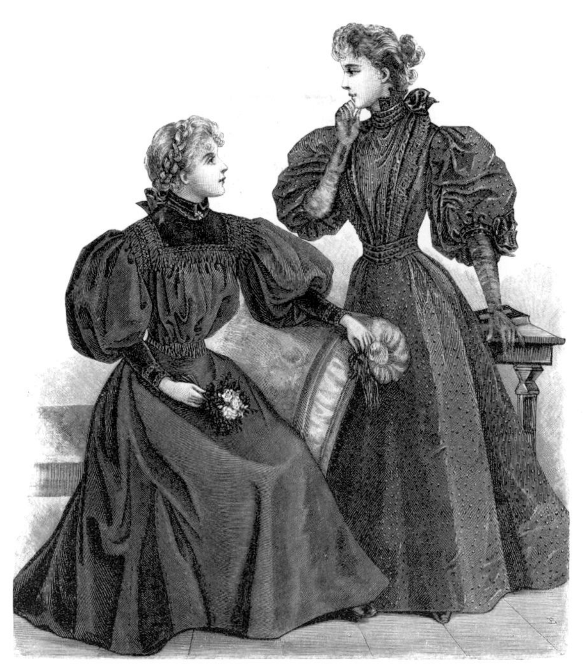

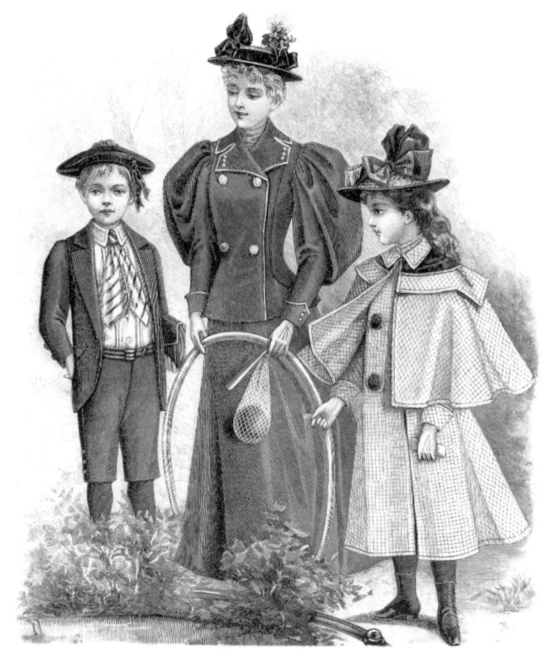

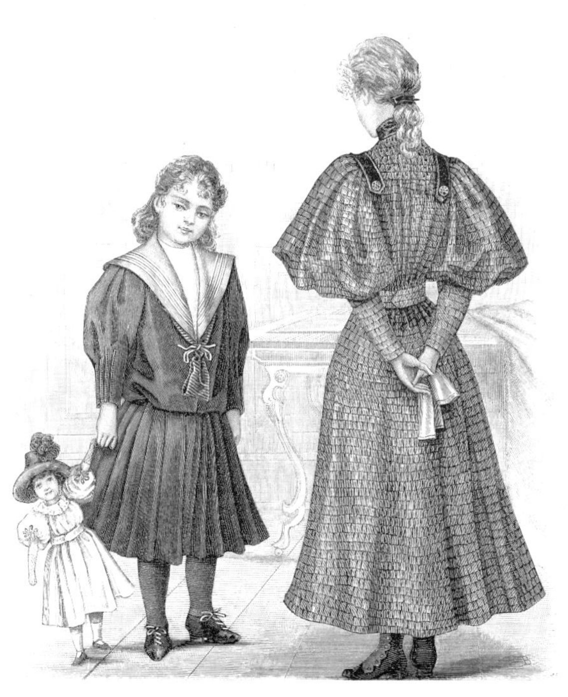

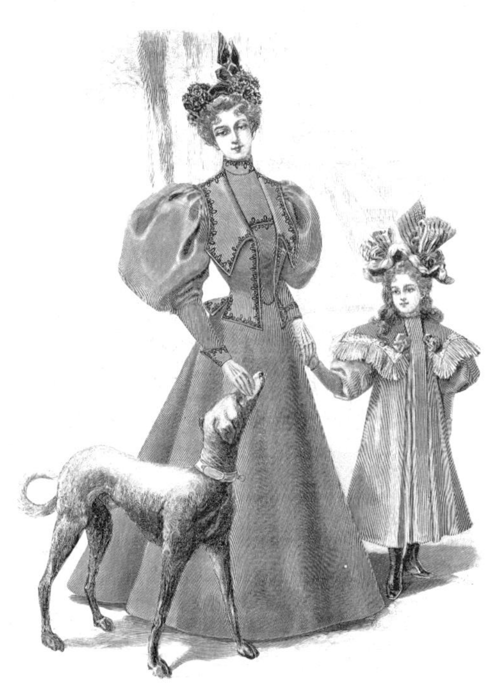

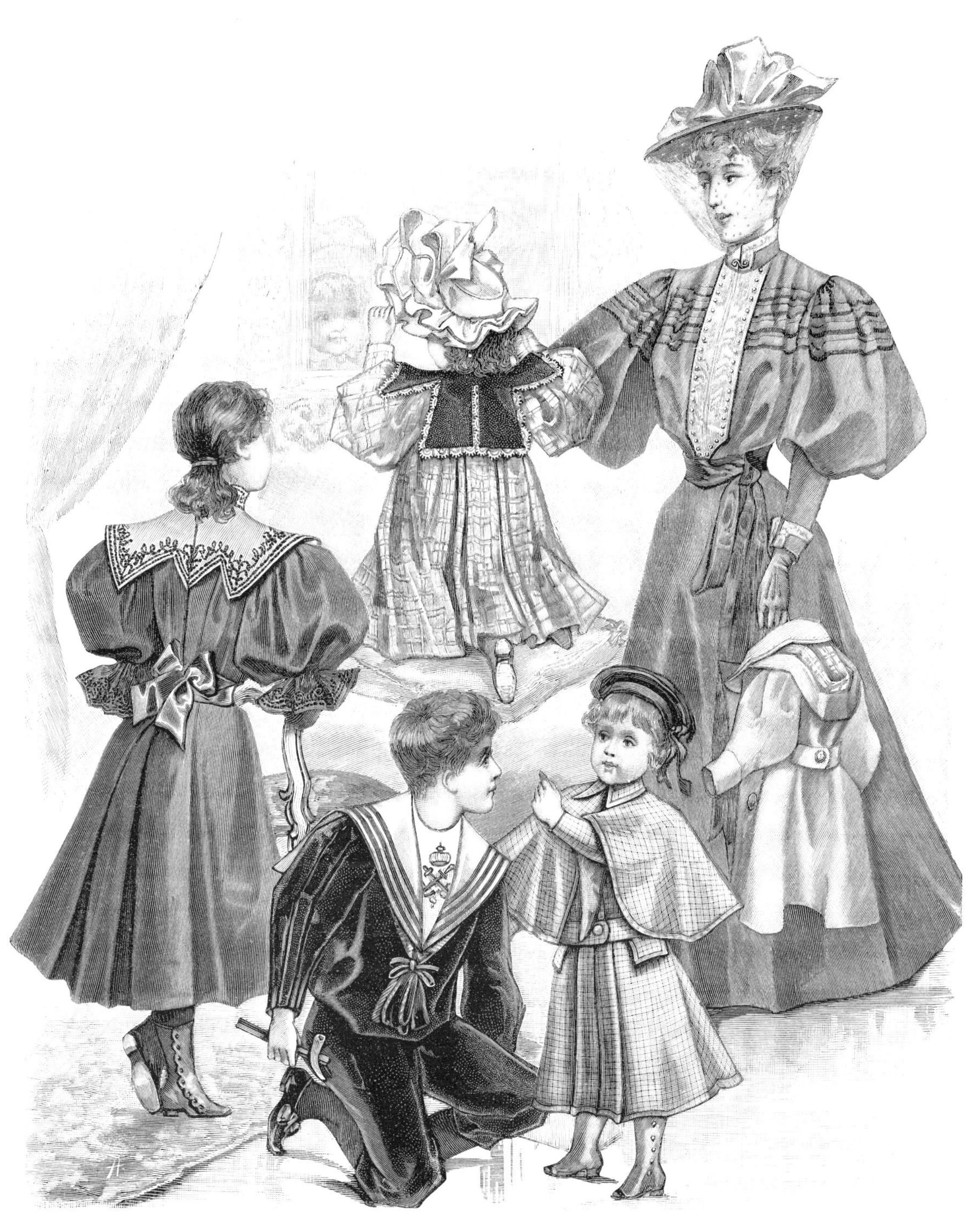

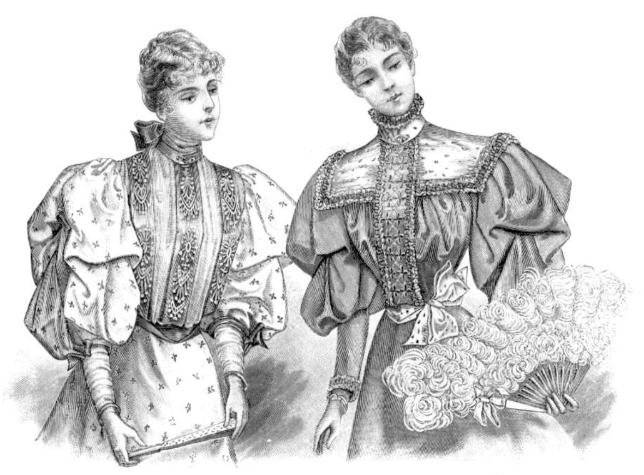

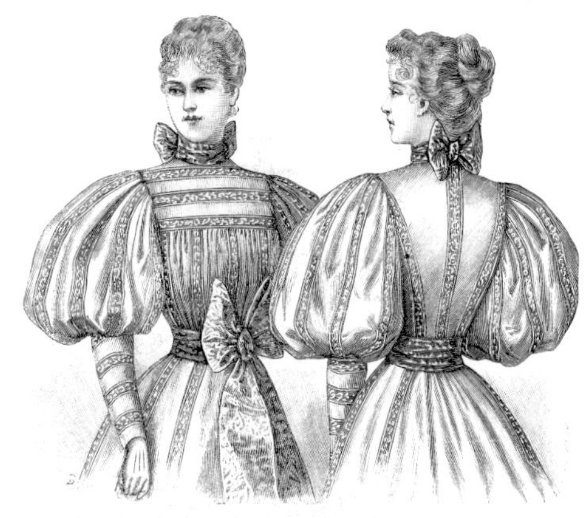

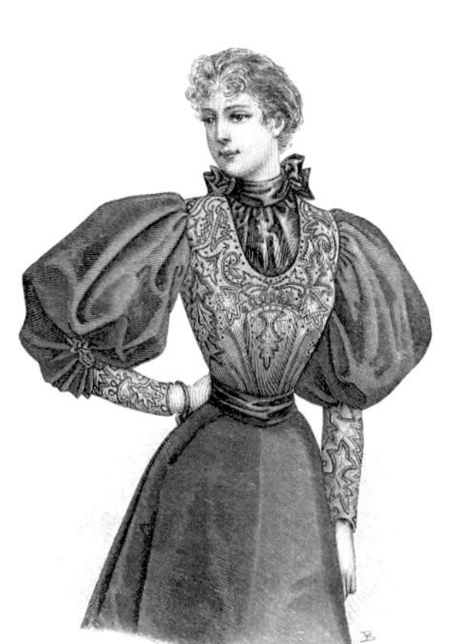

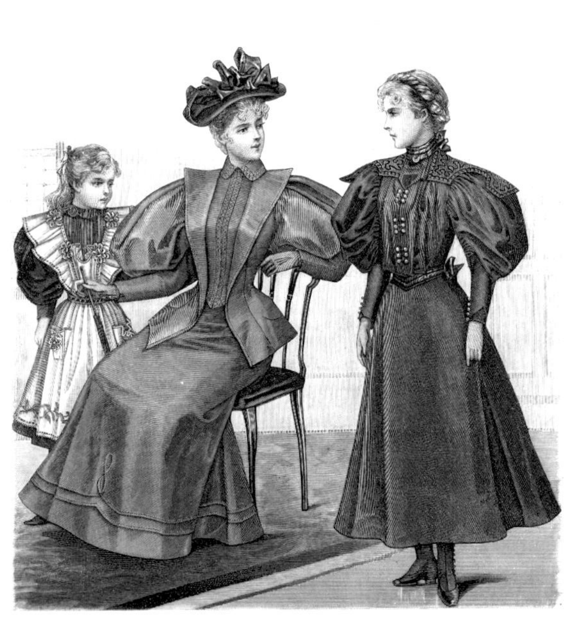

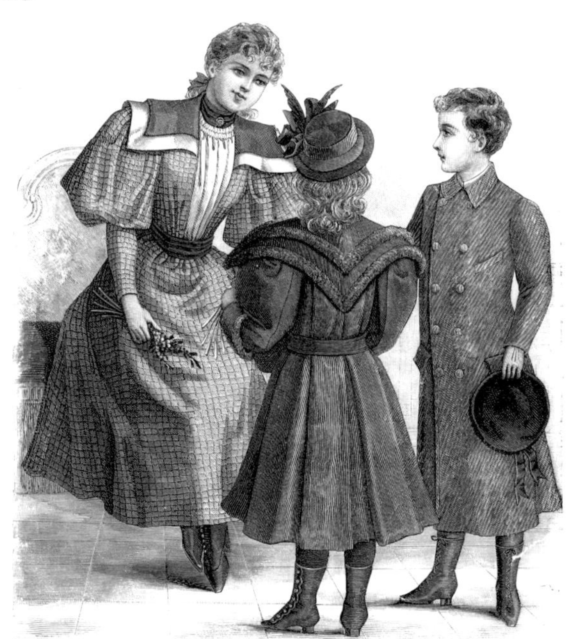

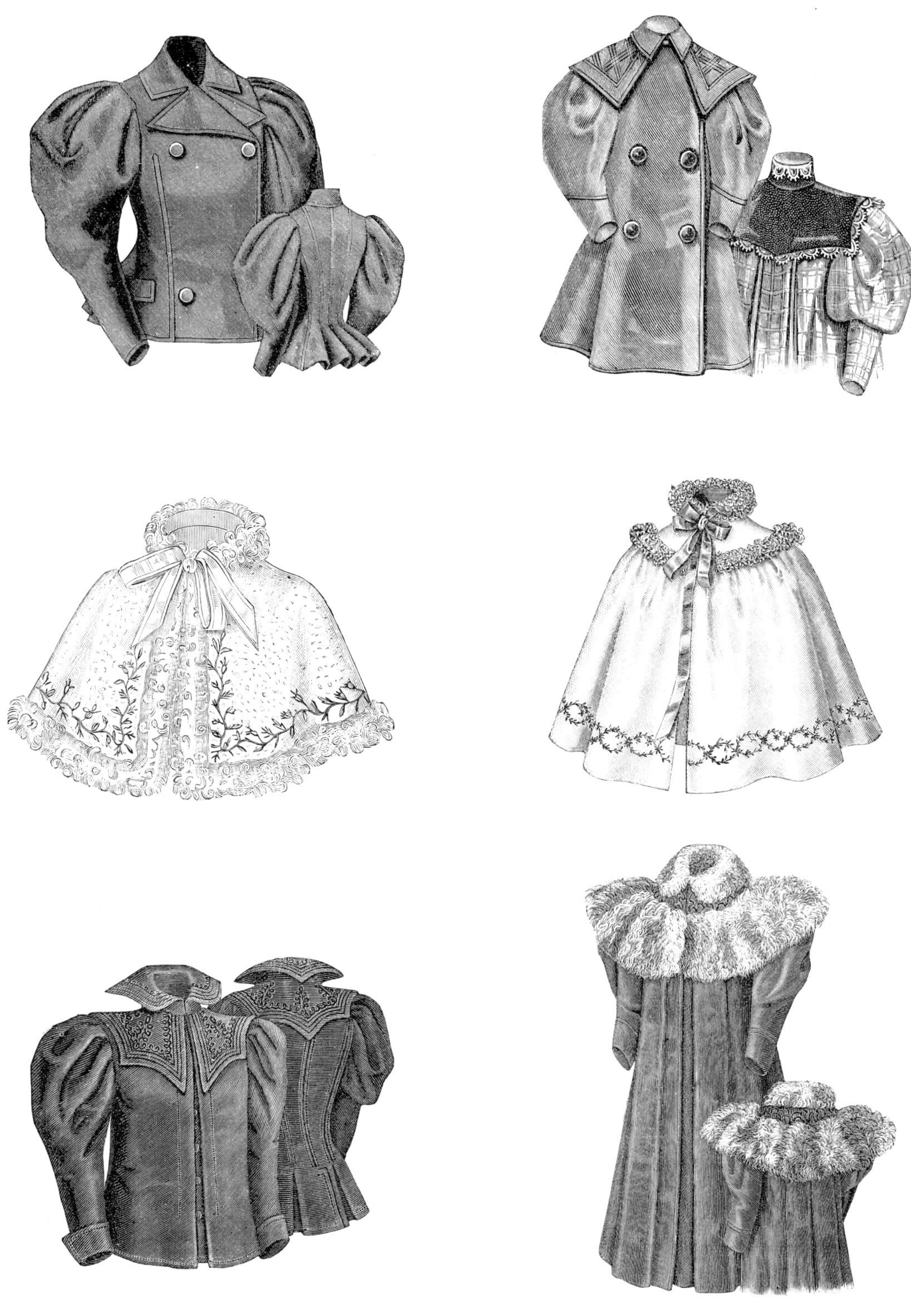

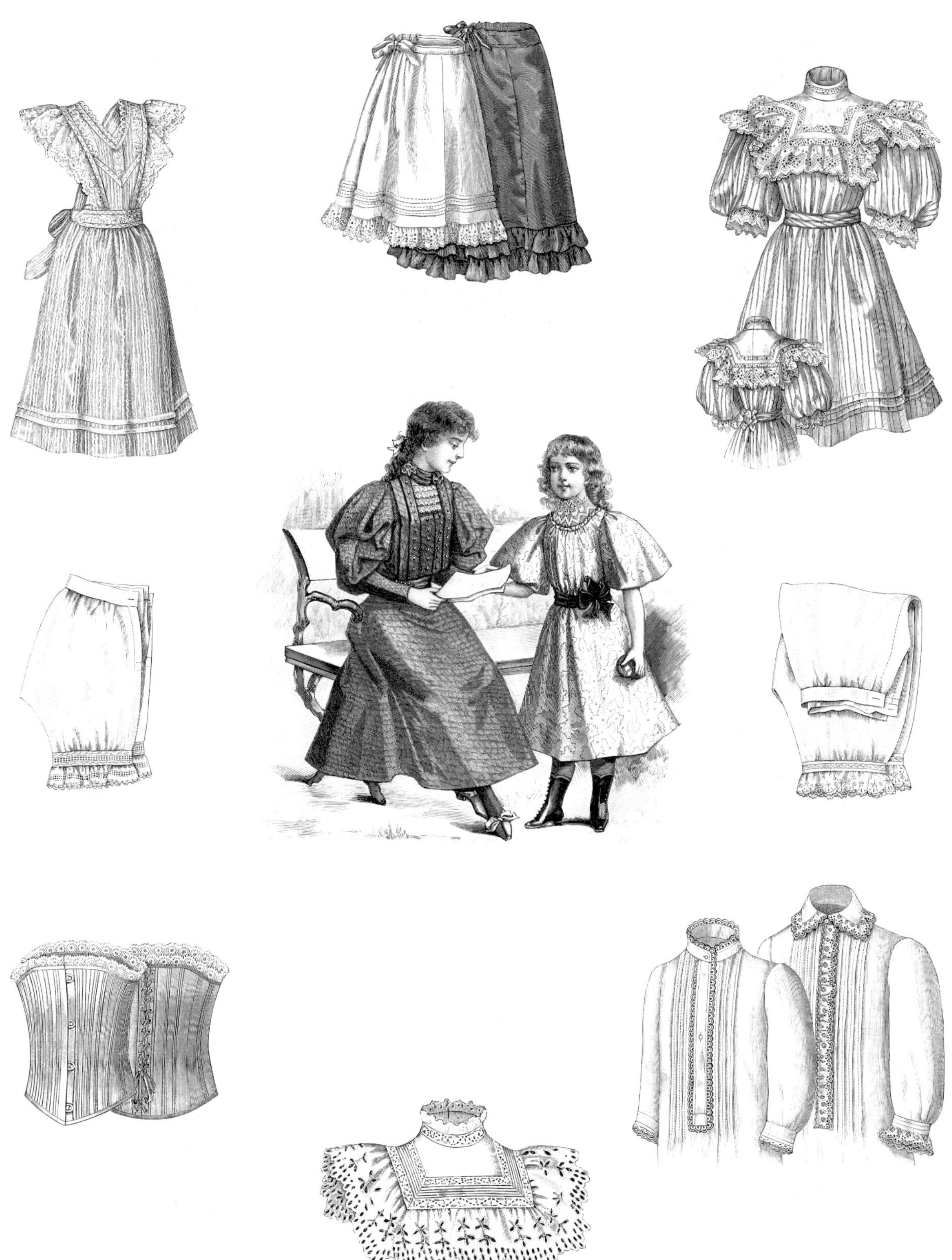

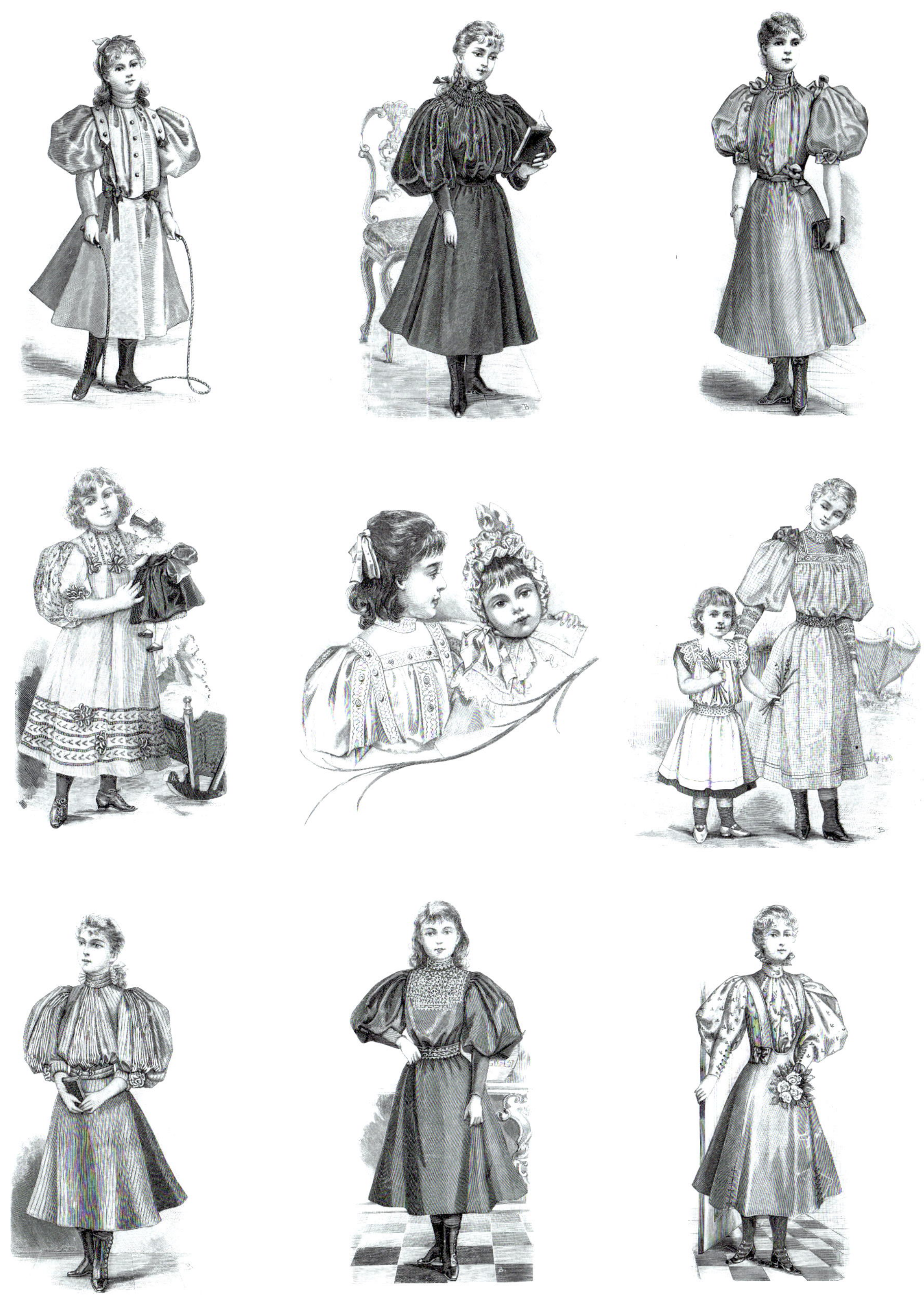

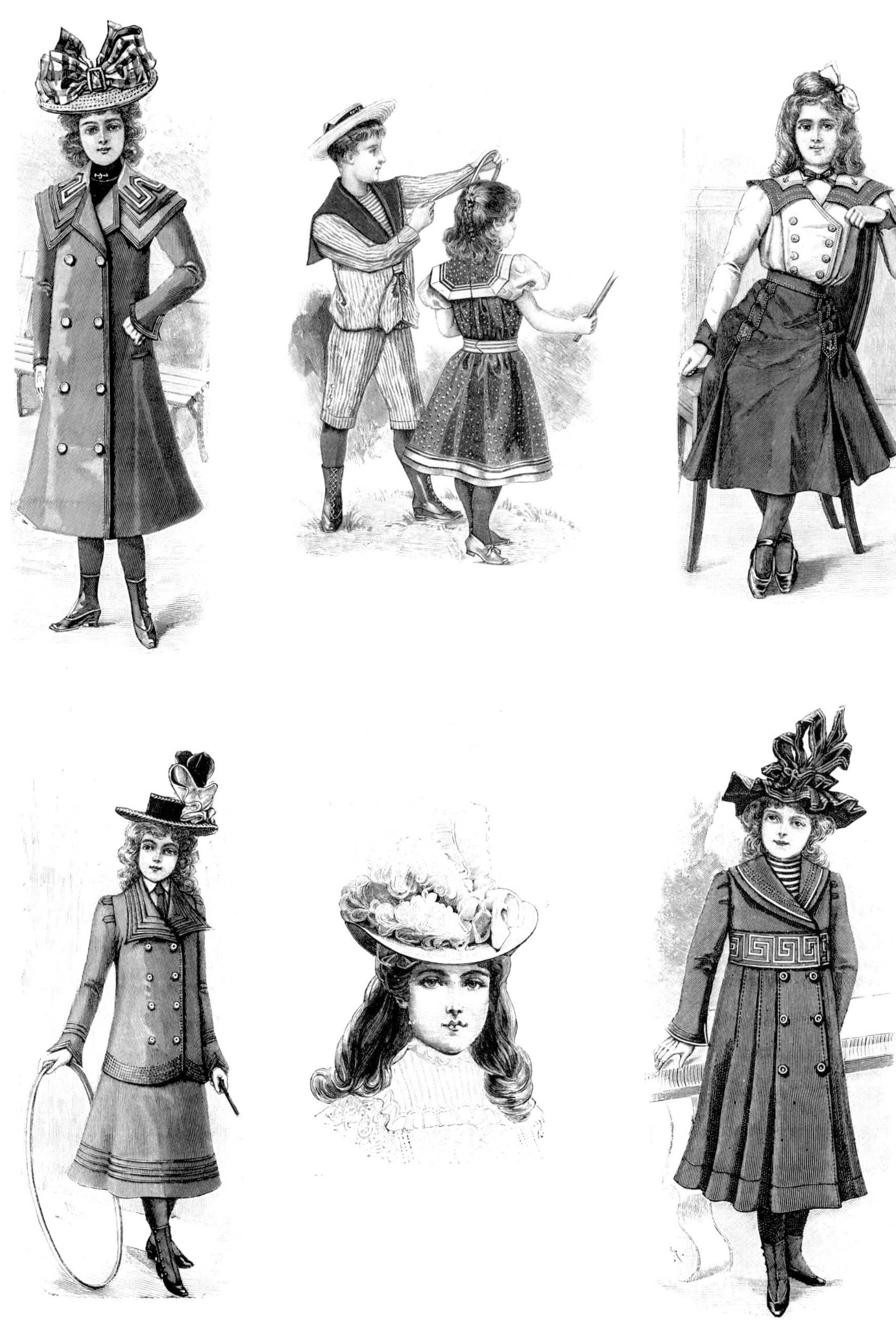

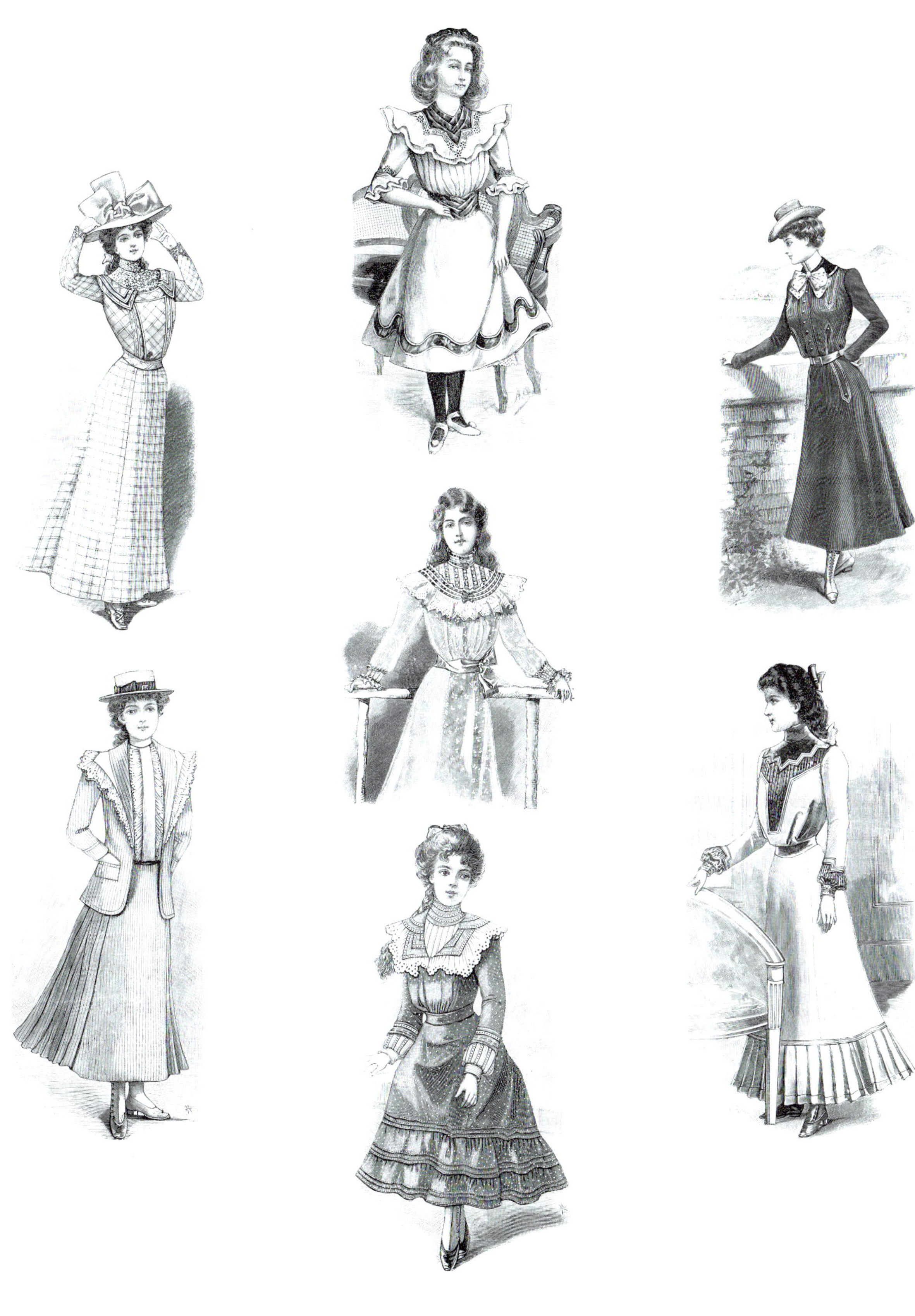

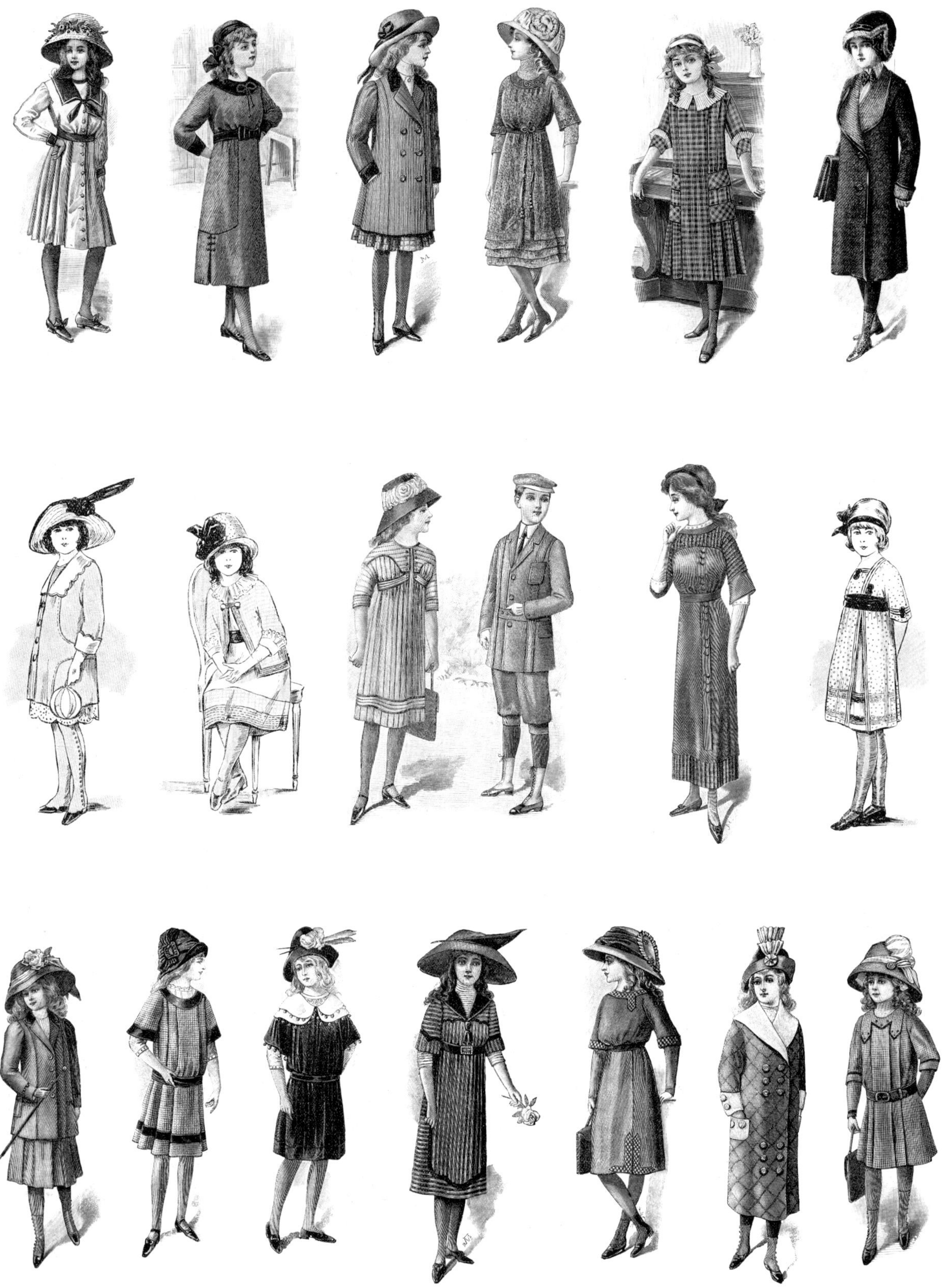

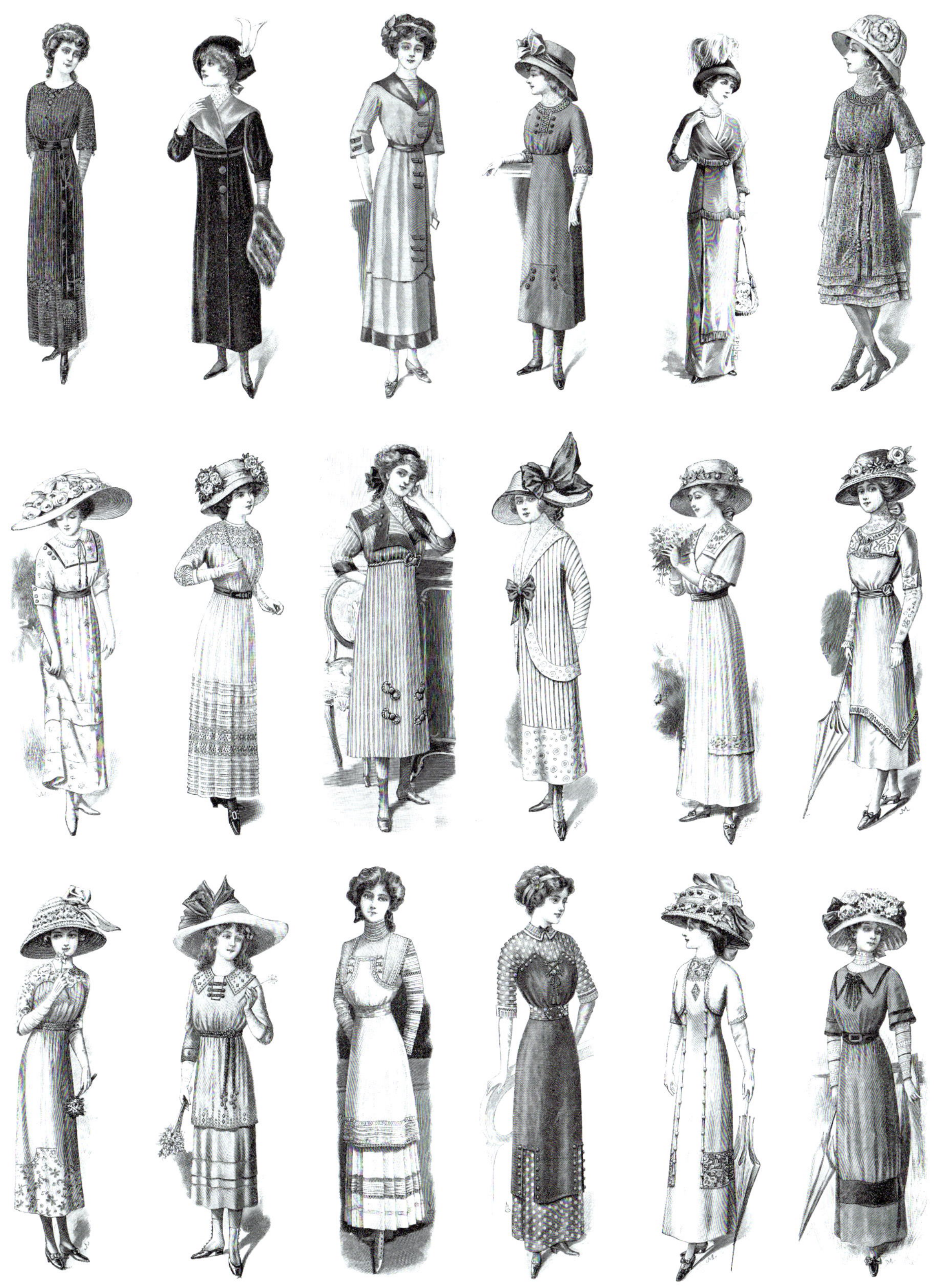

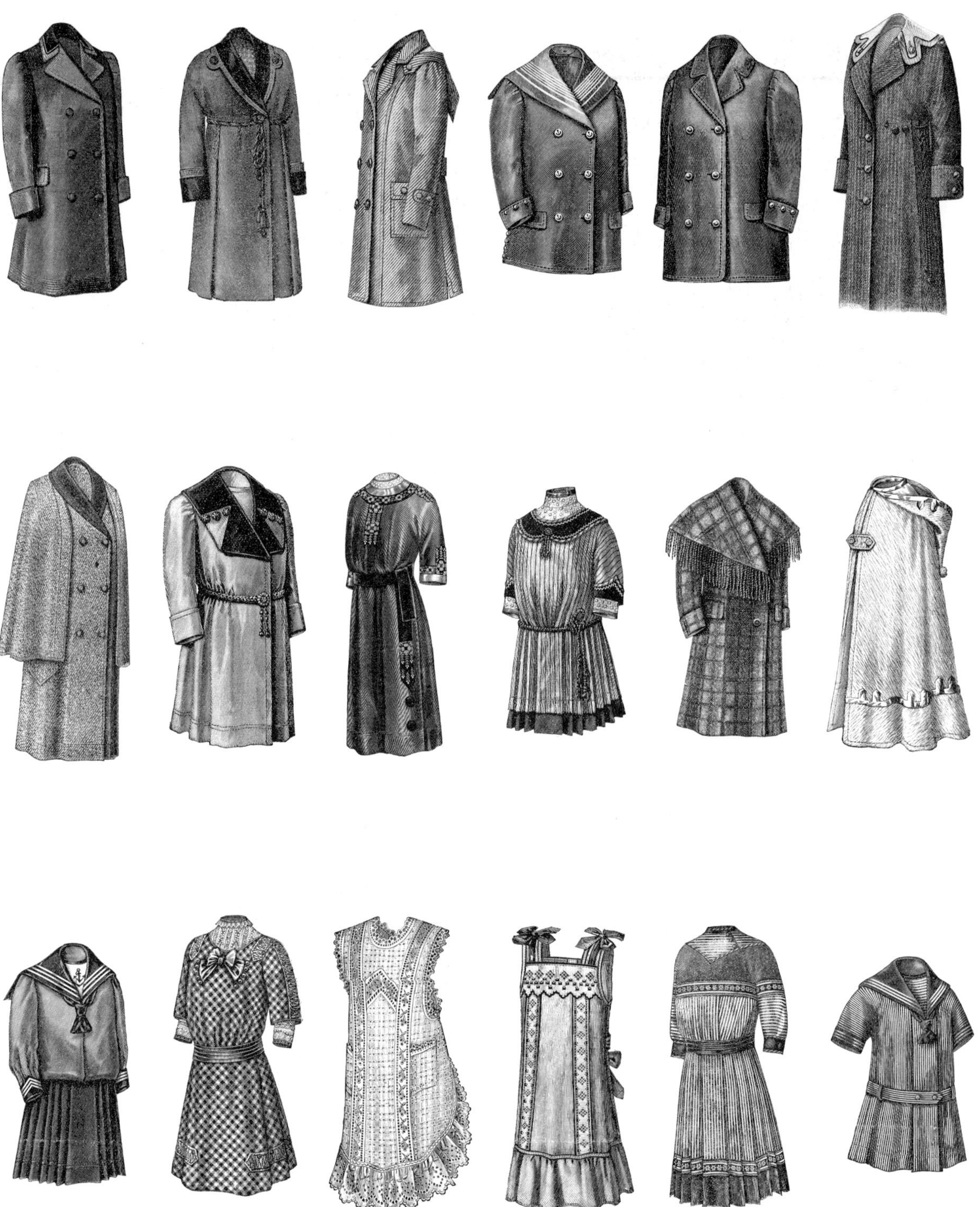

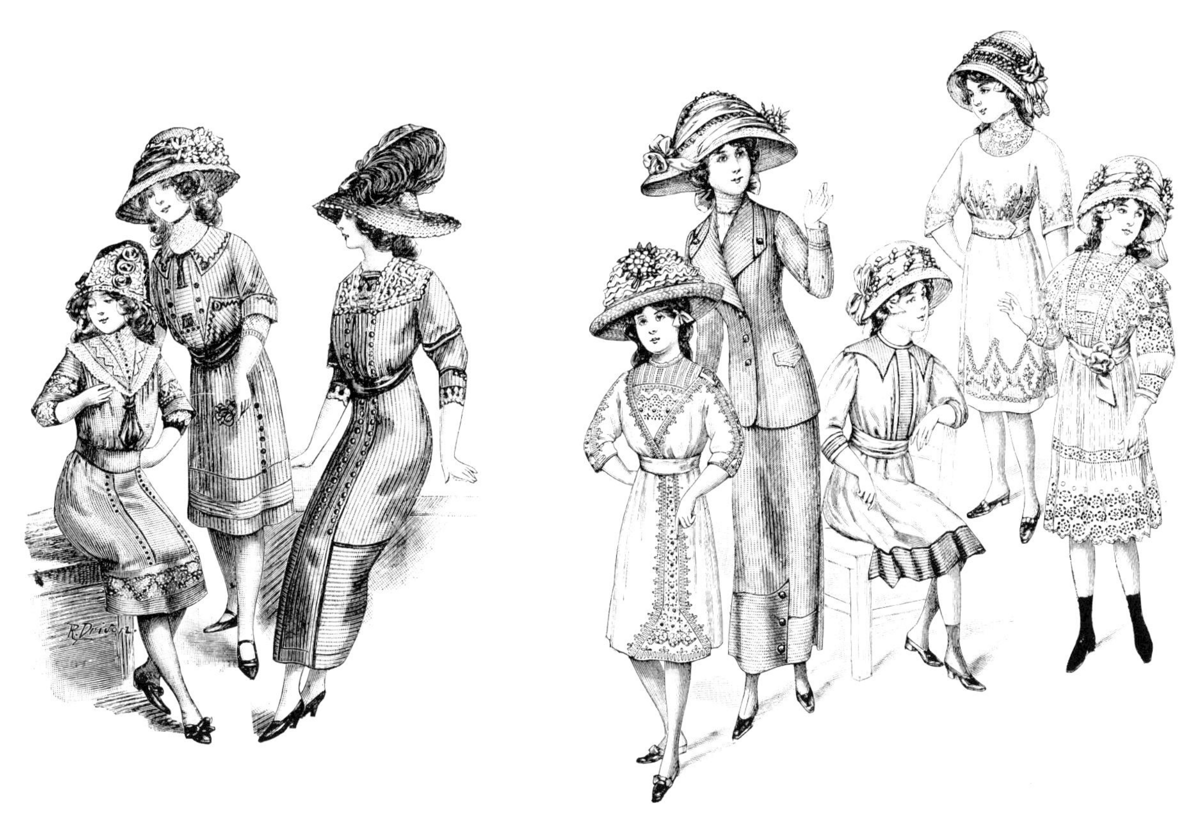

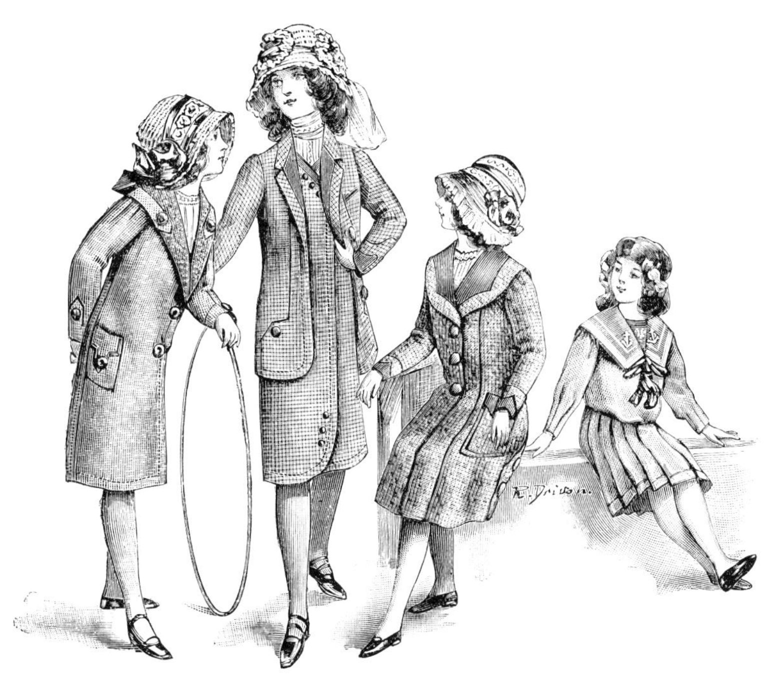

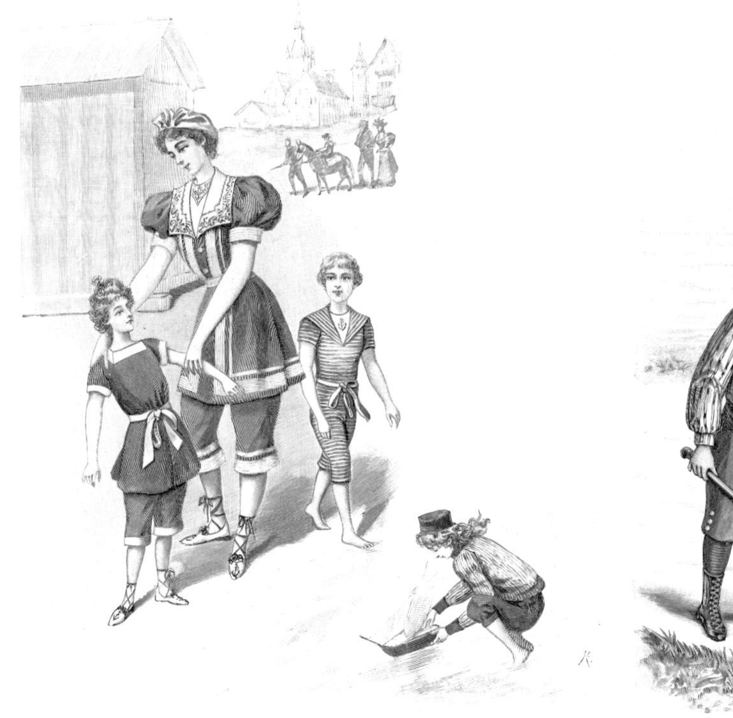

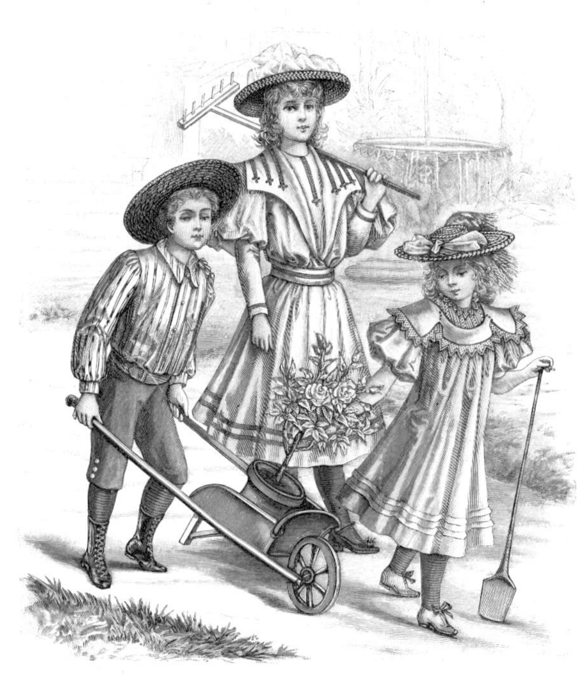

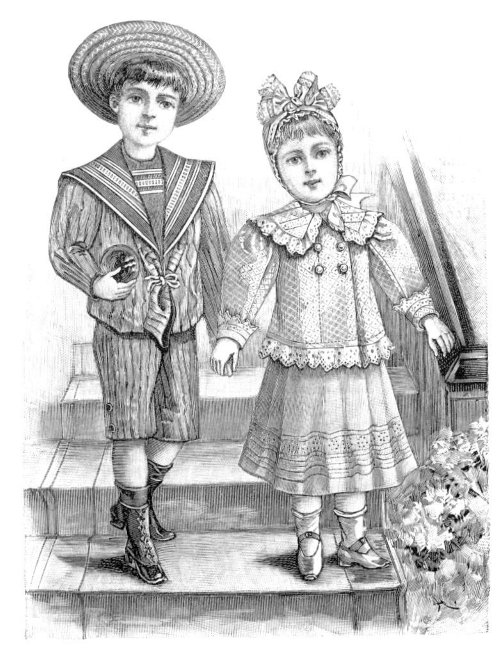

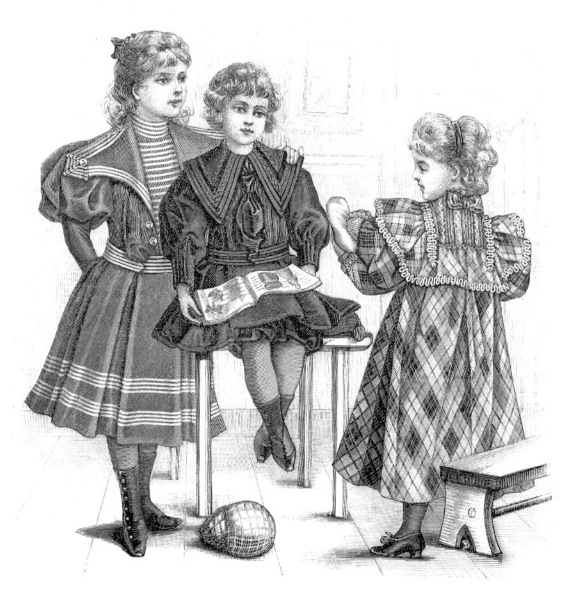

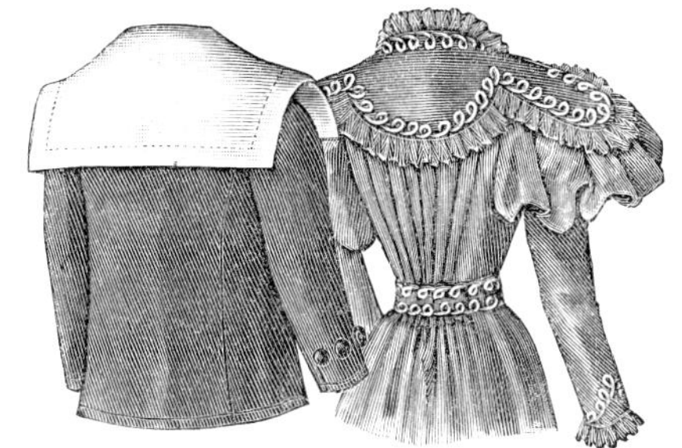

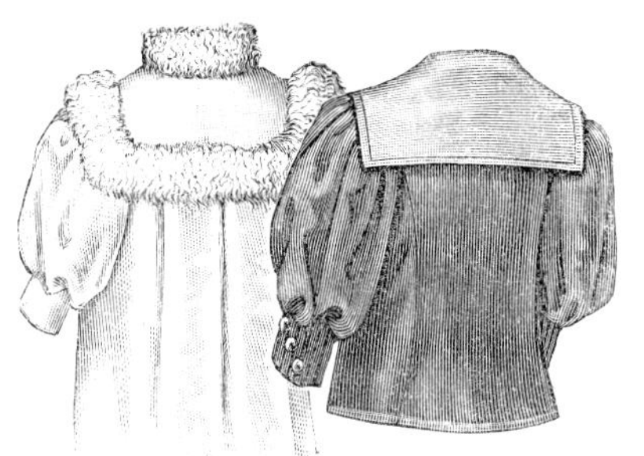

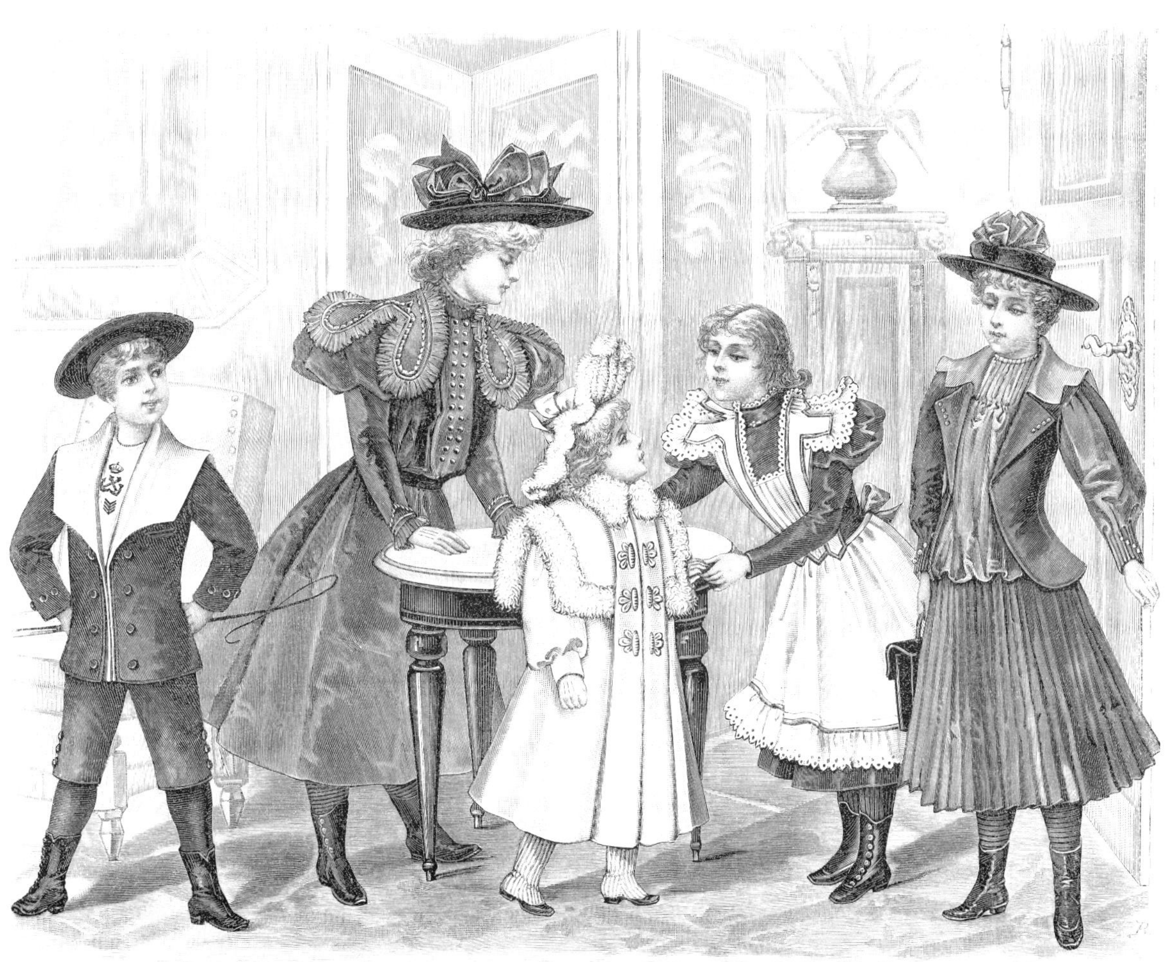

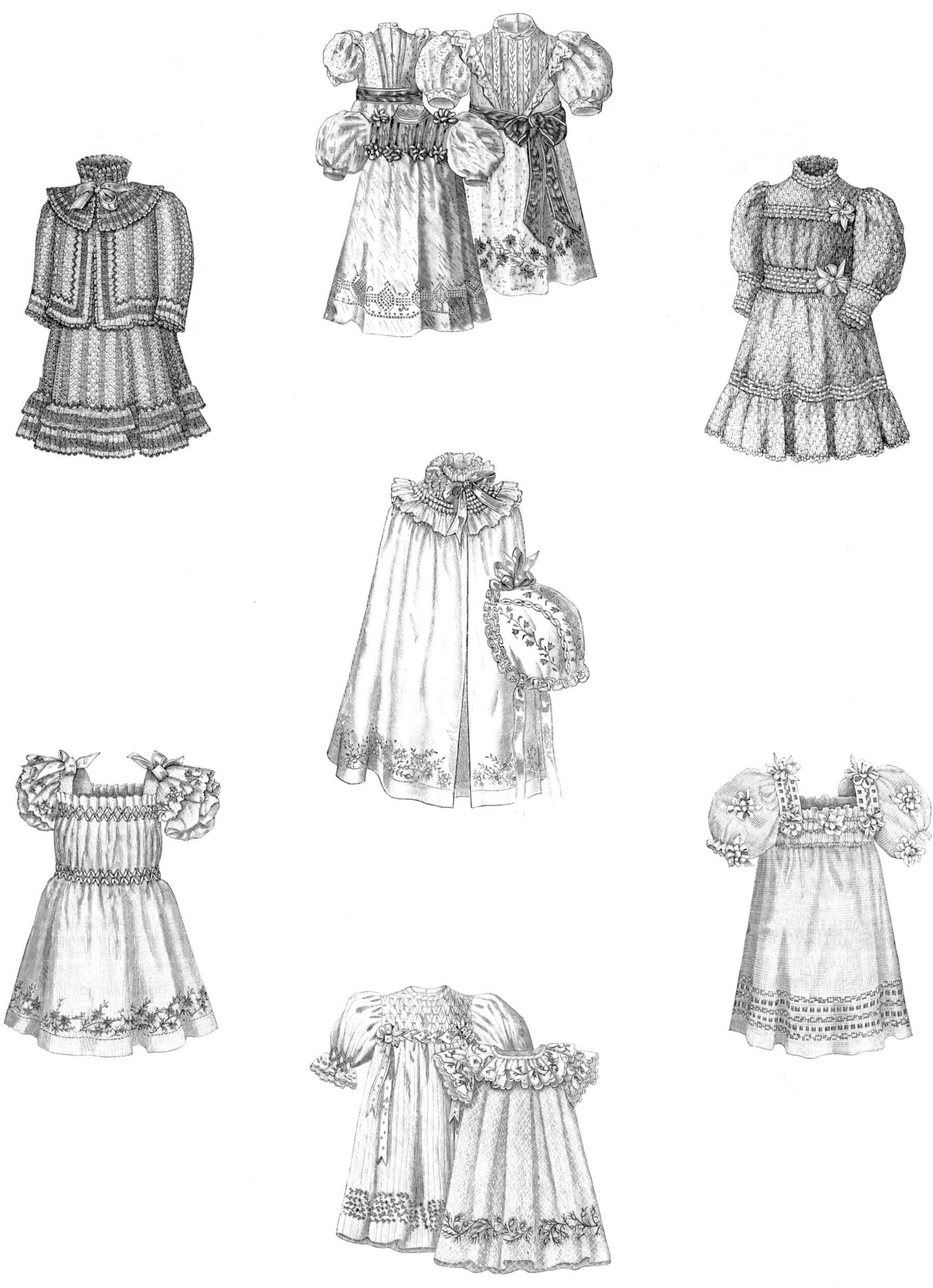

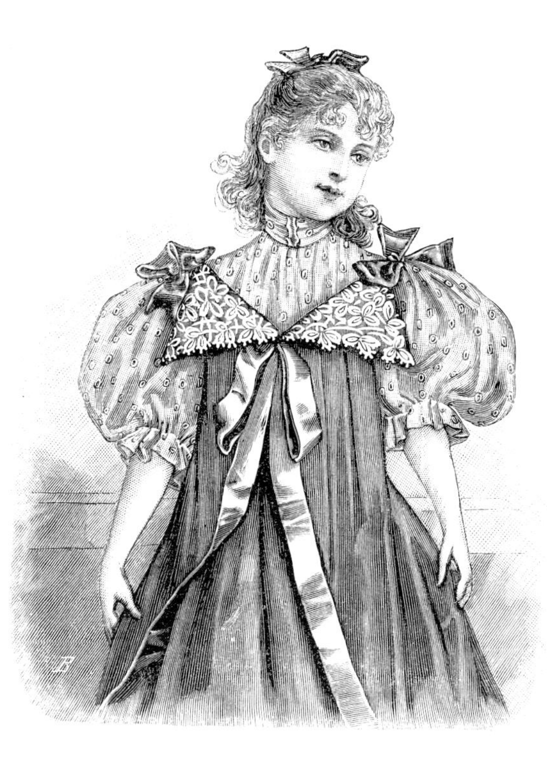
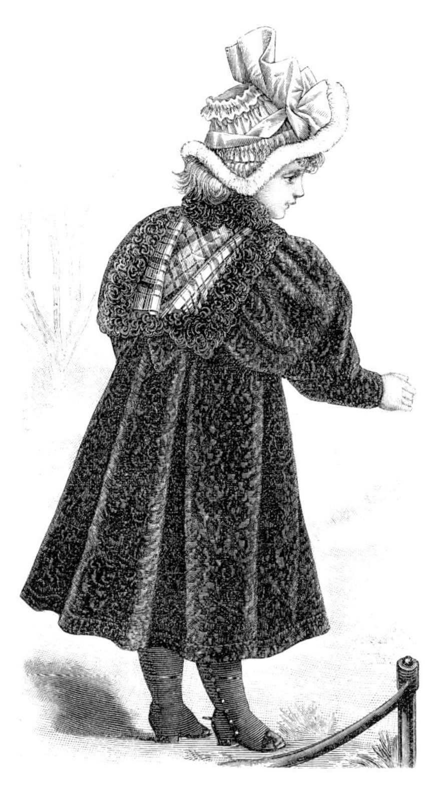
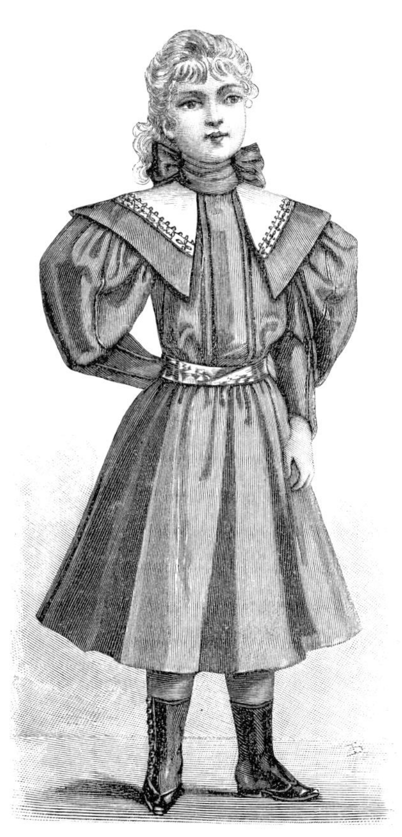
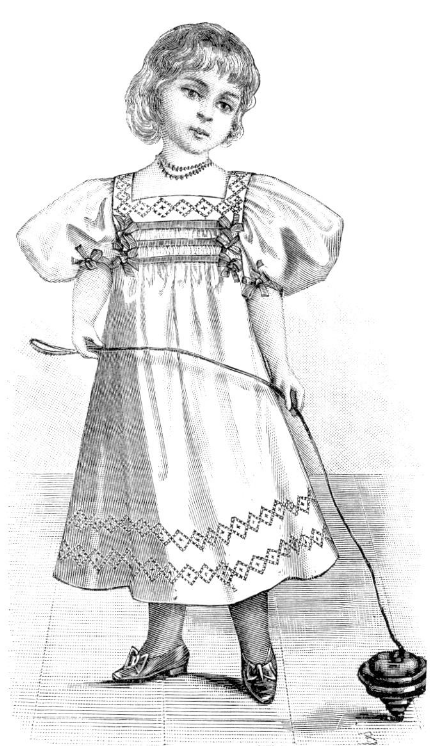

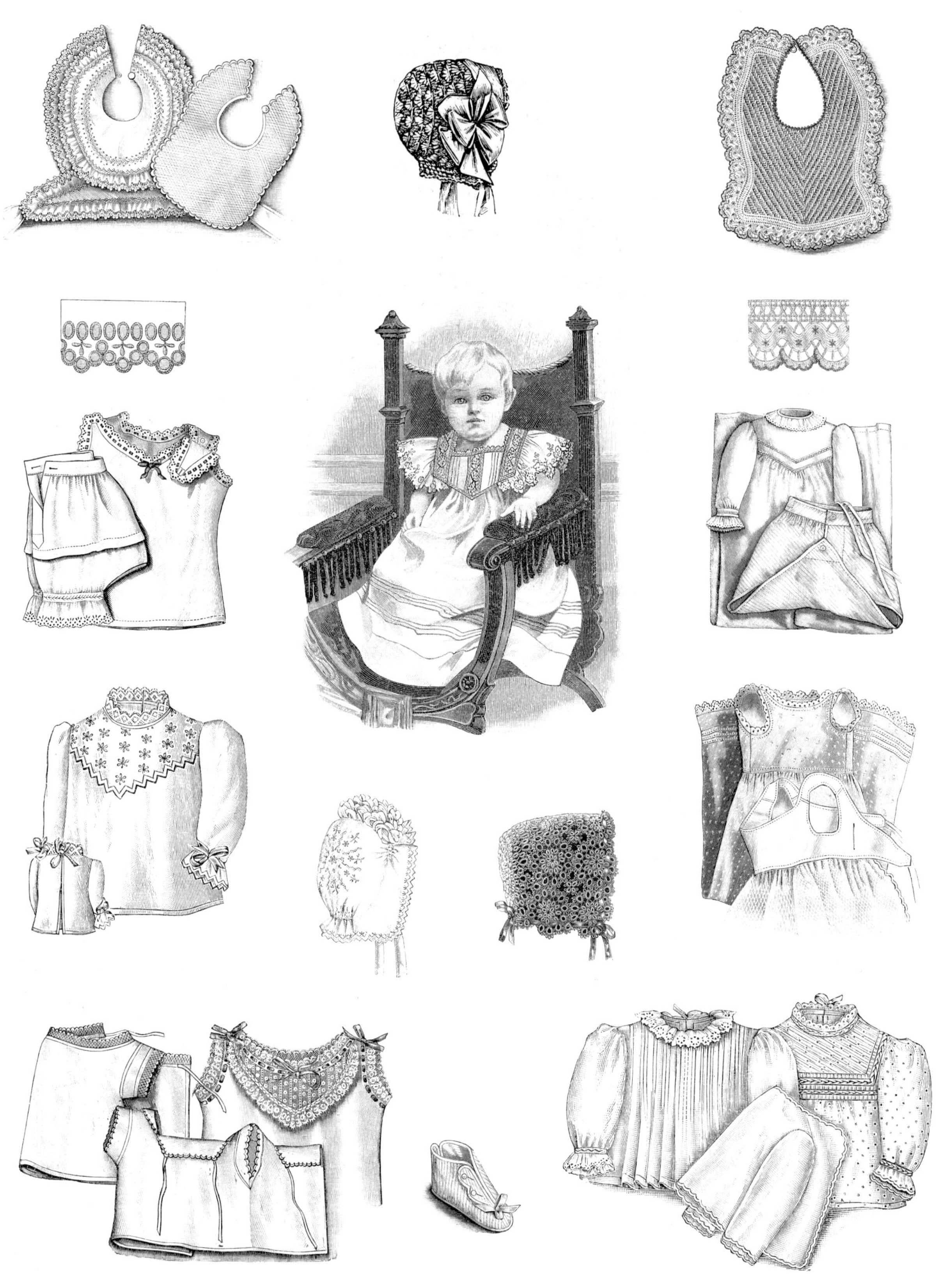

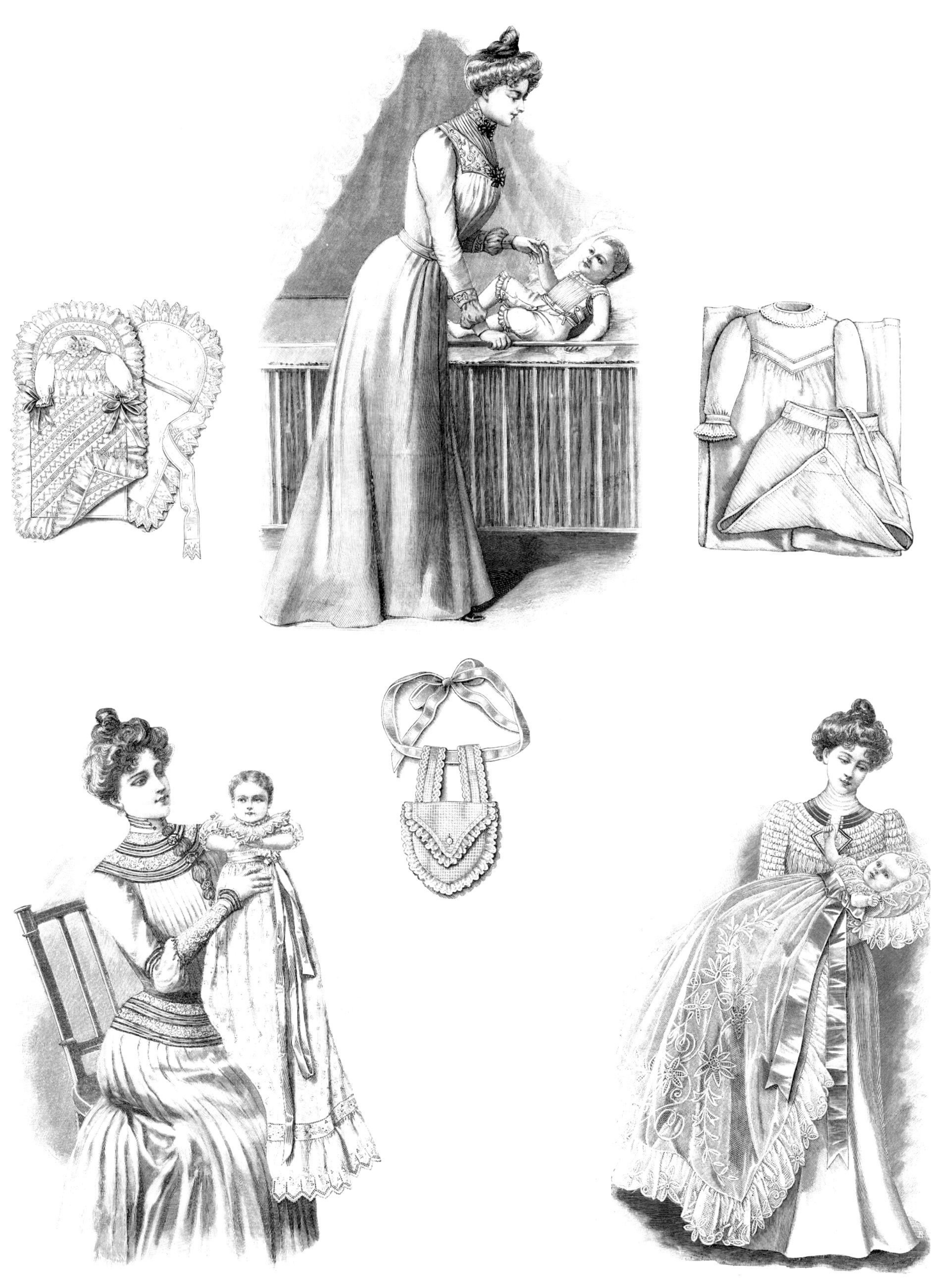

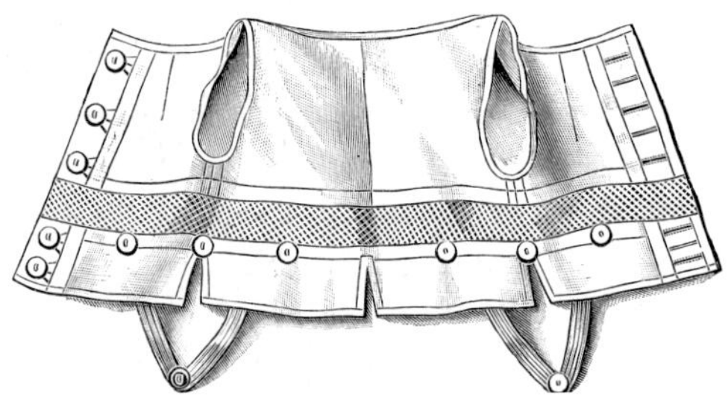
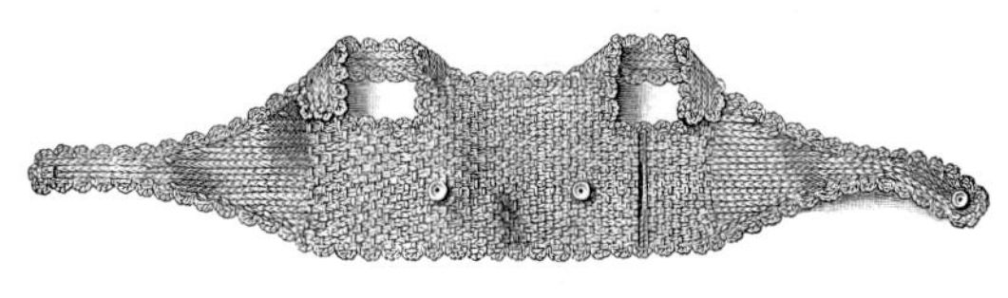
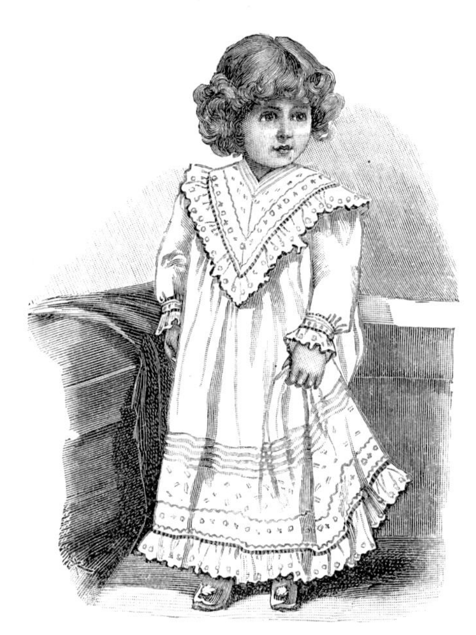
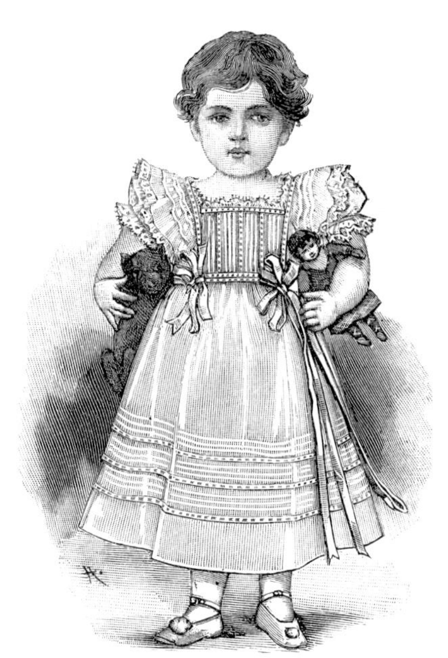
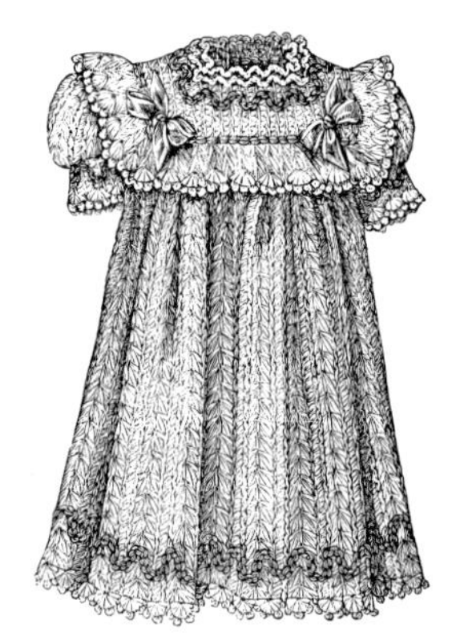
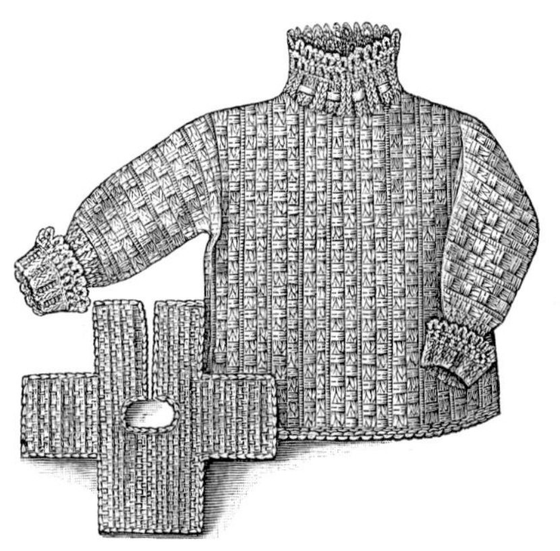

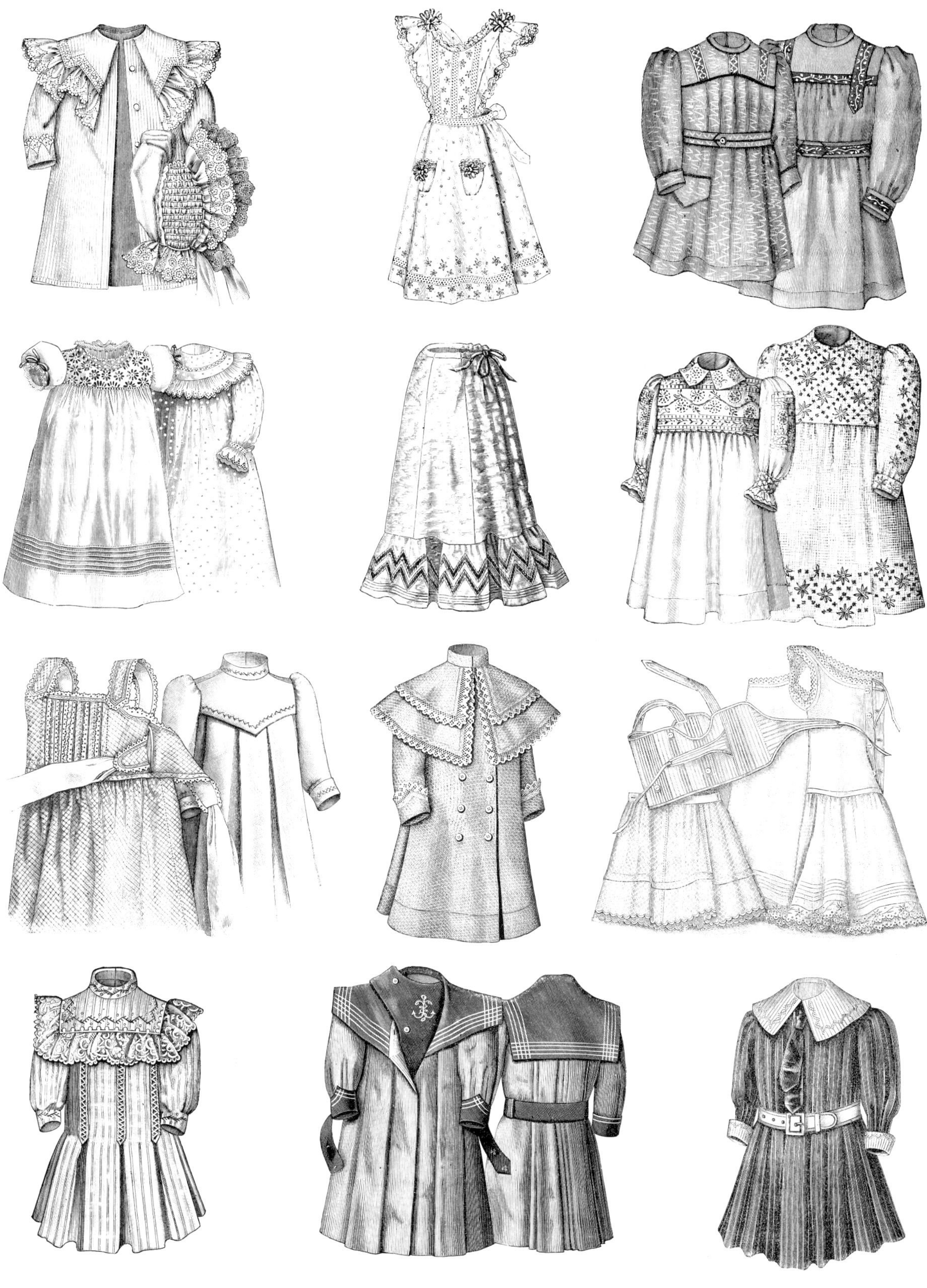

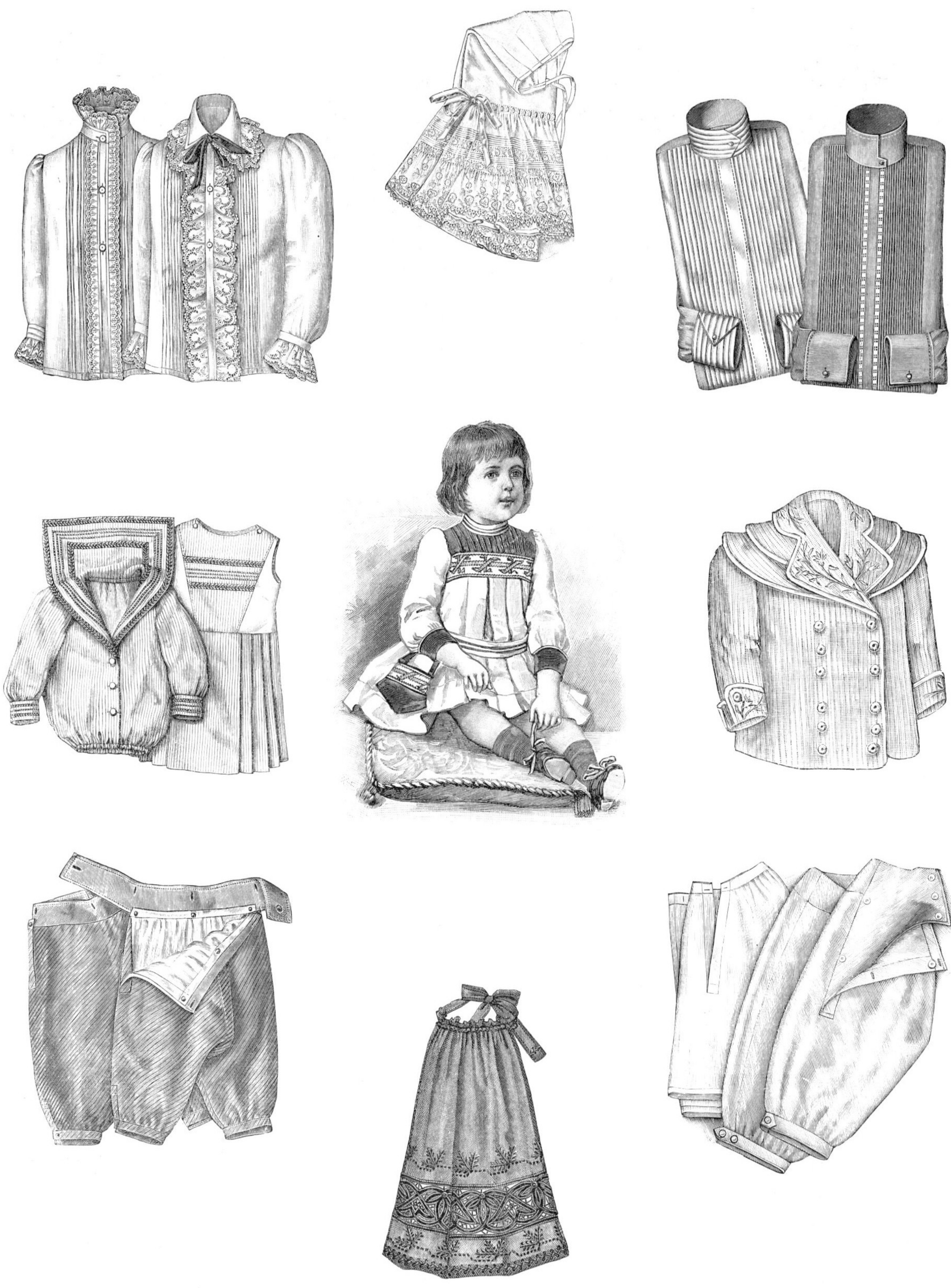

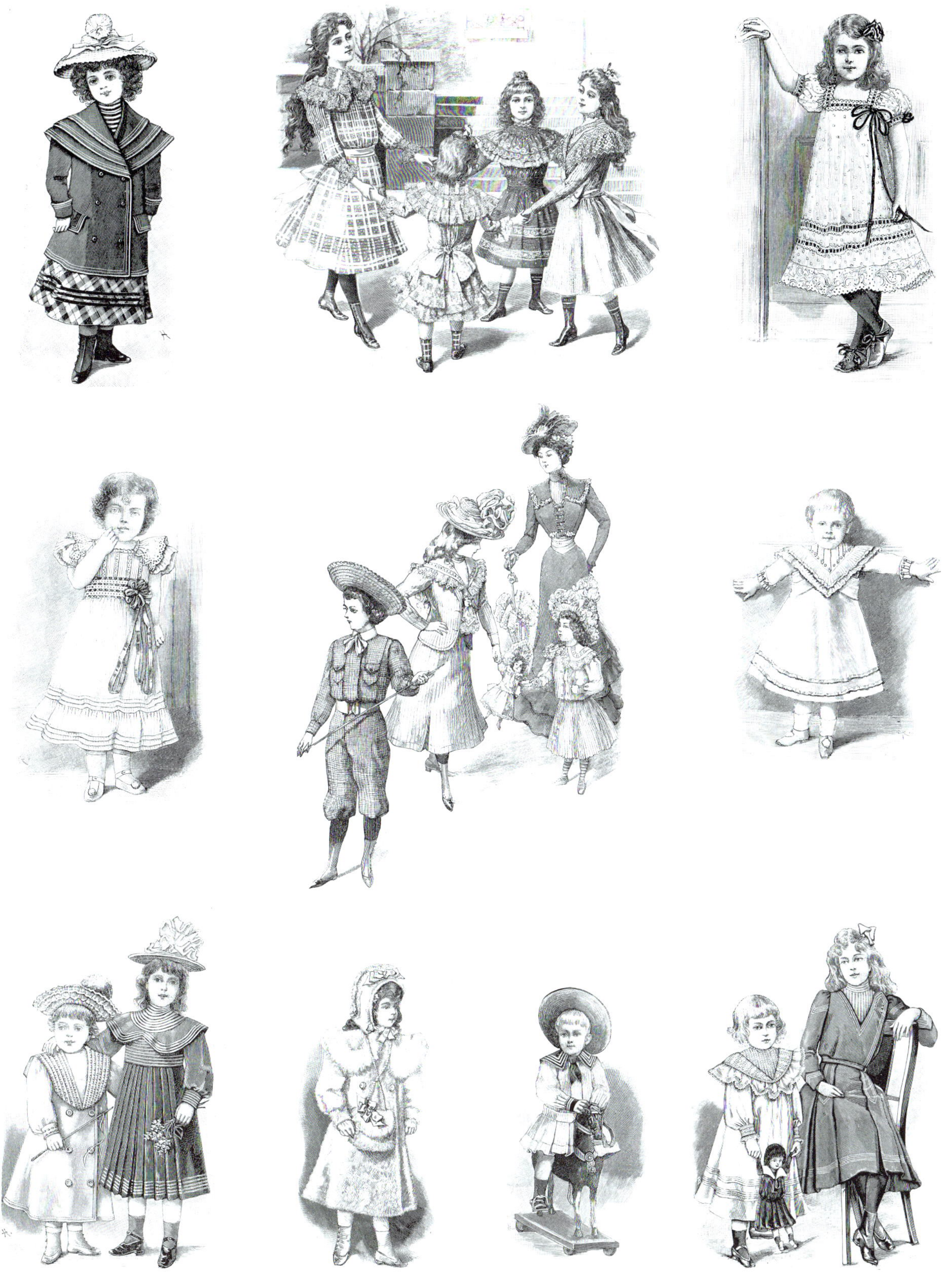

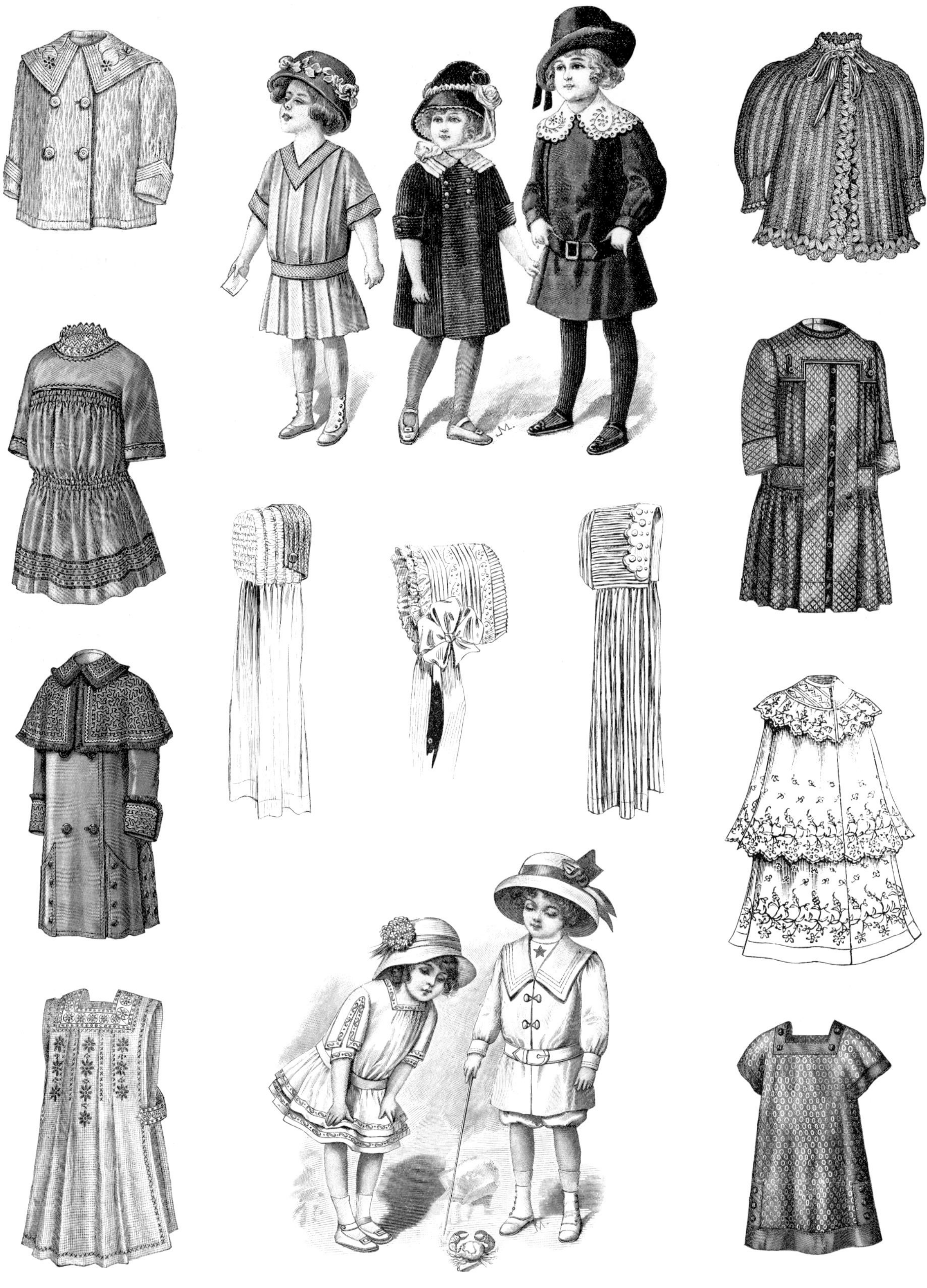

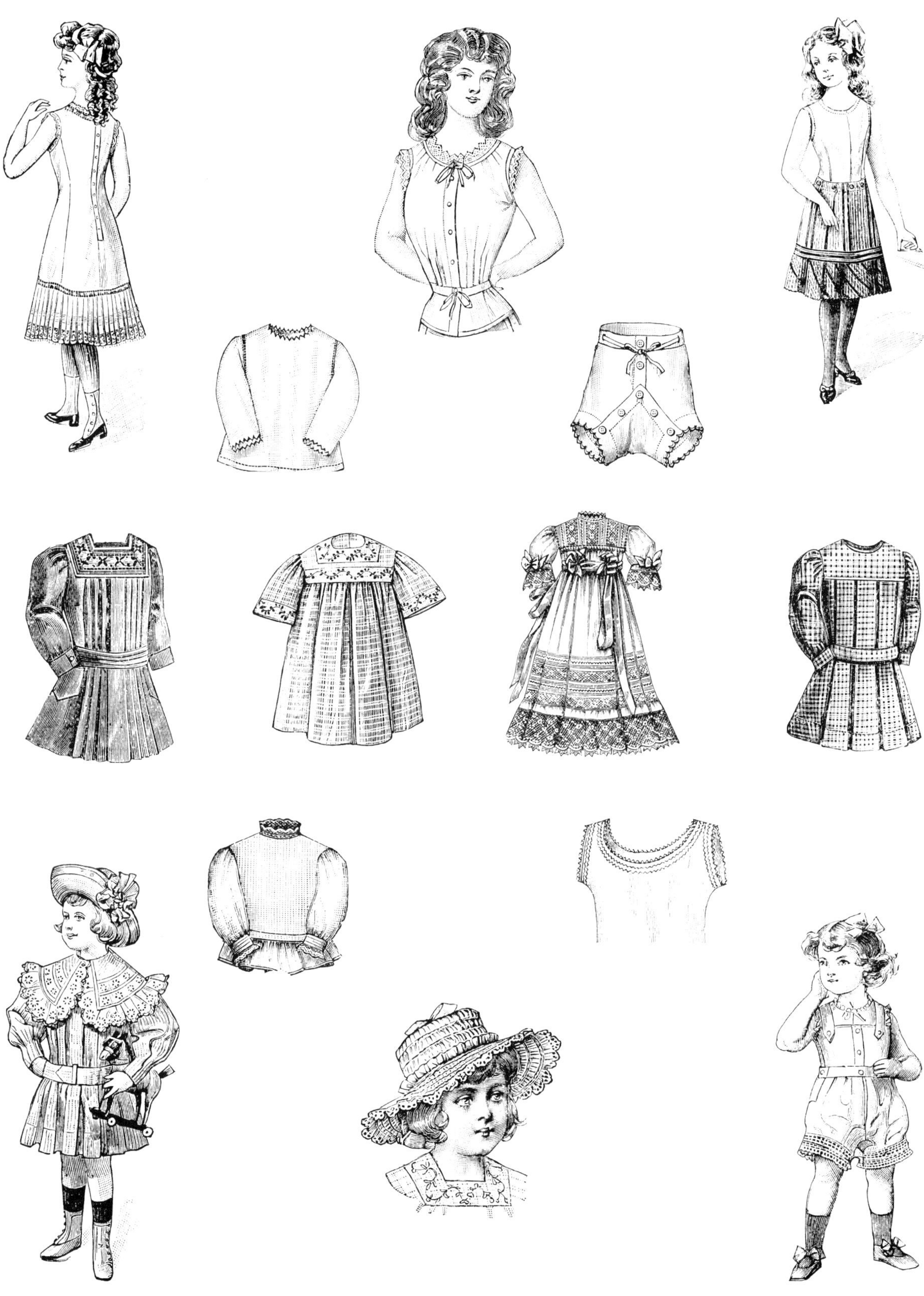

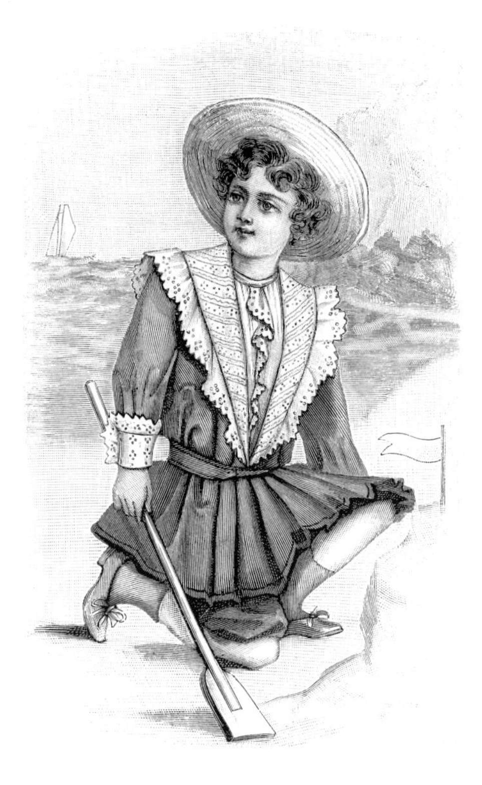

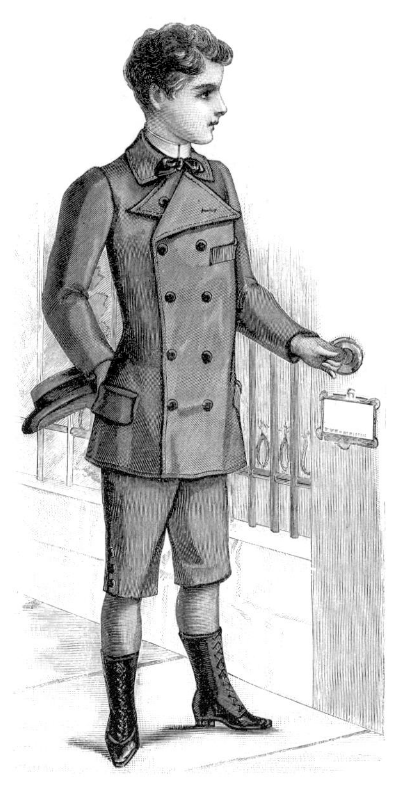

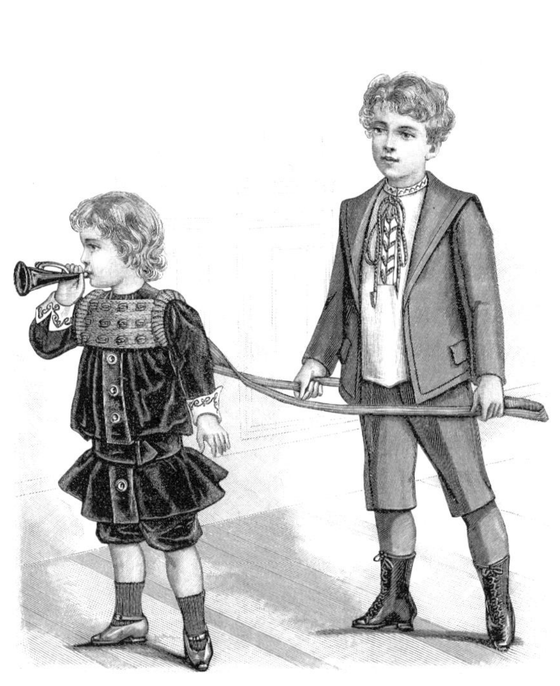

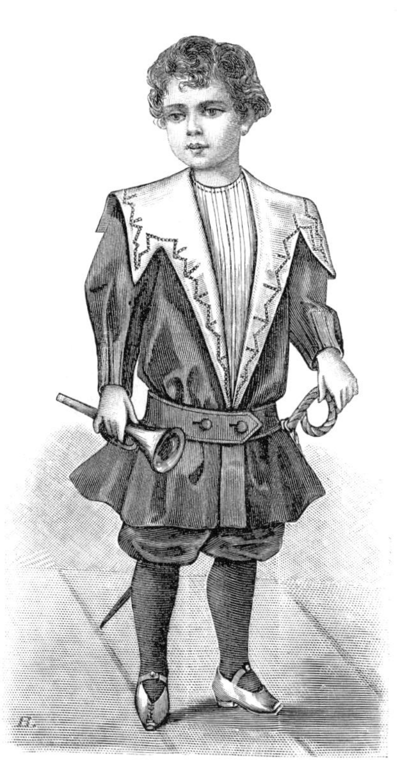

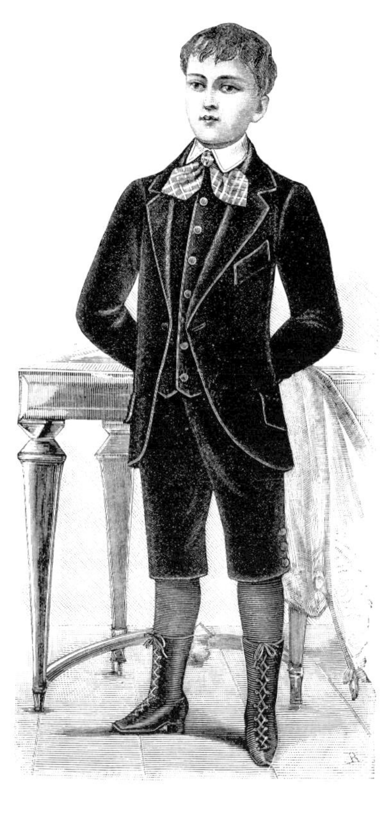

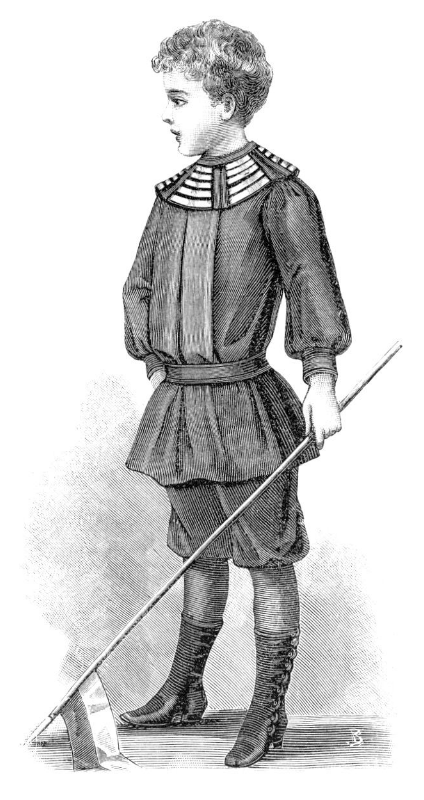

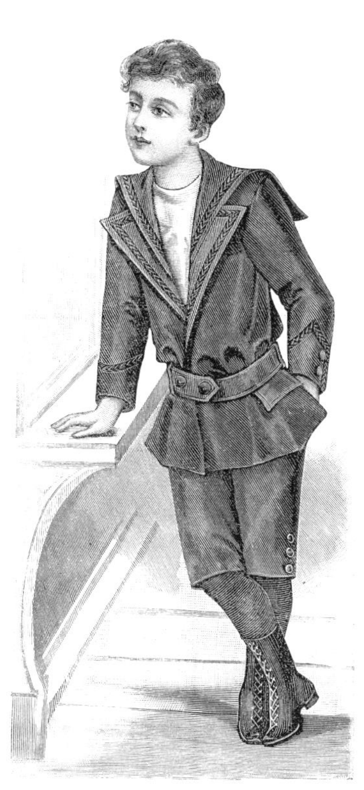

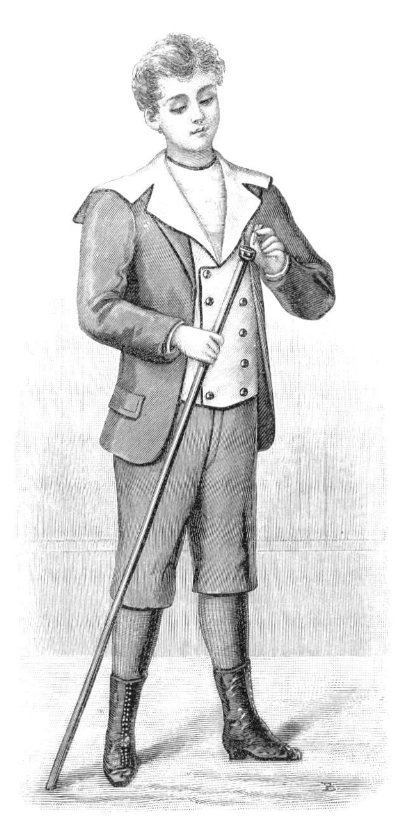

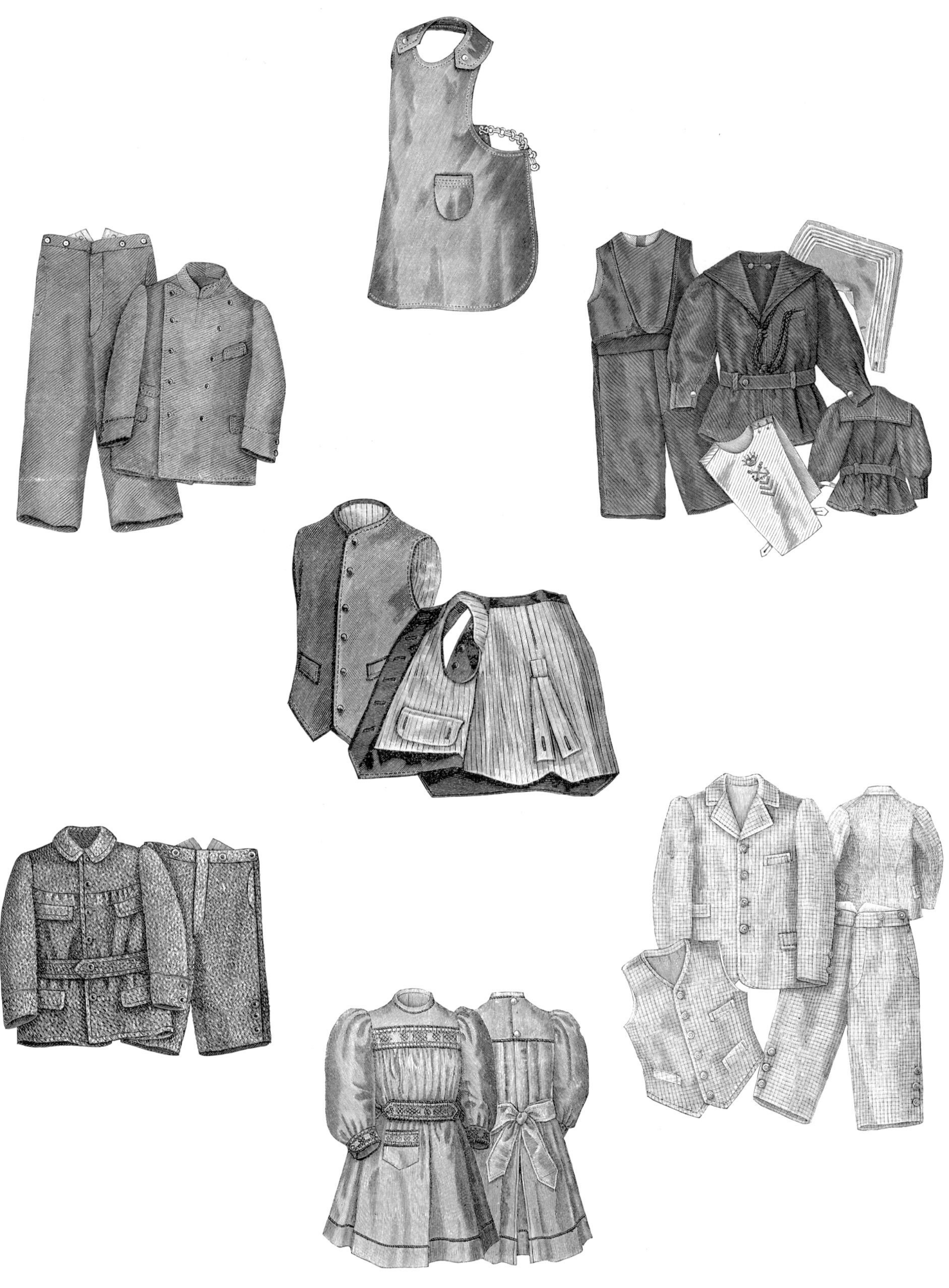

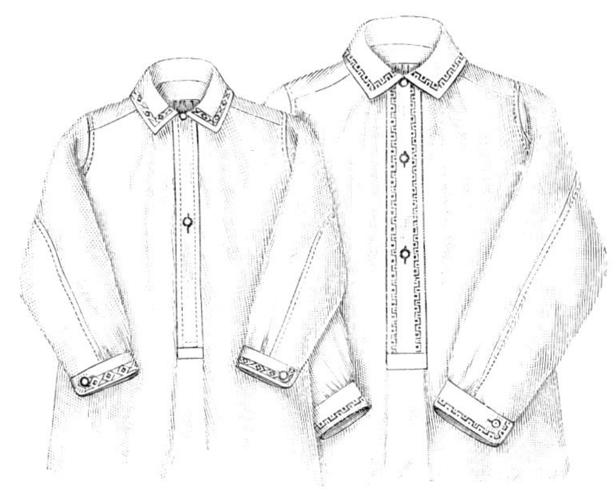

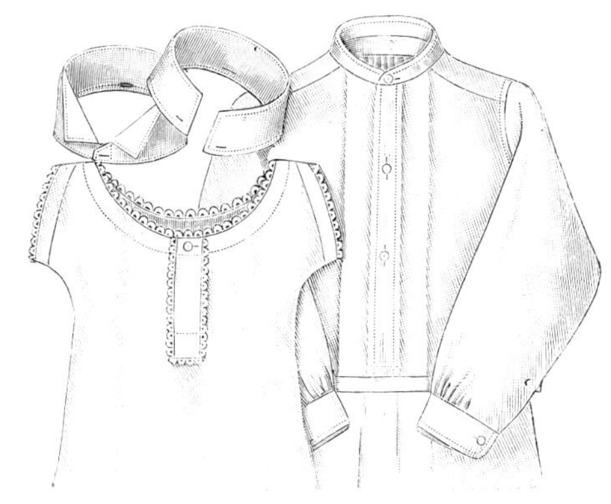

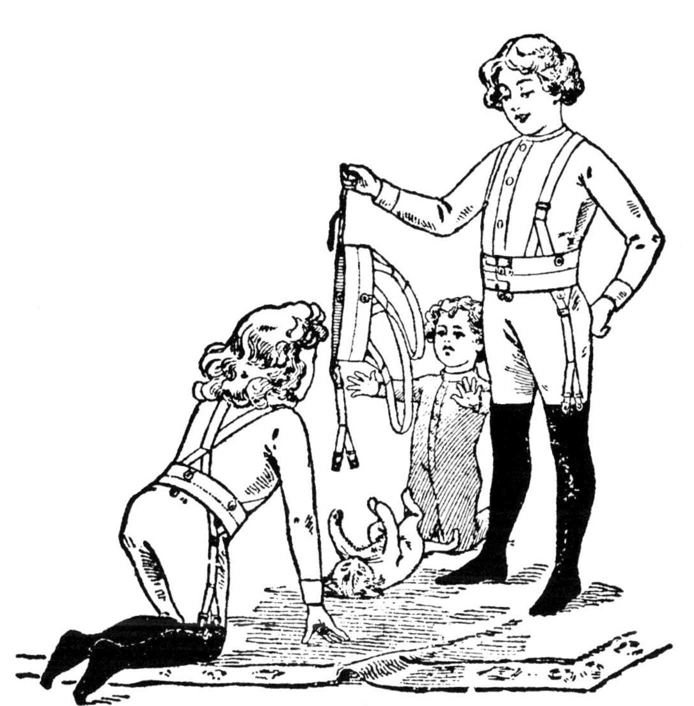

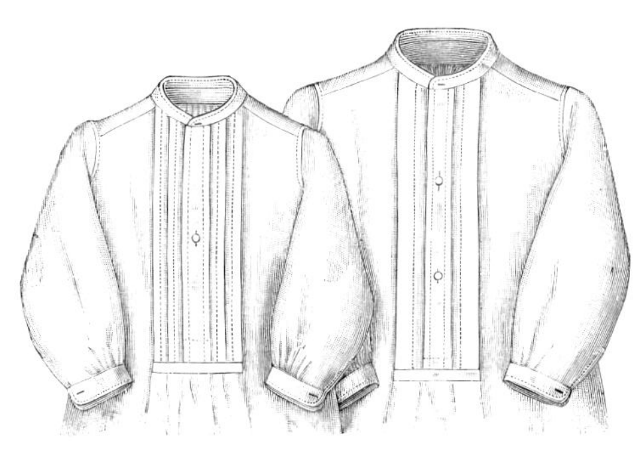

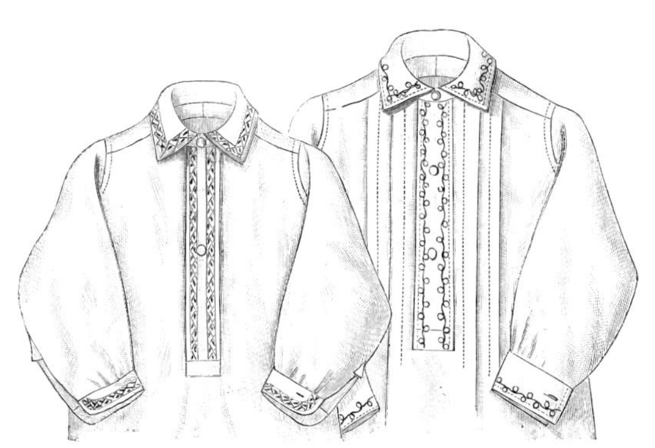

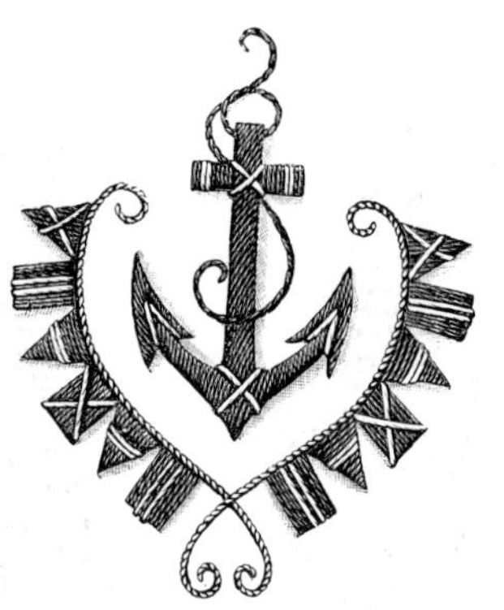

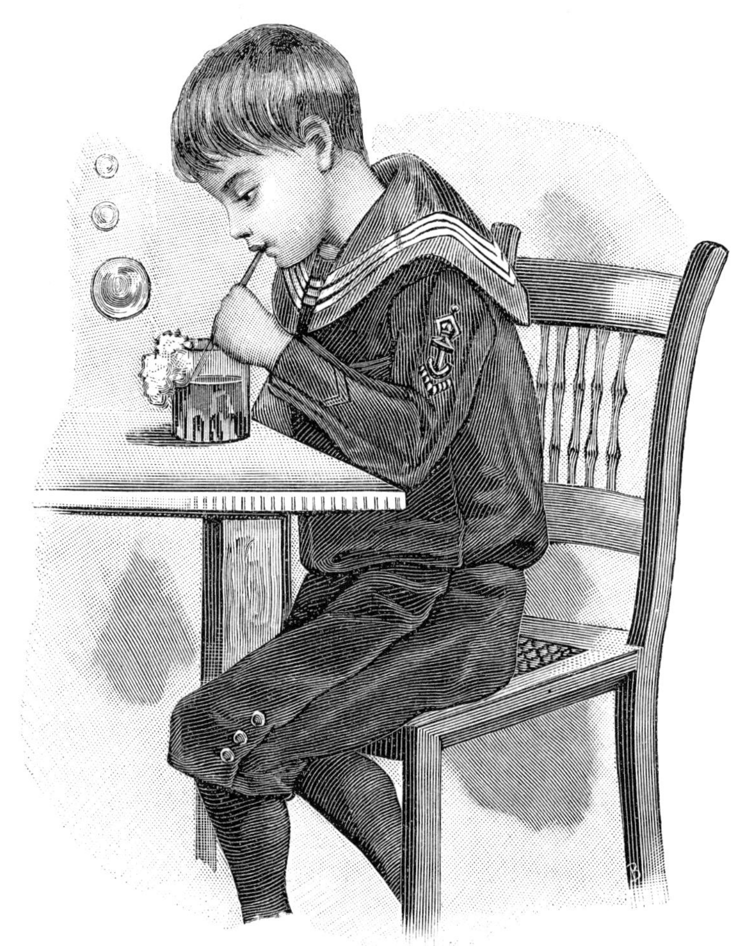

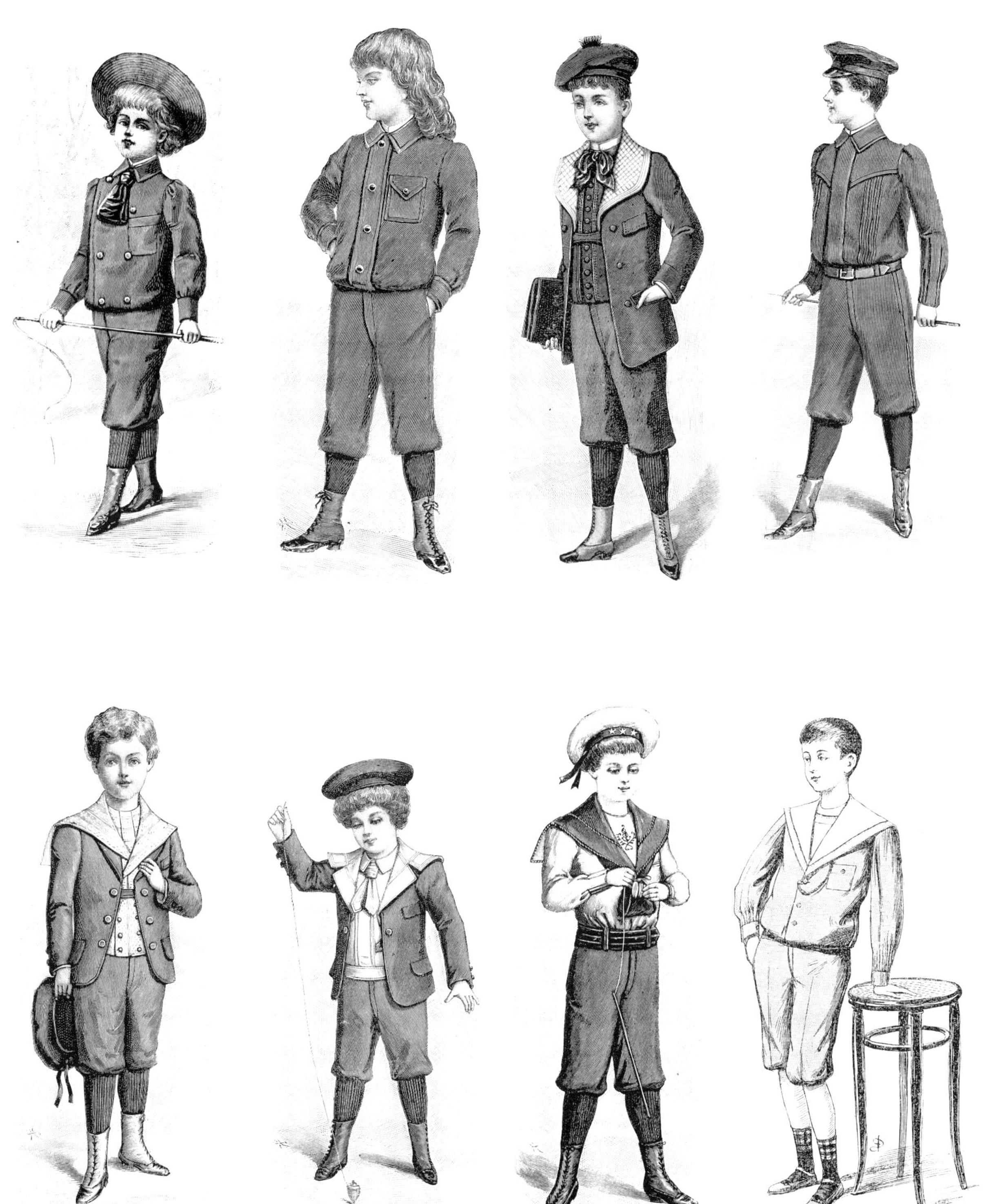

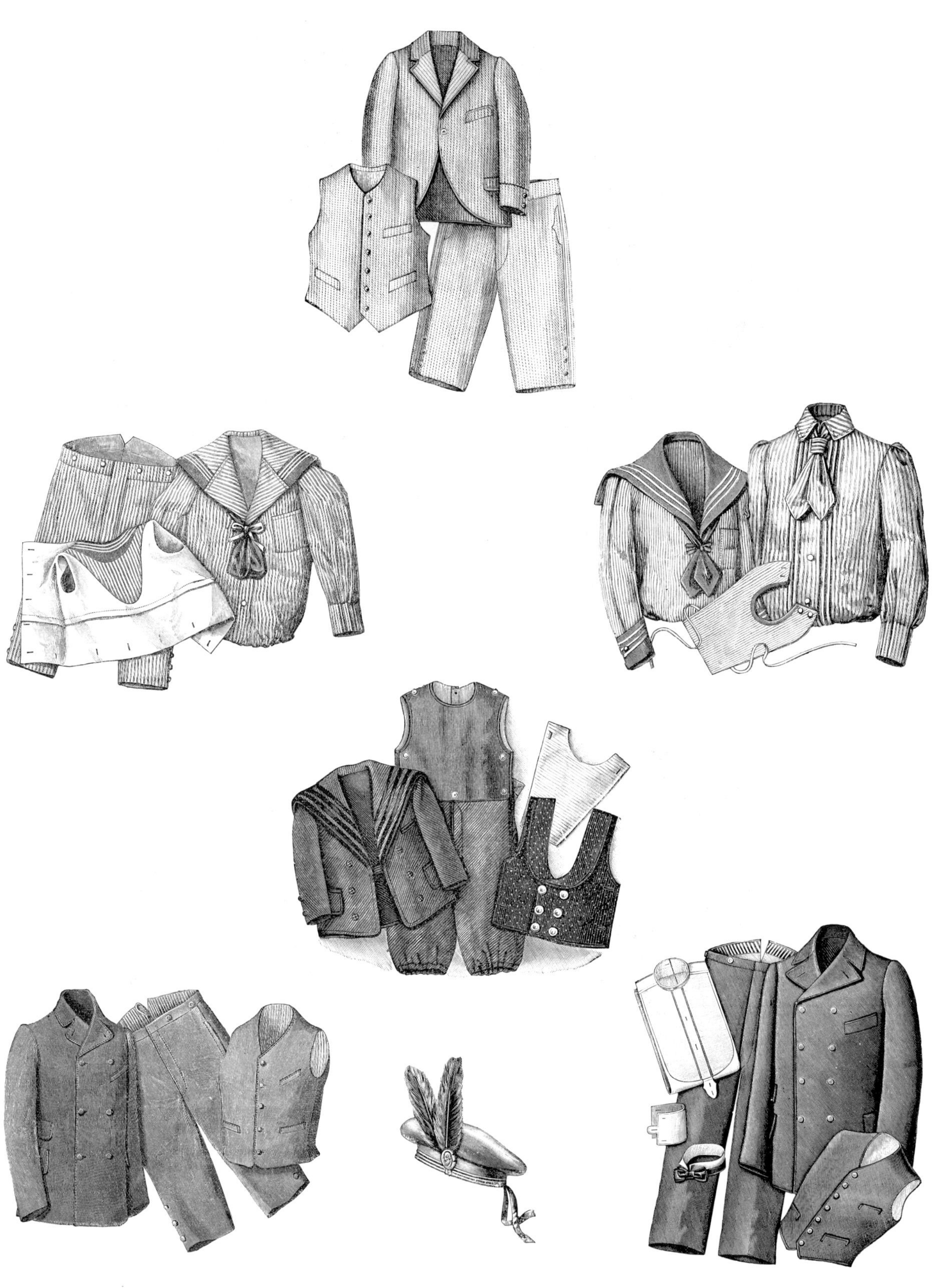

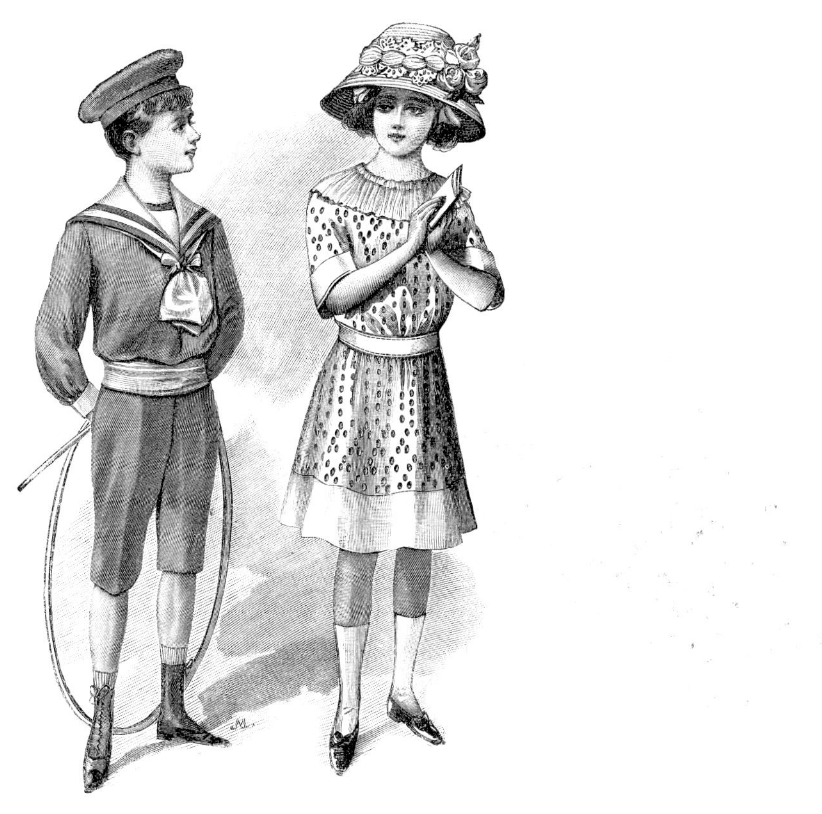

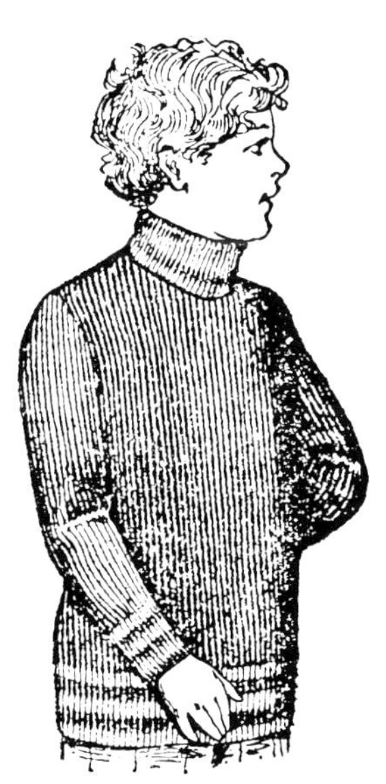

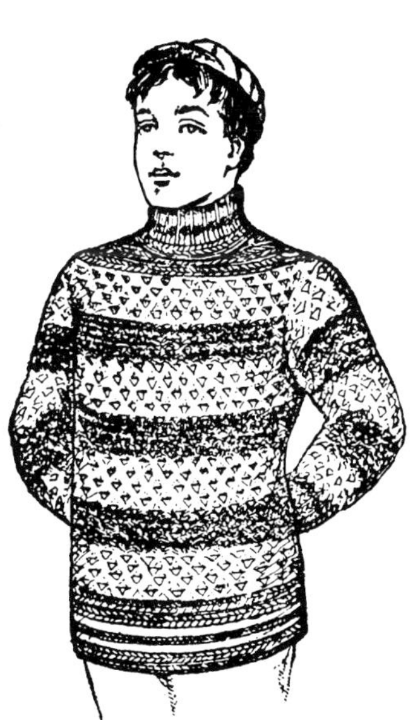

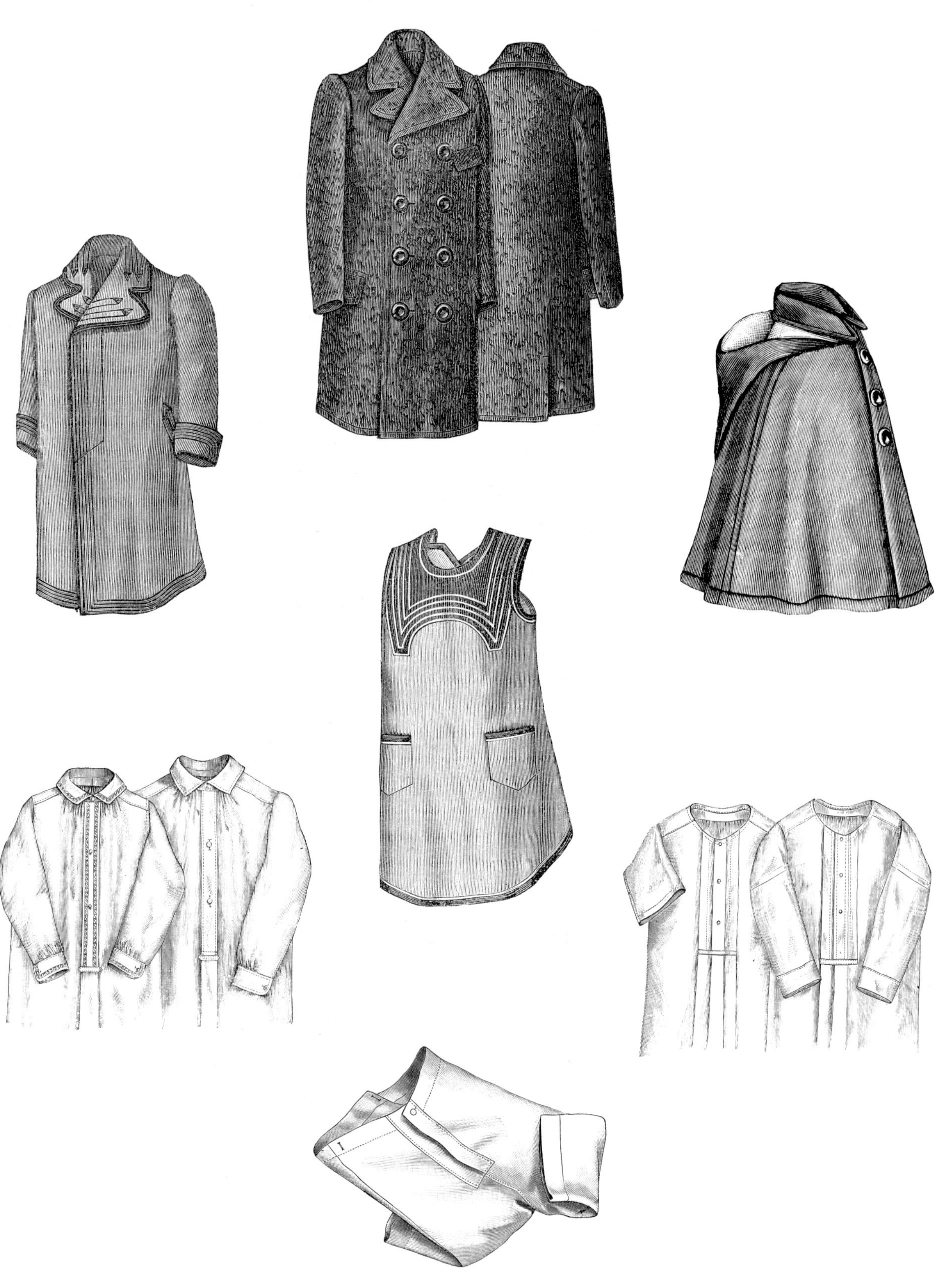

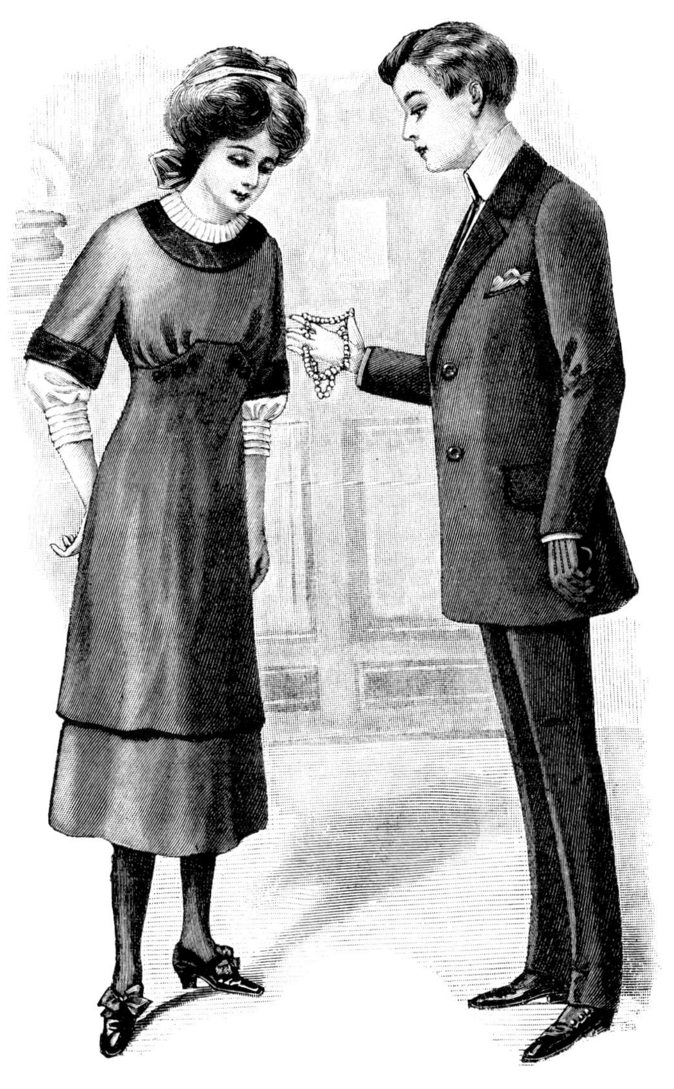

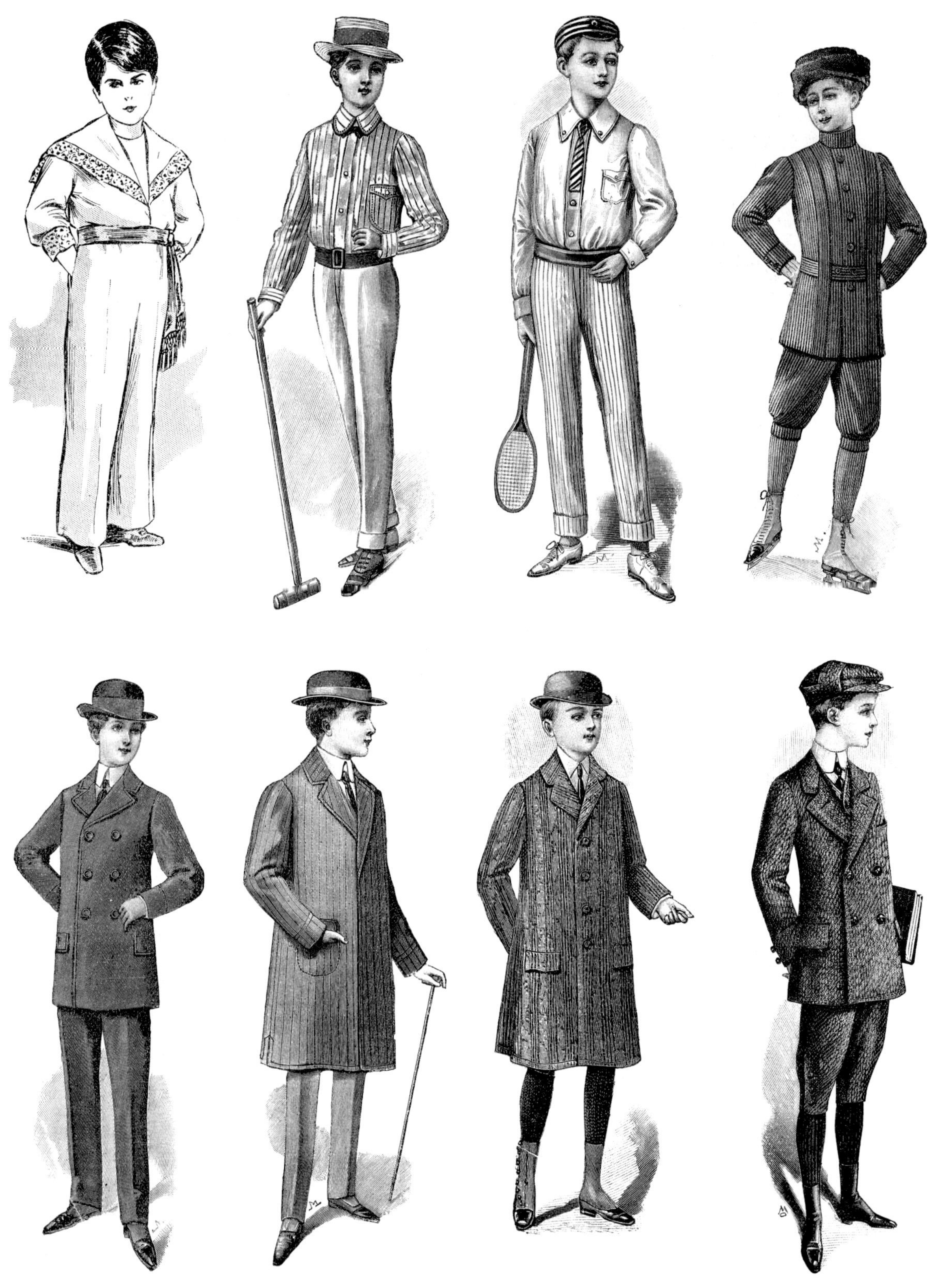

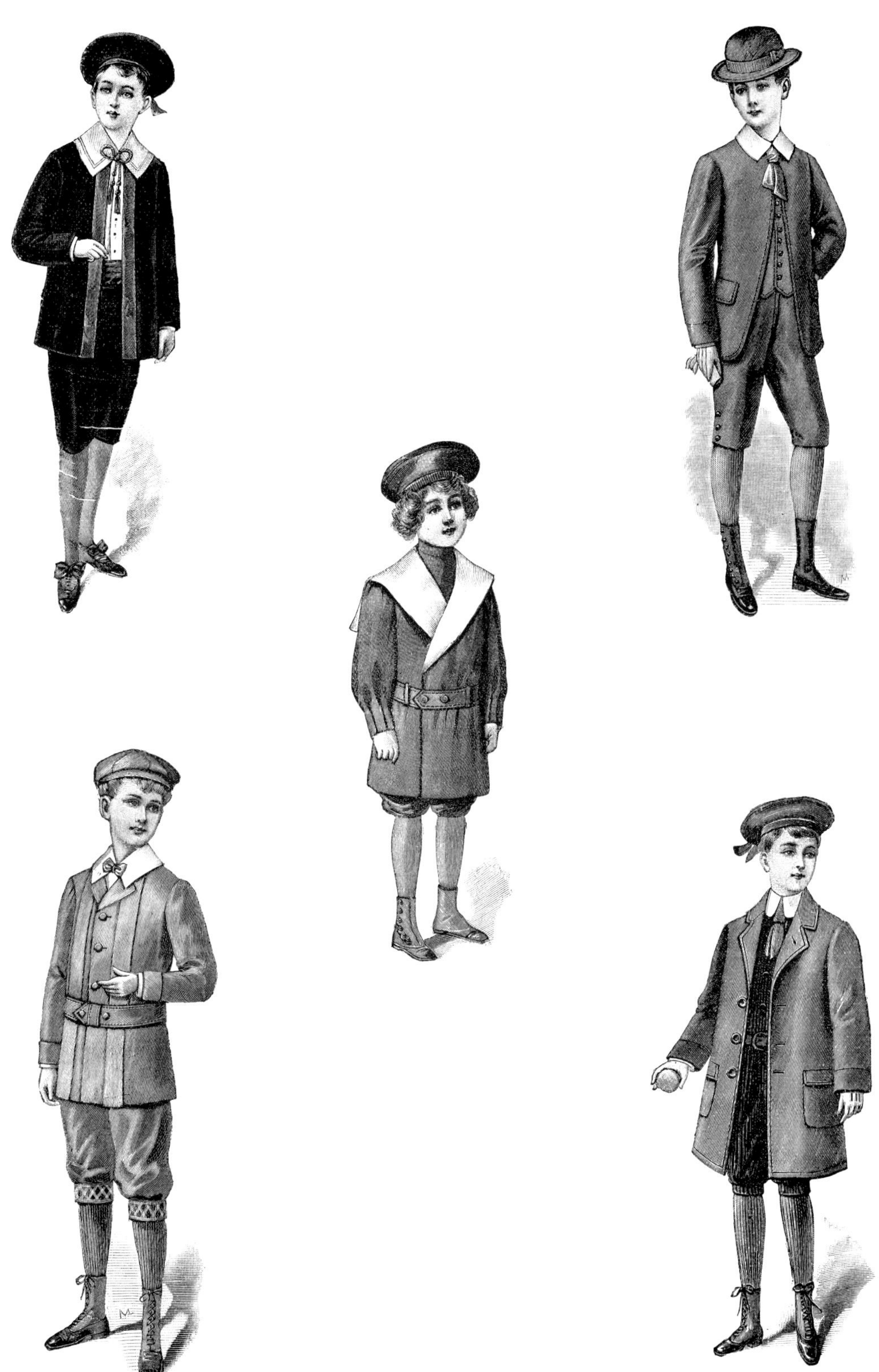

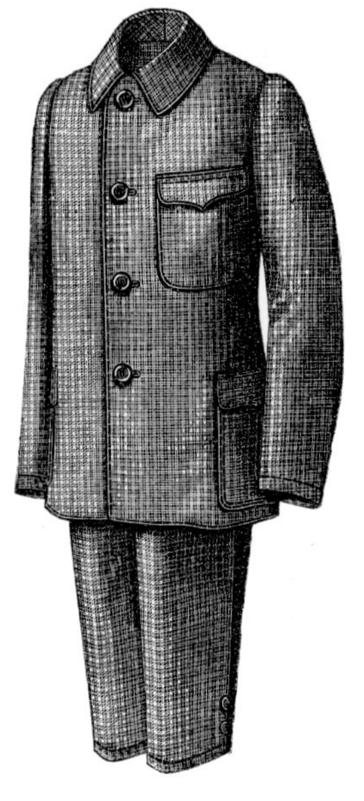
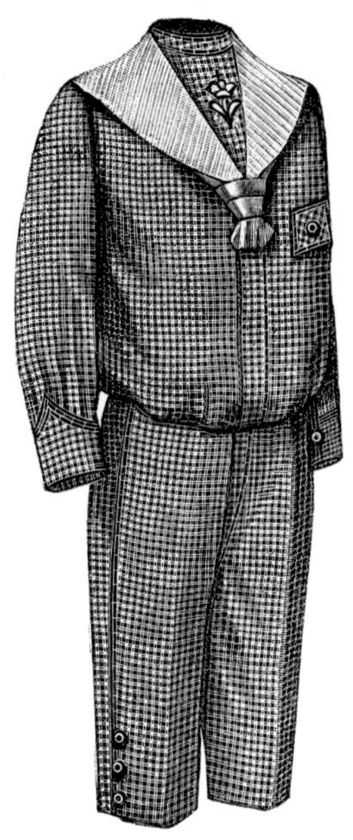
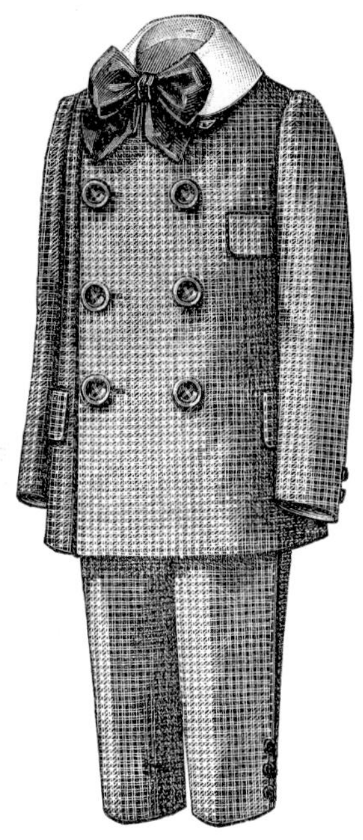
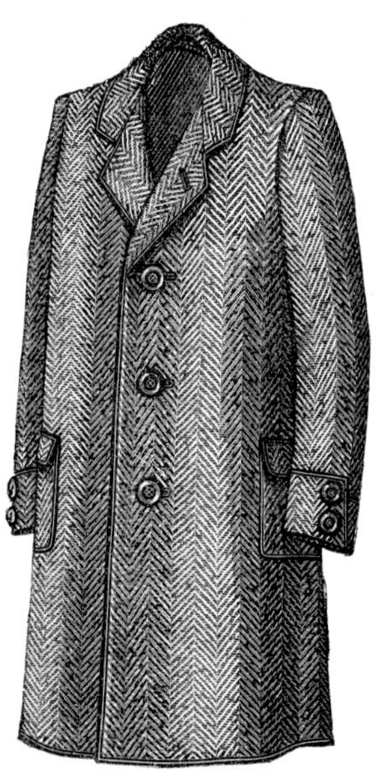
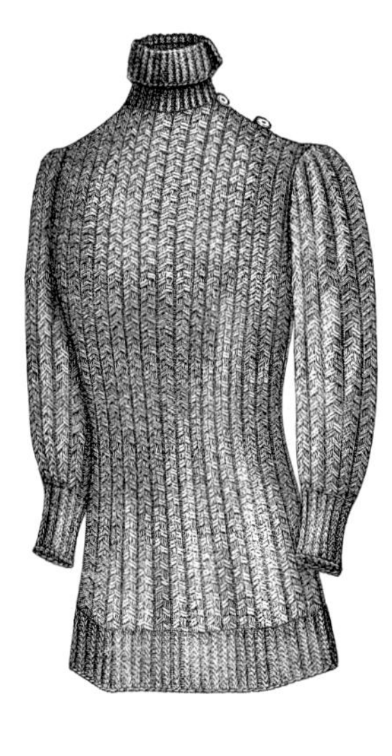
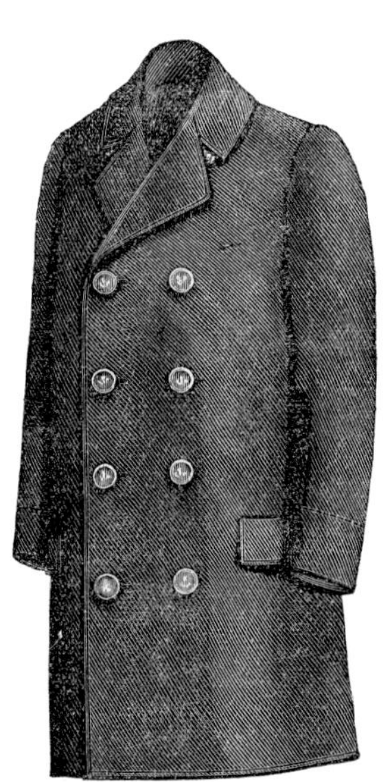

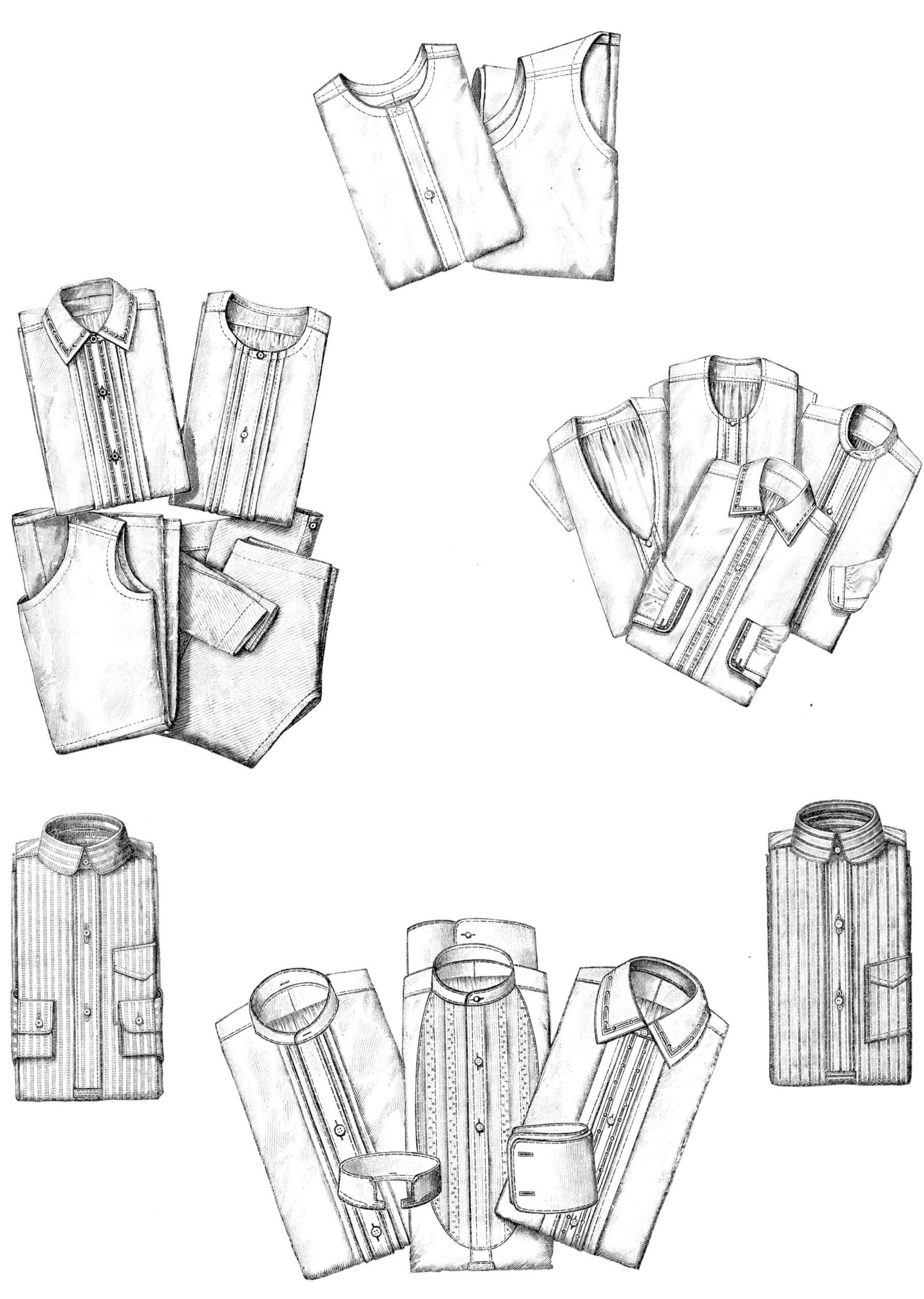

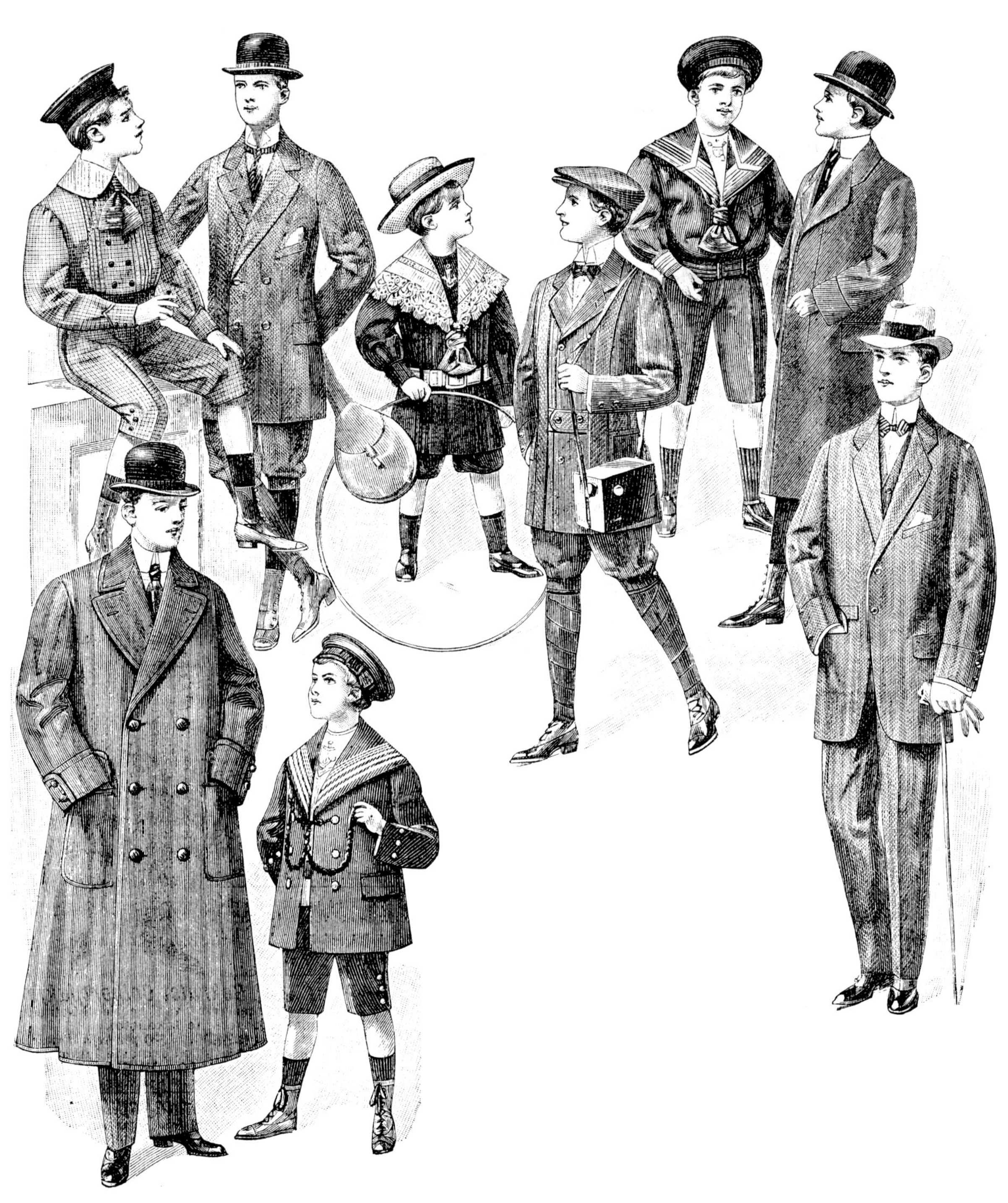

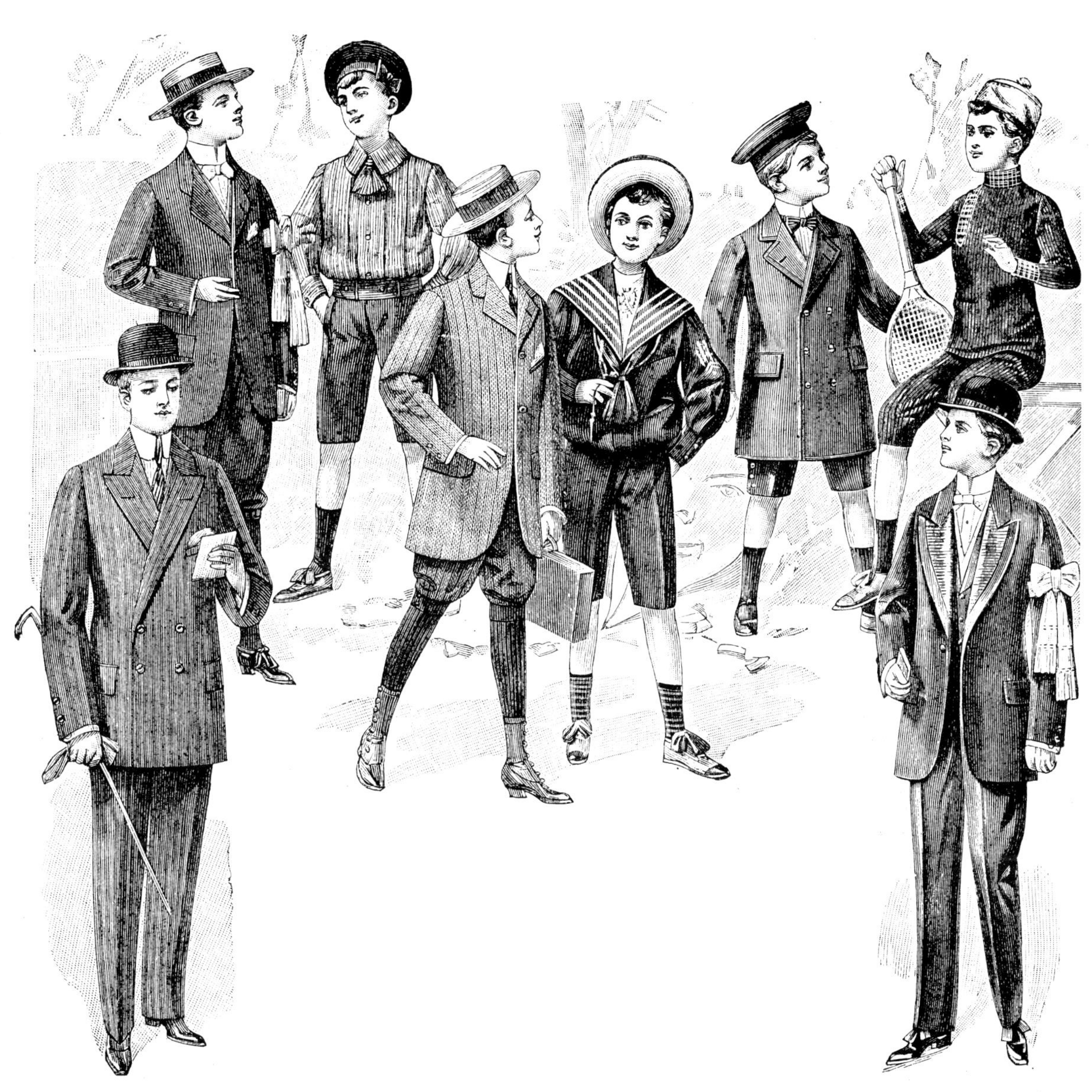

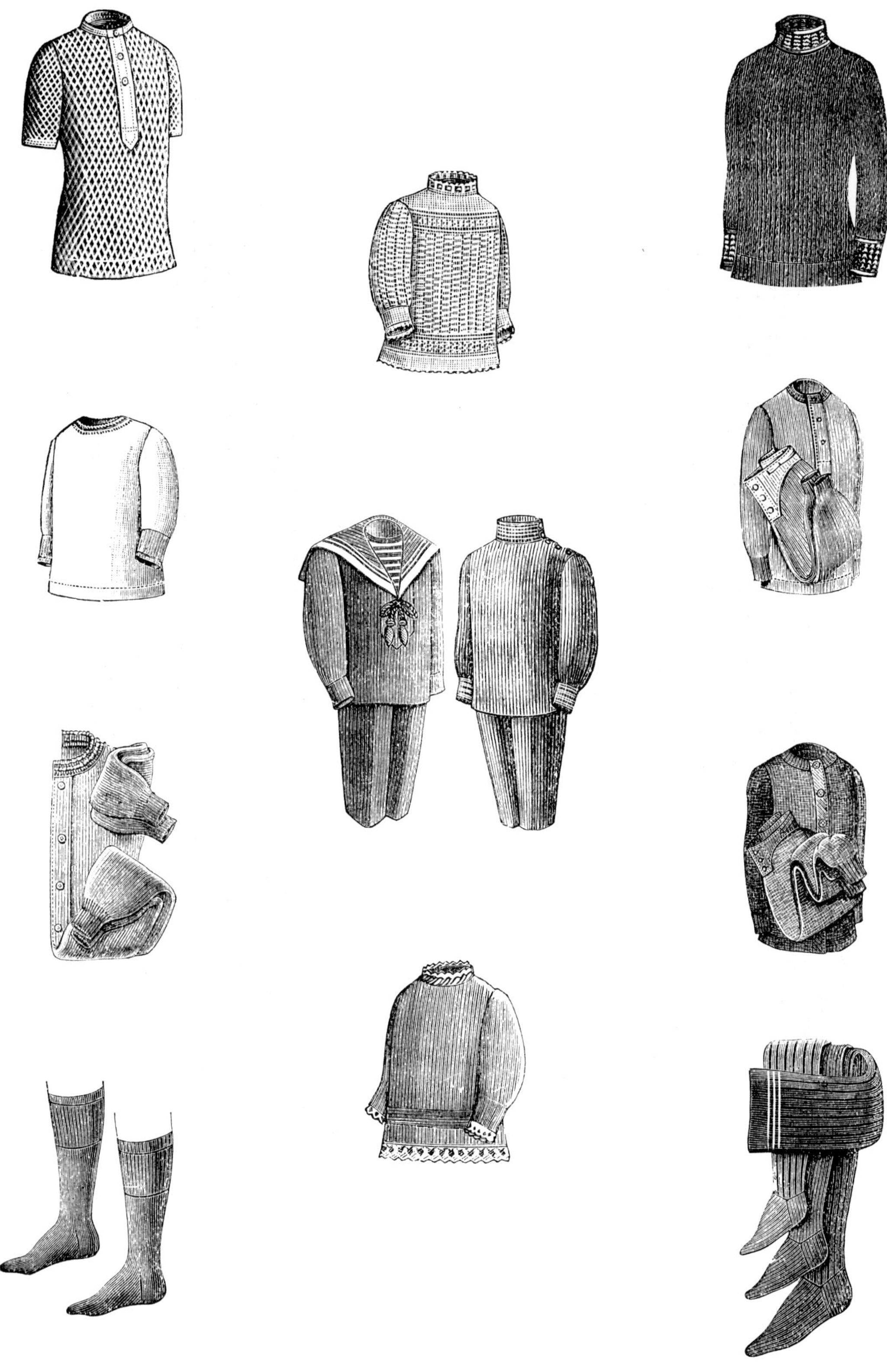

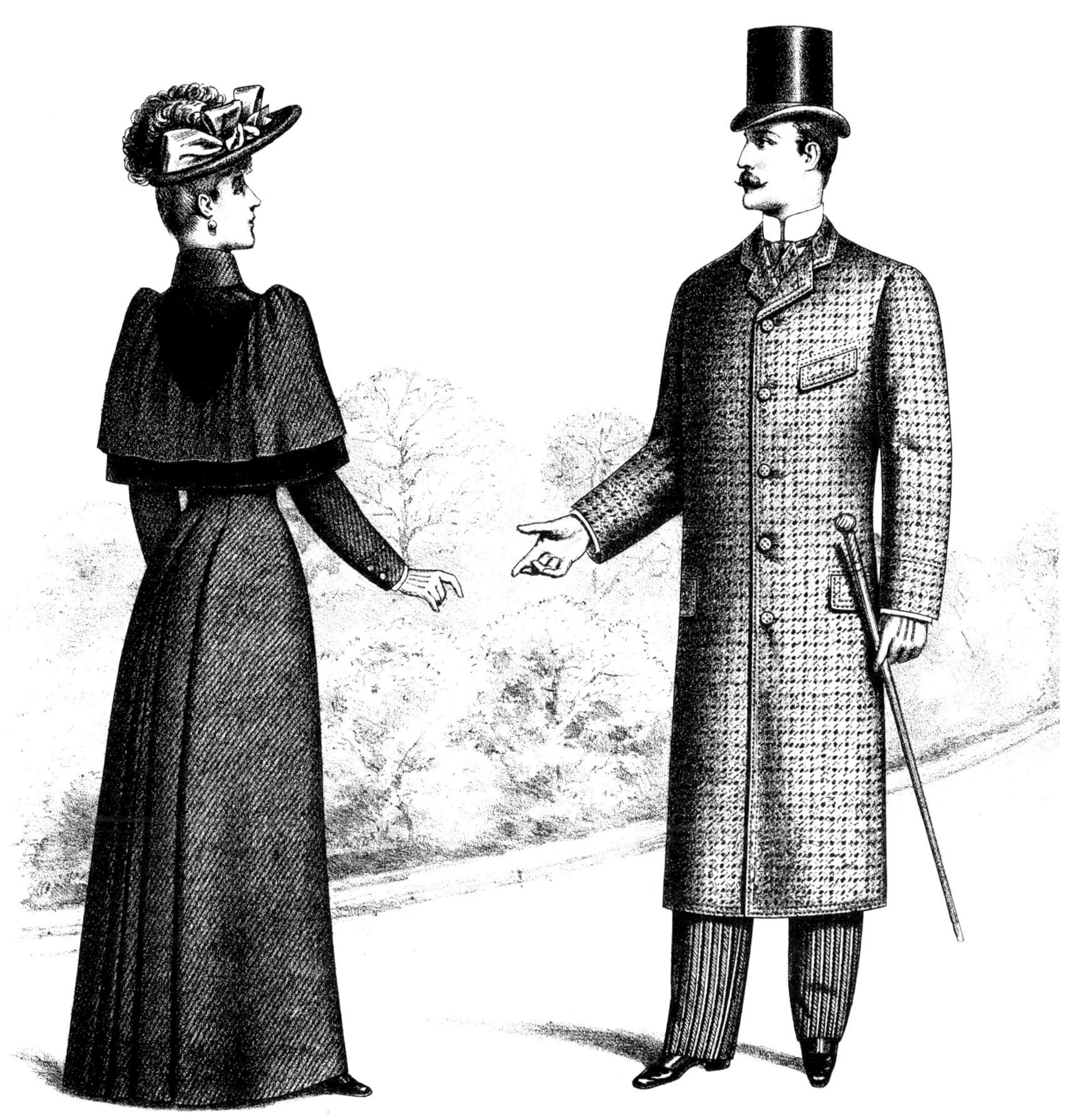

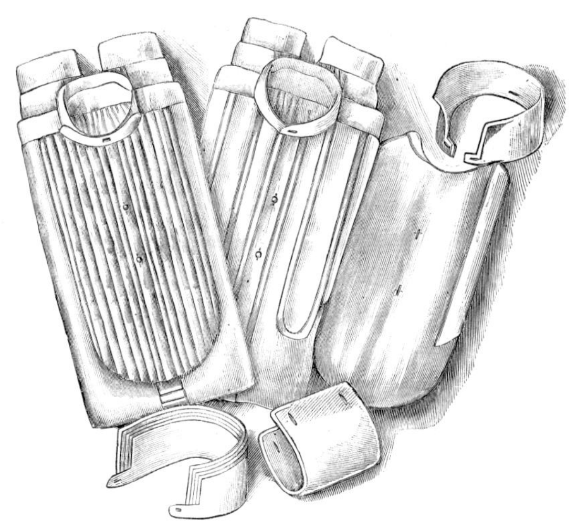

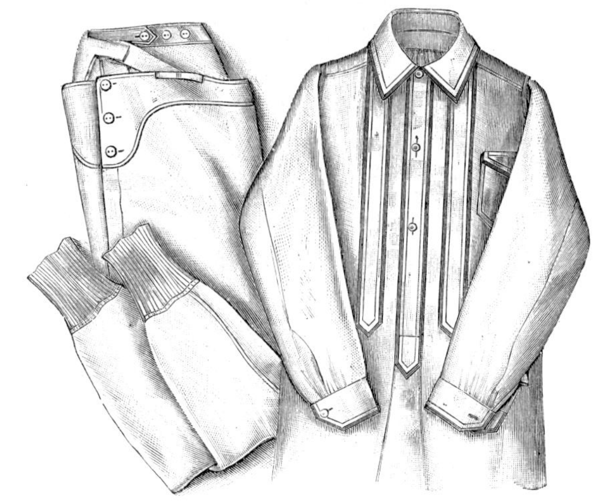

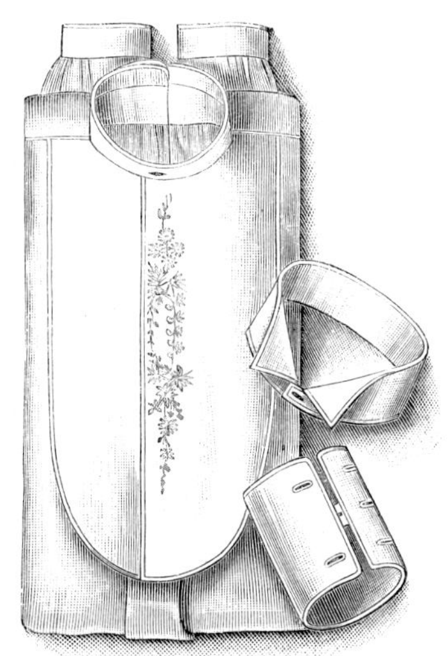

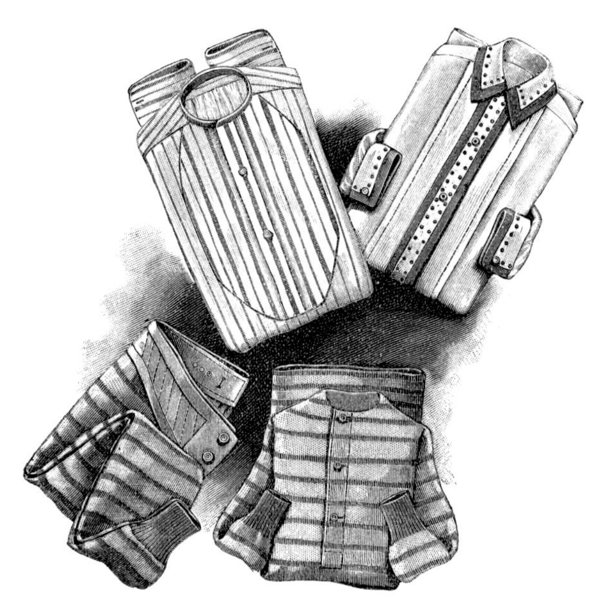

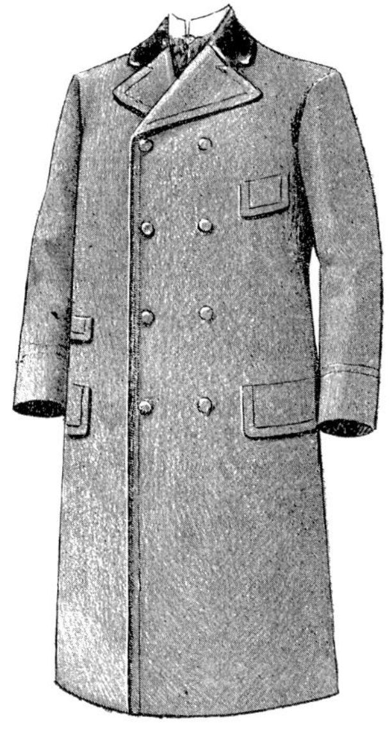

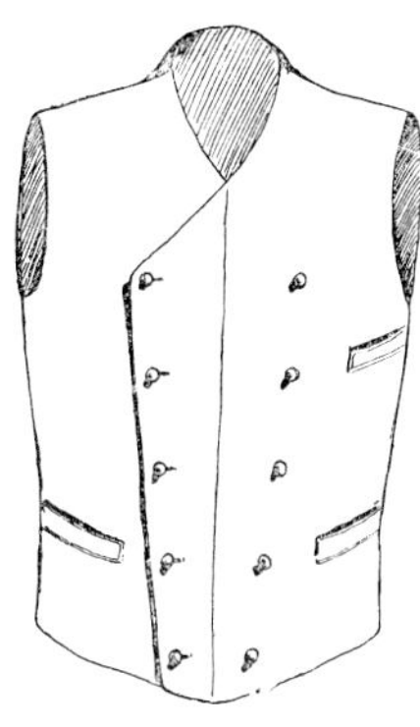

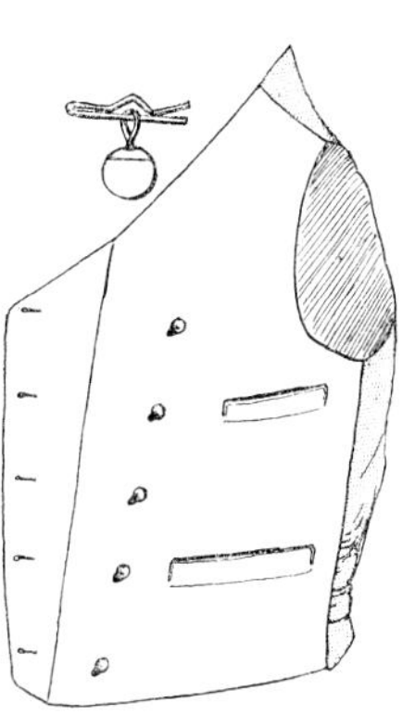

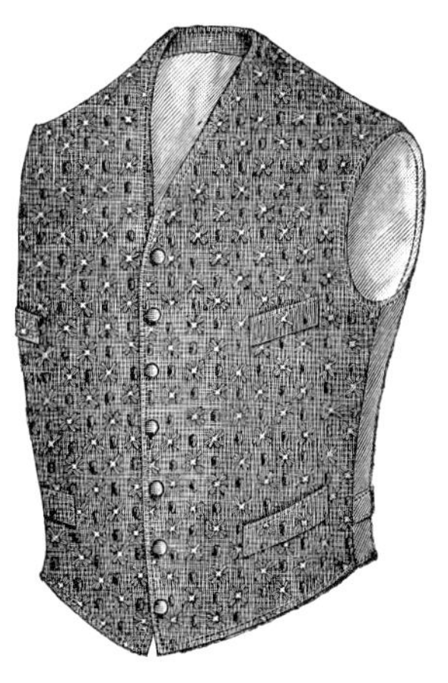

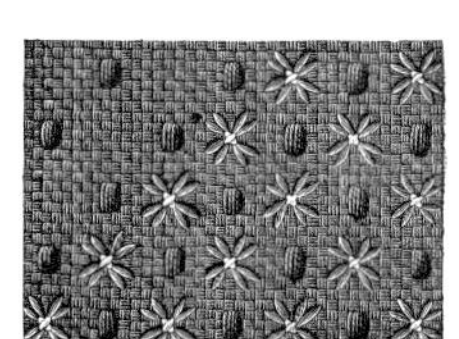

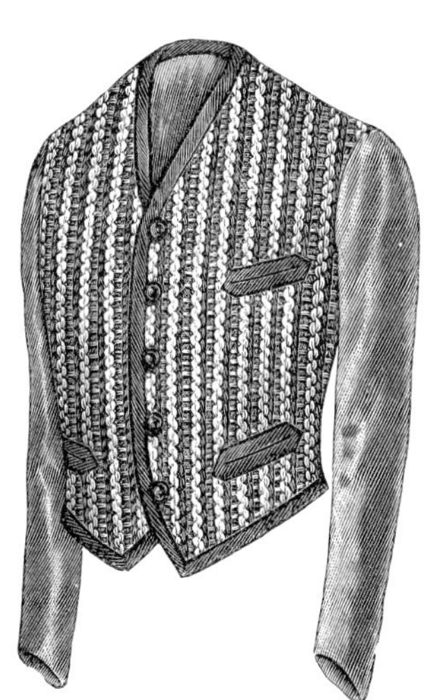

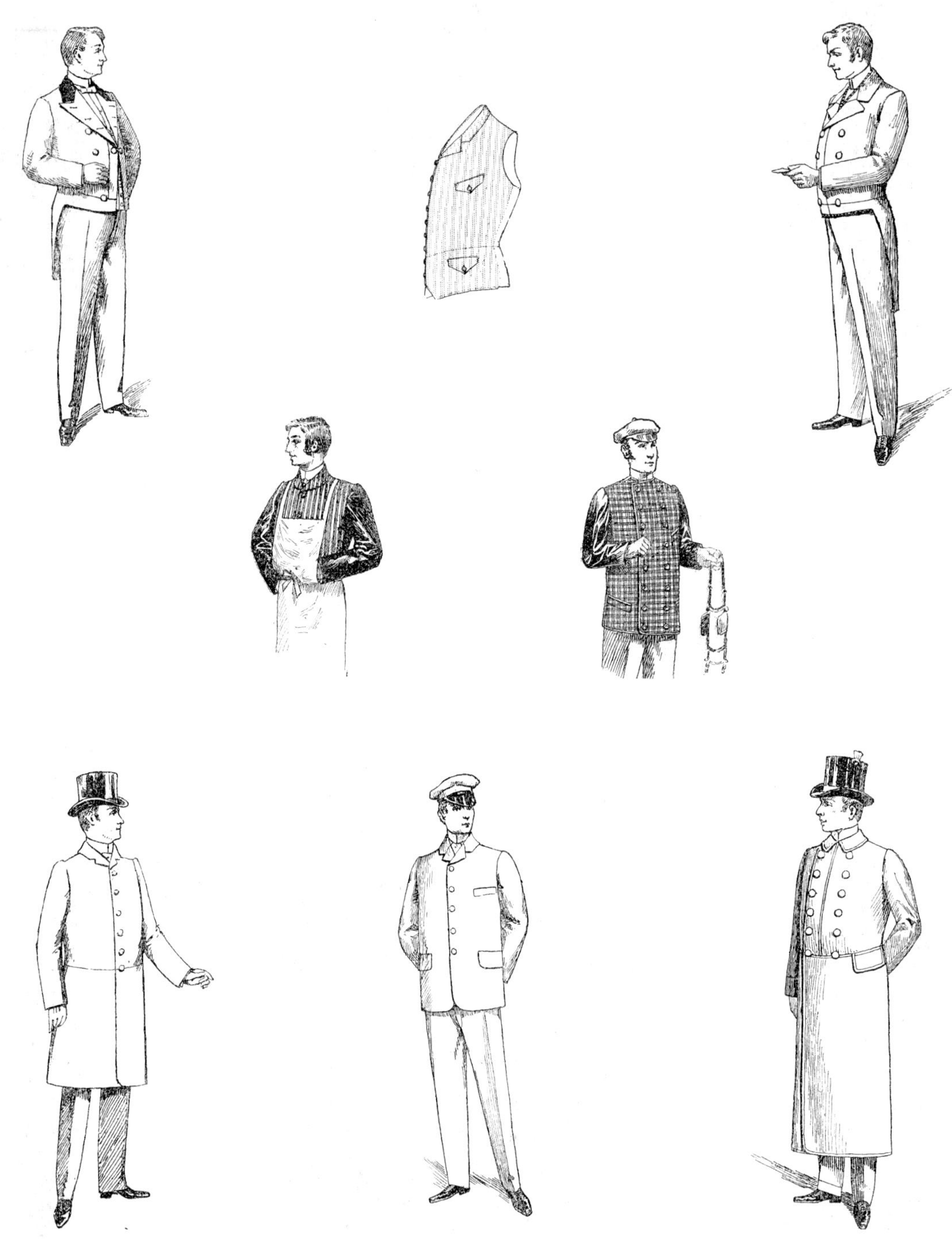

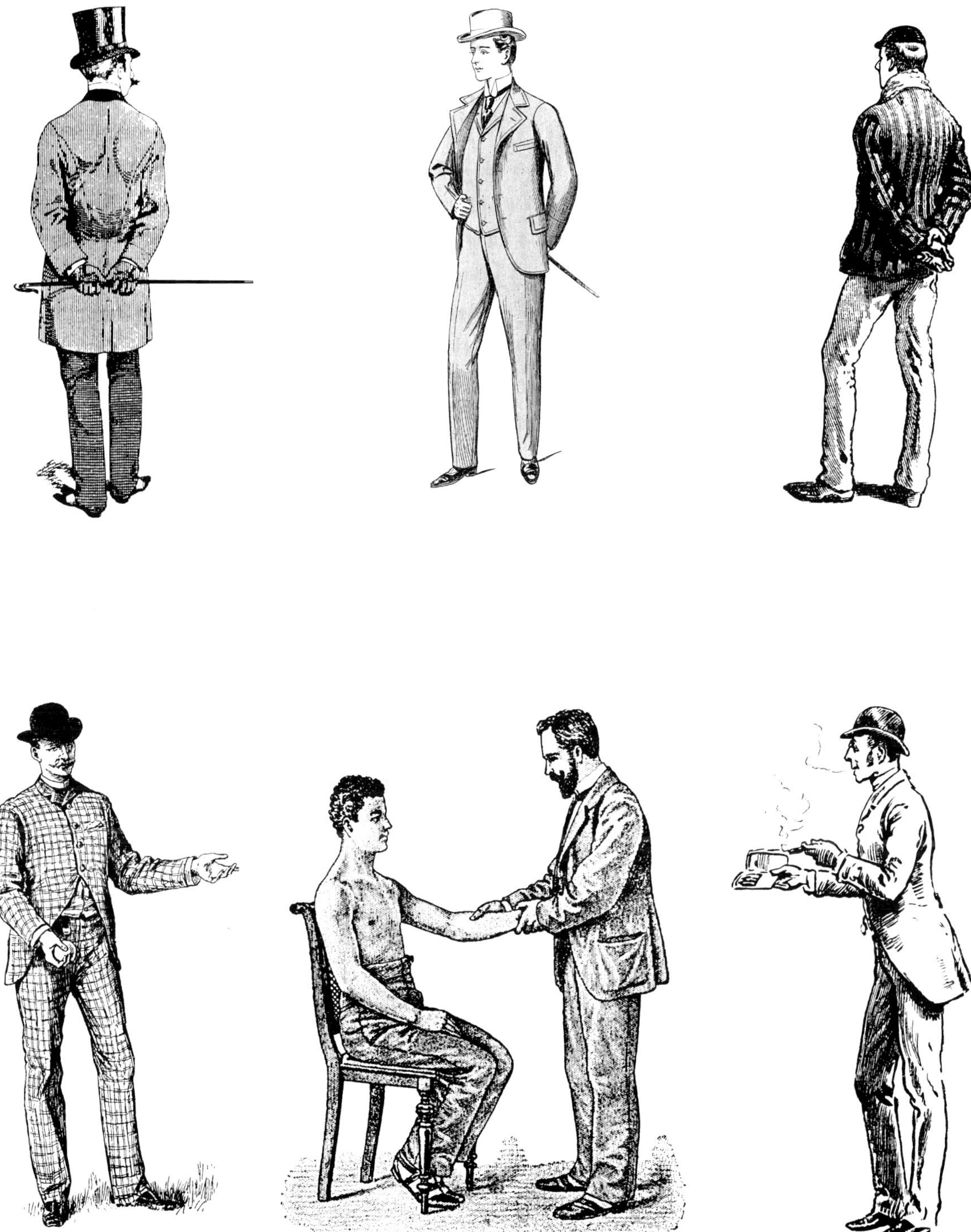

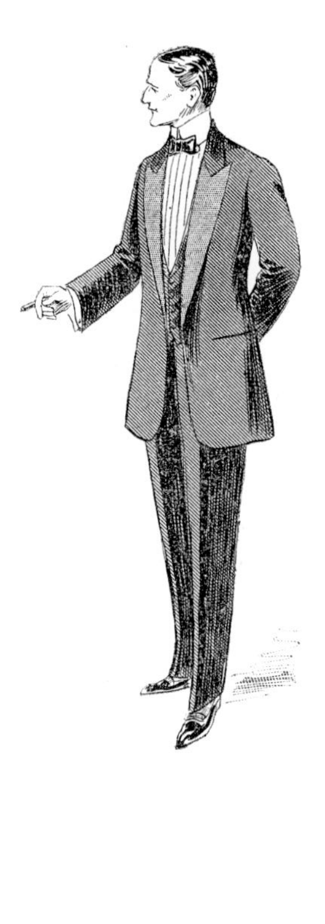
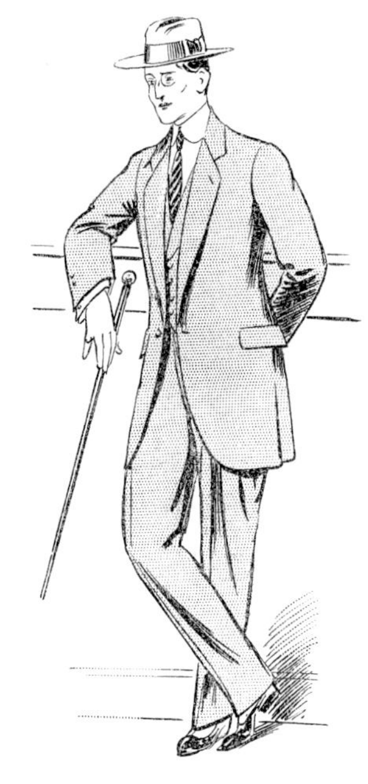
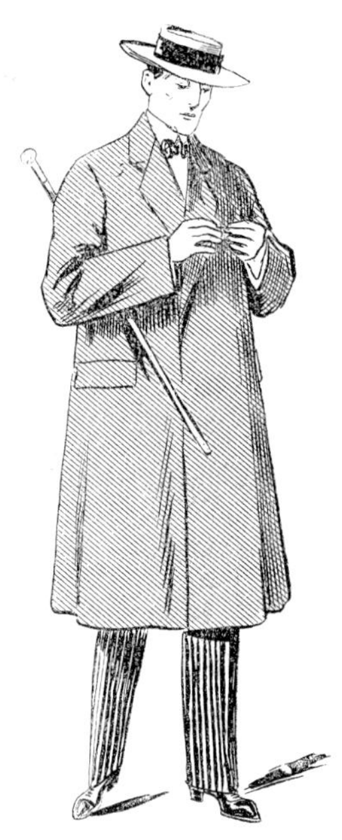
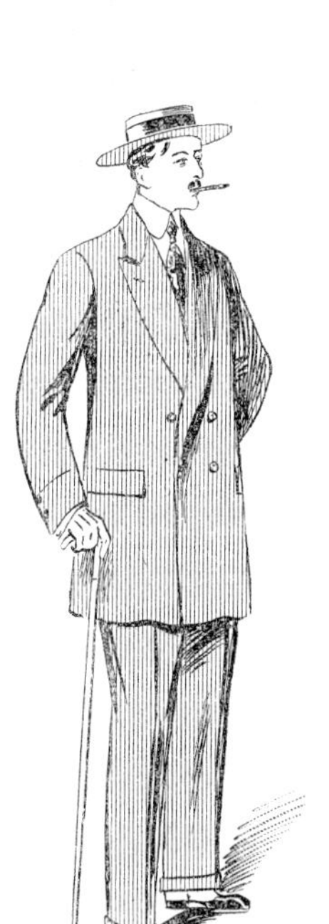
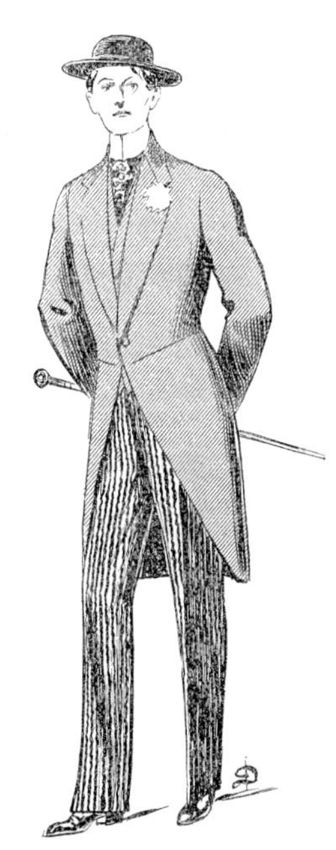

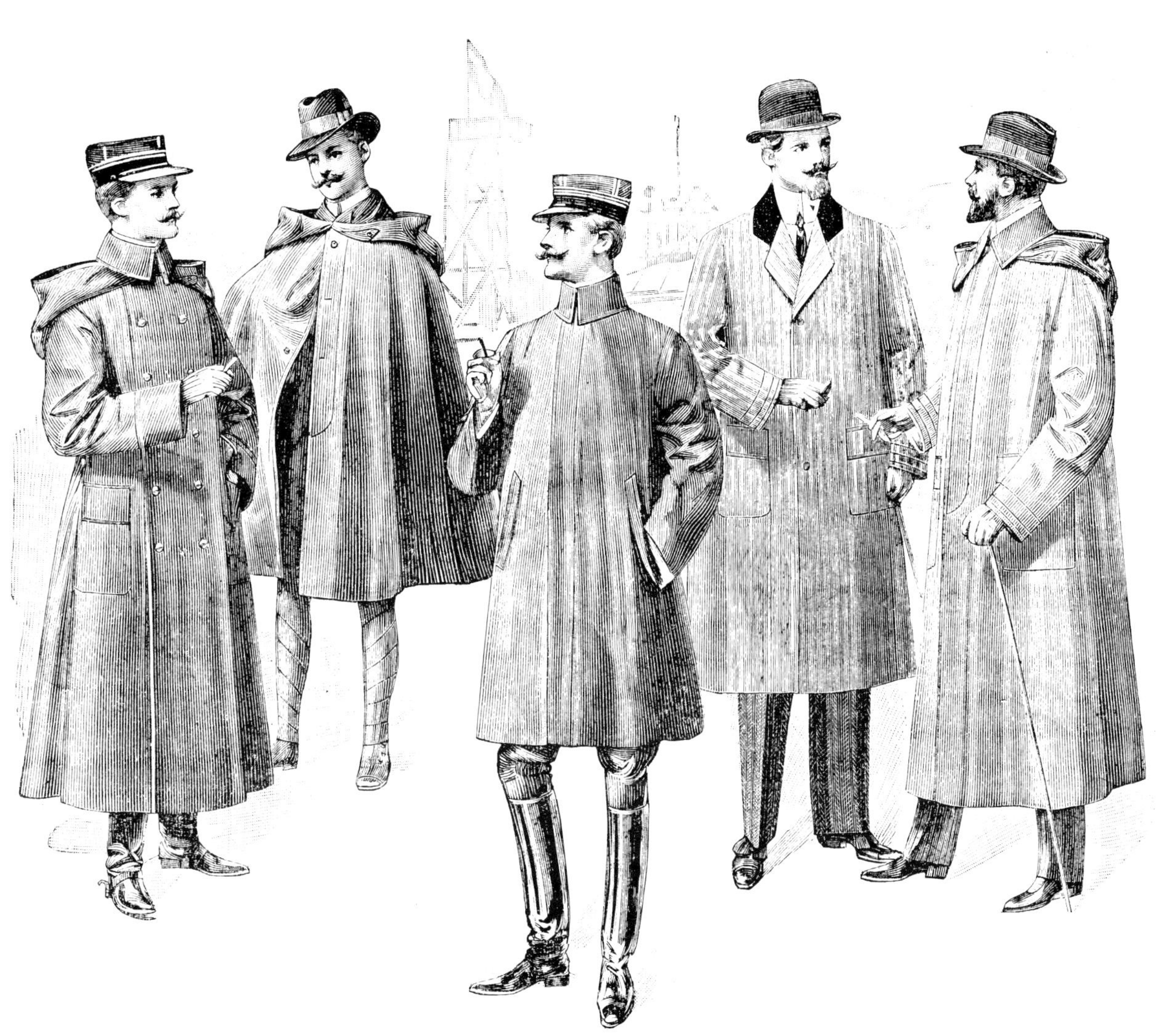

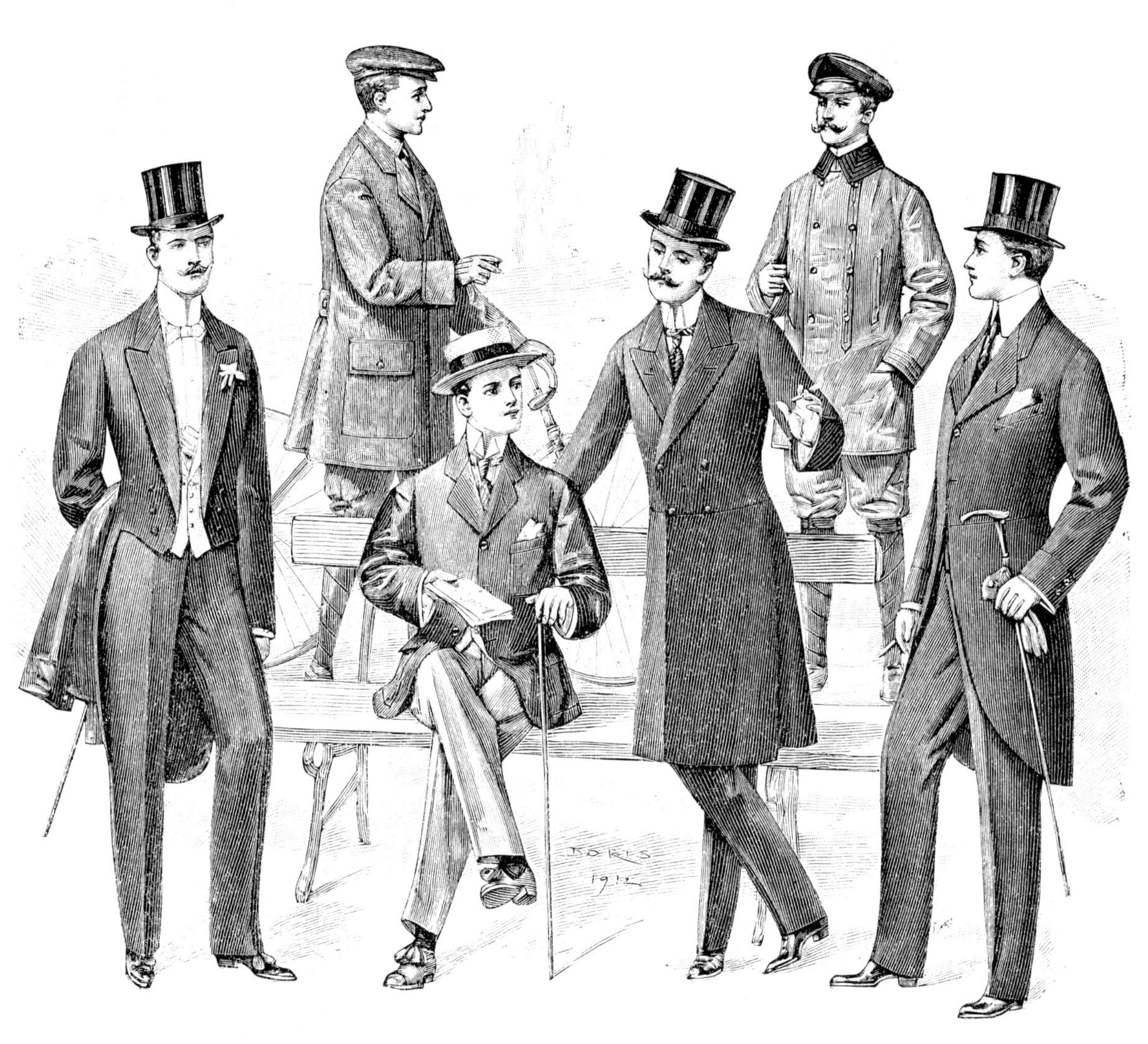

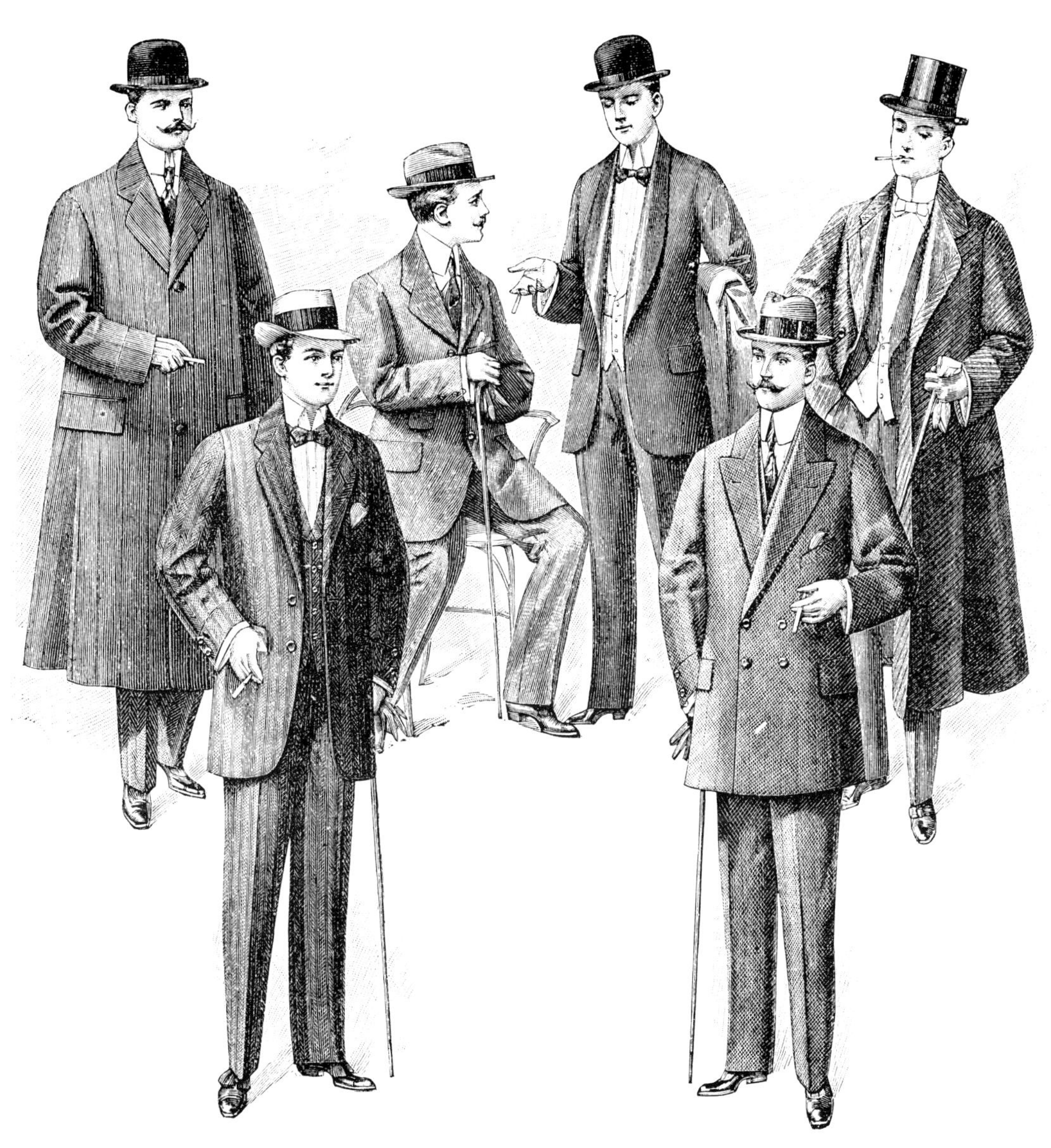

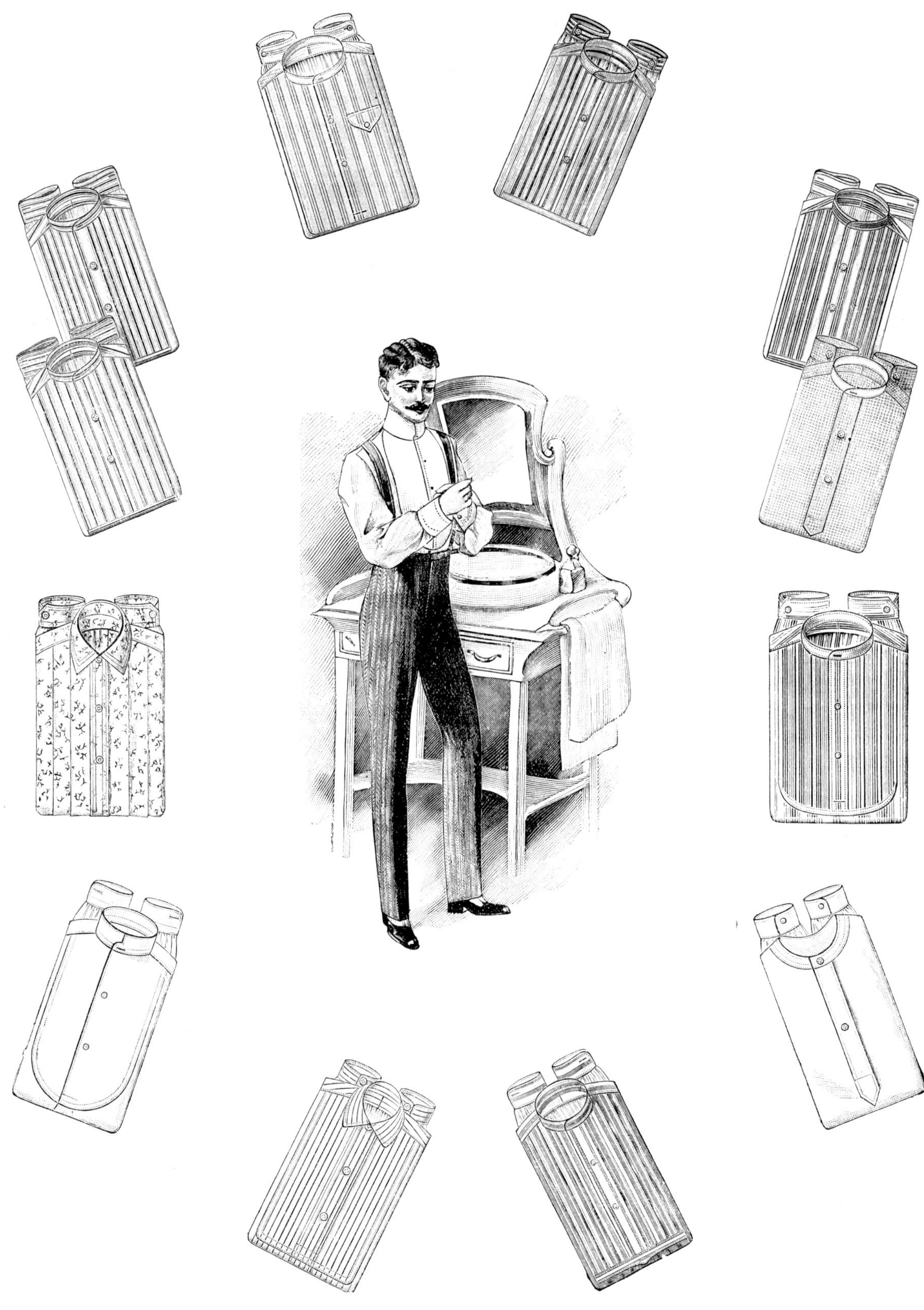

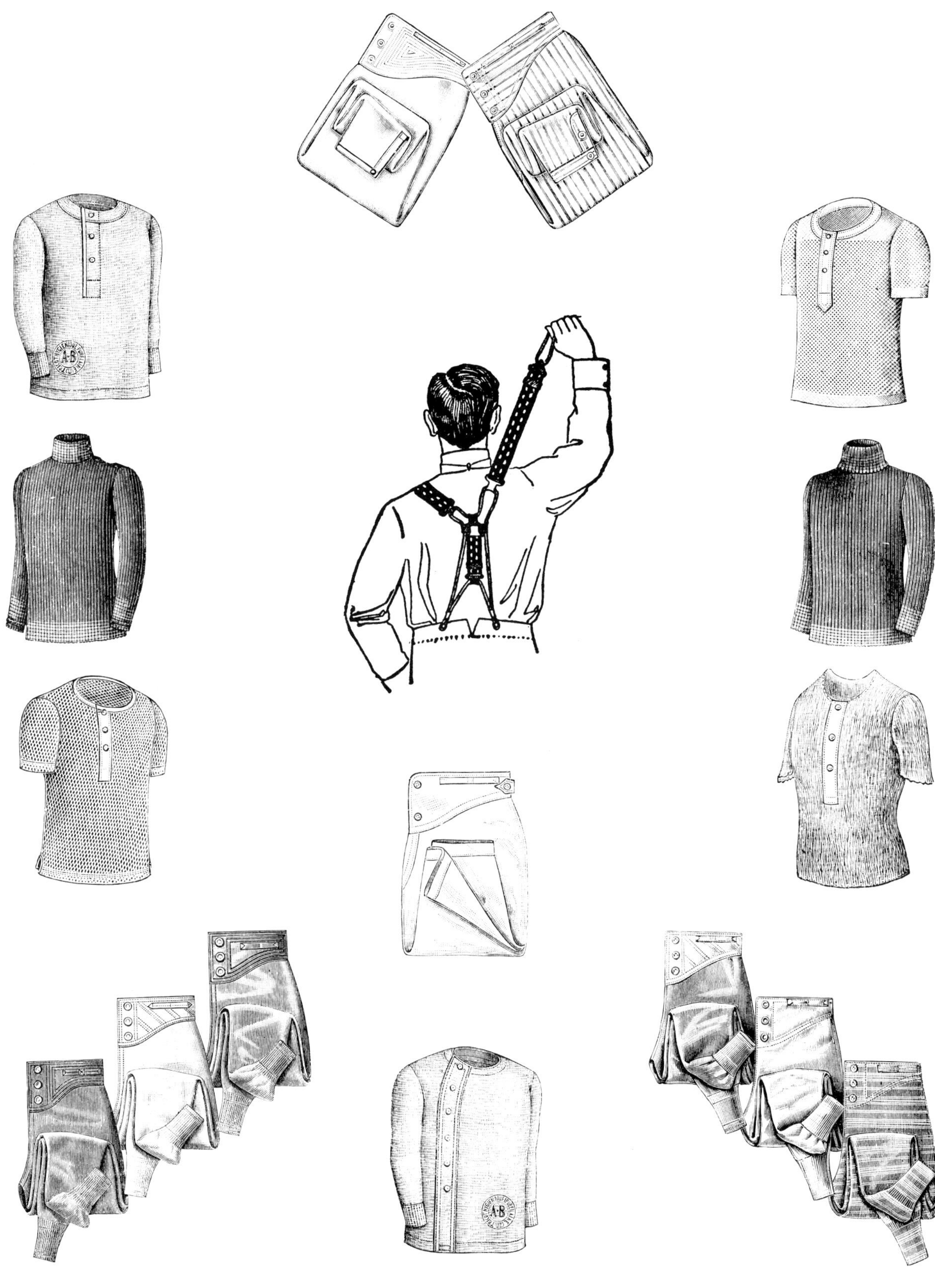

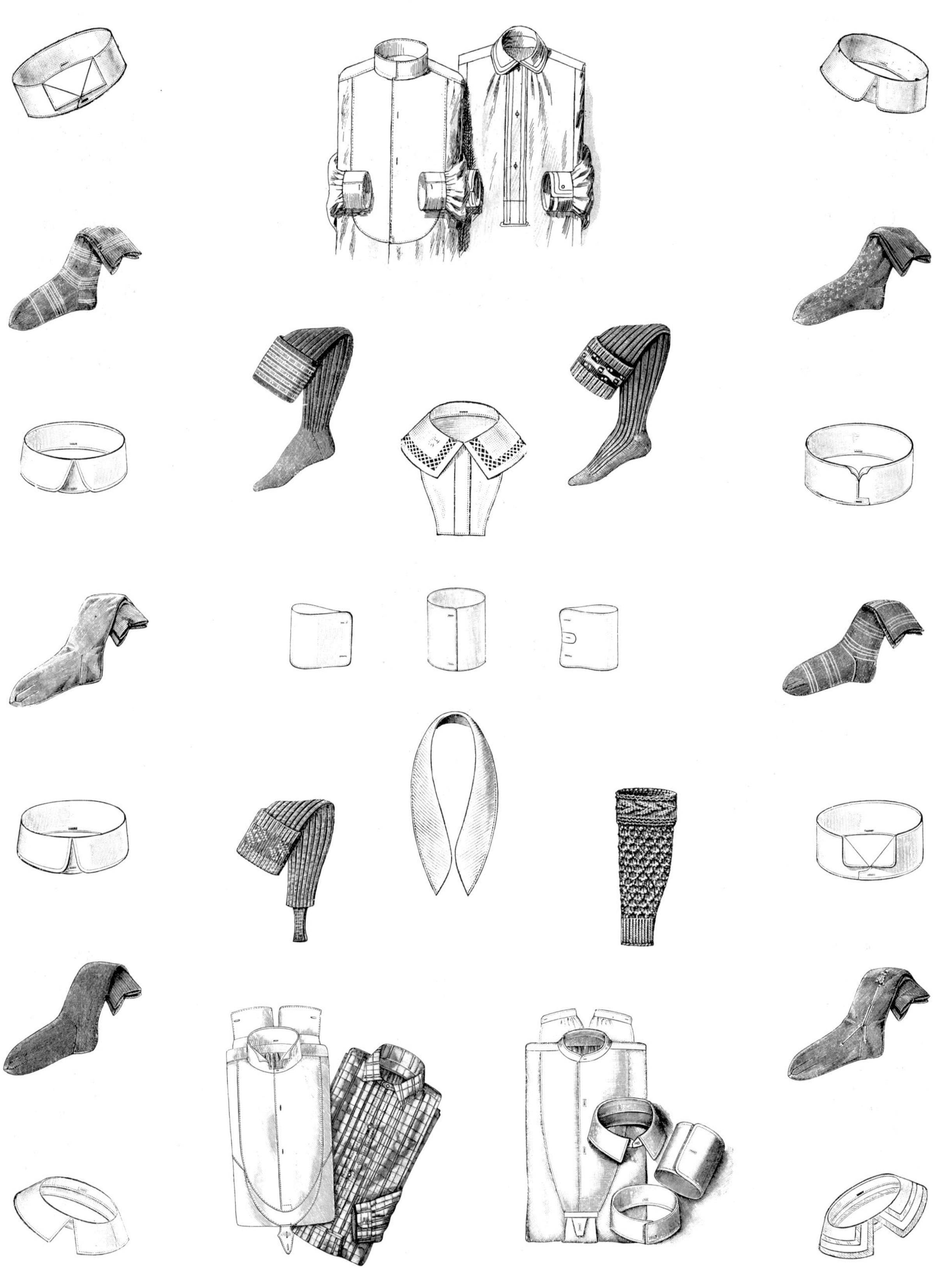

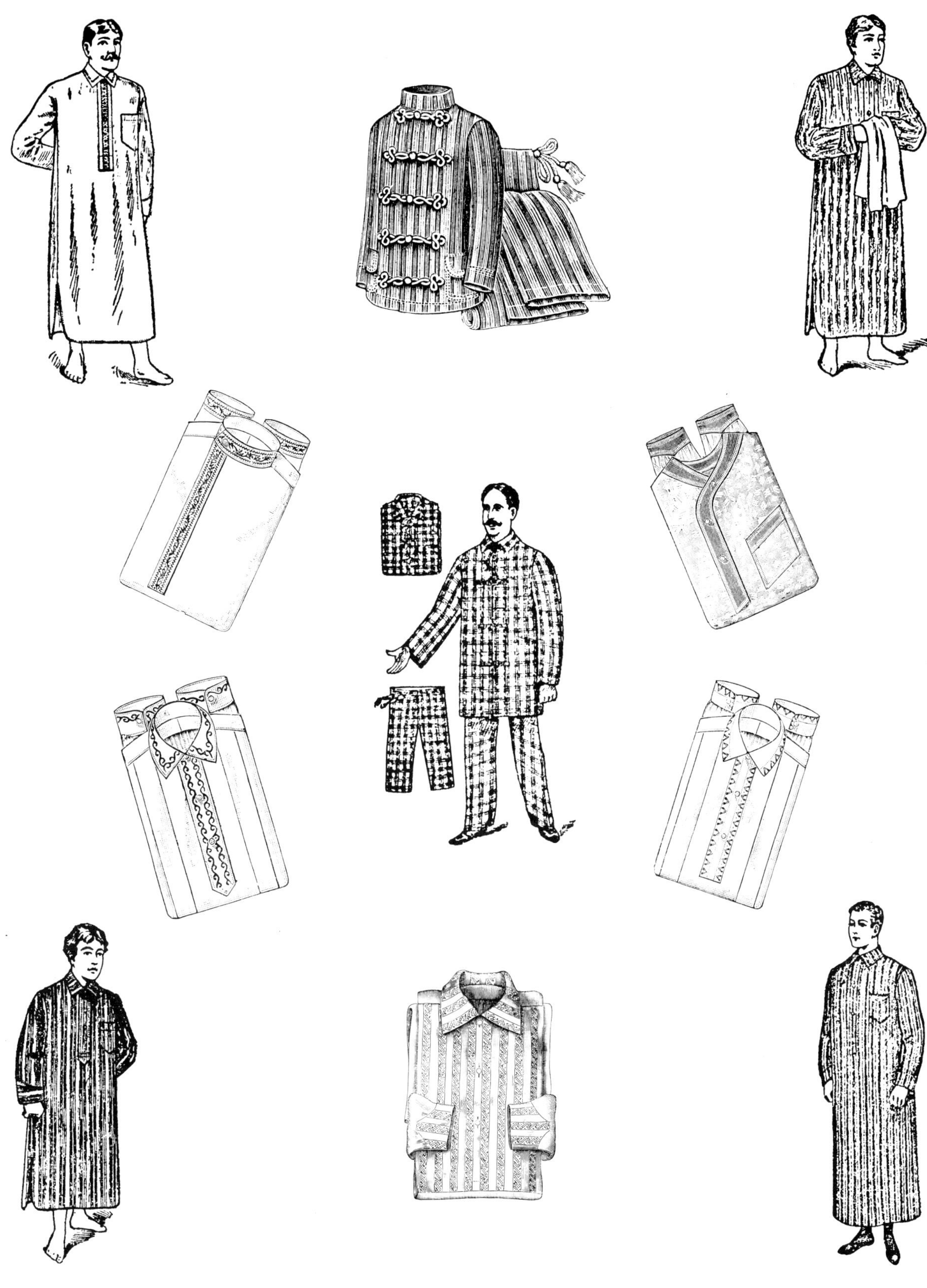

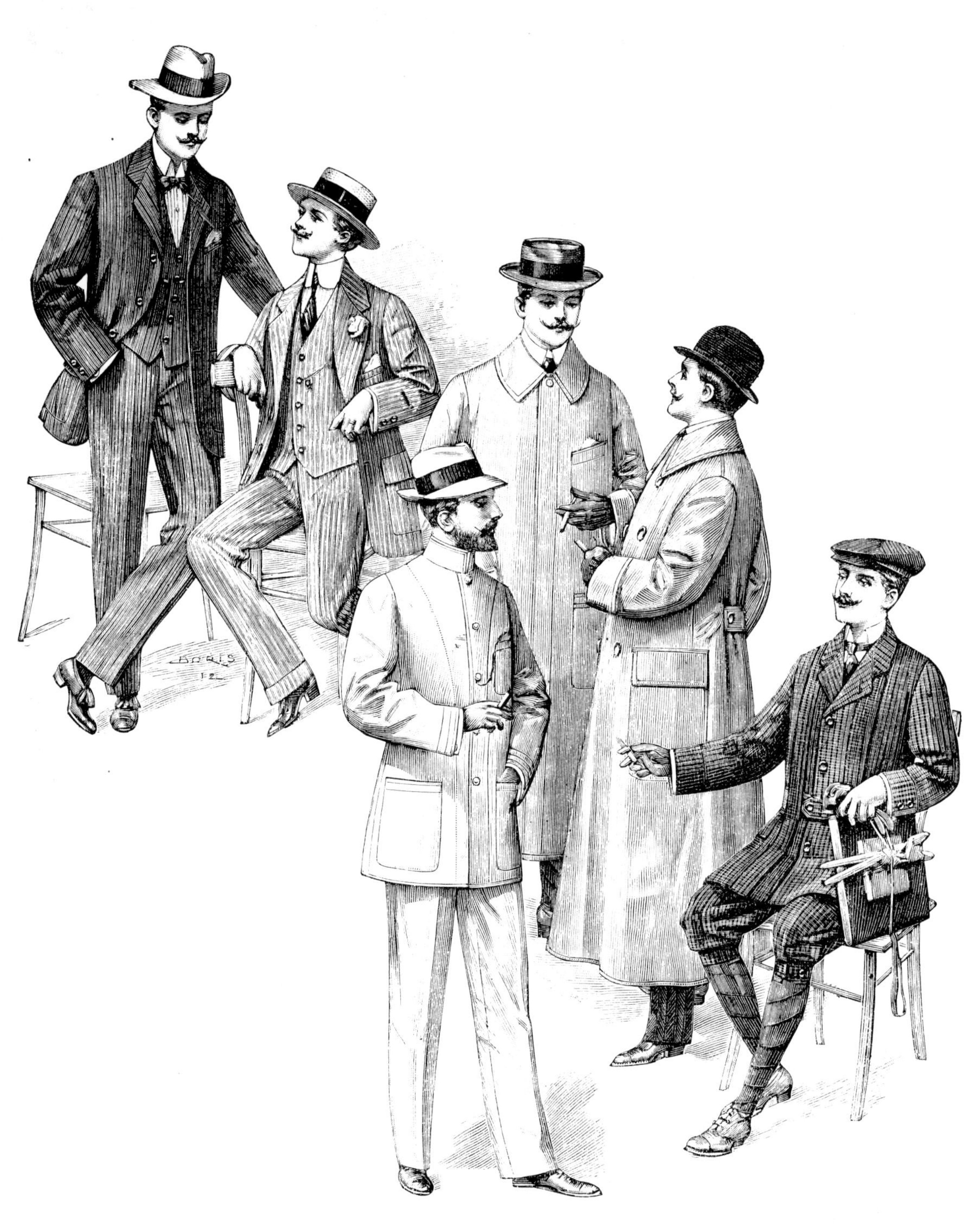

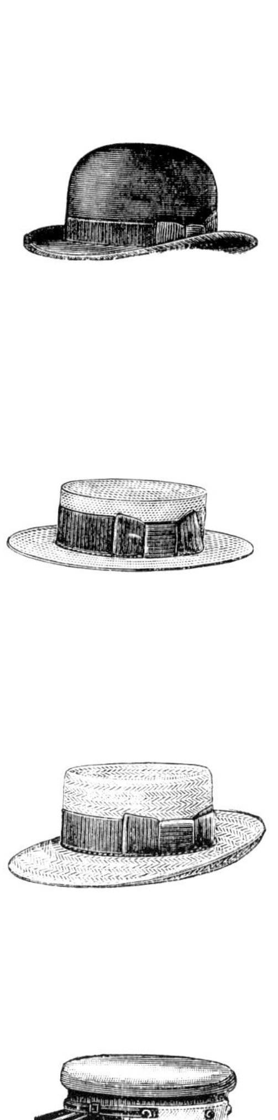
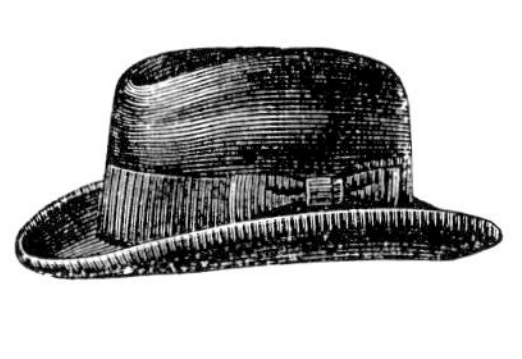
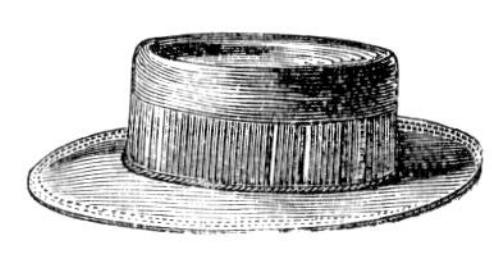
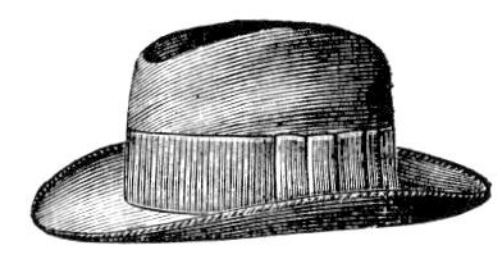
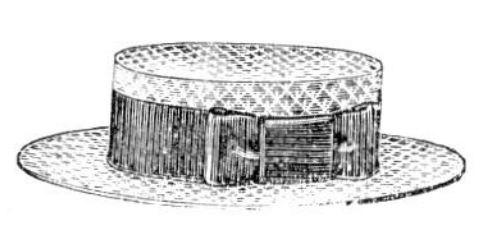
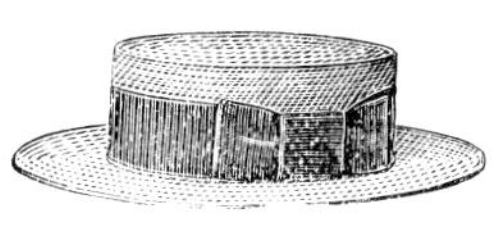
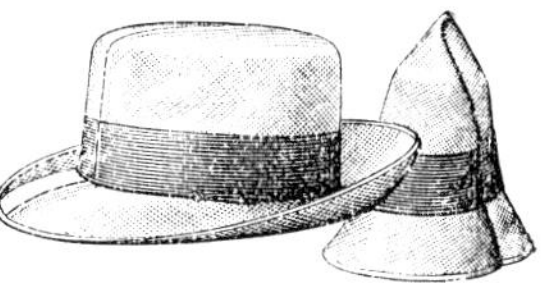
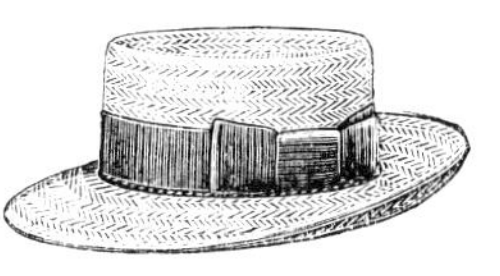
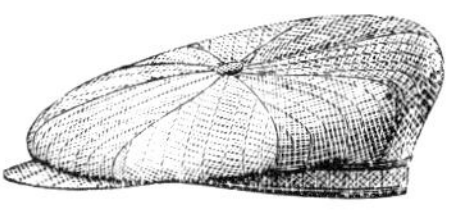
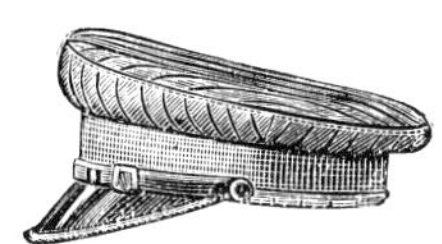
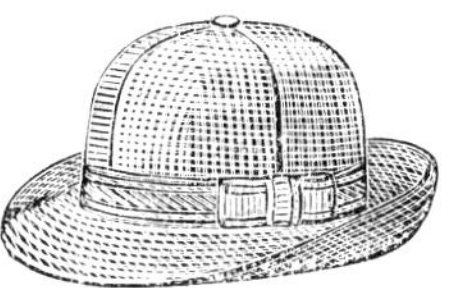
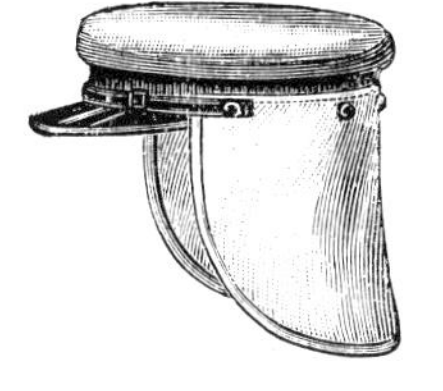
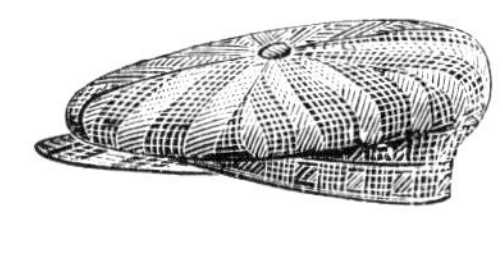
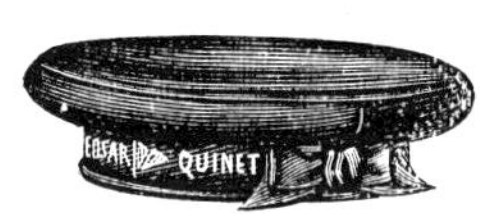
QUINET
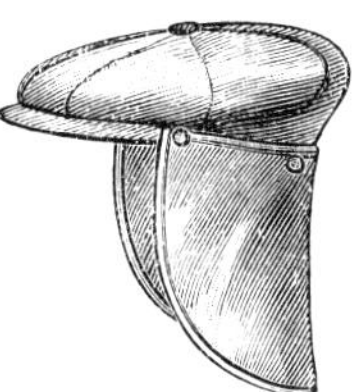
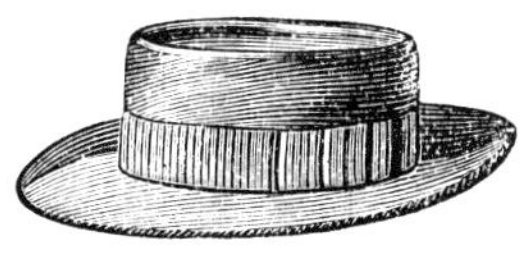
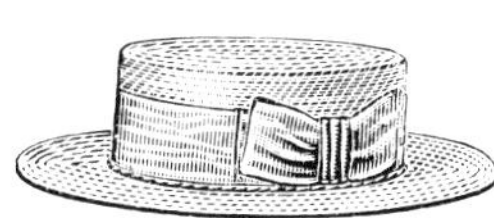
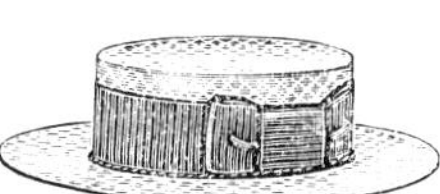
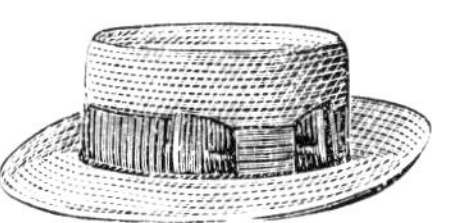
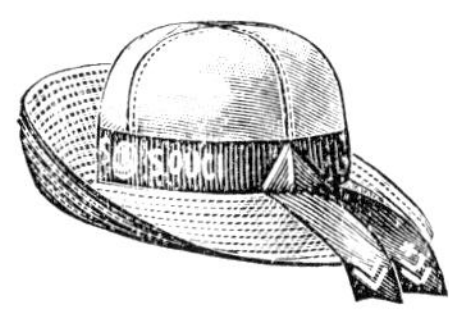
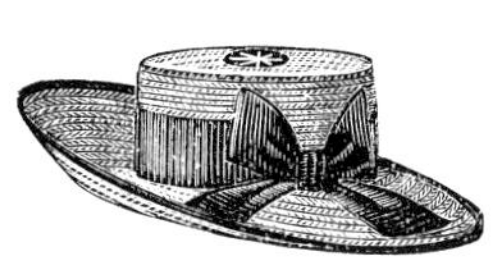
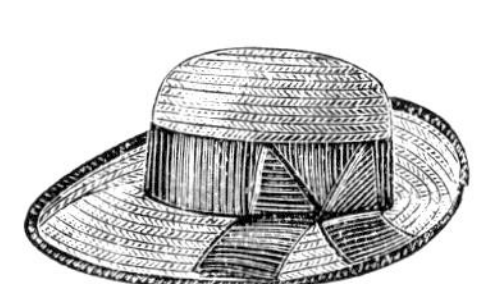
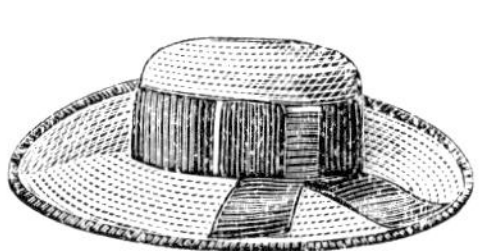

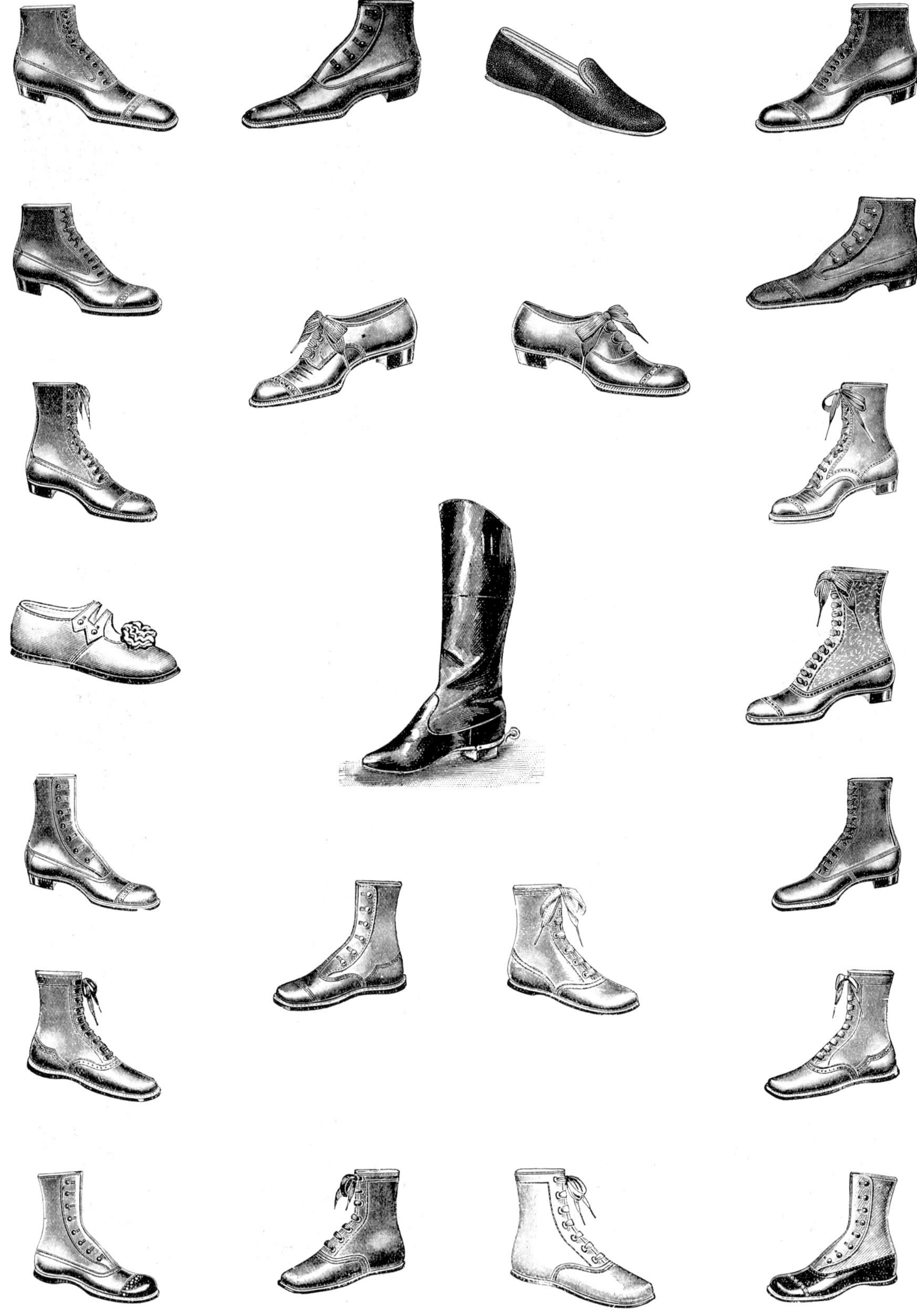

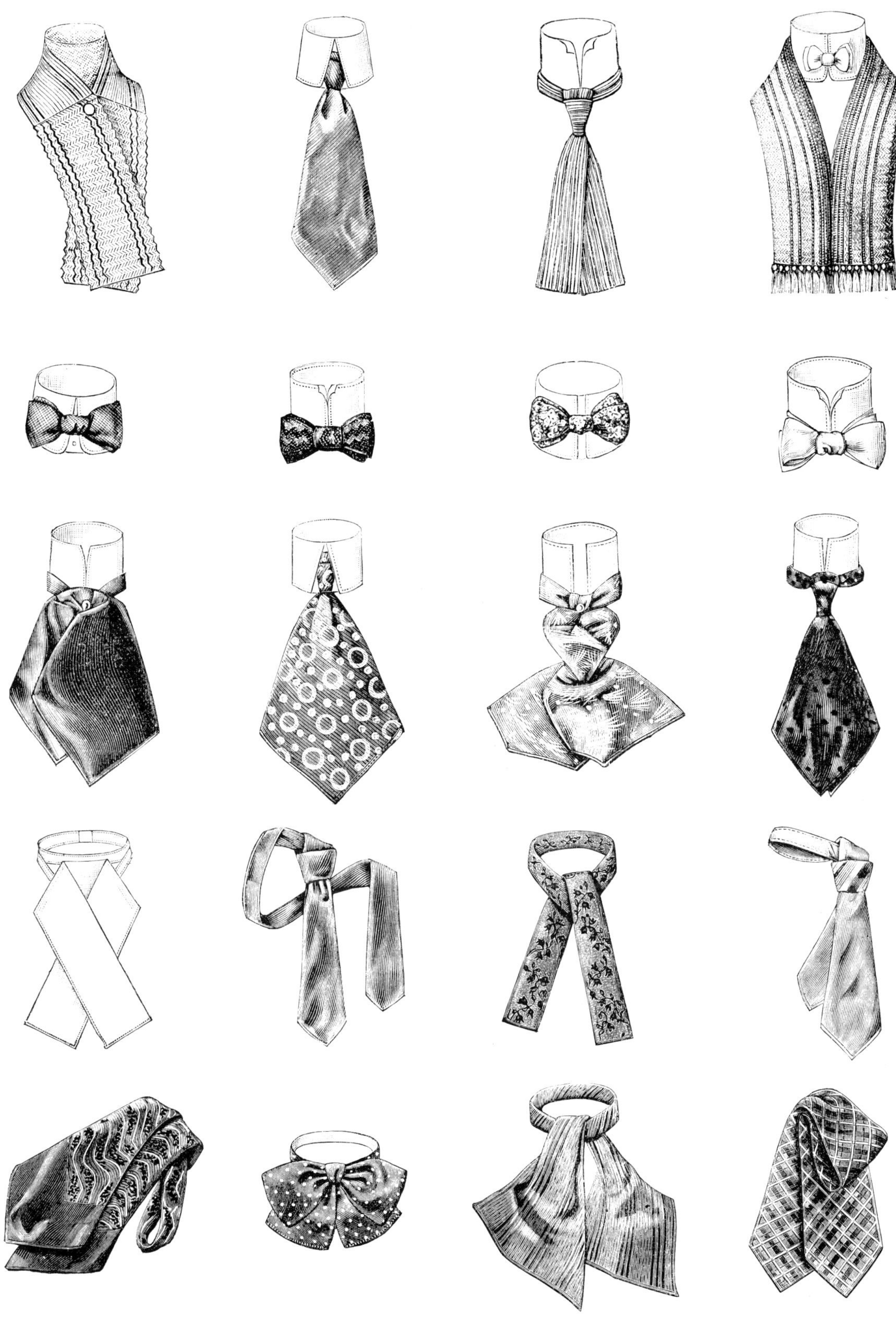

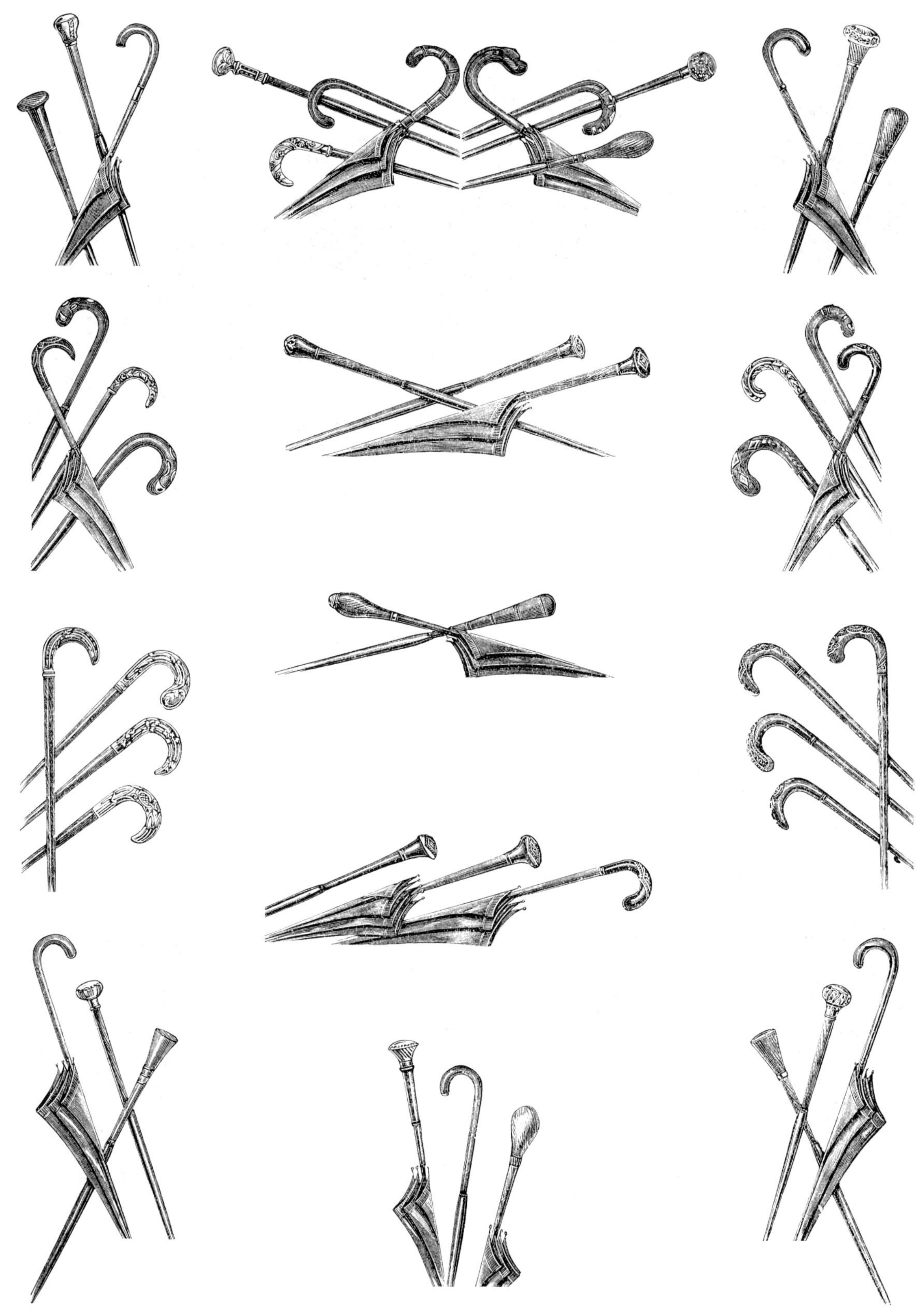

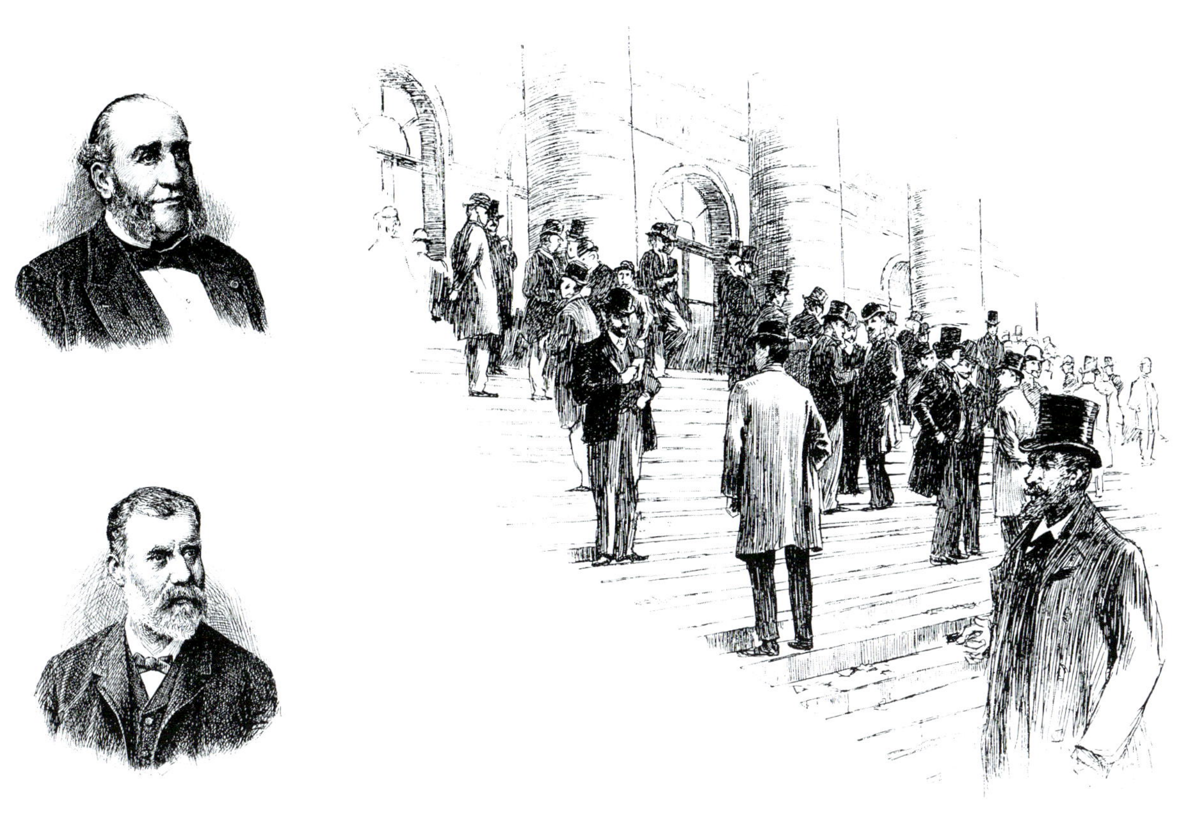

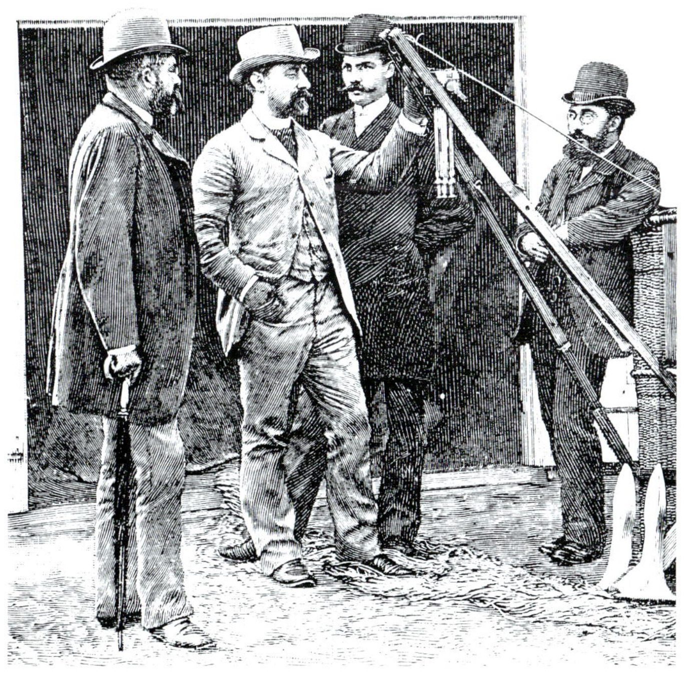

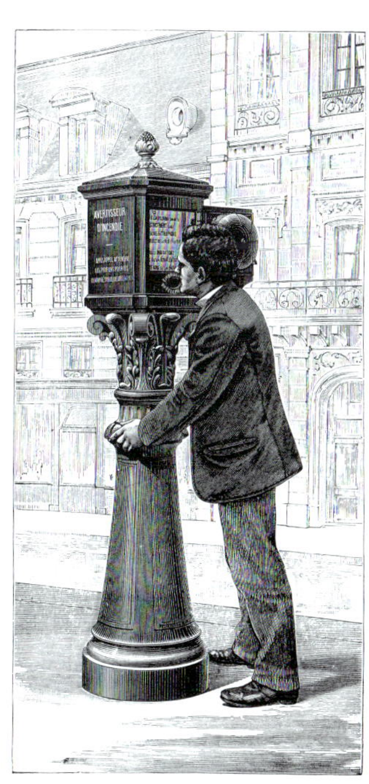

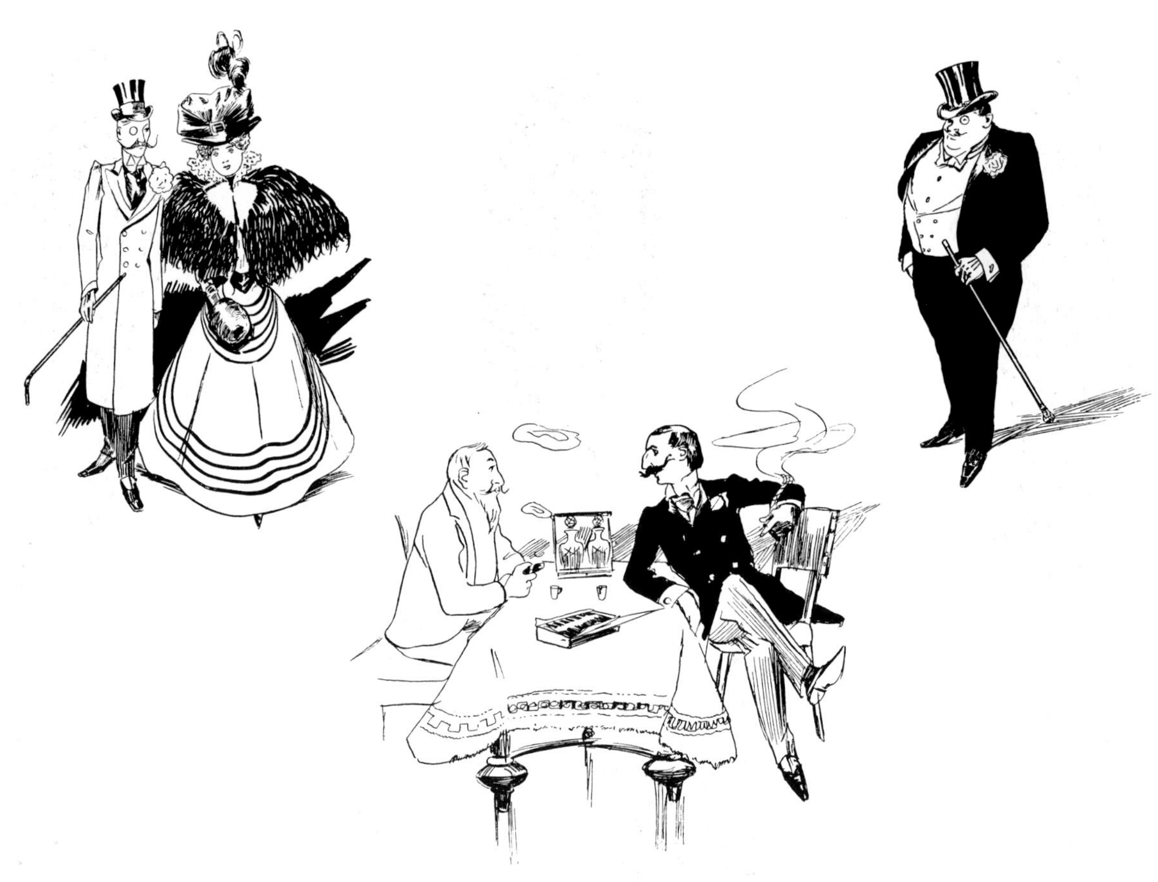

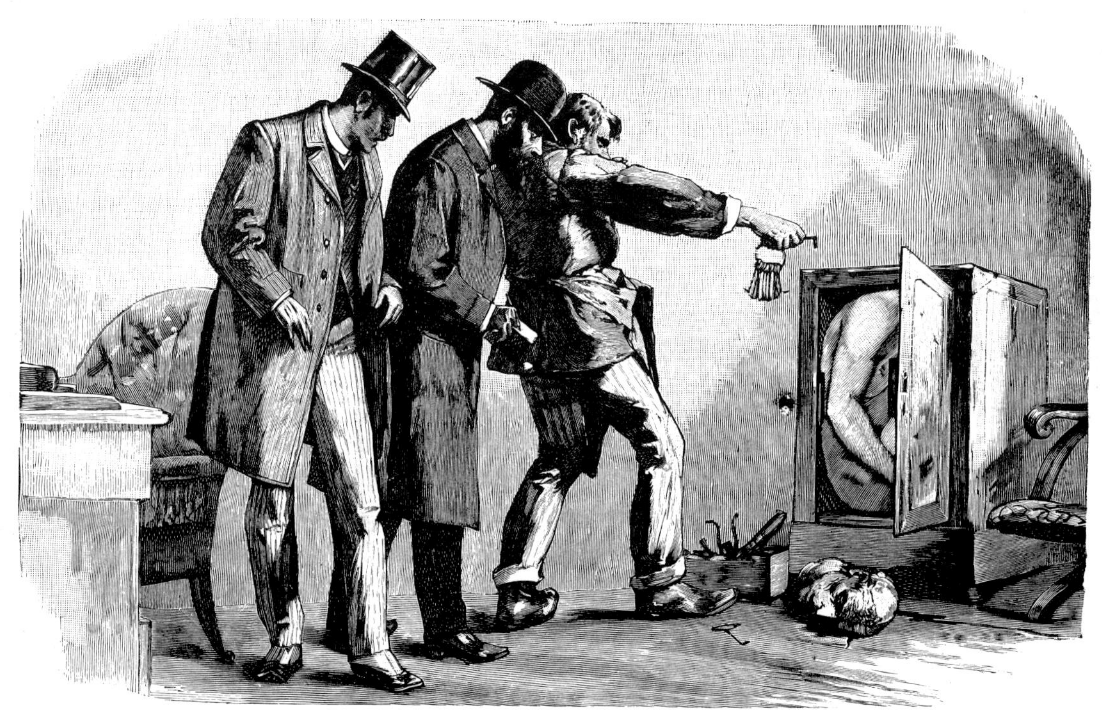

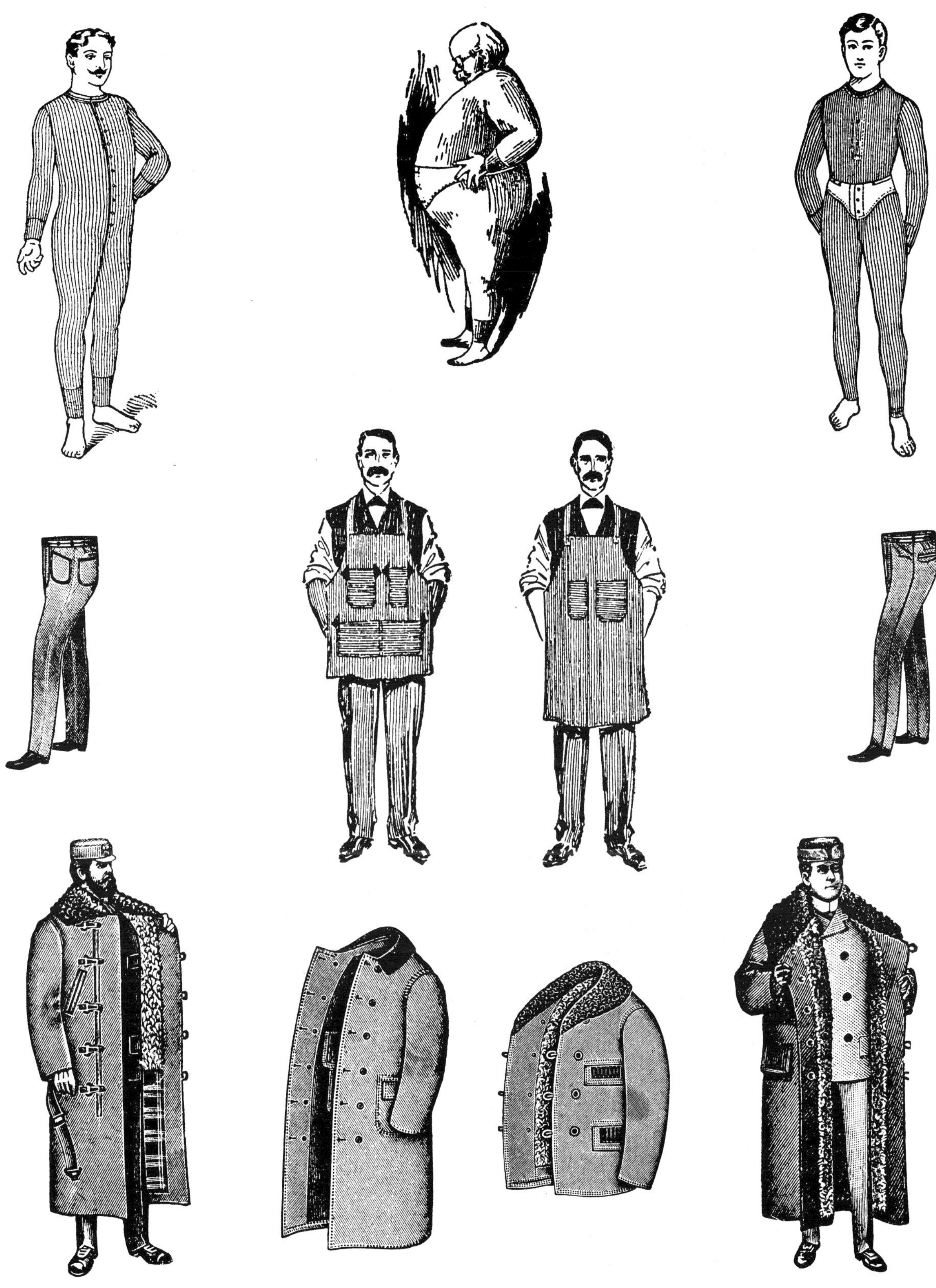

List of illustrations